Ulrich Rohmann / Ulrich Elbing

Selbstverletzendes Verhalten

Überlegungen, Fragen und Antworten

Ulrich Rohmann / Ulrich Elbing

A. Ulrich Espenlaub

Selbstverletzendes Verhalten

Überlegungen, Fragen und Antworten

Band 5 der Reihe Behinderung – Autismus – Psychose

Hrsg. Dr. Ulrich Rohmann, Dr. Ulrich Elbing

verlag modernes lernen - Dortmund

© 1998 BORGMANN MEDIA **verlag modernes lernen Borgmann KG**
Hohe Straße 39 · D-44139 Dortmund

4., unveränd. Aufl. 2005
Gesamtherstellung: Löer Druck GmbH, Dortmund

Bestell-Nr. 1465 ISBN 3-8080-0404-5

Inhalt

Verzeichnis der Abbildungen

Geleitwort

Selbstverletzendes Verhalten eines anderen Menschen – insbesondere eines Menschen, mit dem verbal zu kommunizieren nicht möglich ist, weckt bei jeder Beobachterin und bei jedem Beobachter intensive Gefühle: Gefühle des Erschrekkens, des Entsetzens, der Fremdheit, der Angst, des Mitleids und der Aggression, letzteres nicht selten als Abwehr der unerträglichen Spannung zwischen einem Sich-aufgerufen-Fühlen zur Hilfe und einem Erleben völliger Hilflosigkeit. Wohl jeder spürt dann den Wunsch nach schnellen Rezepten und dürfte selbst die Erfahrung gemacht haben, daß es solche nicht gibt.

Auch die Autoren dieses Buches – beide in der Arbeit mit nicht in der uns vertrauten Weise kommunikationsfähigen, „anders-fähigen", autistischen und geistig behinderten Menschen seit vielen Jahren hocherfahren – geben nicht der Versuchung nach, schnelle Lösungen vorzuschlagen. Stattdessen haben sie ein Arbeitsbuch verfaßt für diejenigen, die bereit sind, das Verhalten des selbstverletzenden Menschen und das seiner Kommunikationspartnerinnen und Kommunikationspartner im jeweiligen situativen, strukturellen, räumlichen und ökonomischen Umfeld zu analysieren und mit dieser Analyse selbst schon erste Änderungsprozesse bei allen Beteiligten zu initiieren.

Auf allen Seiten des Buches ist zu spüren, daß die Autoren aus der Praxis für die Praxis schreiben. Zugleich greifen sie jedoch nicht nur auf ein umfangreiches Erfahrungswissen, sondern auch auf eine intensive Kenntnis eines sehr breiten Literaturhintergrundes zurück. Dieser wird im ersten Teil des Buches für eine systematische Darstellung von Handlungsschritten genutzt, um problematische Verhaltensweisen in ihrem Kontext zu analysieren, Veränderungsziele zu definieren, Interventionen auszuwählen, zu planen und ihre Auswirkungen zu analysieren, um darauf aufbauend wiederum neue Handlungsschritte auszuwählen, zu planen etc.

Der zweite Teil des Buches, der den therapeutischen Möglichkeiten gewidmet ist, läßt erkennen, daß die Autoren sich nicht durch die Bindung an eine ganz bestimmte therapeutische Schule einschränken lassen, sondern ein breites Spektrum therapeutischen Wissens nutzen. Die Darstellung wird durch eine Fülle von Praxisbeispielen veranschaulicht. Immer wieder verdeutlichen die Autoren, daß BetreuerInnen und TherapeutInnen niemals außenstehende BeobachterInnen sein können, sondern immer „Selbst-Beteiligte" sind.

Das Buch ist praxisbezogen und realitätsorientiert, dabei umfassend und anspruchsvoll, ähnlich wie die Autoren das Ziel der Arbeit mit Menschen, die sich selbst verletzen, beschreiben. Realistischerweise sollte nicht das völlige Verschwinden des selbstverletzenden Verhaltens angestrebt werden; die Häufigkeit dieses Verhaltens soweit zu reduzieren, daß Weiterentwicklung und größere Lebenszufriedenheit aller betroffenen Menschen wieder möglich werden, ist bereits eine große Aufgabe. Gleichzeitig aber wird durchaus der Anspruch erhoben, das Symptom als Impuls zu wichtigen Änderungsprozessen auf anderen Ebenen zu nutzen und damit neue Lebenschancen zu eröffnen.

Wilhelm Rotthaus

Vorwort

Das vorliegende Buch ist eine komplette Neubearbeitung des Buches „Autoaggression“ von ROHMANN und HARTMANN (1988). Wir, die Autoren dieses neuen Buches, gehen den Weg, Altbewährtes weiterhin zu übernehmen, aber im Großen und Ganzen neue, richtungsweisende Wege zu beschreiten. Auch wenn sich unsere neuen Sichtweisen und daraus resultierenden therapeutischen Methoden durch jahrelange Arbeit bestätigt haben, so bleibt doch die Frage offen, wie die LeserInnen diese Wege annehmen.

Wir würden uns über Ihre Rückmeldungen freuen.

In diesem Kontext wagen wir auch den Begriff der „Geistigen Behinderung“ anders zu betrachten und vor allem zu benennen.

Geistige Behinderung ist unseres Erachtens nicht als Krankheit anzusehen, ... „sondern vielmehr als eine (andere) Möglichkeit der Aneignung von Welt...“ zu verstehen (HENNICKE & ROTTHAUS, 1993). Sie ist also insofern nicht zwangsläufig behandlungsbedürftig.

Die häufig durch nicht „geistig behinderte“ Beobachter oder Fachleute diagnostizierte „psychische Erkrankung“ stellt sich bei näherem Hinsehen häufiger als ein nicht nur kreatives, sondern eher auch hilfloses Signal des geistig behinderten Menschen heraus, der sich seiner Umwelt gegenüber nicht anders artikulieren kann. Die Umwelt wiederum versteht dieses Signal nicht oder falsch, wodurch Krisen im Grunde schon vorprogrammiert sind.

Der Begriff „**Geistige Behinderung**“ vermittelt eine **defizitorientierte Einstellung.**

HOFFMANN (1992), zitiert nach ROTTHAUS (1993), schreibt zu diesem Thema: „Vielleicht sollte jede klinische ‘Dys’-Bezeichnung als politisch falsch bezeichnet werden.“

Wir wollen in diesem Buch einen ersten Schritt wagen, uns von einer defizitorientierten Sichtweise hin zu einer **ressourcenorientierten Sichtweise** zu bewegen.

Die Menschen, die von den sogenannten Normalen als geistig behindert beschrieben werden, verfügen über Fähigkeiten und Fertigkeiten, die uns zum großen Teil entweder nicht bekannt oder fremd sind. Sie sind äußerst kreativ (z.B. in der Art, sich immer wieder neue Verhaltensweisen zu erdenken, die die Eltern und Professionellen an die Grenzen ihrer Handlungsmöglichkeiten führen). Viele geistig behinderte Menschen lügen nicht, alle haben ein unfehlbares Gespür für Unsicherheit.

Häufig verfügen sie über ein herausragendes Langzeitgedächtnis oder reproduzieren eine unglaubliche Menge von gespeicherten Daten.

Wie geistig behinderte Menschen denken, fühlen, wahrnehmen und ver-

arbeiten, wissen wir nicht. Insofern ist der Schluß naheliegend, daß sie anders sind.
Therapeutische Konzepte, die den geistig behinderten Menschen ... „als handelndes Subjekt mit individuellen Ressourcen und eigener Verantwortlichkeit ansehen, die sich weniger für die Ursachen der Behinderung interessieren, sondern stärker die aktuellen, individuellen und familiären Ressourcen therapeutisch zu nutzen suchen“ (HENNICKE & ROTTHAUS, 1993), entsprechen unserem Menschenbild und somit auch unserer therapeutischen Grundhaltung.
Aus diesen Gründen formulieren wir die Zuschreibung **„geistig behindert“** um in den Begriff **„anders-fähig“**.
Wir wollen somit in unserem Buch den Begriff des „Anders-Fähigen” gleichsam zur Diskussion stellen.
Weiterhin wollen wir an dieser Stelle für uns wichtigen Menschen unseren Dank aussprechen. An erster Stelle stehen sicherlich unsere Klienten, denn ohne sie wäre dieses Buch nicht zustande gekommen. Unser Dank gilt auch Herrn Dr. Hartmann (Leiter der Kinder- und Jugendpsychiatrie Brandenburg), der für uns beide Lehrer und Mentor zugleich war. Seine „Aufmerksamkeits-Interaktions-Therapie“ ist Basis unserer kommunikationstherapeutischen Überlegungen und Methoden. Wir danken Herrn Dr. Rotthaus (Leiter der Kinder- und Jugendpsychiatrie Viersen) für sein wohlwollendes Geleitwort. Und wir danken nicht zuletzt unseren Frauen, Frau Katrin Niethen, die auch die Zeichnungen für dieses Buch fertigte, und Frau Claudia Bub-Elbing, die uns mit Rat und Tat zur Seite stand und für uns korrigierte.

Dr. Ulrich Rohmann
Dr. Ulrich Elbing
November 1997

0. Einleitung

Seit 1988 das Buch „Autoaggression – Grundlagen und Behandlungsmöglichkeiten“ erschienen ist, hat die Thematik des selbstverletzenden Verhaltens immer breiteres fachliches und auch öffentliches Interesse gefunden. War vor 10 Jahren die Diskussion dieses Themas den Spezialisten für den Umgang mit geistig behinderten Menschen vorbehalten, so hat sich seither eine reichhaltige überwiegend psychoanalytisch orientierte Literatur entwickelt, die sich mit selbstverletzendem Verhalten bei nicht geistig behinderten Personen mit psychotischen oder Borderline-Störungen befaßt (z.B. HIRSCH, 1996; ORNSTEIN, 1996; PAAR, 1996; TAMELING & SACHSSE, 1996;). Aber auch die fachliche Diskussion in der Arbeit mit geistig behinderten Menschen ist weiter gegangen. Sie hat sich differenziert und vertieft. Einen neueren Überblick über den Stand der angloamerikanischen Literatur bieten Luiselli und Mitarbeiter (LUISELLI, MATSON & SINGH, 1992), für den deutschen Sprachraum hat HETTINGER (1996) einen Überblick vorgelegt. Für einen Integrationsversuch der Ansätze mit behinderten und nichtbehinderten Menschen ist die Zeit sicher noch nicht gekommen, zumal sich die theoretischen Ansätze häufig noch sehr weit von einander weg entwickeln. Deshalb haben wir den Schwerpunkt unserer Literatursichtung auf den Zeitraum gelegt, der in den beiden genannten Übersichtswerken nicht mehr oder nur zum Teil berücksichtigt werden konnte, nämlich den Zeitraum von 1993 an. Weiterhin haben wir uns dabei auf die Zielgruppe der geistig behinderten Menschen beschränkt. Bei der Durchsicht dieser Literatur wurden für uns einige Entwicklungslinien deutlich, die wir im folgenden darstellen, um dann die Position des vorliegenden Buches klarzulegen.

1. Die Studien zur Wirkweise von Medikamenten bei der Behandlung von selbstverletzendem Verhalten haben einen bemerkenswert hohen Anteil an den veröffentlichten Studien. Hintergrund dieses Veröffentlichungstrends sind neuere theoretische Ansätze, die sich mit der Rolle des Hirnstoffwechsels und seinen verschiedenen Aspekten für selbstverletzendes Verhalten fassen (OLIVER & HEAD, 1990; vgl. zum Überblick BUITELAAR, 1993 oder auch ROMANCZYK, LOCKSHIN & O'CONNOR, 1992). Unabhängig von den erprobten Medikamenten lassen sich die Studien zwei Gruppen zuweisen. Auf der einen Seite steht eine Gruppe von Untersuchungen an Einzelpersonen oder sehr kleinen Personengruppen, in denen die Auswirkungen der Medikamente nur in beschränktem Umfang gegenüber möglichen Fehlerquellen abgesichert ist (z.B. CONNOR, 1994; GROSSETT & WILLIAMS, 1995; HAMMOCK, SCHROEDER & LEVINE, 1995; HOLZER, JACOBSON & FOLSTEIN, 1996; JAWED, KRIS-

HNAN & CASSIDY, 1994; LANG & REMINGTON, 1994; RICKETTS et al., 1994; SNEAD, BOON & PRESBERG, 1994; THOMPSON et al., 1994). Diese Studien berichten gute Erfolge mit der Gabe von Medikamenten.
Methodisch etwas bessere Studien fallen gleich nicht mehr so einheitlich günstig aus, wie beispielsweise BARRERA et al. (1994) oder SANDMAN et al. (1993) und HAMMOCK et al. (1995). Diese Studien berichten zwar auch über die Erfolge, differenzieren jedoch, indem sie z.T. auch paradoxe Wirkungen und Fehlschläge berichten.

Eine zweite Gruppe von Studien zeichnet sich dadurch aus, daß sie methodisch sorgfältig angelegt und kontrolliert durchgeführt worden ist sowie eine größere Anzahl von Personen untersucht hat. Bei WILLEMSEN-SWINKELS et al. (1995) dürfte es sich um eine der sorgfältigsten und auch größten Studien handeln. Sie kommt zu einem klaren negativen Urteil über die Wirkungsweise von Medikamenten. Statt einer Verbesserung selbstverletzenden Verhaltens wird hier eher eine Verschlechterung im Gesamtverhalten festgestellt. Ebenso wurde von GIBSON et al. (1995) eine größere Studie vorgelegt, die zu dem Ergebnis kommt, daß die Motivation hinter dem selbstverletzenden Verhalten bedeutsamer als die Medikamentenwirkung für den Verlauf selbstverletzenden Verhaltens ist. SANDMAN et al. (1993) legten ebenfalls eine Studie mit einer größeren Personengruppe vor, ohne jedoch den methodischen Standards der erstgenannten Studien genügen zu können. Entsprechend sind die Ergebnisse in ihrer Bewertung günstiger (s.o.). Die Überblicksartikel über die Wirkung von Medikamenten auf selbstverletzendes Verhalten geben sich denn auch in ihrer Gesamtbewertung entsprechend zurückhaltend. AMAN (1993) beispielsweise bewertet die Daten als insgesamt unzureichend; Baumeister und Mitarbeiter (BAUMEISTER, TODD & SEVIN, 1993) sehen eine verläßliche Wirksamkeit von Medikamenten nur für einige Personen nachgewiesen. Ähnlich vorsichtig äußern sich auch Singh und Mitarbeiter (SINGH, SINGH & ELLIS, 1992). Mit Recht erheben die Autoren die Forderung nach mehr Studien mit einer guten methodischen Kontrolle (Doppelblindstudie mit Untersuchung von Placeboeffekten), um die Wirkungsweise des überprüften Medikaments wirklich beurteilen zu können.

Wir ziehen jedoch noch einen anderen Schluß aus diesem Überblick. Je schlechter eine Studie methodisch durchgeführt ist, desto besser wirkt offenbar das Medikament. Wir meinen: Es ist nicht das Medikament, das besser wirkt, sondern es sind die gesamten psychischen und sozialen Begleitumstände, die sich bei wenig kontrollierten Studien zwangsläufig einstellen, z.B. die positive Erwartungshaltung des Personals, endlich Entlastung und Besserung zu erfahren, die veränderte Aufmerksamkeit und Zuwendung gegenüber dem behinderten Menschen, die er erfährt, wenn die Versuchspersonen gespannt auf die Wirkung des Medikaments warten, die Entlastung der Bezugspersonen von pädagogischer Verantwortung (wenn ein Medikament hilft, dann muß es ja wohl organisch sein) – um nur einige Wirkfaktoren zu nennen. Uns jedenfalls scheinen die Studien einen deutlichen Hinweis darauf zu liefern, daß es in aller Regel *nicht* die Biochemie im Gehirn ist, die selbstverletzendes Verhalten aufrecht erhält oder chemisch beeinflußt zum Verschwinden bringt. Plausibel scheint uns ein solcher Zusammenhang bisher allenfalls beim Prader-Willi-Syndrom möglich zu sein (HELLINGS & WARNOCK, 1994).

Diese Einschätzung des Forschungsstandes deckt sich auch mit unseren eigenen Erfahrungen. Wir haben mehr als einmal einen „nicht behandelbaren" geistig behinderten Menschen mit selbstverletzendem Verhalten erfolgreich behandeln können, der in seiner Krankenakte alle nur denkbaren Kombinationen und Dosierungen von Psychopharmaka vorzuweisen hatte.

2. In jüngster Zeit werden vermehrt Studien veröffentlicht, die eine differenzierte Herangehensweise an Problemanalyse und Therapieplanung wählen und mit Therapieerfolgen belegen, die sonst nicht erzielt worden wären (beispielsweise IWATA et al., 1994a; 1994b; VOLLMER et al., 1993). Kennzeichnend für diese Studien ist jedoch, daß sie sich in ihrer Problemanalyse nach wie vor eng an das konkrete selbstverletzende Verhalten des behinderten Menschen halten. Daß dies allein nicht mehr genügen wird, darauf weisen LERMAN und IWATA (1993) sowie STURMEY (1994) hin. In der europäischen Diskussion wird daher in letzter Zeit immer öfter der Ruf nach einem ganzheitlichen integrativen Ansatz erhoben, der über eine konkrete Verhaltensanalyse deutlich hinausgeht (DOSEN, 1994), wobei hier vor allem die deutschsprachige Literatur vermehrt auf die bereits 1988 von uns vorgestellte integrative Vorgehensweise zurückgreift (LINGG, 1995; SCHUCKER, 1994; KLAUSS, 1995; MÜHL, NEUKÄTER & SCHULZ, 1996). Der Denkprozeß hin zu einer ganzheitlichen umfassenden Problemsicht selbstverletzenden Verhaltens ist in Europa weiter fortgeschritten als in der angloamerikanischen Fachliteratur. Einigkeit besteht jedoch darin, daß es keine starren Regeln für eine Indikation von bestimmten Therapiemaßnahmen geben kann, sondern daß es im Grunde darauf ankommt, für jede Problemlage neu einen Maßanzug der Intervention zu schneidern (IWATA et al., 1994b).

3. Erfreulicherweise gibt es einen deutlichen Trend zu Langzeituntersuchungen, um die Wirkungsweise von Interventionen auf lange Sicht zu

untersuchen. Neben unseren eigenen Studien (ELBING & ROHMANN, 1993; 1994) sind hier u.a. die Arbeiten von JENSEN und HEIDORN (1993), Linscheid und Mitarbeitern (LINSCHEID, HARTEL & COOLEY, 1993) sowie Ricketts und Mitarbeiter (RICKETTS, GOZA & MATESE, 1993) zu nennen. LOCKWOOD und WILLIAMS (1994) sowie Williams und Mitarbeiter (WILLIAMS, KIRKPATRICK-SANCHEZ & CROCKER, 1994) legen weitere Studien vor. Erfreulich hierbei auch für die fachliche Diskussion, daß nicht nur Erfolge, sondern auch langfristig weniger stabile und erfolgreiche Verläufe berichtet werden (ELBING & ROHMANN, 1993; LINSCHEID, HARTEL & COOLEY, 1993). Es ist also möglich, selbstverletzendes Verhalten dauerhaft und stabil deutlich zu verbessern, auch wenn auf lange Sicht natürlich die einzelnen Wirkfaktoren nicht mehr voneinander isoliert werden können.

4. Ein alter Trend setzt sich erfreulicherweise weiter fort; es werden nämlich weiterhin Studien veröffentlicht, die den Abbau oder Rückgang selbstverletzenden Verhaltens mit der Entwicklung von kommunikativen Fähigkeiten und Verhaltensalternativen in Zusammenhang bringen. Hier fühlen wir uns in unserer eigenen Arbeit (ELBING & ROHMANN, 1993) durch Studien wie z.B. von Lerman und Mitarbeitern (LERMAN, IWATA, SMITH & VOLLMER, 1994), LOCKWOOD und WILLIAMS (1994), Roberts und Mitarbeitern (ROBERTS, MACE & DAGGETT, 1995), ROBINSON und OWENS (1995), Turner und Mitarbeitern (TURNER, REALON, IRVIN & ROBINSON 1996) sowie Williams und Mitarbeitern (WILLIAMS, KIRKPATRICK-SANCHEZ & CROCKER, 1994) bestätigt. In ähnlicher Weise bestätigen auch neuere Untersuchungen den Zusammenhang zwischen dem Ausmaß der geistigen Behinderung und dem Auftreten selbstverletzenden Verhaltens (MEINS, 1994; POUSTKA & LISCH, 1993). Im Umkehrschluß bestätigt das erneut die Bedeutung, die der Mitteilungsfähigkeit und den Mitteilungsmöglichkeiten bei der Behandlung selbstverletzenden Verhaltens zukommt. Unterstützung für die kommunikationstherapeutische Perspektive kommt hierbei auch von unerwarteter Seite. So berichten Linscheid und Mitarbeiter (LINSCHEID, PEJEAU, COHEN & FOOTO-LENZ, 1994) über den positiven Seiteneffekt einer besseren und vermehrten Interaktion im Zuge einer Elektroreizbehandlung. Aus kommunikationsorientierter systemischer Sicht lässt sich hierzu nur anmerken, daß dieser Befund weiter nicht verwunderlich ist. Vielmehr stellt sich die Frage, ob die Kommunikationsverbesserung nicht auch ohne die Elektroreiztherapie erreichbar gewesen wäre.

Nachdem sich nun auch die amerikanische Literatur mit den „passiven Interventionen“ (PYLES & BAILEY, 1992) einer integrativen und systemischen Perspektive zu öffnen beginnt, sehen wir uns mit der Vier-Strategien-Konzeption durch die aktuelle Literatur bestätigt, die wir bereits 1992 in der Weiterentwicklung des Ansatzes von Rohmann und Hartmann (1988) vorgestellt haben. Im vorliegenden Buch verarbeiten wir 10 Jahre praktische Erfahrung mit der Vier-Strategien-Konzeption, die seit Veröffentlichung von 1988 vergangen sind. Diese Erfahrung ermutigt uns zusammen mit der Entwicklung der fachlichen Diskussion (siehe oben), eine psychologische Perspektive für die Behandlung selbstverletzenden Verhaltens zu vertreten, die pragmatisch systemisch orientiert ist (nachdem Herr Petzold den Begriff der integrativen Therapie für sich besetzt hat) und die Dialogfähigkeit der Beteiligten als Drehscheibe von Veränderung und Entwicklung in den Mittelpunkt stellt.

Das vorliegende Buch ist in zwei große Teile gegliedert. Der erste Teil befaßt sich mit einer differenzierten Problemanalyse und der Interventionsplanung in pragmatisch systemischer Perspektive. In diesem Teil wird auch schwerpunktmäßig die aktuelle Literatur zur Behandlung selbstverletzenden Verhaltens integriert. Wir haben hierbei bewußt darauf verzichtet, auf die fachlich verzwickte Diskussion zu den biochemischen Wirkprozessen im Gehirn einzugehen, da die bisher daraus abgeleiteten Konsequenzen in Form von medikamentöser Therapie zumindest derzeit keine wirkliche Alternative anbieten können. Der erste Teil zeigt auf, wie für einen geistig behinderten Menschen mit selbstverletzendem Verhalten eine solide, differenzierte und aussagekräftige Problemanalyse erstellt werden kann, aus der auch ein therapeutisches Konzept entwickelt werden kann.

Der zweite Teil stellt die Interventionen konkret und praktisch vor, die dann im zuvor maßgeschneiderten Interventionskonzept angewendet werden. Auch sie folgen wie bereits schon in Problemanalyse den Schwerpunkten der Vier-Strategien-Konzeption, die sich wie ein roter Faden der Orientierung durch das Buch zieht. Einschlägige verhaltenstherapeutische, körpertherapeutische und systemische Interventionen stehen zusammen mit den Methoden der Kommunikationstherapie im Mittelpunkt; sie werden in ihrer Logik und Wirkweise konkret und mit anschaulichen Beispielen beschrieben. Neben der Kommunikationsentwicklung steht das Prinzip der therapeutischen Unberechenbarkeit im Zentrum der Überlegungen. Damit stellen wir ein Konzept vor, das wir in unseren früheren Veröffentlichungen bereits angedeutet und inzwischen systematisch weiterentwickelt haben. Ausgangspunkt ist hierbei die leidige Erkenntnis, daß sich unsere behinderten Partner sehr schnell an neue Regeln und Gesetzmäßigkeiten unseres therapeutischen Handelns anpassen können, ohne das selbstverletzende Verhalten aufzugeben. Symptom- oder Funktionsverschiebung des Verhaltens sind die Folge. Unsere Überlegungen zu diesem Thema sind sicher die ungewöhnlichsten und innovativsten in diesem Buch.

Ungewöhnlich ist auch, daß wir das Kapitel über die Begriffsbestimmung und das Vorkommen selbstverletzenden Verhaltens nicht an den Anfang, sondern in die Mitte zwischen ersten und zweiten Teil plaziert haben. Verhalten zu definieren bedeutet auch immer, ein bestimmtes Verständnis dessen zu entwickeln, was man da zu sehen bekommt. Unser Vorgehen in der Problemanalyse, Zielfindung und Interventionsplanung des ersten Teils entwickelt für den Leser unser Grundverständnis, das dann in die Begriffsbestimmung des Definitionskapitels einfließt.

Psychotherapie mit geistig behinderten Menschen gewinnt als Thema in der fachlichen Diskussion gerade in letzter Zeit zunehmend an Beachtung wie die Veröffentlichungen in letzter Zeit belegen (z.B. LOTZ, KOCH & STAHL, 1994; LOTZ, STAHL & IRBLICH, 1996). Es ist weder sinnvoll noch ist es uns möglich, unseren Beitrag zu dieser Diskussion in diesem einen Buch zu konzentrieren. Wir haben deshalb das vorliegende Buch so konzipiert, daß es auf der einen Seite ein geschlossenes Ganzes wird, so daß keine weiteren Bücher nötig sind, um mit diesem Buch arbeiten zu können. Auf der anderen Seite haben wir in dieses Buch Schnittstellen eingearbeitet, die eine mühelose Erweiterung und Ergänzung durch andere bereits vorliegende oder demnächst erscheinende Veröffentlichungen ermöglichen. So greift der erste Teil dieses Buches mit der Problemanalyse die Überlegungen auf, die in ELBING (1996) vorgestellt worden sind. Umgekehrt bieten unsere Ausführungen zur Kommunikation und ihrer therapeutischen Bedeutung in diesem Buch ein Bindeglied zu unserem Band über Kommunikationstherapie, der kurz nach diesem Buch erscheinen wird. Weil das vorliegende Buch den pragmatischen systemischen Ansatz insgesamt in den Mittelpunkt stellt, ist hier die Kommunikationstherapie unter anderen Aspekten eingereiht. Ihre zentrale Bedeutung verdient es jedoch, ihr einen eigenen Band zu widmen, zumal wir dort auch die neuesten Entwicklungen im Bereich der therapeutischen Interventionen sowie dazugehörige Forschungsbefunde darstellen können, die den Rahmen dieses Buches sprengen würden.

Und zum Schluß eine

Warnung: *Dieses Buch ist satirehaltig! Die gefährdeten Abschnitte sind kursiv gekennzeichnet...*

Das Gelächter ist des Glaubens letzte Hoffnung, hat schon Harvey Cox gemeint. Wir meinen das auch – gerade angesichts unseres Themas.

Erster Teil:

Selbstverletzendes Verhalten – Problemverständnis und Veränderungsplanung

1. Welche Rahmenbedingungen sind für Entwicklung, Veränderung und ihre Gestaltung notwendig?

1.1 Die Grundlagen der Veränderung

> Ein junger Heilerziehungspfleger fragt nach Rat: „Ich will mit einem Bewohner intensiver arbeiten, der schon lange autoaggressiv ist. Sie sind da doch Experte. Welcher Intervention würden Sie den Vorzug geben: Ignorieren, bestrafen oder paradox reagieren?“

Die Frage ist verständlich.
Sie ist aus unserer Sicht jedoch so, wie sie gestellt ist, nicht beantwortbar. Mehr noch: Es wäre falsch und darüber hinaus unethisch, sie so zu beantworten. Wie aber dann? Blickt man in die Literatur, die sich mit selbstverletzendem Verhalten beschäftigt, so findet sich eine große Fülle sehr heterogener Ursachenzusammenhänge und Behandlungsansätze. So berichten z.B. POWELL et al. (1996) über den Zusammenhang mit Selbstfixierung oder AMAN (1993) über medikamentöse Therapie; Sternberg und Mitarbeiter (STERNBERG, TAYLOR & BABKIE, 1994) geben einen Überblick über die Vielfalt der Behandlungsansätze. Erst kürzlich hat HETTINGER (1996) der deutschsprachigen Leserschaft einen umfangreichen Überblick mit dem Schwerpunkt auf der angloamerikanischen Literatur vorgelegt, so daß wir diese Arbeit nicht mehr leisten, sondern allenfalls zu ergänzen brauchen.
Grundsätzlich zeigt aber die Literatur ein großes Problem für den Leser auf, der wissen will, was er tun kann oder soll:

> Es handelt sich in der Regel um Einzelfallstudien oder um Studien mit sehr kleinen untersuchten Personengruppen (z.B. für viele: GOH & IWATA, 1994; JOHNSON, JOHNSON & SAHL, 1994; LERMAN, IWATA, SMITH & VOLLMER, 1994; RICKETTS et al., 1994a; ZARCONE, IWATA, VOLLMER & JAGTIANI, 1993; ROBERTS, MACE & DAGGETT, 1995; mit 12 Personen präsentieren DUKER & SEYS, 1996 bereits eine der „großen“ Studien). Oft ist deshalb nicht ersichtlich, warum gerade bei dieser Person mit dieser Problematik genau diese Maßnahme erfolgreich war (oder auch nicht). Die Frage: „Und was soll ich mit *meinem* behinderten Gegenüber tun?“ muß daher häufig offen bleiben.

Das Buch ist nicht die Antwort auf diese Frage, sondern vielmehr ein Leitfaden, um sich eine vielschichtige und facettenreiche Antwort selbst zu erarbeiten. Es enthält deshalb zwei große Teile:
Der erste Teil führt durch den Prozeß der Problemanalyse hin zur Planung konkreter, aufeinanderbezogener Maßnahmen, und der zweite Teil bietet das Stellen sowie die Beantwortung praxisorientierter Fragen und stellt neue und bewährte therapeutische Methoden vor, die den jeweils verschiedenen Problemfeldern zugeordnet sind.

Hierbei bilden die Möglichkeiten der Kommunikationsgestaltung die zentrale Drehscheibe der Veränderung.
Gleichgültig, welchen Zugang wir auch wählen – ohne Kommunikation mit dem behinderten Gegenüber geht es nicht, wie schon Watzlawick und Mitarbeiter (Watzlawick, Beavin & Jackson, 1969) grundsätzlich klarstellten.
Und wenn dem schon so ist, so sollte man sich die Chancen darin beherzt zunutze machen.

> Das Ziel des Konzeptes ist es, einen Maßanzug zu fertigen, der nicht nur der Persönlichkeit des geistig behinderten (anders-fähigen) Menschen, sondern auch den Menschen und Strukturen seines Umfeldes angemessen ist.

Es geht also nicht um ein therapeutisches Schnittmuster, das für alle Problem- und Lebenslagen paßt, sondern eher um eine Anleitung zum Schneidern. Zuvor sollen jedoch einige Grundannahmen erläutert werden, die diesem Konzept zugrunde liegen.

1.2 Veränderung ist ein ganzheitlicher, d.h. holistischer psychischer und sozialer Prozeß

Verändert sich ein Mensch wirklich, so wird er durch seine Veränderung das gesamte soziale Gefüge mit in Bewegung bringen, in dem er lebt. Dies ist sogar mit einer gewissen Zwangsläufigkeit der Fall, denn Veränderung bedeutet, sich anders zu verhalten, anders in Beziehung zu treten und anders zu gestalten als bisher. Und da keiner der sozialen Partner des sich verändernden Menschen die Zeit zurückdrehen kann wie einen Videofilm und das Veränderte durch das alte Muster ersetzen kann, kann er gar nicht anders, als sich damit auseinandersetzen.
Er kann die Veränderung ablehnen, sie gutheißen, für sich als unbedeutend oder bedeutungsvoll erklären – indem er auf etwas reagieren muß,

das vorher so nicht war, ist auch er ein Teil des Änderungsprozesses und hat darin eine spezifische Funktion und Rolle.
Der Umstand, daß Änderungsprozesse stets einen ganzheitlichen Charakter haben, gewährleistet jedoch noch nicht, daß ein Änderungsprozeß wirklich gelingt und auch zu effektiven und überdauernden Veränderungen führt. Hierzu ist für die beteiligten Personen mehr erforderlich als nur notgedrungen Teil des Veränderungsprozesses zu sein.

Je mehr die an einem Änderungsprozeß Beteiligten die Verantwortung für ihren angemessenen Anteil daran übernehmen, desto effektiver und erfolgreicher verläuft der Veränderungsprozeß.

Dies bedeutet nichts anderes, als im eigenen Verantwortungsbereich den eigenen Änderungs- und Entwicklungsprozeß voranzutreiben, auch wenn die betreffende Person nur mittelbar am ursprünglich benannten Problem teilhat.

Folgende Konsequenzen können hieraus für die Rolle des Therapeuten und sein Therapieverständnis gezogen werden:
Zunächst einmal liegt ein wichtiger Anteil der Verantwortung eines Therapeuten darin, sich selbst als Teil des sozialen Gefüges zu begreifen, das mit dem Problem befaßt ist. Dazu gehört es, für seinen eigenen Lern- und Veränderungsprozeß Sorge zu tragen und ein Therapieprojekt immer auch als eigenes berufliches und persönliches Lernfeld zu begreifen.
Vor diesem Hintergrund ist der Therapeut als Veränderungsagent zuständig dafür, den Änderungsprozeß in diesem ganzheitlichen Sinne anzuregen und zu steuern. Er wird also das soziale System, in dem der geistig behinderte (anders-fähige) Mensch mit dem beschriebenen Problem lebt, in seine Überlegungen und Interventionen einbeziehen, soweit es ihm zugänglich ist.

Seine Zuständigkeit umfaßt also weit mehr als die verantwortliche Gestaltung einer Einzeltherapie. Je nachdem, welche Ergebnisse eine Problemanalyse erbracht hat, kann es beispielsweise erforderlich werden, in einer sozialen Einrichtung die Veränderung von Leitungsstrukturen und Gepflogenheiten mit zu bedenken und voranzutreiben.

Gelingt es, einen Änderungsprozeß in Gang zu setzen, so unterstützen sich die beiden Grundsätze wechselseitig. Denn je mehr ein Änderungsprozeß Platz greift, umso weniger können sich alle Beteiligten seinem Wirken entziehen.

Sie können in wachsendem Maße wahrnehmen, was ihr eigener Anteil und damit ihre eigene Lernchance in diesem Prozeß ist. Und umgekehrt gewinnt der Änderungsprozeß an Wirksamkeit mit jeder weiteren Person, die beginnt, ihre eigene Verantwortung am Veränderungsprozeß aktiv wahrzunehmen.
Auf diese Weise kann der Änderungsprozeß eine Eigendynamik entfalten, die nicht zuletzt auch den Therapeuten trägt. Es gibt also keinen Grund, angesichts der Komplexität des Änderungsprozesses zu verzagen oder aber angetrieben von der eigenen Grandiosität auch noch der letzten Verästelung zu folgen und dadurch zu scheitern.
Solides Handwerk ist aber allemal erforderlich, und wie es auf einer solchen Grundlage gelingen kann, ohne Selbstüberforderung erfolgreich Änderungsprozesse zu gestalten, wird der Schwerpunkt dieses Buches sein.

1.3 Entwicklungsziel Autonomie

Autonom leben bedeutet bewußt zu handeln, sich mitzuteilen und anderen Menschen verbunden zu sein (Berne, 1983, S. 244-247).
Im Verbundensein mit anderen kommen alle Fähigkeiten zum Tragen. Sie zeigen sich in der „spontanen (...) Offenheit eines bewußten Menschen", zu lieben und Liebe anzunehmen (Berne, 1983, S. 248).

Unabhängig davon, in welchen Verstehenshorizont man Begriffe wie **Heil und Heilung** stellen will und ob man nun Heilung für möglich hält oder nicht, lassen sich hieraus für die Veränderung von Entwicklungsprozessen mit geistig behinderten (anders-fähigen) Menschen die folgenden Perspektiven ableiten:

> Zunächst und ganz grundsätzlich setzt Autonomie voraus, daß der Mensch entscheidungs- und handlungsfähig ist. Wenn ein Mensch nicht in der Lage ist, autonom zu handeln, so ist ihm seine Fähigkeit nicht oder nur in eingeschränkter Weise zugänglich, selbst zu entscheiden oder aktiv zu handeln.

Das Potential hierzu trägt er aber in sich. Im Falle geistiger Behinderung (Anders-Fähig-Sein) ist stets jedoch mit zu bedenken, daß fehlende Entscheidungs- und Handlungsfähigkeit auch die Konsequenz einer hirnorganischen Schädigung sein kann oder aber daß sich die Entscheidungs- und Handlungsfähigkeit noch gar nicht entwickeln konnte, was die günstigere Annahme ist.

Je nachdem, auf was für einem Entwicklungsniveau sich der geistig behinderte (anders-fähige) Klient befindet und welche Form der Störung sich entwickelt hat, kann das Therapieziel Autonomie auch sehr elementar das Entwickeln erster und einfacher Formen von Entscheidungs- und Handlungsfähigkeit bedeuten.
Bei schweren, mit Kontrollverlust verbundenen selbstverletzendem Verhalten ist das Wiederherstellen der Fähigkeit, sich zwischen Selbstverletzung und einer anderen Form der Selbstberührung entscheiden zu können, häufig genug bereits ein recht ehrgeiziges Therapieziel (vgl. ROHMANN & HARTMANN, 1988, sowie KLAUSS, 1995).

Was Handlungsfähigkeit konkret für schwer geistig behinderte Menschen bedeuten kann, haben SCHULTE-PESCHEL und TÖDTER (1996) eingehend verdeutlicht. Je nach dem Stand der kognitiven Entwicklung muß angemessen konkret gemacht werden, was Entscheidungs- und Handlungsfähigkeit für einen bestimmten geistig behinderten (anders-fähigen) Menschen bedeuten.
Die Spanne kann dann von der einfachen Wahl zwischen zwei Lieblingstätigkeiten oder dem Herstellen von Geräuscheffekten bis hin zur eigenen Entscheidung dafür reichen, manipulative Manöver nicht mehr mitzumachen.

Entscheidend ist nicht, wie anspruchsvoll die eigene Entscheidung ist. Vielmehr kommt es darauf an, daß der eigene Form- und Gestaltungswille das Handeln deutlich leitet.

Wichtiger als den einen oder anderen Aspekt von Autonomie in den Vordergrund zu stellen ist es jedoch, Autonomie nicht als eine Eigenschaft oder einen Zustand, sondern als eine dynamische Größe zu begreifen.
Autonomie ist nicht wie ein Berggipfel, den man erst nach einem langen und erfolgreichen Anstieg ganz zum Schluß erreicht.
Autonomie kann vielmehr als Eigenschaft begriffen werden, die jedem gelungenen Entwicklungs- und Integrationsschritt der Persönlichkeit zukommt.

Das Kleinkind, das eine Rassel absichtsvoll statt zufällig berührt, um das Geräusch zu erzeugen, hat damit ebenso seine Autonomie entfaltet wie der erwachsene Mensch, der die einengende Isoliertheit seiner Partnerbeziehung hinter sich läßt und mit seinem Partner eine neue Form der Nähe lebt.

Gerade die Arbeit mit geistig behinderten (anders-fähigen) Menschen lehrt aber auch, daß selbst im günstigen Falle Entwicklungsprozesse nicht gleichbedeutend mit unbegrenztem Wachstum sind. Je nach Behinderungsart und den gleichermaßen förderlichen wie einschränkenden Rahmenbedingungen eines Lebensfeldes wird es Integrations- und Entwicklungsschritte geben, die für diese Person in diesem ihrem Umfeld nicht zugänglich sind und möglicherweise auch bei sonstiger Umfeldgestaltung unzugänglich bleiben.

Dies im gegebenen Falle zu akzeptieren, ist sicher auch ein Thema in der herkömmlichen Psychotherapie. Unsere therapeutische Erfahrung weist darauf hin, daß für geistig behinderte(anders-fähige) Menschen, die über keine aktive Sprache verfügen, nach derzeitigem Stand der Therapiemöglichkeiten die Spielentwicklungsphase des vertikalen Konstruktionsspiels erreichbar ist und auch sehr differenzierte Formen annehmen kann. Möglicherweise können sogar komplexe Turmkonstruktionen von mehreren Metern Höhe entstehen. Der qualitative Sprung vom Bauen in die Höhe zum Bauen in die Breite bleibt diesem Personenkreis jedoch meist verschlossen.

Können die geistig behinderten (anders-fähigen) Klienten dagegen Sprache aktiv verwenden, so können sie in der Regel die horizontale Bauphase verbunden mit ersten Symbolisierungen erreichen, in der sie z.B. eine Reihe nebeneinander gelegter Bausteine als Straße bezeichnen. Somit gewinnt diese Phase eine große Bedeutung als Durchgangsstadium zur Entwicklung von Symbol- und Rollenspiel, was der nicht sprechenden Gruppe dadurch auch verschlossen bleibt.

Diese Grenze hat große Bedeutung weit über das Spiel im engeren Sinn hinaus. So können zentrale Qualitäten in der Beziehungsnahme nicht oder nur in Ansätzen entwickelt werden, wie z.B. das einfühlsame Verständnis für einen anderen Menschen, das seine Wurzel in der spielerischen Rollenübernahme hat.

Jedoch erreicht der geistig behinderte (anders-fähige) Mensch, der kunstvolle Turmkonstruktionen realisiert, hierin seinen ihm möglichen Grad der Autonomie im gegebenen Lebenskontext.

Geht es also darum, Ziele für ein Therapievorhaben zusammen mit einem geistig behinderten (anders-fähigen) Menschen zu definieren, so ist es wichtig, nicht durch einen hochgespannten Heilungsanspruch den geistig behinderten (anders-fähigen) Menschen und seine tatsächlich vorhandenen Potentiale zur Entwicklung seiner Autonomie abzuwerten und im gleichen Atemzug die eigenen therapeutischen Möglichkeiten grandios überzubewerten.

Eine realistisch gefaßte Zielperspektive dagegen kann bereits heilende Wirkung entfalten, eben *weil* sie erreichbar ist.

Bedenkt man den holistischen (ganzheitlichen) Charakter von Änderungsprozessen und die Bedeutung einer angemessenen Übernahme von Verantwortung aller daran Beteiligten, so wird deutlich, daß bereits das **Finden von sinnvollen und erreichbaren Zielen** für alle Beteiligten einschließlich des Therapeuten bereits ein prozeßhaftes Geschehen ist. Gerade dieser Prozeß hat heilsame Wirkung und entscheidet ganz maßgeblich über Gelingen oder Mißlingen des gemeinsamen Vorhabens. Das nächste Kapitel wird diesen Aspekt näher erläutern.

1.4 Änderungsverträge

Wenn jemand die Hilfe eines Profis in Anspruch nimmt, so schließen beide eine Abmachung oder einen Vertrag ab, der die gegenseitigen Rechte, Pflichten und Leistungen regelt, z.B. eine fachgerecht ausgeführte Reparatur und eine angemessene, pünktliche Bezahlung.

Für professionelle Hilfe im „Psychobereich" ist das im Prinzip nicht anders, allerdings sind hier die Abmachungen und Verträge häufig reichlich unklar – und damit die erste große Fehlerquelle in einem Veränderungsprojekt.
Bereits Berne hat deshalb großen Wert darauf gelegt, daß zu Beginn einer Therapie Klient und Therapeut miteinander aushandeln, welchem Ziel die Therapie dient, welchen Anteil Therapeut und Klient zum Erreichen dieses Zieles beitragen werden und wie die Bedingungen des hierzu gewählten Arbeitsrahmens geschaffen sind.
Bernes Idee war es, im Gegensatz zum herkömmlichen Arzt-Patienten-Verhältnis dem Klienten auch in der therapeutischen Situation zuzugestehen, was er ist, nämlich ein erwachsener Mensch, der grundsätzlich in der Lage ist, für sich und das, was er will, geradezustehen und seine Verantwortung für sein Wollen, Fühlen, Denken und Handeln zu übernehmen. Gleichzeitig trägt Berne damit auch dem Realitätsprinzip Rechnung, denn der Klient ist Auftraggeber einer Dienstleistung, für die er bezahlt und nicht ein beklagenswertes Opfer, dem mildtätige, weil unentgeltliche Hilfe zuteil wird.

Berne hat drei Arten von Verträgen unterschieden:
(1) Der Geschäftsvertrag regelt die zu erbringende Leistung, die Bezah-

lung, den zeitlichen Umfang und die formalen Rollen aller Beteiligten (vgl. zum Geschäftsvertrag in der sozialen Arbeit auch DRUDE, 1994).
(2) Der Behandlungs- oder Veränderungsvertrag legt das gemeinsame Ziel der Maßnahme und die Art fest, in der alle Beteiligten aktiv den Veränderungsprozeß mitgestalten.
(3) Der psychologische Vertrag heißt so in Anlehnung an die psychologische oder verdeckte Ebene in der Kommunikation; er beinhaltet unbewußte, verdeckte Vereinbarungen.
Wie bereits WATZLAWICK et al. (1969) ausführte, sind sie die eigentlich wirksamen Abmachungen, und es gilt für den Therapeuten, sie herauszufinden und aufzudecken (vgl. STEWART, 1992, S. 87).
Berne beschreibt eindrucksvoll, wie die drei Verträge zu handhaben sind, wenn der Therapeut im Rahmen einer Organisation (Heim, Klinik usw.) arbeitet:

„Bevor nicht alle drei Aspekte der Verträge... mit der Organisation und den Patienten... im Voraus bedacht worden sind, wird sich der Therapeut zu einem späteren Zeitpunkt überrascht und mit einem erheblichen Verlust an investierter Zeit und Energie wiederfinden.
In dieser Anfangsphase ist vor allem kein Platz für Naivität und unkritisches Akzeptieren von allgemein gehaltenen Erklärungen guten Willens. Der Therapeut sollte sich skeptisch oder sogar zynisch fernhalten, bis er seine klinischen Kenntnisse dazu benutzt hat, um die wirklichen Ziele aller Beteiligten einzuschätzen – auch seine eigenen. Erst nachdem er die volle, bewußte Wahrnehmung dieser Möglichkeiten erlangt hat, kann er sich den Luxus leisten, ein guter Kamerad zu sein“ (BERNE, 1966, S. 19; zitiert nach STEWART, 1992; Übers. d. Verf.).

Nun ist unabhängig vom institutionellen Kontext der geistig behinderte (anders-fähige) Mensch in den seltensten Fällen Auftraggeber seiner eigenen Therapie.
In der Regel wird der Therapeut von dritter Seite beauftragt, eine therapeutische Maßnahme durchzuführen, wobei der Auftrag meist dem Motto folgt:

„**Du** (Therapeut) heile **ihn** für **uns**“.

Hierdurch ergibt sich eine Dreieckskonstellation zwischen Auftraggeber, Leistungserbringer und Leistungsempfänger.
Dieser geschäftlichen Dreiecksbeziehung ist jedoch verdeckt eine andere Struktur unterlegt, die sich in dem oben formulierten Anliegen andeutet. Denn auf der verdeckten Ebene besteht das Anliegen darin, daß die

auftraggebende Seite, die sich vom geistig behinderten (anders-fähigen) Menschen zum Opfer gemacht sieht, vom Therapeuten durch Einwirkung auf den Übeltäter errettet werden will.
Somit konstelliert sich in der geschäftlichen Dreiecksbeziehung ein **gefährliches psychologisches Bermudadreieck**.
Folgt nun der Therapeut ungeprüft diesem Ansinnen, so übernimmt er die ihm zugedachte Rolle. Damit sind dann bereits die Prozesse selbsterfüllender Prophezeiungen in Gang gesetzt, an deren Ende alle Beteiligten ihr einschränkendes Selbst- und Weltbild bestätigen werden, anstatt es hinter sich lassen zu können.

Die klassische Verhaltenstherapie z.B. ist gerade in sozialen Institutionen in Gefahr, durch ihren symptomorientierten Ansatz in eine solche Rolle zu kommen. Durch ihren direktiven Zugang kann sie den geistig behinderten (anders-fähigen) Klienten leicht zu Anpassungsleistungen bringen, auf diese Weise Trainingseffekte erzielen und gerade dadurch wichtige Änderungsprozesse blockieren.
Symptomverschiebungen z.B. sind ein guter Hinweis auf Anpassung: Die Person schlägt nicht mehr zu, dafür näßt sie jetzt ein. LERMAN et al. (1994a) weisen ebenfalls auf solche Probleme hin. Diese Verschiebung kann ein wichtiger Zwischenschritt sein. Um dann nicht dem nächsten Symptom nachzulaufen, wird es jedoch nötig sein, die einzelnen verhaltenstherapeutischen Maßnahmen in einen größeren Rahmen zu stellen.

In der Wahl des therapeutischen Ansatzes die Zuschreibung zu akzeptieren, daß der geistig behinderte (anders-fähige) Mensch „das Problem“ ist, verstärkt in fataler Weise die destruktiven Anteile im Selbst- und Weltbild eines geistig behinderten (anders-fähigen) Menschen: Denn es gehört zu seinen elementaren Erfahrungen, daß er nicht in Ordnung ist, so wie er ist.

Ihn zum Problem zu machen bedeutet darüberhinaus, ihn zuständig zu machen für das Wohlergehen der Bezugspersonen. Hierdurch entsteht für ihn eine paradoxe Situation: Er ist inakzeptabel bis unzurechnungsfähig, gleichzeitig aber zuständig für das Wohl seiner Bezugsperson.

Die Systemische Familientherapie weist die Zuschreibung des Problems an eine bestimmte Person schon im Ansatz konsequent zurück, indem sie die beobachtbaren Symptome beim sogenannten identifizierten Patienten als Ausdruck und Konsequenz einer Störung betrachtet, die im sozialen System dieser Person zu vermuten ist. Klassischerweise ist dieses System die erweiterte Familie mit Eltern, Geschwistern, Großeltern,

Onkeln, Tanten und allen Personen, die im täglichen Leben eine relevante Rolle spielen (Rotthaus, 1989; 1990).

Um nun die geschäftliche Dreieckskonstellation nicht zum Bermudadreieck werden zu lassen, hat es sich bewährt, die Aufgaben und Rollen mit Hilfe des **Dreieckvertrages** nach English (1975) zu klären.

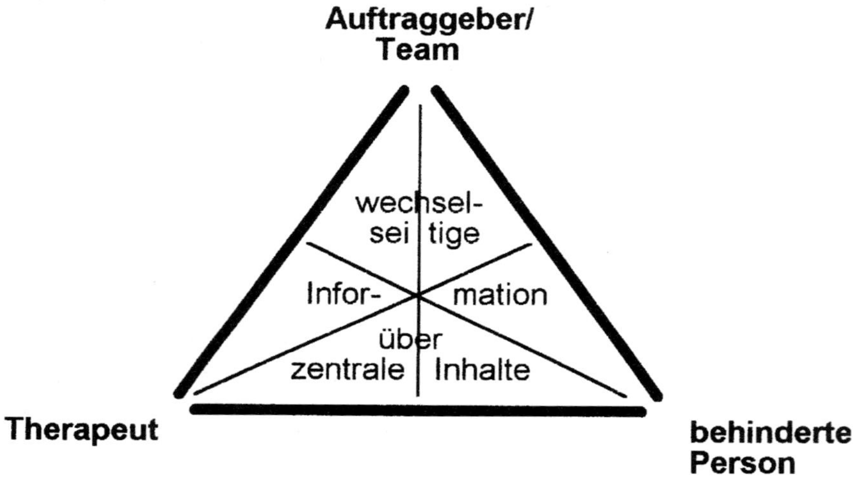

Abbildung 1: Der Dreiecksvertrag

English schlägt vor, daß jede Vertragspartei mit den jeweils anderen Parteien einen Vertrag über das gemeinsame Vorhaben abschließt, wobei die jeweils dritte Partei über den Vertrag zwischen den ersten beiden informiert sein muß.
Die Logik des Dreiecksvertrages wird deutlich, wenn beispielsweise ein Dienstvorgesetzter einen Supervisor mit der Supervision eines Teams beauftragt.
Damit eine vertrauensvolle und entspannte Arbeit möglich ist, müssen die Mitarbeiter im Team darüber im Bilde sein, welchen Vertrag der Supervisor mit dem Dienstvorgesetzten hat. Umgekehrt benötigt der Supervisor gültige Informationen darüber, welchen Vertrag der Dienstvorgesetzte mit seinem Team hat und welche Erwartungen er an seine Mitarbeiter mit Supervision verknüpft und was diese von ihm an Unterstützung oder Kontrolle erwarten.

Und schließlich benötigt der Dienstvorgesetzte Informationen über das Arbeitsbündnis zwischen Supervisor und Team, um Phantasien über eine bevorstehende Palastrevolte frühzeitig zu begegnen und keinen Nährboden für Mißtrauen zu geben (vgl. auch MICHOLT, 1992).
Lern- und leicht geistig behinderte Menschen sind einsichtsfähig genug und sicher in der Lage, ihre eigene Rolle beim Aushandeln der Verträge aktiv wahrzunehmen, wie beispielsweise die Erfahrungen mit Heimbeiräten und Werkstatträten in WfBs zeigen.
Um den Dreiecksvertrag jedoch in der Arbeit mit schwerer geistig behinderten Menschen einzusetzen, die zudem nicht oder kaum über die Sprache als Kommunikationsmittel verfügen, sind einige zusätzliche Überlegungen erforderlich.

1.4.1 Der Vertrag zwischen den Bezugspersonen und dem Therapeuten und seine Transparenz für den geistig behinderten (anders-fähigen) Menschen

Das wichtigste Ziel des Vertrages zwischen Therapeut und Bezugspersonen ist, daß die Bezugspersonen eine aktive Rolle im Änderungsprozeß übernehmen. Sie sollen sich eigene Ziele setzen und die Verantwortung für ihr eigenes Wohlergehen nicht länger an den geistig behinderten (anders-fähigen) Menschen delegieren (bzw. alternativ an einen Vorgesetzten der Institution oder die politischen Umstände). Das liegt nach den bisherigen Ausführungen zum Vertrag auf der Hand.
Bedenkt man jedoch die Tatsache, daß die Bezugspersonen häufig jahrelang in die Dynamik schwerer Verhaltensstörungen mit verstrickt waren, so beinhaltet selbst der Abschluß eines Vertrages im genannten Sinn bereits einen entscheidenden Änderungsprozeß. Um hierzu die Kooperation der Bezugsperson zu gewinnen, müssen sie beim Therapeuten eine überzeugende Wertschätzung ihrer Person und ihres Engagements erleben können. Und sie müssen ihm zutrauen, den anstehenden Änderungsprozeß in einer auch für sie sicheren und förderlichen Weise zu handhaben.
Es ist also nicht nur am Therapeuten, Verträge kritisch zu prüfen, und er ist gut beraten, sein eigenes Geprüftwerden wachsam zu verfolgen und gegebenenfalls zum Thema zu machen.

Hat der Therapeut das nötige Vertrauen durch sein glaubwürdiges und kompetentes Verhalten gewonnen, so sind von seiner Seite her die Voraussetzungen dafür geschaffen, daß die Bezugspersonen die eigenen Anteile am Störungsgeschehen wahrnehmen, annehmen und verändern können.

Sie fühlen sich dann sicher genug, um der eigenen Angst vor Schuld und Versagen gegenüber dem geistig behinderten (anders-fähigen) Menschen und ihren Kollegen ins Auge zu blicken, die mit jedem weiteren Jahr erfolglosen Bemühens um einen geistig behinderten (anders-fähigen) Menschen reichlich Nahrung bekommen hat.

In den nächsten Kapiteln werden ergänzend hierzu weitere Hinweise gegeben, wie durch Vertragsarbeit die Bezugspersonen und ihr Annehmen eigener Anteile weiter unterstützt und gefördert werden kann.

Wie kann nun der geistig behinderte Partner in diesen Vertragsprozeß miteinbezogen werden?

Berne (1968) verbot bereits in den fünfziger und sechziger Jahren seinen Stationsteams in der Psychiatrie, miteinander über die Patienten oder ein anderes relevantes Thema zu sprechen, ohne daß die Patienten selbst anwesend waren. Konsequent fanden dann alle Besprechungen in der Stationsöffentlichkeit statt.

Diese Intervention war außerordentlich erfolgreich, und Berne beschreibt es als einen der wichtigsten Effekte, daß die Mitarbeiter in neuer und bisher ganz ungewohnter Weise die Verantwortung für ihr Denken, Fühlen und Wollen übernehmen mußten. Denn wenn ihnen etwas wirklich wichtig war, so mußten sie es vor den Ohren der Patienten zur Sprache bringen.
Bald drei Jahrzehnte später findet sich diese Intervention als „reflektierte Gruppe“ im Rahmen der systemischen Familientherapie wieder. Hier besteht die Strategie grundlegend darin, daß die Therapeuten gemeinsam die Familientherapie reflektieren und ihre weitere Interventionen planen, während die Familie außen herum sitzt und ihnen zuhört. Anschließend setzen sich die Familienmitglieder wieder dazu und die Therapie wird fortgesetzt (Andersen, 1990).

In der Behindertenarbeit ist es dagegen häufig ein erster Fortschritt, wenn die Betreuer nicht mehr vor den Ohren der geistig behinderten Menschen über sie reden. Fortschritt bedeutet in diesem Fall, daß das Reden den geistig behinderten Menschen nach wie vor zum Objekt macht, es aber von einer gewissen Sensibilität zeugt, das nicht auch noch vor seinen Ohren zu tun.
In unserem Sinne jedoch ist der geistig behinderte Mensch nicht Objekt, sondern die Bezugspersonen befassen sich mit ihrem Anteil und mit ih-

rer eigenen Verantwortung am Störungs- wie auch am Änderungsprozeß. Dies zieht eine völlig andere Grundhaltung gegenüber dem zuhörenden, geistig behinderten Menschen nach sich, die ihn eben nicht zum Objekt macht, sondern die ihn im Gegenteil damit das ihm zustehende Gesicht als einer von drei Vertragsparteien auch zugesteht.

> Kurze Zeit nach Therapiebeginn begann Herr H. sich sehr nervös und unruhig zu verhalten, während der Therapeut mit seiner Bezugsperson in seiner Abwesenheit den Therapieverlauf reflektierte. Außerdem war er in den darauffolgenden Stunden nur sehr schwer zugänglich. Es war sein Signal dafür, daß der Besprechungsmodus so für ihn nicht akzeptabel war. Als Reaktion darauf boten die Bezugsperson und der Therapeut ihm an, bei den Besprechungen dabei zu sein. Der daraufhin geschlossene Vertrag lautete wie folgt: Herr H. darf bei jeder Besprechung dabei sein und er darf sie auch verlassen, wann immer er will. Als Gegenleistung hat er kein Mitspracherecht, es sei denn, Bezugsperson und Therapeut beziehen ihn ausdrücklich mit ein.

Nach Abschluß dieses Vertrages war der therapeutische Kontakt wieder entspannt und dem Stand der Entwicklung angemessen. Herr H. machte von seinem Vertrag regelmäßig Gebrauch und reklamierte, wenn er einmal von Bezugsperson oder Therapeut vernachlässigt wurde.

Die Regeln dieses Vertrages haben sich bewährt, um die Teilnahme einer geistig behinderten (anders-fähigen) Person als Vertragspartner an Besprechungen mit den Bezugspersonen zu regeln. Die geistig behinderten (anders-fähigen) Partner haben das Recht, bei jeder Besprechung die ganze Zeit dabei zu sein und die Besprechung jederzeit zu verlassen. Soweit sie der Sprache mächtig sind, haben sie kein Rederecht, sondern sie erhalten die Gelegenheit, sich nach Abschluß der Besprechung zu äußern. Die Erfahrung zeigt nämlich, daß geistig behinderte (anders-fähige) Menschen sich zu Wort melden oder aber, wenn sie nicht sprechen können, sich bemerkbar machen und ablenken, wenn die Diskussion an einem entscheidenden und damit auch heiklen Punkt angekommen ist.
Insofern kann der Therapeut die Unruhe der zuhörenden, geistig behinderten (anders-fähigen) Partner diagnostisch nutzen. Er sollte sie an dieser Stelle jedoch nicht miteinbeziehen.
Diese Regel greift auf die Methode der **Kollegialen Beratung** zurück. Bei ihr nämlich hat derjenige, der unter einem Problem leidet bzw. ein Problem eingebracht hat, während der eigentlichen Beratung kein Rede-

recht, da er an den entscheidenden Stellen unbewußt ablenken würde oder durch seine Befangenheit die Beratenden so beeinflussen würde, daß sie seine blinden Flecken nicht aufspüren können (FLOSDORF, SCHULER & WEINSCHENK, 1987).
Auf dem geschilderten Hintergrund und mit den genannten Maßgaben haben wir in unserer Arbeit bisher durchweg gute Erfahrungen gemacht, geistig behinderte (anders-fähige) Menschen in dieser Form miteinzubeziehen.

1.4.2 Der Vertrag zwischen dem Therapeuten und dem geistig behinderten (anders-fähigen) Vertragspartner und die Information der Bezugspersonen über diesen Vertrag

Mit den geistig behinderten (anders-fähigen) Menschen selbst ist häufig kein Vertrag im Sinne eines Rahmenvertrags über Therapie- oder Beratungsziele, die angemessene Übernahme von Verantwortung usw. möglich.
Dafür verfügen sie behinderungsbedingt nicht über das notwendige Maß an kognitiver Differenzierung. Jedoch kann man im Sinne von Stundenverträgen eine gemeinsame Arbeitsbasis schaffen, die eine echte Entscheidung für diese Therapiestunde und für diesen Therapeuten mit diesem therapeutischen Angebot ermöglicht; aus der Summe der Stundenverträge kann dann in der therapeutischen Reflexion so etwas wie ein faktischer Prozeßvertrag nachvollziehbar werden.
Für jede Therapiestunde gelten deshalb folgende Prinzipien, die einen Stundenvertrag mit geistig behinderten (anders-fähigen) Menschen konstituieren können:

– **Die Therapiestunde ist freiwillig.**

Wenn der geistig behinderte (anders-fähige) Partner der Aufforderung, zur Therapie mit in den Therapieraum zu kommen, nicht folgen will, so wird dies in jedem Falle akzeptiert. Hat er jedoch den Raum betreten und somit die Stunde begonnen, so gelten die folgenden Regeln:

– **Der Therapieraum bleibt während der gesamten Therapie unverschlossen.**

Diese Regel weicht durchaus von sonstigen Gepflogenheiten in der Arbeit mit geistig behinderten (anders-fähigen) Menschen ab.
Grundsätzlich findet die Therapie natürlich im Therapieraum statt; die Entscheidung, den Raum zu verlassen, wird jederzeit respektiert; der geistig behinderte (anders-fähige) Partner hingegen muß sich dann damit auseinandersetzen, daß der Therapeut auch außerhalb des Therapieraums für die übliche Dauer der Stunde mit ihm weiterarbeitet.

Das bedeutet, daß der Therapeut weiterhin jedes Verhalten seines Gegenübers als relevante Aktion definiert, auf das er in der weiter unten geschilderten Weise therapeutisch eingeht.
In der Anfangsphase der Therapie beispielsweise suchen geistig behinderte (anders-fähige) Menschen gerne die Toilette auf, was als Form passiven Verhaltens zu werten ist. Der Therapeut wird also eine Form der Passivitätskonfrontation wählen, z.B. einen Wettlauf zum WC.

– **Die Therapiestunde wird gemeinsam beendet**.
Üblicherweise dauert eine Stunde zwischen 20 und 30 Minuten; das Ende der Therapiestunde ist sehr deutlich am Abfallen der Spannungskurve und einer Zurücknahme der Energie aller Beteiligten aus der Situation zu spüren.
Die Erfahrung zeigt, daß die Beendigung einer Stunde selten eine einseitige Entscheidung im Sinne eines Abbrechens ist. Zu Ende der Stunde geht der geistig behinderte (anders-fähige) Partner zur Tür oder sagt, falls er sprechen kann, z.B. „Ich mag nicht mehr", was dann vom Therapeuten sofort akzeptiert wird.

– **Aufräumen ist freiwillig**.
Da die Wahl des Settings die Vorgabe des Therapeuten ist, scheint es uns unfair, vom geistig behinderten (anders-fähigen) Partner dann zu Stundenende zu verlangen, daß er mit aufräumt.
Manche nutzen allerdings das Aufräumen als ein Signal zum Beenden der Stunde (siehe oben). Es ist dann am Therapeuten zu definieren, ob es sich hierbei um ein Ablenkungsmanöver oder um eine echte Entscheidung handelt. Dies kann meist gut aus dem aktuellen Kontext und den unmittelbar vorausgegangenen Aktionen geschlossen werden.

Diese vier Rahmenbedingungen ermöglichen es den geistig behinderten (anders-fähigen) Menschen, durch ihr Verhalten zu zeigen, ob sie den Stundenvertrag akzeptieren, den ihnen zunächst der Therapeut anbietet. Die Eckpunkte gewährleisten, daß ihnen das Setting echte Entscheidungen ermöglicht. Wenn sie auch von ihrer Seite her den Vertrag nicht akzeptieren können, so steuern sie ihren Teil zum Vertrag doch durch die Art und Weise bei, wie sie den gebotenen Rahmen annehmen, mit Konfrontation umgehen und die angebotenen Entwicklungsräume nutzen.

In ähnlicher Weise gestalten Buchner-Schiller und Mayer (1993) die Vertragsarbeit mit geistig behinderten (anders-fähigen) Menschen:
Sie stellen Entscheidungssituationen in der konkreten Therapiestunde her, die sie auf die Möglichkeiten des geistig behinderten (anders-fähigen) Gegenübers sorgfältig abstimmen. Sofern es die geistige Behinderung

(Anders-Fähig-Sein) zuläßt, schließen sie auch längerfristige Vereinbarungen ab. Grundsätzlich gehen sie wie auch RIEDEL (1993) davon aus, daß auch geistig schwer behinderte Menschen sich zwischen Alternativen entscheiden können. Einen ähnlichen Ansatz beschreibt SCHWARZ (1994) in der schulischen Arbeit mit geistig behinderten (anders-fähigen) Kindern.

Die hier vorgeschlagene Vorgehensweise hat jedoch einen Haken: Sie kann erst greifen, wenn der behinderte Partner über ein gewisses Maß an Selbststeuerung und Entscheidungsfähigkeit verfügt. Dies ist **bei Personen mit schwerem selbstverletzenden Verhalten** anfangs gerade nicht der Fall, weshalb zunächst das Therapieangebot direktiv und mit nur ganz geringen Entscheidungsspielräumen durchgeführt wird (s.u.). Hat die Therapie „gegriffen", d.h. ist Selbststeuerung wieder möglich und ist die Anfangsphase überwunden, kann man in der weiteren Gestaltung der Therapie nach den obigen Regeln verfahren.

1.4.3 Der Vertrag zwischen der geistig behinderten (anders-fähigen) Person und ihren Bezugspersonen und die Information des Therapeuten über diesen Vertrag

Dieser Vertrag kann auch in seinen Rahmenbedingungen sehr unterschiedliche Gestalt haben. Dies ist zunächst abhängig davon, inwieweit die Einrichtung, in der ein geistig behinderter (anders-fähiger) Mensch lebt, über einen konzeptionellen Rahmen verfügt, und inwieweit dieser Rahmen auch tatsächlich bindenden und handlungsrelevanten Charakter für alle Beteiligten hat. Auf der formalen Ebene gibt es an dieser Stelle einen weiteren Dreiecksvertrag zwischen der Institution in Gestalt des dazu befugten Leiters, seinen Mitarbeitern und den Sorgeberechtigten, in der Regel den Eltern. Liegt eine handlungsleitende Einrichtungskonzeption vor, so ist dieser Dreiecksvertrag auch mit bestimmten Zielen und Inhalten gefüllt.

Es wird selten einen Vertrag für ein Therapievorhaben zwischen den Bezugspersonen und den geistig behinderten (anders-fähigen) Menschen geben, vor allem wenn Sprache nicht zur Verfügung steht.

Mit lernbehinderten und leicht geistig behinderten Menschen sollte auch diese Vertragsebene im gemeinsamen Gespräch in Anwesenheit des Therapeuten verhandelt werden. Viel entscheidender für das Gelingen des Therapieprojektes ist jedoch der psychologische Vertrag, den die Bezugspersonen und die geistig behinderte (anders-fähige) Person miteinander abschließen oder auch schon längst abgeschlossen haben.
Um sich ein Bild von diesem Vertrag zu machen, kann der Therapeut z.B. die Frage nach dem psychologischen Nutzen stellen, den die Bezugspersonen von einer chronischen Störung des behinderten Menschen haben müssen – sonst würden sie längst nicht mehr mit ihm arbeiten. Dabei kann er herausarbeiten, wie sich Bezugspersonen und der geistig behinderte (anders-fähige) Partner wechselseitig in ihren ungünstigen Überzeugungen über sich bestätigen und unterstützen.
Er kann dann diesen Vertrag aufdecken und anregen, das zu verändern, was daran zu verändern ist – wiederum ein prozeßhaftes Geschehen von entscheidender Bedeutung für den Erfolg des Therapievorhabens.
An dieser Stelle wird auch deutlich, wie die Verträge miteinander verzahnt sind. Indem der Therapeut sorgfältig seinen Vertrag mit den Bezugspersonen aushandelt, ändert sich unter der Hand oder auch offen der heimliche Vertrag, der bisher zwischen den geistig behinderten (anders-fähigen) Menschen und deren Bezugspersonen Gültigkeit hatte.

Micholt (1992) hat darauf hingewiesen, daß in aller Regel nicht alle drei Verträge des Dreiecksvertrags mit gleicher Klarheit ausgehandelt werden.
Vor allem der Vertrag zwischen dem Auftraggeber einer Maßnahme und dem Leistungsempfänger, also der Vertrag, von dem gerade die Rede ist, ist für den Therapeuten oft nur in Teilen zugänglich. Das Ziel der Vertragsarbeit besteht auch nicht darin, für restlose Klarheit zu sorgen; vielmehr geht es darum, zur eigenen Entscheidung und Planung eine brauchbare Idee von den zu erwartenden Problemen zu entwickeln.

Im institutionellen Kontext können sich an jeden der drei Vertragsteile weitere Dreiecksverträge anlagern. In der Regel sind nämlich die Bezugspersonen, die den Therapeuten beauftragen, nicht diejenigen, die ihn auch bezahlen. Oder aber der Therapeut wird vom Dienstvorgesetzten beauftragt und nicht von den Bezugspersonen.

In beiden Fällen ist auch dieses Vertragsverhältnis zwischen Dienstvorgesetzten, Therapeuten und professionellen Betreuern daraufhin zu untersuchen, inwieweit hier störungsstabilisierende Faktoren oder aber Gefahrenmomente für die Entwicklung des therapeutischen Prozesses zugrunde liegen können.
Ein sehr handfestes Gefahrenmoment beispielsweise besteht in den Einsparabsichten des Dienstvorgesetzten, das die Mitarbeiter im Falle erfolgreichen Vorgehens treffen kann, wenn sie durch erfolgreiches therapeutisches Arbeiten effektiver arbeiten und dann unversehens für eine Personalreduzierung zur Disposition stehen. In diesem Zusammenhang kann auch die berühmte Frage Eric Bernes auftauchen:
Wie erfolgreich darf ein Therapeut sein, ohne gefeuert zu werden (BERNE, 1966; zit. nach STEWART, 1992, S. 89)?
Sie zielt darauf ab, die ungeschriebenen Gesetze offenzulegen, ab wann Erfolg zur Bedrohung wird und deshalb zu unterbinden ist.
Auch der Vertrag zwischen den Bezugspersonen und dem geistig behinderten (anders-fähigen) Partner kann sich sehr schnell zu einem oder auch mehreren Dreiecksverträgen ausdifferenzieren, indem die unterschiedlichen Betreuergruppen berücksichtigt werden, wie z.B. Mitarbeiter in der Wohngruppe, Lehrer, Arbeitserzieher, gruppenergänzende Dienste usw.

> Sehr häufig stehen die unterschiedlichen Gruppen professioneller Helfer wie Mitarbeiter im Gruppendienst und Lehrer oder Mitarbeiter der Werkstatt in einem Konkurrenzverhältnis zueinander.
> Oder die „Profis“ konkurrieren mit den Angehörigen: Die Betreuer wollen die besseren Eltern sein bzw. die Eltern und die Betreuer schreiben sich gegenseitig die Schuld am allgemeinen Versagen zu.

Besonders heikel wird es, wenn der begleitende Therapeut mit den Bezugspersonen in Konkurrenz um die „richtige“ Arbeitsweise tritt.

Ein bisher im therapeutischen Vorgehen sehr stark vernachlässigter Faktor ist die Rolle der Mitbewohnerinnen und Mitbewohnern oder der behinderten Arbeitskolleginnen und Arbeitskollegen in der Störungsstabilisierung bzw. ihrer Veränderung.

Im Gegensatz zur Arbeit mit geistig behinderten (anders-fähigen) Menschen wird im Bereich der Jugendhilfe die Rolle der Gleichaltrigen auch im therapeutischen Vorgehen wesentlich stärker berücksichtigt, wie beispielsweise die Aggressionstrainings von PETERMANN und PETERMANN (1993; vgl. auch PETERMANN & STADE 1993; U. PETERMANN, 1989) oder aber das Konzept des Spielsports von FLOSDORF (1988) zeigen.
In der Arbeit mit geistig behinderten (anders-fähigen) Menschen ist es vor allen Dingen die SIVUS-Methode (WALUJO, 1989; vgl. auch DODALINSKI, 1992), die der Bedeutung der Gruppenkultur unter den geistig behinderten (anders-fähigen) Menschen selbst gerecht wird. DODALINSKI (1992) beschreibt in seinem Bericht eindrucksvoll den intensiven Lernprozeß bei allen Beteiligten, der entsteht, wenn den geistig behinderten (anders-fähigen) Menschen konsequent ein erstes Stück Verantwortung für die gemeinsame Gestaltung z.B. eines Stücks Arbeitszeit zurückgegeben wird. Dazu müssen die Bezugspersonen ein Gestaltungsvakuum entstehen lassen und durchhalten.

In der Praxis ist es nicht erforderlich, alle der möglichen Dreiecksverträge zu verarbeiten. Erforderlich ist es jedoch, daß sich der Therapeut einen Eindruck davon verschafft, welche Strukturen im gesamten System berücksichtigt werden müssen, um den Änderungsprozeß erfolgreich zu gestalten.

Als Faustregel kann gelten, daß geistig behinderte (anders-fähige) Menschen in der Regel am ehesten diejenigen sind, die zu einem tragfähigen Arbeitsbündnis bereit sind. Wenn ein Änderungsprozeß scheitert, so liegt es eher an den Personen oder Strukturen seiner Lebenswelt, mit denen ein gemeinsamer Veränderungsprozeß nicht gelungen ist.

2. Wie wird eine Problemanalyse zum effektiven Instrument der Veränderung?

Es ist nicht der Ansatz dieses Buches, einen systematischen, standardisierten Lehrtext zur Verhaltensveränderung vorzustellen, wie es z.B. ARENTEWICZ und SCHMIDT (1993, 3. Aufl.) oder MARGRAF und SCHNEIDER (1990; 2. Aufl.) für bestimmte Störungsgruppen tun (vgl. auch die Diskussion bei SCHULTE, 1991). Vielmehr geht es um bewährte praktische Anregungen und Hinweise, um die Veränderung flexibel, jeder einzelnen konkreten Problemlage angemessen und effektiv zu gestalten.
Als Ordnungsschemata dienen hierfür die fünf Elemente intentionalen Handelns, wie sie in den allgemeinen Handlungstheorien beschrieben werden und wie sie sich in dieser oder abgewandelter Form als Element der meisten Interventionsmodelle wiederfinden lassen. Es sind dies Situations- bzw. Problemanalyse, Zieldefinition, Wahl und Planung der Handlungsmittel, Handlungsdurchführung und Bewertung des Handlungsergebnisses (Evaluation). Die Bewertung des Handlungsergebnisses kommt einer erneuten Situations- bzw. Problemanalyse gleich, durch die der Kreislauf des absichtsvollen bzw. geplanten Handelns geschlossen ist.

Stellvertretend für die Literatur zur Handlungstheorie stehen MILLER, GALANTER und PRIBRAM (1973), ZANGEMEISTER (1977) und LENK (1977), wobei vor allem ZANGEMEISTER (1977) ein sehr differenziertes Modell zur Zielplanung vorlegt.

Eine Situations- und Problemanalyse ist wie die Zieldefinition ein fester Bestandteil des Prozesses der Vertragsarbeit, wie er oben geschildert worden ist. Denn mit ihr ist eine gemeinsam geteilte Sicht und Bewertung der Problemlage sowie Anhaltspunkte für Veränderungen herauszuarbeiten, die auch die nötige Unterstützung aller Beteiligten finden. Somit ist bereits die Situations- und Problemanalyse ein ganz entscheidendes Feld therapeutisch wirksamer Interventionen.

Grundsätzlich sollten möglichst alle am Problem beteiligten Personen auch aktiv an der Problemanalyse teilnehmen, angefangen vom geistig behinderten (anders-fähigen) Menschen – insofern der Grad seiner Behinderung dies sinnvoll zuläßt – über die unmittelbaren Bezugspersonen (wie Eltern oder Betreuer im Wohnheim) bis zu den Bezugspersonen des weiteren Lebensfeldes (wie Arbeitserzieher oder Lehrer).
Wenn auch nicht alle gleichermaßen erreichbar sind, so sollten doch zumindest die wichtigsten Bezugspersonen aktiv einbezogen sein.

Ziel der Problemanalyse ist es hierbei, eine gemeinsam geteilte komplexe Sicht des Problems zu entwickeln, die sich auch durchaus in Nuancen oder einigen Teilen von der Problemsicht des Therapeuten unterscheiden kann. Allein die aufmerksame Moderation dieses Abstimmungsprozesses, bei der auch die Leisen und die Außenseiter mit einbezogen werden, stellt bereits eine wirksame Intervention zur Veränderung der ganzen Problemlage dar.

Diese aktive Beteiligung vorausgesetzt, bewirkt eine sorgfältig durchgeführte Problemanalyse bereits eine klarere, realitätsgerechtere Sichtweise des Problems bei den Beteiligten.
Damit ist der erste Schritt der therapeutischen Veränderung bereits getan (vgl. Stewart, 1992).

In den folgenden Analyseschritten beginnen wir genau da, wo erfahrungsgemäß die Hauptaufmerksamkeit der Bezugspersonen liegt:
Beim selbstverletzenden Verhalten selbst.
Denn just darin besteht oft das Problem: Nichts anderes scheint mehr Platz zu haben außer der Frage:

Haut er/sie sich oder nicht? Wir möchten zeigen, daß eine wirklich sorgfältige Beobachtung genau dieses Verhaltens bereits eine Veränderung in Gang setzen kann. Denn nicht die Tatsache der Beobachtung, sondern das Wie bringt den entscheidenden Unterschied.

Ausgehend vom Problemverhalten selbst werden wir den Blick im Lauf der Problemanalyse mit jedem Schritt mehr weiten, bis wir schließlich einen weiten Horizont erarbeitet haben, der eine differenzierte Problemlandschaft mit allen beteiligten Personen und allen wichtigen Einflußgrößen überspannt.

Um die verschiedenen Interventionsebenen und Felder zu strukturieren und einander zuzuordnen, haben wir die **Vier-Strategien-Konzeption** entwickelt (Rohmann & Elbing, 1992) und auf ihre Wirksamkeit untersucht (Elbing & Rohmann, 1993; 1994; 1994a).
Sie kombiniert und integriert folgende vier Strategien:

- Symptomatische Behandlung unter lerntheoretischer Perspektive,
- Beeinflussung neurophysiologischer Prozesse der Erregungssteuerung durch körpertherapeutische Maßnahmen,
- Kommunikationstherapie und
- die Bearbeitung systemischer Zusammenhänge.

1. Die symptomatische Behandlung (Analyse des Symptomverhaltens)
ist die angestammte Domäne der Verhaltenstherapie. In der symptomatischen Behandlung geht es ganz unmittelbar darum, ein konkretes Verhalten in seiner Art oder Häufigkeit des Auftretens zu verändern. Beispielsweise wird erwünschtes Verhalten belohnt mit dem Ziel, daß es häufiger gezeigt wird. Oder ein unerwünschtes Verhalten wird nicht beachtet oder mit unangenehmen Folgen belegt in der Erwartung, daß es unterlassen wird.

2. Die Körpertherapie (Analyse der Selbstregulation und Selbststeuerung)
dient der Beeinflussung der physiologischen Erregungssteuerung. Gerade Personen mit schwer selbstverletzendem Verhalten leiden häufig unter paradox erscheinenden Zuständen der Über- oder Untererregung oder chaotischen Erregungsschwankungen. Hier wirkt die von uns entwickelte Körpertherapie ausgleichend, wodurch sie die Selbstregulation anregt und stabilisieren hilft.

3. Die Kommunikationstherapie (Analyse der Persönlichkeitsentwicklung und Interaktionsqualität; Analyse der Tagesstrukturen im pädagogischen Alltag)
Im Gegensatz zum symptomatischen Vorgehen versteht sich die Kommunikationstherapie als eine Basistherapie. Sie setzt nicht an einem bestimmten (meist unerwünschten) Verhalten an, sondern sie zielt auf die Entwicklung der ganzen Persönlichkeit. Der Dialog zwischen dem geistig behinderten (anders-fähigen) Partner und seiner Bezugsperson ist Medium und Instrument der Veränderung zugleich (vgl. ELBING & ROHMANN 1994a).

4. Die Bearbeitung systemischer Zusammenhänge
zielt darauf ab, neben allen anderen Gesichtspunkten eine neue Sichtweise zu entwickeln, die die bei der Überprüfung der verschiedenen Vertragszusammenhänge festgestellten Problempunkte berücksichtigt. Auf diese Weise soll das soziale System und das unmittelbare Umfeld der geistig behinderten (anders-fähigen) Menschen in den Veränderungsprozeß miteinbezogen werden. Neben seinen Betreuern und Angehörigen rücken die Mitbewohner bzw. behinderten Mitarbeiter zunehmend ins Blickfeld – nicht nur als ein wichtiges Element im Bedingungsgefüge, sondern auch als positive Einflußgröße im Veränderungsprozeß, die wirkungsvoll genutzt werden kann. Ergänzt wird diese Betrachtungsweise durch **die Analyse der institutionellen Rahmenbedingungen** wie personelle und

räumliche Ausstattung, Leitungsstrukturen usw. Diese beeinflussen maßgeblich die Möglichkeiten und Grenzen von Veränderung. Sie selbst zu verändern kann nicht Teil eines mittelfristigen Therapieprojektes sein, denn die Veränderungszyklen ganzer Einrichtungen benötigen erheblich mehr Zeit. Dennoch sind sie – zähe Beharrlichkeit und taktisches Geschick vorausgesetzt – lohnende Felder von Veränderung, gerade auch für den Personenkreis, um den es hier geht. Aufgrund der anderen zeitlichen Perspektiven werden wir die Rahmenbedingungen im Licht der Problemanalyse kurz beleuchten, bei der Darstellung der Interventionen jedoch nicht im Einzelnen darauf eingehen.

Das **Ziel unserer vielschichtigen Problemanalyse** ist es, eine vielgestaltige innere Landkarte der gesamten Problemlage zu entwickeln, in der die unterschiedlichen Problempunkte und -zonen einander sinnvoll zugeordnet und systemisch verbunden sind. Diese Landkarte dient dann im nächsten Schritt dazu, die nötigen und möglichen Veränderungsschritte aufeinander zu beziehen und damit einen effektiven Veränderungsprozeß in Gang zu setzen und zu steuern.

Auch in der fachlichen Diskussion werden die Grenzen eines eindimensionalen Vorgehens immer deutlicher (STURMEY, 1994; ZARCONE et al., 1994), und es setzt sich langsam eine differenziertere Problemanalyse und Therapieplanung durch (IWATA et al., 1994a 1994b; IWATA, PACE, COWDERY & MILTENBERGER, 1994; LERMAN & IWATA 1993). In der englischsprachigen Literatur vertreten z.B. Mace und Mitarbeiter (MACE, LALLI & SHEA, 1992) eine Perspektive, die über die unmittelbare Verhaltensanalyse hinausgeht. Einer systemischen Sichtweise nähern sich auch DOSEN (1994), LINGG (1995) oder SCHUCKER (1994).

2.1 Erste Strategie: Die Problemanalyse des Symptomverhaltens

Zu Beginn dieses Analyseteils wird das Problemverhalten typischerweise verkürzt wahrgenommen. Die Aufmerksamkeit der Bezugspersonen konzentriert sich auf die „verrückte“ Erscheinung des Problemverhaltens und vernachlässigt in dieser Faszination große Teile der gegenwärtigen Situation.

Dieser Kaninchen-Schlange-Effekt bewirkt, daß die Realität in ihren vielfältigen Aspekten nicht mehr wahrgenommen und angemessen verarbeitet wird.

Eine sorgfältig durchgeführte Problemanalyse dient an erster Stelle dazu, den eingeengten Blick zu weiten und die vernachlässigten Aspekte der Wirklichkeit wahrzunehmen und zur Lösungsfindung zu nutzen.
Im Blick auf das symptomatische Verhalten haben sich hierzu zwei Vorgehensweisen bewährt:

- Die sorgfältige Beobachtung des Problemverhaltens selbst und
- die Beobachtung der Geschehnisse unmittelbar um das Problemverhalten herum.

Es geht also darum, die Topografie und das Mikroklima des Verhaltens zu analysieren.

2.1.1 Welchen Sinn hat eine gründliche Verhaltensbeobachtung?

In spontanen Problemschilderungen wird das zur Debatte stehende Verhalten des geistig behinderten (anders-fähigen) Menschen oft als stereotyp, monoton, einförmig usw. beschrieben.
Die Bezugspersonen sind fest davon überzeugt, daß es sich immer um dasselbe Muster handelt, das wie eine hängengebliebene Schallplatte ständig gleich abläuft. Eine erste sinnvolle analytische Aufgabe ist es daher, genau dieses Verhalten zunächst einmal so exakt wie möglich zu beschreiben.
Für einen ersten Einstieg hat sich die Form der freien Verhaltensbeobachtung gegebenenfalls mit Videodokumentation gut bewährt. Häufig sind hierbei im Anfangsstadium der Analyse Zeiträume von ein bis zwei Stunden völlig ausreichend, in denen die Bezugsperson mit Notizblock und Bleistift möglichst exakt und detailgetreu das Problemverhalten beschreibt, um das es gehen soll.

Typischerweise können dann nach einigen solchen Protokollierungsdurchgängen in der nächsten Besprechung Erfahrungsberichte gewonnen werden, wie in etwa der folgende:

> „Vor der Beobachtung war ich fest davon überzeugt, daß Petra sich einfach nur monoton schlägt und schlägt und schlägt, wie ein sinnloser Roboter. Und ich habe dann festgestellt, daß sie immer wieder Pausen macht. Sie wechselt dann auch die Stellen, auf die sie sich schlägt. Sie schaut dann immer auf die Handwurzel, mit der sie sich schlägt. Wenn sie sich wundgeschlagen hat, sieht sie daran ihr Blut, und dann wechselt sie. So haut sie sich immer nur Veilchen mit leichten Wunden, und nie wirkliche Löcher. Manchmal, wenn sie ganz mies drauf ist, macht sie das nicht mehr, dann schlägt sie sich wirklich nur noch drauf los..."

Auch in der Literatur findet sich eine Fülle an Verhaltensbeschreibungen, die alle den Wert genauer Beobachtung für die weitere Behandlung belegen (EMERSON, THOMPSON, REEVES & HENDERSON, 1995; FISHER, GRACE & MURPHY, 1996; POWELL et al., 1996; SIGAFOOS & PENNELL, 1995; VOLLMER et al., 1993a).
Durch die genaue Beobachtung wird auf einmal deutlich, daß hier sehr viel mehr im Gange ist als sinnleer-monotones Schlagen: Das Thema Selbststeuerung kommt auf, und das Thema des Kontrollverlustes.
Petra schützt sich selbst vor schwereren Verletzungen, aber diese Fähigkeit kann ihr auch entgleiten. Das weckt Neugierde und führt zu wichtigen Fragen:

> Wenn sie also auf sich aufpaßt, was bedeutet dann das Schlagen für sie: Stimulation, Unterhaltung, Übertönen anderer Empfindungen...? Kann man ihre Selbstkontrolle nutzen und erweitern? Und unter welchen Bedingungen verliert sie die Selbststeuerung und rutscht ab in ein wirklich hilfloses Schlagen?

Die detailgetreue Beobachtung, gepaart mit echtem Interesse für Petra und der Bereitschaft, Neues zu entdecken, kann bereits wichtige Erkenntnisse, Fragen und Ideen zur Folge haben. Der Eindruck der Unlösbarkeit wird bröckelig, und die Bezugspersonen können der Idee Raum geben, daß sich wirklich was verändern könnte. Und so können sie beginnen, ihr eigenes Gefühl der Hilflosigkeit aufzulösen.
Nachdem man einen Sinn für die topographische Gestalt des sogenannten Problemverhaltens entwickelt hat, wird nun im nächsten Schritt die Einbettung des Problemverhaltens in das unmittelbare räumliche und zeitliche Umfeld analysiert. Das Verhalten selbst braucht nun nicht mehr in dieser Ausführlichkeit beschrieben zu werden. Vielmehr geht es darum, das Problemverhalten in seiner Einbettung zu beschreiben und die vorhergehenden Ereignisse, die räumliche Situation, die Tageszeit, die beteiligten Menschen usw. mit in die Beobachtung einzubeziehen.
Wenn auch das Symptomverhalten im Mittelpunkt steht, sind die Situationsanteile und die Verantwortung der sonst noch beteiligten Personen durch das Beobachten der Umweltbedingungen bereits mit thematisiert.
Von entscheidender Bedeutung ist es, die Beobachtung rechtzeitig genug vor dem eigentlichen Problemverhalten einsetzen zu lassen, um auslösende Faktoren auch zu erfassen. Auf diese Weise hat die verhaltenstherapeutisch orientierte Literatur eine Fülle von Zusammenhängen aufgezeigt, die eine klare Funktion des selbstverletzenden Verhal-

tens erkennen lassen. Hier können nur einige Befunde stellvertretend genannt werden. Selbstverletzendes Verhalten kann durch Selbstfixierung verstärkt werden (FISHER, GRACE & MURPHY, 1996; SMITH, LERMAN & IWATA, 1996) oder mit Selbststimulation zusammenhängen (SIGAFOOS & PENNELL, 1995). Es kann mit Zuwendung zusammenhängen (DERBY, FISHER & PIAZZA, 1996) oder ein gescheiterter Versuch der Selbststeuerung sein (ELBING, 1992). Schutzkleidung oder -gegenstände können verschiedene Lerneffekte haben (MAZALESKI et al., 1994). Nicht zuletzt hat selbstverletzendes Verhalten soziale und kommunikative Gesichtspunkte (BERNARD-OPITZ & KOK, 1994)...
Einen Überblick geben z.B. IWATA et al. (1994b).

Die Vielfalt der Möglichkeiten in der Literatur sollte nicht zur Entmutigung, sondern als Ansporn genutzt werden, um herauszufinden, wie genau die Zusammenhänge gerade bei *diesem* mir anvertrauten Menschen sind.

Im folgenden werden wir die einschlägigen Möglichkeiten vorstellen, um solch eine sinnvolle Beobachtung durchzuführen.

2.1.2 Was heißt freie Beobachtung?

Es werden wenig Beobachtungskriterien vorgegeben. Der selbstverletzende Klient wird sozusagen in seiner natürlichen Umgebung (das kann z.B. die Gruppe sein oder die Werkstatt) von bestimmten Mitarbeitern beobachtet.
Die Daten freier Beobachtungen werden nach Auswertung systematisiert. Wir sprechen dann von

- Systematischer Beobachtung.

Die Beobachtungskriterien sind klar definiert. Die Beobachtung wird in definierten Situationen gezielt eingesetzt.

Optimal wäre es nach MEES und SELG (1977), wenn ein Klient vor stationärer Klinik oder Heimaufnahme in seinem natürlichen Lebensraum (z.B. Schule oder Elternhaus) frei beobachtet würde.

Dies ist aber aus personellen Gründen selten möglich. Aus diesem Grunde delegieren wir z.B. vor einer Aufnahme einen Beobachtungsanteil an die Familie, Institution o.ä.
Was verstehen wir nun praktisch unter freier Verhaltensbeobachtung?
Der Klient mit selbstverletzenden Verhaltensweisen wird in den ersten Tagen von einer oder zwei Bezugspersonen begleitet und beobachtet.

Es wird notiert, in welchen Situationen der Klient selbstverletzende Verhaltensweisen zeigt und wie er auf seine selbstverletzenden Verhaltensweisen reagiert (Schreien, Zucken, Grimassieren etc.) und welche Konsequenzen (die vorher festgelegt wurden) von seiten des Mitarbeiters durchgeführt werden und wahrscheinlich auch funktional sind.

Beispiele dafür wären: Ignorieren des Verhaltens, Hindern am Verhalten, Ablenken in eine andere Richtung o.ä.

Desweiteren wird die Intensität und Dauer eingeschätzt. Durch die für den Klienten neue Situation im Sinne einer „erzwungenen" Neuorientierung und aufgrund ihm unbekannter Reaktionen der neuen Bezugspersonen wird entweder eine Zunahme selbstverletzender Verhaltensweisen oder aber eher eine Abnahme des symptomatischen Verhaltens erkennbar sein. Letzteres solange, bis der Klient die spezifischen Schwachstellen der Institution und der Mitarbeiter erkannt hat. Dies gilt allerdings nur für reaktive selbstverletzende Verhaltensweisen.
Die Beobachtung einer möglichen Verletzungsgefahr wird im Vordergrund stehen sowie die Frage einer zu ergreifenden Schutzmaßnahme (z.B. Armmanschetten, Kopfhelm).
Wird ein Klient mit bereits vorhandenen Schutzmaßnahmen (Fixierungen) aufgenommen, dienen freie Beobachtungen z.B. dazu, zu registrieren, wie der Klient auf zeitlich begrenzte Zurücknahme einzelner Fixierungen reagiert oder in welchen Situationen er eine solche Zurücknahme am ehesten akzeptiert (z.B. beim Essen). Solche Maßnahmen haben unterschiedliche Konsequenzen:
Einerseits kann beobachtet werden, daß sich Klienten durch die neue Situation schnell an die Wegnahme von Fixierungen gewöhnen – ohne eine massive Zunahme selbstverletzender Verhaltensweisen.
Andererseits kann eine Wegnahme der Fixierungen auf Grund von Verletzungsgefahr nicht möglich sein.

Die freie Beobachtung dient also dazu, sich ein erstes Bild zu machen. Ein weiterer Vorteil findet sich darin, verschiedene Beobachtungsstile der einzelnen Mitarbeiter zu unterscheiden.

Dies kann für spätere systematisierte Beobachtungen von großem Nutzen sein. Es können aber auch aus den Daten der freien Beobachtung erste vorläufige Hypothesen formuliert werden, die dann später präzisiert und überprüft werden.

Freie Beobachtung	Name des Kindes	Name des Betreuers
Datum:		
Uhrzeit:		
Situation in der SVV auftritt oder nicht	Reaktion der Umwelt	Reaktion des Klienten

Abbildung 2: Freie Beobachtung

Wie bereits oben beschrieben, werden wir in den ersten Tagen der freien Verhaltensbeobachtung gehäuft Situationen vorfinden, in denen selbstverletzende Verhaltensweisen zunehmen.
In diesen Situationen werden wir uns gezielter mit der Frage beschäftigen müssen, inwieweit unser Verhalten, aber auch der Zeitpunkt am jeweiligen Tage, das selbstverletzende Verhalten beeinflußt könnte.

Es könnte sich auch bei genauer Verhaltensbeobachtung von Bewohnern oder Klienten mit selbstverletzenden Verhaltensweisen zeigen, daß diese vormittags zum Beispiel weniger auffällig reagieren als nachmittags oder umgekehrt.
Ein weiteres Beobachtungskriterium könnte sein, daß, obwohl sich alle Mitarbeiter konsequent an die provisorisch aufgestellten Regeln halten, einzelne Betreuer unterschiedliche Formen von Unsicherheit bzw. Angst vor den spezifischen Verhaltensauffälligkeiten zeigen. Dies könnte Rückschlüsse auf Häufigkeit bzw. Intensität des selbstverletzenden Verhaltens zulassen.

2.1.3 Was heißt systematische Beobachtung?

Im Gegensatz zur freien Beobachtung sind die äußeren Rahmenbedingungen der systematischen Beobachtung festgelegt:

- welche Art der Beobachtung wird durchgeführt,
- wer die Beobachtung durchführt,
- wie sich der Beobachtende in der Beobachtungssituation zu verhalten hat,
- die Zeitdauer der Beobachtung wird festgelegt
- die jeweiligen Beobachtungssituationen werden definiert.

Desweiteren muß die Frage geklärt werden, ob Zufälligkeitsstichproben, festgesetzte Stichproben oder Ereignisstichproben gezogen werden, d.h. daß die Beobachtung erst dann beginnt, wenn ein bestimmtes vorher definiertes Ereignis gezeigt wird.
Man unterscheidet drei Arten systematischer Beobachtung (Mees & Selg, 1977):

a) die isomorphe Deskription
b) die reduktive Deskription und
c) die reduktive Einschätzung.

2.1.3.1 Was heißt isomorphe Deskription?

Isomorphe Deskription oder isomorphe Beschreibung bedeutet, daß die zu beobachtende Situation möglichst vollständig und weitgehend unverändert (isomorph) wiedergegeben werden soll. (Mees & Selg, 1977).
Indem der Beobachter in seiner Sprache alles das beschreibt, was er sieht, sind diese Formen systematischer Beobachtung derartig detailliert und umfassend, daß sie ganze Bücher füllen könnten.
Ein solches Vorgehen systematischer Beobachtung empfiehlt sich in der Regel nicht, da zum einen der Zeitaufwand zu groß ist, und zum anderen die Auswertung der Fülle der erfaßten Daten in der Regel nicht geleistet werden kann. Ein solcher Datenpool kann allerdings für die Forschung von Interesse sein, aber auch zu Beginn einer Therapie seinen Sinn in einer Findung neuer therapeutischer Strategien haben.

2.1.3.2 Was heißt reduktive Deskription?

Im Gegensatz zur isomorphen Deskription wird bei der reduktiven Deskription nicht mehr alles, was man sieht, registriert, sondern man beschränkt sich vielmehr auf bestimmte, vorher definierte und von Interesse erscheinende Verhaltensweisen. Dafür gibt es zwei verschiedene Vorgehensweisen:

2.1.3.2.1 Zeichensysteme

Unter einem Zeichensystem ist zu verstehen, daß bestimmte, festgelegte Aspekte eines Verhaltens protokolliert bzw. ausgezählt werden.

Diese Zeichensysteme werden für jeden einzelnen Patienten individuell festgelegt und orientieren sich an den ihm individuell zuzuordnenden Symptomen.
Solche Zeichensysteme sind z.B. aus unsystematischen (freien) Beobachtungen abzuleiten.

Hierfür ein Beispiel:

1. Tag:
P. war heute nachmittag offensichtlich guter Laune. Sie kam öfters auf Frieda und mich zu, legte die Arme auf unsere Schulter, lachte auch häufig und tanzte lange Zeit zur Musik. Dabei schlug sie sich sehr wenig.

2. Tag:
P. war am Nachmittag sehr unruhig. Nachdem man ihrem Wunsch nach Musik nicht gleich nachkam, warf sie wieder dauernd Stühle um. Auch rannte sie ziemlich hektisch im Raum herum und hatte auch einen entsprechend hohen Puls.

Das Abendessen wäre wohl ganz ausgefallen, hätte ich sie nicht regelrecht gefüttert. Beim Essen stampfte sie des öfteren mit den Füßen auf und sprang oft auf. War während der Zeit ohne Helm sehr unruhig und schlug sich heftig ins Gesicht.

3. Tag:
Heute hatte P. einen relativ ruhigen Nachmittag. Auch im Bad wusch sie sich schön, bis zum Augenblick der Helmabnahme. Sie wurde unruhig, begann sich heftig zu schlagen. Nachdem der Helm wieder aufgesetzt wurde, zeigte sie ein ausgesprochenes Liebesbedürfnis. Sie legte die Arme um mich und wollte mit dem Gesicht schmusen. Bin darauf gleich mit ihr ins Zimmer und versuchte die Situation fortzusetzen, dabei nahm ich ihr den Helm ab. P. lächelte mich an, ließ sich streicheln und streichelte mit Handführung auch mein Gesicht. Dann ging plötzlich eine Serie von schweren Schlägen wieder los und ich gab ihr den Helm wieder.

4. Tag:
Als P. von der Werkstatt kam, war sie auffallend ruhig. Sie lag fast den ganzen Tag im Bett und machte einen schläfrigen Eindruck. P. wurde erst wieder munter und kam aus dem Zimmer, als ich, nachdem die Gruppenmitglieder von der Werkstatt kamen, Musik einschaltete. P. mußte heute Abend allein mit Helm essen. Es waren einige Serien von Schlägen gegen Kinn und Nase zu beobachten. Am Abend verhielt sie sich sehr ruhig, lief umher, tanzte auch kurz nach Musik, teilte auch einige Umarmungen aus.

Betrachten wir diese eben beschriebenen unsystematischen Beobachtungen, so lassen sich daraus beispielsweise zwei Situationen für eine systematische Beobachtung im Sinne eines Zeichensystems herauskristallisieren:

a) auffallend ist, daß P. bei Musik relativ unkompliziert, fröhlich und munter wirkt, und
b) problematisch erscheint vor allem die Essenssituation.

Daraus könnte sich z.B. als systematischer Beobachtungsrahmen ergeben:

Situation 1: 10 Minuten auf dem Flur mit Musik. Situation 2: 10 Minuten auf dem Flur ohne Musik. Situation 3: 10 Minuten Essen mit Helm und Musik. Situation 4: 10 Minuten Essen ohne Helm mit Musik. Situation 5: 10 Minuten Essen mit Helm ohne Musik. Situation 6: 10 Minuten Essen ohne Helm ohne Musik.

Diese gerade festgelegten Situationen würden kontinuierlich z.B. über eine Woche zu definierten Zeiten beobachtet, wobei die Häufigkeit selbstverletzender Verhaltensweisen einfach ausgezählt und graphisch dargestellt wird.
Solche kleinen Experimente haben sich bewährt, wie z.B. IWATA et al. (1994a) oder LERMAN & IWATA (1993) berichten (vgl. auch LERMAN, IWATA, ZARCONE & RINGDAHL, 1994).
Eine graphische Darstellung könnte beispielsweise wie in folgender Abbildung aussehen.

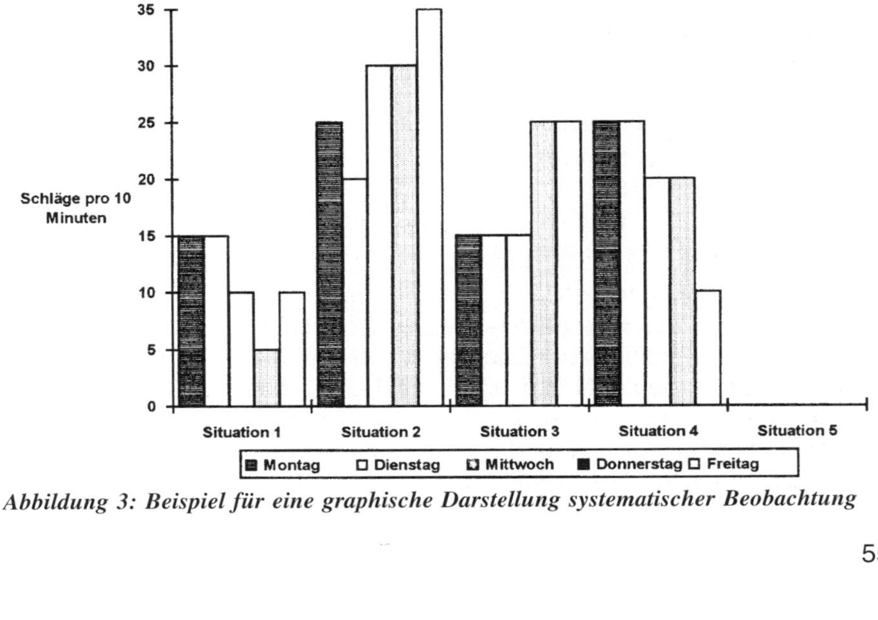

Abbildung 3: Beispiel für eine graphische Darstellung systematischer Beobachtung

Als Notationsform hat sich die Form eines Drehbuchs bewährt sowie in komplexen Situationen eine Videoaufnahme, die dann die Grundlage der Analyse ist.
Um diese Analyse weiterzuführen, bietet das SORKC-Modell der Verhaltenstherapie (vgl. Bartling, Echelmeyer, Engberding & Krause, 1980) eine gute Strukturierungsmöglichkeit. S steht hierbei für die Situation, die dem Verhalten unmittelbar vorangeht. O beschreibt organismische Faktoren wie Motivations- und Bedürfnislage der beobachteten Person; hier haben auch physiologische Faktoren wie die Pulsfrequenz Platz (s.u.). R beschreibt die Reaktion der Person – in unserem Fall selbstverletzendes Verhalten oder auch alternatives Verhalten hierzu. K erfaßt die Konsequenzen, die diese Reaktion erfährt. Hier werden z.B. Betreuerreaktionen notiert. C beschreibt abschließend die langfristigen Konsequenzen des ganzen Vorgangs, gewissermaßen die (Lern-) Moral der Geschichte – z.B. die Verfestigung ungünstiger Muster im negativen Fall oder ihre Konfrontation und Auflockerung im positiven Fall.

2.1.3.2.2 Kategoriensysteme

Im Gegensatz zu den Zeichensystemen wird in diesem Falle versucht, bestimmte gezeigte Verhaltensweisen oder jedes auftretende Verhalten des Patienten einer bestimmten Kategorie oder mehreren Kategorien zuzuordnen.
Hier wird das gesamte Verhalten des Klienten in einer definierten Zeitspanne, bestimmten vorher festgelegten und beschriebenen Kategorien zugeordnet. Auf diese Weise erhält man ein recht vollständiges Protokoll des Situationsablaufes.

Man unterscheidet zwischen Ereignis- und Zustandskategorien:
a) Bei Ereigniskategorien wird nur notiert, welches Ereignis aufgetreten ist, und
b) bei Zustandskategorien registriert man zusätzlich noch die zeitliche Dauer des Ereignisses.

Nehmen wir als Beispiel die oben beschriebene Darstellung des ersten Tages aus der unsystematischen Beobachtung und versuchen sie einmal in mögliche Kategorien (im Sinne von Ereigniskategorien) zu codieren:

- sehr gute Laune
- Kontaktaufnahme zu Kindern oder Gruppenmitgliedern
- Kontaktaufnahme zu Mitarbeitern
- Körperkontakt
- adäquate mimische Äußerung
- Tanzen
- selbstverletzendes Verhalten

Die zeitliche Qualität eines Ereignisses (Zustandskategorie) läßt sich bei selbstverletzenden Verhaltensweisen und anderen spezifischen Symptomen meist nur über Video genauer beobachten und messen. Trotzdem wird ein solches Vorgehen im Stationsbetrieb kaum möglich sein.

2.1.3.3 Was heißt reduktive Einschätzung?

Unter reduktiver Einschätzung versteht man Beobachtungssysteme, bei denen bestimmte Verhaltensweisen von einem oder mehreren Beobachtern eingeschätzt werden.
Man bedient sich in der Regel bei solchen Einschätzungen vorher festgelegter Skalierungen, die üblicherweise 5 bis 7-stufig konstruiert sind. Eine solche Einschätzung könnte, bleiben wir beim 1. Tag der eben beschriebenen Beispiele, wie folgt aussehen (wir benutzen eine 7-stufige Skala):

hoch	1	2	3	4	5	6	7	niedrig
Stimmung			3					
Körperkontakt		2						
nonverbale Kontakt-aufnahme			3					
SVV					5			
motorische Aktivität		2						

Abbildung 4: Reduktive Einschätzung spezifischer Verhaltensweisen eines selbstverletzenden Klienten

Diese Abbildung stellt ein Beispiel einer Darstellung spezifischer Verhaltensweisen einer Klientin mit selbstverletzenden Verhaltensweisen dar (Tageswertung).

Petra zeigte also an diesem Tag eine eher erhöhte Stimmung, guten Körperkontakt, eher erhöhte nonverbale Kontaktaufnahme, niedrige Selbstverletzung (SVV) und erhöhte motorische Aktivität.
Solche Schätzskalen haben sich im Stationsbetrieb als recht wertvoll erwiesen, da sie mit wenig Zeitaufwand durchzuführen sind.
Bei einer kontinuierlichen Durchführung über einen längeren Zeitraum erhält man relativ stabile Daten. Es ist die Chance gegeben, z.B. phasenhafte Abläufe, Beziehungen von motorischer Aktivität und selbstverletzendem Verhalten o.ä. zu erkennen.

2.1.4 Welche zusätzlichen Daten kann man über den Weg einer systematischen Verhaltensanalyse gewinnen?

Zum Beispiel die Zeit zwischen den Reaktionen:
Die Erfassung des selbstverletzenden Verhaltenspektrums ist besonders dann erschwert, wenn diese Verhaltensweisen ständig zu beobachten sind. In diesem Falle kann es sinnvoller sein, Zeiten ohne selbstverletzendes Verhalten zu messen (in Sekunden, Minuten oder auch Stunden und Tagen).
Für den Therapieverlauf ist die Messung der Häufigkeit des Auftretens von selbstverletzenden Verhaltensweisen oder die Messung symptomfreier Zeiten in etwa von gleicher Bedeutung.
Diese Meßdaten vermitteln zur Qualität des selbstverletzenden Verhaltens aber nur geringe Information. Ihr Wert ist eher in der Dokumentation eines therapeutischen Erfolges zu finden. Solche Messungen, wenn sie täglich über einen längeren Zeitraum durchgeführt werden, haben ganz besonderen Wert für die Motivation der Mitarbeiter:

> Es ist im täglichen Stations- oder Heimbetrieb kaum möglich, z.B. die Häufigkeit von 6000 Schlägen und 3000 Schlägen pro Tag oder Stunde zu unterscheiden. Auch Zeitabstände von Minuten- oder Sekundenlänge zu differenzieren oder durch freie Beobachtung zu erfassen ist in der Regel nicht möglich, es sei denn der Beobachter hat sehr viel Zeit und ist entsprechend geschult.

Eine optische Darstellung der Abnahme selbstverletzenden Verhaltens wird uns also entschieden mehr motivieren als eine – oberflächlich betrachtet – gleichbleibende Häufigkeit selbstverletzenden Verhaltens.
An einem Beispiel wollen wir kurz demonstrieren, welche Fülle von Erkenntnissen aus einer gleichzeitigen Messung der Häufigkeit selbstverletzenden Verhaltens und der Pulsfrequenz zu ziehen ist. Grundlage ist eine Studie von Rohmann, Elbing & Hartmann (1988a).
Es wurde der Puls und die Häufigkeit selbstverletzenden Verhaltens einer 20jährigen Patientin über den Zeitraum von 60 Tagen halbstündig während der Wachzeiten gemessen.
Die folgenden Abbildungen zeigen den Kurvenverlauf der Tagesmittelwerte von Puls und selbstverletzendem Verhalten.
Es läßt sich unschwer erkennen, daß die Häufigkeit des selbstverletzenden Verhaltens im Verlauf der Messung rapide abnimmt.

Ein weiteres hochinteressantes Ergebnis ist, daß die Pulsfrequenz bei hoher Häufigkeit selbstverletzenden Verhaltens niedriger und bei niedriger Häufigkeit höher ist.

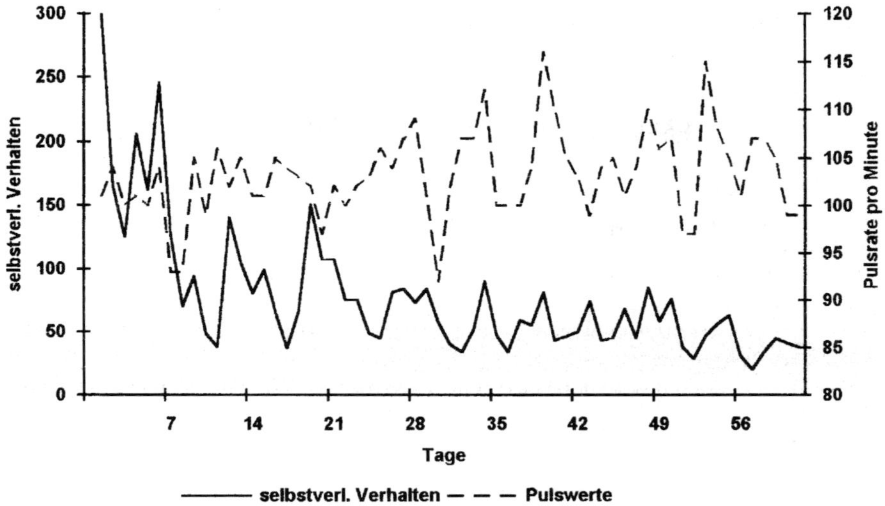

Abbildung 5: Tagesdurchschnittswerte für selbstverletzendes Verhalten und Pulsfrequenz

Die Abbildungen 6 und 7 zeigen, daß es teilweise signifikante Unterschiede in der Häufigkeit selbstverletzenden Verhaltens an Werk- und arbeitsfreien Tagen (Abbildung 7) und an Vor- und Nachmittagen zu beobachten gibt.

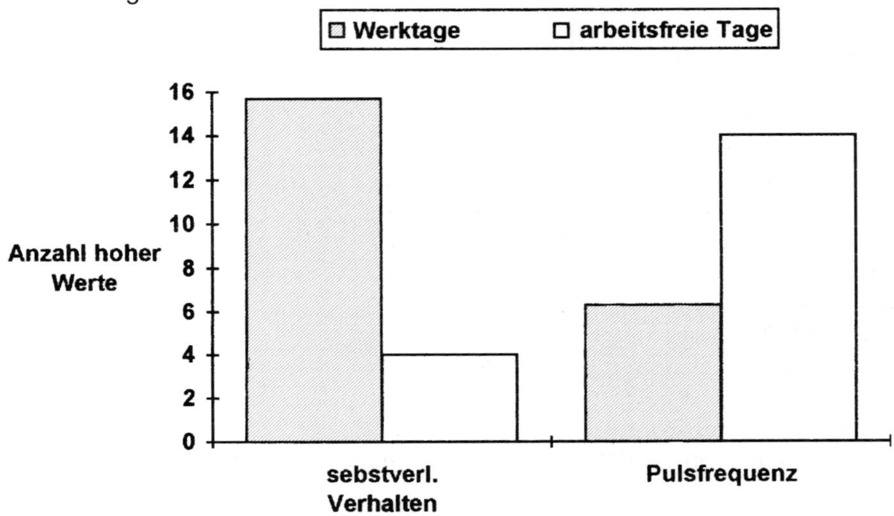

Abbildung 6: Häufigkeitsverteilung der Werte für selbstverletzendes Verhalten und Pulsfrequenz an werk- und arbeitsfreien Tagen

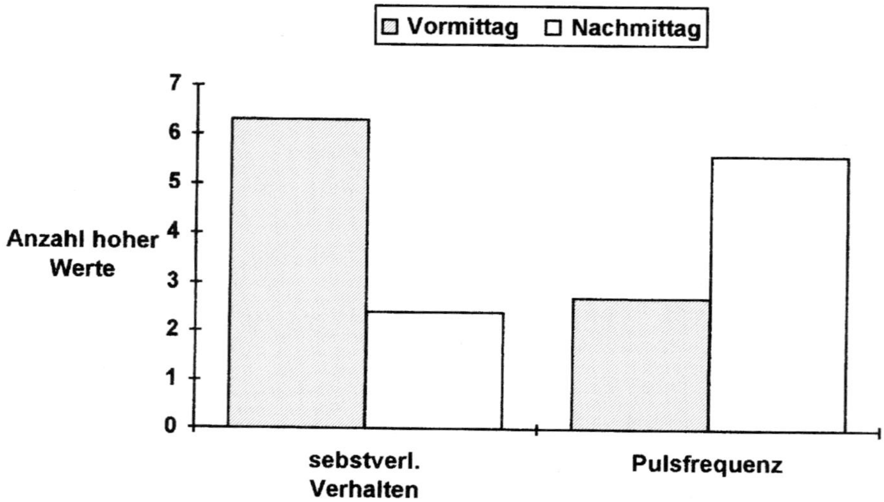

Abbildung 7: Häufigkeitsverteilung der Werte für selbstverletzendes Verhalten und Pulsfrequenz an Werktagen: Vergleich Vormittag und Nachmittag

Die vorliegenden Ergebnisse sind therapeutisch hochrelevant: Sie zeigen, daß:
a) die Messung selbst zu einer Veränderung der Häufigkeit des selbstverletzenden Verhaltens (SVV) geführt hat (wahrscheinlich bedingt durch eine vermehrte Zuwendung wegen des halbstündigen Messens). Eine Schlußfolgerung daraus könnte sein, daß sich die Klientin auch schlug, um Zuwendung zu erreichen oder um mangelnde Zuwendung auszugleichen.
b) vor allem die Werktage, im besonderen aber die Vormittage zu vermehrtem selbstverletzenden Verhalten geführt haben, also eine Veränderung der Bedingungen sehr wahrscheinlich auch zu einer Veränderung der Qualität und -häufigkeit führen könnte.
Das Erfassen von zeitlichen Zusammenhängen gibt uns auch die Möglichkeit zu erfassen, wie lange es dauert, bis eine spezifische Reaktion vom Klienten gezeigt wird.

2.1.5 Was fängt man mit den ganzen Daten an?

Es ist wichtig, mehrere Konzepte zur Analyse der so gewonnenen Daten hinzuziehen, da sie unterschiedliche Akzente und Schwerpunkte auch in der weiteren Lenkung der Wahrnehmung setzen und es zudem ermöglichen, unterschiedliche Hypothesen und Vermutungen über die Dynamik und ihre Gesetzmäßigkeiten aufzustellen. Mit jeder so gewonnenen Hypothese und Erklärungsmöglichkeit, die man ernsthaft diskutiert, findet ein weiteres Stück Klärung statt.

> Beispielsweise hat ein Team herausgefunden, daß sich ein Bewohner immer dann heftig schlug, wenn sich die Bezugsperson entfernte und den Raum verließ. Naheliegende Hypothese: Ordinäre Erpressung, der Bewohner will die Bezugsperson nur für sich. Mögliche Konsequenz: Ihn ignorieren und erst recht den Raum verlassen. Das Team jedoch suchte noch nach weiteren Sichtweisen, und die Beschäftigung mit seiner Persönlichkeitsentwicklung (s.u.) brachte eine andere Erklärung zutage: Der Bewohner kann die Abwesenheit der Bezugsperson möglicherweise kognitiv nicht überbrücken (fehlende Objektpermanenz) und schlägt sich aus Verzweiflung. Die Betreuer stellten eine Fotoserie her, auf der zu sehen war, was die Bezugsperson wo tut, wenn sie nicht im Raum ist und wie sie zurückkommt. Dann nahmen sie den Bewohner zu allen diesen Stationen mit und zeigten ihm die passenden Fotos. Dann legten sie zusammen mit ihm daraus ein Album an. Wenn sie jetzt den Raum verlassen, schlagen sie vorher im Album die passende Fotoserie auf. Seither schlägt er sich nicht mehr. Es hätte aber auch tatsächlich Erpressung sein können...

2.2 Zweite Strategie: Analyse der Selbstregulation und Selbststeuerung

2.2.1 Wie hängen Verhaltensmuster, Informationsverarbeitung und selbstverletzendes Verhalten zusammen?

In einer Beobachtungsstudie erfaßte Elbing (1992) bei 15 geistig behinderten (anders-fähigen) Personen mit schweren selbstverletzenden Verhaltensweisen die acht Verhaltensbereiche motorische Aktivität, Jaktationen (Schaukeln des Körpers), autistisches Verhalten, angespannte Körperhaltung, psychomotorische Koordination, Selbststimulation, aktive Kontaktaufnahme und die Reaktion auf Kontakt und Umweltreize.
Aus insgesamt 2226 Beobachtungsminuten, die durch die systematische Beobachtung der 15 Personen gewonnen wurden, wurde eine zufällige Stichprobe von 950 Beobachtungsminuten gezogen. Für jede Minute waren Auftreten und Ausprägung der acht Verhaltensbereiche notiert. Dabei

zeigten sich statistisch gut abgesichert sieben Gesamtgruppen von Verhaltensweisen, die sich wie folgt beschreiben lassen:

(1) **gut koordinierte, hohe Aktivität** ist ein Verhaltensmuster, das geprägt ist vom Fehlen der für autistisch Behinderte typischen Verhaltensweisen wie Schaukeln, Selbststimulation, angewinkelte Arme mit vor dem Gesicht gehaltenen Händen. Allerdings fehlt auch weitgehend die Reaktion auf Umweltereignisse. Körperhaltung und Kontaktaufnahme sind verglichen mit ihrer Bezugsgruppe normal. Dagegen kann die motorische Aktivität stark im Vordergrund stehen. Meist verläuft diese Aktivität psychomotorisch sehr gut koordiniert.

(2) **apathische Passivität** liegt vor, wenn bei schwacher Kontaktaufnahme keine oder nur geringfügige Aktivität zu beobachten ist, wobei selbst stereotype Verhaltensweisen kaum auftreten. Reaktionen auf die Umwelt fehlen fast völlig. Nicht einmal autistische Verhaltensweisen treten im nennenswerten Umfang auf.

(3) **autistisch-verspannte Selbststimulation** beinhaltet ein Verhaltensmuster, das hoch autistisches Verhalten charakterisiert; die Körperhaltung ist eher angespannt, die Hände sind häufig vor dem Gesicht bei angewinkelten Armen, und als Aktivität steht die Selbststimulation deutlich im Vordergrund. Dagegen fehlen Jaktationen sowie weitgehend jede Form von Kontakt.

(4) **angespannt-aktivierte Reaktionsbereitschaft** zeigt sich als ein hoch reaktionsbereites Verhaltensmuster bei normalem Kontaktverhalten und unauffälliger, eher erhöhter motorischer Aktivität und Körperspannung. Bei meist durchschnittlicher bis guter psychomotorischer Koordination treten autistische Verhaltensweisen und Stereotypien in den Hintergrund.

(5) **aktiver, angemessener Kontakt** läßt sich charakterisieren als aktive, überwiegend andauernde bzw. intensive Auseinandersetzung mit der Umwelt bei vergleichsweise normaler Körperanspannung und eher guter Koordiniertheit. Autistische Verhaltensweisen spielen kaum eine Rolle, stereotype Bewegungen stehen im Hintergrund.

(6) **selbstgenügsames Wiegen** repräsentiert ein Verhaltensmuster, das in erster Linie gekennzeichnet ist durch ein nahezu permanentes Schaukeln des Körpers. Komplettiert wird dieses Bild durch häufiger auftretende autistische Verhaltensweisen wie angewinkelte Arme und sich im unmittelbaren Gesichtsfeld bewegende Hände, was mit Selbststimulation verbunden sein kann. Darüber hinaus ist aktives Verhalten praktisch nicht zu beobachten.

(7) **erregtes Schaukeln** ist ganz dominierend gekennzeichnet durch sehr intensive, andauernde Jaktationen, mit denen autistisch vors Gesicht gehaltene Hände und Selbststimulation auftreten können. Praktisch treten keine Bewegungen wie z.B. Greifbewegungen auf, die eine Einschätzung der psychomotorischen Koordination erlauben.

Im nächsten Schritt wurde der Zusammenhang zwischen diesen Verhaltensmustern und selbstverletzendem Verhalten untersucht. Dabei ergaben sich folgende Ergebnisse:
Generell tritt auf apathische Passivität und verspannt-autistische Selbststimulation vermehrt selbstverletzendes Verhaltenen auf, wogegen auf aktiven, angemessenen Kontakt, gut koordinierte, hohe Aktivität, erregtes Schaukeln und selbstgenügsames Wiegen selbstverletzendes Verhalten generell wenig bis selten folgt. Die Häufigkeit von selbstverletzendem Verhalten, das auf angespannt-aktivierte Reaktionsbereitschaft folgt, ist weder speziell hoch oder niedrig.

Und jetzt kommt die eigentlich spannende Frage: Sind Umwelteinflüsse immer gleich wirksam auf das Auftreten von selbstverletzendem Verhalten oder wird die Wirkung durch das gerade vorliegende Verhaltensmuster – und die ihm zugrundeliegende Funktionsweise der Wahrnehmungsverarbeitung – beeinflußt?

Das ist der Fall.
Eine solche Moderatorfunktion zwischen Stimulationsgehalt der Umwelt und selbstverletzendem Verhalten haben alle Verhaltensmuster außer dem aktiven, angemessenen Kontakt und der apathischen Passivität. Bei diesen beiden Verhaltensmustern spielt der Stimulationsgehalt zur Vorhersage von selbstverletzendem Verhalten keine bedeutsame Rolle. Bei den übrigen Verhaltensmustern treten höhere Werte des selbstverletzenden Verhaltens in der Regel häufiger auf, wenn eine Stimulation durch die Umwelt vorhergeht.

Wie erklären sich diese Zusammenhänge?
Beim aktiven, angemessenen Kontakt ist die Wahrnehmungsverarbeitung am besten, denn sonst wäre dieser Kontakt mit seinen komplexen Koordinationsleistungen nicht möglich. In diesem Zustand hat der behinderte Partner andere Möglichkeiten, auf Umweltreize zu reagieren als durch selbstverletzendes Verhalten, und er tut das auch. Im Zustand der apathischen Passivität ist die Wahrnehmungsverarbeitung am schlechtesten. Nichts geht mehr – außer (meist automatisiertem, stereotypen) selbst-

verletzendem Verhalten, das dann als Versuch der Selbstregulation auf niedrigster Ebene dient (Elbing, 1992).
Und wenn nichts mehr geht, haben Umweltreize praktisch auch keine Auswirkungen mehr. Hier muß die Fähigkeit der angemessenen Reizverarbeitung und Selbststeuerung durch Unterstützung von außen erst wieder hergestellt werden. Das geschieht durch Körpertherapie (s.u.).
Den übrigen Verhaltensmustern liegt eine beeinträchtigte Wahrnehmungsverarbeitung zugrunde. Sie ist „klar" genug, daß Umweltreize ihre Auswirkungen haben. Aber sie ist nicht funktionsfähig genug, um die Belastung durch Umweltreize anders auszubalancieren als durch selbstverletzendes Verhalten.
Ausnahme: Heftige Jaktationen oder Wiegen. Auch hier dient Körpertherapie dazu, die Wahrnehmungsverarbeitung zu verbessern. Ziel: Der angemessene, aktive Kontakt bei guter Wahrnehmungsverarbeitung.
Hintergrund dieser Überlegungen ist die 2-Prozeß-Theorie der Informationsverarbeitung von Hartmann und Rohmann (1984; 1988), die von Elbing (1992) um ein Prozeßmodell der pathologischen Informationsverarbeitung erweitert wurde.

unabhängige Variable	}————>	**abhängige Variable**
Verhaltensmuster	}————>	*selbstverletzendes Verhalten mit:*
apathische Passivität verspannt-autistische Selbstimulation	} }————> }	hoher Häufigkeit
angespannt-aktivierte Reaktionsbereitschaft	}————> }	für die Bezugsgruppe unauffälliger Häufigkeit
aktiver, normaler Kontakt erregtes Schaukeln selbstgenügsames Wiegen gut koordinierte, hohe Aktivität	} } } }————> } } }	niedriger Häufigkeit

Abbildung 8: Zusammenfassung der empirischen Befunde zu den Zusammenhängen zwischen Verhaltensmustern und darauf folgende Häufigkeiten selbstverletzenden Verhaltens

unabhängige Variable Stimulation durch die Umwelt	**Moderatorvariable** Verhaltensmuster	**abhängige Variable** selbstverletzendes Verhalten
niedriger Stimulationsgehalt>>> hoher Stimulationsgehalt>>>	gut koordinierte, hohe Aktivität angespannt-aktivierte Reaktionsbereitschaft verspannt-autistische Selbstimulation (selbstgenügsames Wiegen)	>>>niedrige Häufigkeit >>>hohe Häufigkeit
niedriger Stimulationsgehalt hoher Stimulationsgehalt	apathische Passivität aktiver, angemessener Kontakt	keine nachweisbaren Effekte

Abbildung 9: Zusammenfassung der empirischen Befunde zu den Moderatoreffekten der Verhaltensmuster auf die Vorhersage selbstverletzenden Verhaltens aus dem Stimulationsgehalt der Umwelt

Wenn man also solche Verhaltensmuster beobachtet, so lassen sich wichtige Hinweise ableiten, wie es um die Aufnahmefähigkeit und die Selbststeuerung des behinderten Partners bestellt ist, und wann er darauf angewiesen ist, daß Bezugspersonen ein Stück Regulierungsfunktion für ihn übernehmen, und – fast noch wichtiger – auch Hinweise darauf, wann er das nicht braucht und sinnvoll gefordert werden kann, alternatives Verhalten an den Tag zu legen.

2.2.2 Wie hängen Selbstregulation, physiologische Erregung und selbstverletzendes Verhalten zusammen?

Wie gerade beschrieben, kann man aus beobachteten Verhaltensmustern Rückschlüsse auf die Selbststeuerung und ihren Zusammenhang mit selbstverletzendem Verhalten ziehen. Ein anderer Zugang zur Selbststeuerung führt über die Beobachtung von Erregungsschwankungen. Eine einfache und wenig zeitaufwendige Methode, physiologische Daten zu erhalten, ist das Messen der Puls(Herz)frequenz. Es empfiehlt sich, neben einer halbstündigen Messung bzw. Einschätzung der Intensität und Häufigkeit des selbstverletzenden Verhalten auch ein- bis zweimal innerhalb dieses Zeitraumes den Puls des Klienten zu messen.

Welche Erkenntnisse wir bei einer längerfristigen Durchführung solcher Messungen erreichen können ist weiter oben beispielhaft beschrieben worden.

Die dort beschriebenen unterschiedlichen Erregungszustände an Vor- und Nachmittagen legen es z.B. nahe, den Tagesablauf oder die Qualität bestimmter Anforderungssituationen zu ändern bzw. zu variieren. Wir finden hier die Beziehung von Umwelt- und Organismusfaktoren eindrucksvoll dokumentiert (vgl. ROHMANN & HARTMANN, 1988; ROHMANN, ELBING & HARTMANN, 1988; 1988a).

Die Erregungszustände ändern sich jedoch nicht nur mit dem Anforderungsgehalt von Situationen. In zwei Studien (ELBING & ROHMANN, 1996, und in Vorb.) konnten wir nachweisen, daß die physiologische Erregung zyklischen Schwankungen unterliegt und diese Schwankungen mit den Schwankungen selbstverletzenden Verhaltens zusammenhängen. Vor allem die erste Studie (ELBING & ROHMANN, 1996) legt nahe, daß ein Zurückgehen des selbstverletzenden Verhaltens mit einer Synchronisierung und Harmonisierung dieser gemeinsamen Schwankungen einhergeht.

Wir vermuten hinter dieser Harmonisierung ein besseres Funktionieren der neurophysiologischen Abläufe im Gehirn, was wiederum eng mit einer verbesserten Wahrnehmungs- und Informationsverarbeitung zusammenhängt. Abbildung 10 zeigt eine wachsende Annäherung der zyklischen Schwankungen mit fortschreitender Zeitdauer.

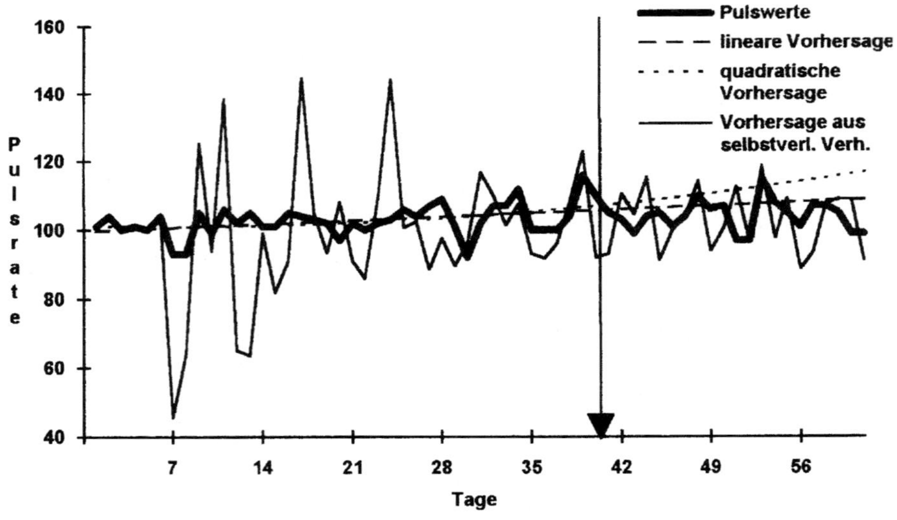

Abbildung 10: Harmonisierung von Pulswerten und selbstverletzendem Verhalten, gezeigt im Vergleich tatsächlicher und vorhergesagte Pulswerte (ELBING & ROHMANN, 1996, S. 53)

Der Zusammenhang zwischen Erregung und selbstverletzendem Verhalten in der Forschung würde aktuell untersucht und diskutiert, wobei die Befundlage noch kein zusammenhängendes Bild erlaubt (HARRIS, 1992). Zyklische Prozesse sind seit langem bekannt (MENNINGER-LERCHENTHAL, 1960) und gut erforscht z.B. für den Bereich des Schlafverhaltens (CHANEY, OLMSTEAD & GIVENS, 1994). ROMANCZYK, LOCKSHIN & O'CONNOR (1992) stellen fest, daß bisher Erregungszustände nicht wiederholt nachgewiesen werden konnten, z.B. waren die Befunde anderntags zur gleichen Zeit in vergleichbarer Situation anders als am Vortag. Unsere eigenen Befunde zur Desynchronisierung von Erregung und selbstverletzendem Verhalten legen nahe, daß das auch so zu erwarten ist, solange die angesprochene Harmonisierung nicht eingetreten ist. Unsere Daten zeigen nämlich, daß die Schwankungskurven mehrere Tage umfassen können. LEWIS, SILVA & G. SILVA (1995) weisen sogar Schwankungen über Monate hinweg nach.

Die Erfassung der Pulsfrequenz als Indikator für physiologische Erregung ist zwar heftig diskutiert worden (ROMANCZYK, LOCKSHIN & O'CONNOR, 1992). Wir meinen jedoch, daß die Erkenntnisse, die sich trotz Fehlerquellen und Ungenauigkeiten erzielen lassen, den Einsatz dieser Methode gerade auch in der Praxis rechtfertigen.
Ein chaotischer Puls gibt nicht nur eine Idee von den Erregungsproblemen, die unser behinderter Partner zu meistern hat. Seine Dokumentation gibt darüber hinaus Hinweise auf mögliche Streßfaktoren (s.o.) und verdeutlicht zudem – wenn längerfristig durchgeführt, s.u. – den physiologischen Aspekt der Veränderung im Therapieprozeß.

2.3 Dritte Strategie: Analyse der Persönlichkeitsentwicklung und der Interaktionsqualität

Die „Wirkung der Schlange auf das Kaninchen" schränkt nicht nur den Blick auf das eigentliche Verhalten in seiner Komplexität ein. Sie verstellt auch den Blick darauf, was denn eigentlich die Persönlichkeit des von einem Problemverhalten betroffenen Menschen in ihrer Gesamtheit ausmacht. Die Daten, die für diese Art der Analyse benötigt werden, gewinnt man am besten, indem man einen oder, falls leistbar, mehrere typische und ganz normale Tagesabläufe vom Aufstehen bis zum Einschlafen dokumentiert. Eine Dokumentation über solch einen langen Zeitraum kann nicht in der Präzision geschehen, wie dies in der Analyse der Topographie des Problemverhaltens der Fall sein konnte.
Konnte man bei der Analyse des Symptomverhaltens noch weitgehend frei von Erklärungskonzepten an die Beobachtung herangehen, so sollte

hier die Beobachtung bereits durch einige Konzepte strukturiert und geleitet werden.
Grundsätzlich sollten hier diejenigen Ideen und Konzepte herangezogen werden, die bereits in der Analyse des symptomatischen Verhaltens zu besonders interessanten und fruchtbaren Fragestellungen geführt hatten. Unabhängig davon stellen wir hier einige bewährte Konzepte vor, um diese Form der Analyse vorzunehmen.

2.3.1 Die Anamnese: Worin besteht sie und wozu dient sie?

Bevor ein Klient stationär oder in ein Heim aufgenommen wird, ist es notwendig, eine umfassende Anamnese (Krankengeschichte/Lebenslauf) zu erheben, das heißt in der Regel, sich einen Überblick über die Entwicklungsgeschichte zu beschaffen.

> So ist z.B. zu klären, welche der oben beschriebenen Variablen aus Sicht der Bezugspersonen (in der Regel die Eltern) zur Aufrechterhaltung und Entstehung des selbstverletzenden Verhaltens beigetragen haben könnten, wie die Bezugspersonen darauf reagierten bzw. nicht reagierten und welche Konsequenzen sich daraus ergeben haben.

Diese Daten sollten vor Aufnahme einer genaueren Analyse unterzogen werden, um von vornherein verstärkende Variablen zu ändern oder auszuschließen.
Eine solche Vorgehensweise ist allerdings nicht immer möglich und auch nicht immer sinnvoll, da anamnetische Daten häufig unvollständig und stark subjektiv (z.B. durch affektive Beteiligung der Eltern/Bezugspersonen) sein können und uns möglicherweise auf eine falsche Spur locken. Hier kann es besonders hilfreich sein, systemtherapeutische „Techniken“ zu nutzen, auch wenn den Systemtherapeuten diese Begrifflichkeit ein „Dorn im Auge“ ist.

> Zirkuläres Fragen, d.h. z.B. Beteiligte zu fragen, was sie glauben, daß andere Beteiligte über ihre Einstellungen und Erwartungen für Vorstellungen haben oder „Hypothetisieren”, d.h Hypothesen zu bilden, denen man widersprechen oder denen man folgen kann, bis hin zu konfrontativen Vorgehensweisen, wo wir Hypothesen formulieren, die möglicherweise genau die Schwachpunkte eines Bezugssystems ansprechen, um gleichzeitig die eigene professionelle Inkompetenz zu signalisieren. Eine weitere Möglichkeit ist, in Metaphern (Bildern) oder in Parabeln und Geschichten (narrativer Ansatz) Informationen zu erhalten.

Durch anamnetische Daten erfahren wir weiterhin, welche Methoden von den Bezugspersonen und dem sozialen Umfeld (z.B. Verwandte oder Schule) angewandt worden sind (häufig mit unterschiedlichem Erfolg), um das selbstverletzende Verhalten zu beeinflussen, um daraus Rückschlüsse ziehen zu können, welche dieser Faktoren möglicherweise zur Aufrechterhaltung bzw. Verstärkung des oberflächlich betrachteten unangemessenen Verhaltens beigetragen haben könnten.
Es ist von weiterem Interesse, auch Informationen über den Tagesablauf, der vermuteten Motivationen, den Träumen und Wünschen des jeweiligen Klienten zu erfahren.
Mit diesem Wissen haben wir die Möglichkeit, diese Störfaktoren von vornherein zu berücksichtigen oder zu vermeiden bzw. zu löschen. Uns muß allerdings klar sein, daß ein solches Vorgehen aufgrund der eingefahrenen Verhaltensweisen des selbstverletzenden Klienten sehr wahrscheinlich zu einer Erhöhung des selbstverletzenden Verhaltens führen könnte, wenn dies Verhalten reaktiv ist.

Ein weiterer, aus der Anamnese erhobener Aspekt könnte sein, daß es von Notwendigkeit ist, bestimmte Bezugspersonen vorläufig aus dem therapeutischen Prozeß herauszunehmen.
Dominiert z.B. der selbstverletzende Klient das Verhalten seiner Bezugspersonen, was sehr verständlich ist (sonst wäre er vielleicht nicht selbstverletzend oder die Bezugspersonen lassen diese Dominanz aus Angst vor Verletzungen zu und geraten dadurch immer mehr in Abhängigkeit vom Störverhalten), werden möglicherweise bestimmte Bezugspersonen für einen gewissen Zeitraum vom selbstverletzenden Klienten isoliert.
So geben wir dem Klienten eine Hilfestellung zur Neuorientierung, den betroffenen Bezugspersonen wird gleichzeitig eine emotionale, als auch psychische Entlastung angeboten.
Werden diese Personen später in den therapeutischen Prozeß wieder eingebunden, kommen sie sozusagen „mit frischen Nerven“ zurück. Sie sind somit auch wieder stärker belastbar.
Andere wichtige anamnetische Daten sind:
Wann trat das Verhalten zum ersten Mal auf, in welcher Ausprägung und welche Ursachen sind vorstellbar?
Von weiterer Bedeutung ist die Qualität und Funktion des selbstverletzenden Verhaltens.
Hier steht besonders im Vordergrund, ob z.B. bedrohliche Wunden oder Schädeltraumata auftreten können.
Hinsichtlich der Häufigkeit muß genau hinterfragt werden, ob das Verhalten immer, stündlich, täglich, wöchentlich oder längerfristig auftritt, ob ein phasenhafter Ablauf beobachtet wurde.

Von (besonders für uns) ganz wesentlichem Interesse ist die Frage nach einem möglichen Wechsel von stereotypen, aggressiven und selbstverletzenden Verhaltensweisen sowie die Frage, ob der Klient Schmerzreaktionen zeigte oder noch zeigt.
Und letztendlich steht bei der Erhebung der Anamnese auch die Frage nach der Klärung des Behandlungsauftrages an (s.o.).

2.3.2 Die Interaktionsdiagnostik: Wie geht sie und was zeigt sie?

Für weitere Beobachtungen hat sich bei unserer Arbeit als sinnvoll erwiesen, klar strukturierte Interaktionssequenzen durchzuführen, um auch das interpersonelle Kontaktverhalten des Kindes beschreiben zu können. Wir haben die im Zentrum für Autismusforschung und Entwicklungstherapie entwickelte halbstandardisierte Beobachtungsmatrix für autistische Kinder (BEMAUS, ROHMANN & HARTMANN, 1988) genutzt:

Es werden festgelegte einzelne Interaktionssequenzen vor Therapiebeginn (zur diagnostischen Abklärung) und nach dreiwöchiger Behandlungsdauer (als Therapie- bzw. Erfolgskontrolle) in der gleichen Art durchgeführt.
Im folgenden werden nur einige der Interaktionssequenzen ausführlicher beschrieben:

1.) Bezugsperson und Therapeut schauen unbeteiligt eine definierte *Zeit (in* der *Regel* 2 Minuten) aus dem Fenster.

Diese Übung kann Aufschluß darüber geben, inwieweit der Klient die Aufmerksamkeit des Betreuers erreichen will, (z.B. durch vermehrtes Schlagen, Hinstellen vor den Betreuer und vermehrtes Schlagen o.ä.). Andererseits ist es möglich, daß die Klienten beginnen, sich z. B. selbst zu beschäftigen. Das Abwenden des Erwachsenen beruhigt sie.

Die Bezugsperson kann erkennen, wie sie das Abkehren vom Kind oder das Ignorieren der Schläge ertragen kann.

2.) Der Betreuer oder Therapeut und Betreuer machen sich für den Klienten interessant, ohne ihn direkt in das gemeinsame Handeln miteinzubeziehen.

Wir können bei dieser Übung beobachten, inwieweit der Klient von sich aus an Interaktionen interessiert ist. Wendet er sich den Handlungsaktivitäten der agierenden Betreuer zu? Bezieht er sich selbst in das Handlungsschema mit ein (Selbststeuerung bzw. -aktivierung), verliert er schnell das Interesse oder ignoriert er die handelnden Betreuer vollständig?

3.) Imitieren oder Spiegeln bestimmter Verhaltensweisen:

Im Sinne der AIT (Aufmerksamkeits-Interaktions-Therapie, HARTMANN, 1986; 1990) werden hier auf 3 Ebenen die Verhaltensweisen des selbstverletzenden Klienten etwa 2 Minuten imitiert:

– Imitation der Bewegungen, Mimik und Gestik.

Selbstverletzende Verhaltensweisen werden nur angedeutet und die Schlaggeschwindigkeit stark verlangsamt imitiert. Diese Übung hat vor allem therapeutischen Wert:
Der Klient hat die Möglichkeit, sein eigenes Handeln über die Imitation desselben zu erkennen (Förderung der Selbstwahrnehmung) und die Alternative der Verlangsamung wahrzunehmen und sie bestenfalls auch zu imitieren.

4.) Imitation der Laut- oder Sprachäußerungen des Klienten:

Bei nichtsprechenden Klienten ist diese Übung von besonderem Wert: Durch die Imitation seiner lautlichen Äußerungen kann der Klient erkennen, daß er durch Lautproduktionen (auch wenn sie keinen kommunikativen Charakter haben) etwas erreichen kann, nämlich, daß der Interaktionspartner darauf reagiert. Auf diese Weise kann vorsprachliche Kommunikation im Sinne eines „Baby-Gesprächs“ geübt werden.
Unsere Erfahrungen haben immer wieder gezeigt, daß eine Zunahme kommunikativer Fähigkeiten (seien sie gestisch, lautlich oder sprachlich) selbstverletzendes Verhalten reduzieren können.

Wir beobachten also in den letzten beiden Sequenzen, welche Interaktionsmechanismen der Klient nutzt.

4a.) Imitation der Laut(Sprach)-Äußerungen bei gleichzeitiger Spiegelung der Mimik und Gestik

Diese Übung hat besonders für den Imitierenden große Bedeutung: Durch das Imitieren lernt er die Vielschichtigkeit der spezifischen Verhaltensweisen des behinderten Gegenübers kennen.

Mütter stellen immer wieder fest, daß oberflächlich betrachtet, stereotypes Verhalten ihrer Kinder gleichbleibend und ohne Variation ist. Dadurch, daß sie dieses imitieren, erkennen sie, daß diese Gleichförmigkeit oft gar nicht zutrifft, sondern sehr viel Variation im Kindverhalten zu beobachten ist.

Als Therapeuten oder Bezugspersonen bekommen wir ein Gefühl dafür, was bei und in unserem Klienten vor sich geht, wo seine Schwierigkeiten, seine Barrieren liegen, sich mit der Umwelt auseinandersetzen zu können.
Mit anderen Worten: Wir lernen unseren Klienten zu verstehen!

5.) Distanz und Nähe werden variiert: Der Betreuer nimmt verschiedene Positionen zum Betreuten ein, z.B. ganz nah oder ganz weit weg.

Hier finden wir Hinweise, welcher Abstand zum Betreuten am ehesten seine Aufmerksamkeit hervorruft oder welcher Abstand als Bedrohung empfunden wird.

6.) Sprachliche Äußerungsmöglichkeiten werden durch Aufforderung, bestimmte Laute oder Worte nachzusprechen, untersucht.

In weiteren Interaktionssequenzen wird geprüft, wie behinderte Klienten auf Anforderungen, Verbote, Anregungen oder Fragen reagieren.

2.3.3 Die Tagesbilanz der Fähigkeit zur Mitteilung und Auseinandersetzung: Wie ziehen wir sie und wozu dient sie?

Hier stellt sich die Frage, wie genau und wie effektiv sich der behinderte Partner mit seiner Umwelt auseinandersetzt, wenn er *nicht* auf sein Problemverhalten zurückgreift. Wie sucht er Kontakt? Wie weist er Kontakt zurück, den er nicht will? Wie meldet er Bedürfnisse an, wie grenzt er sich ab? Wie geht er auf Kontakt ein? Es geht darum, sich ein Bild über ein möglichst weites Spektrum seiner Kontaktnahme mit Personen und den Dingen seiner Umgebung zu machen. Wichtig ist es hierbei, in hochstrukturierten, halbstrukturierten und unstrukturierten Situationen zu beobachten.

Hochstrukturierte Situationen bringen klare Verhaltenserwartungen mit sich, die relativ wenig eigenen Gestaltungsspielraum lassen, z.B. Essenssituationen und Arbeitssituationen.

Halbstrukturierte Situationen geben einen Handlungsrahmen vor, der bereits erhebliche Freiräume der Ausgestaltung läßt, wie z.B. gemeinsame Freizeitaktivitäten oder freie Arbeit in der Schule.

Unstrukturierte Situationen eröffnen den größten Handlungsspielraum, z.B. die „Hängezeiten" im Gruppenalltag zwischen Kaffeetrinken und gemeinsamen Spazierengehen oder die Zeit abends, wenn die anderen noch im Bad sind usw. Oftmals ist festzustellen, daß es von Situation zu Situation ganz erhebliche Kompetenzunterschiede gibt.

Diagnostisch und therapeutisch besonders bedeutsam sind die Situationen, wenn niemand von dem behinderten Partner etwas will, also die unstrukturierten Situationen. Denn hier zeigt sich am ehesten sein Spontanverhalten:
Das, was er wirklich von sich aus macht und machen will.

Solche Analysen sind für mancherlei Überraschungen gut. Erstaunliche Fähigkeiten können hier entdeckt werden.

2.3.4 Das Entwicklungsprofil aus den vorangegangenen Beobachtungen: Wie ermitteln wir es und wozu dient es?

Die Analyse wird entscheidend weitergeführt, indem das in den jeweiligen Situationen und Verhaltensweisen realisierte Entwicklungsalter eingeschätzt wird.
In aller Regel wird man nämlich feststellen, daß in den gezeigten Verhaltensweisen eine große Bandbreite bzw. ein sehr zerklüftetes Entwicklungsprofil zu beobachten ist. Häufig zeigt sich im Spontanverhalten der früheste Entwicklungsstand – eine gute Meßlatte, um von hier aus über Forderung und Überforderung nachzudenken. Und ein guter Ansatzpunkt für die Therapie (s.u.).
Um das Entwicklungsalter zu analysieren, lassen sich grundsätzlich alle entwicklungspsychologischen Konzepte heranziehen, die denjenigen, die die Analyse durchführen, geläufig sind. Wenn ein sehr frühes Entwicklungsalter vermutet wird, haben sich die Denver-Skalen als diagnostische Hilfsmittel bewährt. Wir arbeiten vorzugsweise mit Piagets Modell der kognitiven Entwicklung, da es vor allen Dingen in den sehr frühen Entwicklungsphasen gut differenziert und gut beobachtbar ist. Hilfreich ist hierzu das Büchlein von PIAGET und INHELDER (1977), in dem sie die umfangreichen Überlegungen in Piagets Werk zu einem Überblick zusammenfassen.

2.3.5 Die Analyse der Beziehungsstruktur: Was bedeutet sie?

WATZLAWICK et al. (1969, S. 69) haben zwei grundlegende Arten von Beziehungen beschrieben:
„Symmetrische Beziehungen zeichnen sich (...) durch Streben nach Gleichheit und Verminderung von Unterschieden zwischen den Partnern aus, während
komplementäre Interaktionen auf sich gegenseitig ergänzenden Unterschiedlichkeiten basieren.“

Beide Beziehungsformen neigen zur Eskalation. Im Verlauf der Interaktion verstärken sich die Gegensätze immer mehr.

Je mehr ich z.B. einen selbstverletzenden Menschen zu halten versuche, desto mehr schlägt er sich, und je mehr er sich schlägt, desto mehr versuche ich, ihn zu halten; je mehr ich einem behinderten Menschen helfe, desto unfähiger stellt er sich, und je unfähiger er sich mir zeigt, desto mehr Hilfestellung gebe ich ihm.

BATESON (1935; zitiert nach WATZLAWICK et al., 1969) nannte dieses Phänomen Schismogenese, und er meinte damit genau diesen Differenzierungsprozeß: Die anfängliche Beziehungsform verfestigt und verstärkt sich im Laufe der weiteren Interaktionen. Dies gilt auch für die symmetrische Beziehungsform.
Zwischen behinderten Menschen und ihren Bezugspersonen gibt es häufig lange und zermürbende Auseinandersetzungen, die sich am besten dadurch kennzeichnen lassen, daß niemand weiß, wer wem was zu sagen hat. Besonders deutlich lassen sich solche Eskalationen beim Essen beobachten.

Auf dem Höhepunkt der Auseinandersetzung können dann in einem Heim beispielsweise zwei Betreuer in vereinter Kraftanstrengung einen Behinderten über zwei Stunden hin eine Mahlzeit aufzwingen, bis der Teller leergegessen ist, worauf der behinderte Mensch durch anschließendes Erbrechen die Symmetrie wieder herstellt, indem er den Betreuern dadurch beweist, daß er letztlich nicht zum Essen zu zwingen ist. Um den aggressiven Akt des erzwungenen Fütterns symmetrisch auszugleichen, kann dann selbst ein spastischer Mensch so geschickt seinen Mageninhalt verteilen, daß der anschließende Reinigungsaufwand für die Betreuer maximal ist.

Aus den vorangegangenen Beispielen wird deutlich, daß sowohl die komplementäre als auch die symmetrische Interaktionsform letztendlich destruktive Auswirkungen haben, wenn sie die vorherrschenden Formen der Interaktion sind.
Die symmetrische Eskalation kann bis zur Gewalt führen, und die komplementäre Eskalation kann dazu führen, daß ein behinderter Mensch bis zum tatsächlichen Vollpflegefall den Part des Unfähigen spielt (vgl. auch BERNARD-OPITZ & KOK, 1994).
WATZLAWICK, WEAKLAND und FISH (1988, 4. Aufl.) meinen, daß eine gesunde Beziehung einen symmetrischen Gesamtcharakter hat, im Einzelnen jedoch die Beteiligten mal symmetrische Interaktionen, mal mit wechseln-

den Rollen komplementäre Interaktionen miteinander zeigen.
Da aufgrund der Behinderung die Beziehung zwischen Bezugsperson und behinderten Menschen von vornherein eine stark komplementäre Komponente zu Lasten des Behinderten hat, ist es für die Beziehungsgestaltung besonders wichtig, gemeinsam symmetrische Interaktionen und komplementäre Interaktionen im Gegensinne zu entwickeln.

> Es sollte also Bereiche geben, in denen der behinderte Mensch und die Bezugsperson als gleichberechtigte Partner interagieren, und es sollte Bereiche geben, in denen auch der behinderte Mensch erleben kann, daß er der Fähigere und Begabtere von beiden ist (KALDE, 1992). Hierin liegt eine besondere Herausforderung für den pädagogischen und therapeutischen Umgangsstil mit behinderten Menschen.

Häufig ist auch eine Umkehrung des Machtverhältnisses zu beobachten: Selbstverletzende Verhaltensweisen beispielsweise sind ein sehr effizientes Macht- und Manipulationsinstrument, mit dem eine komplementär eskalierende Beziehung entstehen kann. Dann ist es nämlich der Selbstverletzende, der mit seinen selbstverletzenden Verhaltensweisen das Geschehen in einer ganzen Familie oder in einer ganzen Wohngruppe diktiert und so die Komplementarität zwischen behindertem Mensch und nicht behinderter Bezugsperson auf den Kopf stellt.

Die Destruktivität dieser Eskalation liegt auf der Hand.

Selbstverletzende Verhaltensweisen sind hierbei nur ein besonders drastisches Beispiel; im Grunde lassen sich hier alle Verhaltensweisen einsetzen, die üblicherweise als „Verhaltensstörung“ bezeichnet werden.

Ziel dieser Analyse ist es, ein Profil zu gewinnen, wann, in welchen Situationen und für wie lange welche Beziehungsform zu beobachten ist und wer dabei welche Position einnimmt.

Vergleicht man das Ergebnis mit der Optimalform einer durchwachsenen Beziehungsgestaltung (s.o.), so liegen wichtige Felder der Veränderung offen zutage.

2.3.6 Das Zuwendungsprofil und die Zuwendungsbilanz: Wie geht das und wozu dient das?

Jede Mitteilung transportiert zunächst eine Information bzw. einen Inhalt. Die Art und Wichtigkeit des Inhalts und ob er richtig oder falsch ist, ist dabei gleichgültig. Jede Mitteilung enthält noch einen weiteren Aspekt. Mit dem Inhalt transportiert die Mitteilung auch eine Gebrauchsanweisung, wie der Inhalt zu verstehen ist.

Jede Kommunikation hat neben einem Inhaltsaspekt auch einen Beziehungsaspekt. Der Inhaltsaspekt beschreibt das Was der Mitteilung, wogegen der Beziehungsaspekt das Wie umfaßt.

Meist ohne daß es bewußt wird, reagieren wir im Zweifelsfall auf den Beziehungsaspekt und nicht auf den Inhaltsaspekt. WATZLAWICK und Mitarbeiter (1969 S. 56) stellen denn auch fest, daß es der Beziehungsaspekt ist, der den Verlauf der Kommunikation steuert.
Auf der Beziehungsebene der Kommunikation können nach WATZLAWICK et al. (1969) grundsätzlich drei Arten von Informationen transportiert werden:

(a) Die *Bestätigung oder Annahme* des Anderen und wie er sich selbst versteht. Es wird z.B. sicher leicht fallen, den behinderten Partner anzunehmen, wenn er auf angemessene Weise Kontakt sucht und seine Bedürfnisse verdeutlicht.

(b) Die *Verwerfung oder Ablehnung* des anderen und der Art, wie er sie selbst versteht. Dieser Aspekt steht häufig im Vordergrund, wenn der Partner selbstverletzendes Verhalten zeigt. Hier lautet die Botschaft z.B.:

„Ich kann dich verstehen, aber die Art, es zu zeigen ist nicht OK.“ Aber auch:“ Ich kann dich so nicht leiden.“

(c) *Entwertung.* Bestätigung und Verwerfung nehmen den andern als Gegenüber, so wie er ist, zur Kenntnis, auch wenn eine Ablehnung erfolgt. Bei der Entwertung wird der andere nicht zur Kenntnis genommen. Er erhält gewissermaßen die Botschaft:

„Existiere nicht“ . Der Partner wird ähnlich wie eine lästige Fliege behandelt, die man gar nicht richtig wahrnimmt, mit der Hand aber dennoch verscheucht.

WATZLAWICK et al. (1969) weisen darauf hin, daß jeder Mensch dringend auf Bestätigung angewiesen ist und geht geradezu von einem Grundbedürfnis aus, von anderen bestätigt zu werden. Aber auch die Verwerfung kann förderlich für die eigene Entwicklung sein, wie verschiedene therapeutische Verfahren zeigen (v.a. BERNE, 1985; 1989; worauf auch WATZLAWICK et al., 1969, S. 85 hinweisen). Denn die Verwerfung stellt nicht die Person als solche in Frage, sondern den von ihr gegenwärtig in der Kommunikation gezeigten Aspekt.

Destruktiv dagegen wirkt die Entwertung. Watzlawick et al. (1969, S. 199) gehen davon aus, daß Entwertung vor allen Dingen in Familien schizophrener Patienten eine große Rolle spielt.
Eine wesentliche Ergänzung bietet Steiner (1974; vgl. auch Steiner, 1985) mit seinem Konzept der Zuwendungsökonomie. Er weist darauf hin, daß jeder Mensch über eine biographisch gelernte Mischung aus Bestätigung, Verwerfung und ggf. Entwertung verfügt, die er im Kontakt erwartet und ohne die er sich unbehaglich oder unwohl fühlt. Der entscheidende Punkt ist folgender:
Das Bedürfnis, die vertraute Mischung wiederherzustellen, ist *unabhängig* davon, ob die Mischung selbst förderlich oder destruktiv ist.
Viele behinderte Menschen, zumal solche mit schweren Verhaltensaufälligkeiten, haben eine negative bis destruktive Mischung gelernt.

> Einer der elementaren Gründe für selbstverletzendes Verhalten hat hier seine Wurzel. Selbstverletzendes Verhalten ist ein sicheres und hoch wirksames Mittel, um die Zuwendungsmischung wieder „in Ordnung" zu bringen – mit anderen Worten: Die altvertraute Mischung wiederherzustellen.

Elbing (1996) beschreibt ausführlich die Arbeit mit der Zuwendungsmischung. In unserem Zusammenhang kommt es zunächst darauf an, im pädagogischen Verhalten keine zu großen Diskrepanzen zum gewohnten Muster entstehen zu lassen und den behinderten Partner dadurch psychisch zu entspannen. Die erlernte Entwertung sollte hierbei allerdings wo immer möglich durch Ablehnung ersetzt werden. So entsteht eine hinlänglich vertraute Mischung, die aber im Gegensatz zum Gewohnten nicht mehr destruktiv ist. Die Erfahrung zeigt, daß der behinderte Partner zu diesem Tausch „Ablehnung gegen Entwertung" in der Regel bereit ist.

Um das zu bewerkstelligen, ist es nötig, sich zum einen Eindruck zu verschaffen, welche Zuwendungsmischung der behinderte Partner in unsere Situation mitbringt. Hier haben sich sorgfältige Anamnesegespräche mit gezieltem Nachfragen der Erziehungs- und Umgangsgewohnheiten bewährt (Achtung: Überfürsorge und fehlende Grenzen im Überverwöhnen – Stichwort „Verwöhnungsverwahrlosung" – wirken sich psychisch als Entwertung aus!).
Um zum anderen das zu erfassen, was das derzeitige Lebensumfeld für eine Mischung bietet, hat sich eine Beoachtung der Kommunikation an einem durchschnittlichen Werktag bewährt, die Watzlawicks Unterteilung als Beobachtungskategorien verwendet: Für jeden Kontakt und jeden

Wortwechsel wird notiert, ob die Kontaktperson den behinderten Partner annimmt, ablehnt oder entwertet und umgekehrt.
Ergebnis dieser Analyse ist es oftmals, daß sich das Team zu einem herzhaften, klarer konfrontierenden Umgangsstil ermutigt sieht. Darüber hinaus ist es für die ganze Gruppe heilsam, sich mit dem Thema „offene und subtile Entwertung“ zu befassen.

2.3.7 Tagesstruktur und Regeln im pädagogischen Alltag: Was „bringt“ die Bestandsaufnahme?

Als Prüfsteine für die Überprüfung von Tagesstruktur und pädagogischen Regeln haben sich folgende Fragestellungen bewährt:
Bilden Strukturen, Anforderungen und Regeln eine angemessene Entsprechung zum Entwicklungs- und Leistungsstand des geistig behinderten Menschen? Ein Beispiel:

> Die Entwicklungsdiagnose (siehe oben) hat ergeben, daß Jan im Spontanverhalten den Entwicklungsstand des Konstruktionsspiels in der vertikalen Stufe erreicht hat, d.h. er ist in der Lage, Material aufeinander zu schichten und Türme zu bauen. In der Werkstatt für Behinderte sieht er sich der Aufgabe gegenüber, Dichtungsringe abzuzählen und einzutüten, wobei als Arbeitshilfe eine Platte vor ihm montiert ist, auf der so viel Mulden eingearbeitet sind wie Dichtungsringe in eine Tüte gehören. Die Aufgabe besteht nun darin, in jede Mulde einen Dichtungsring zu legen und dann, wenn alle Mulden gefüllt sind, die Dichtungsringe in eine Plastiktüte einzufüllen. Sein heftiges Schlagen an den Kopf am Arbeitsplatz resultieren zu einem wichtigen Teil aus der Überforderung, die diese Aufgabe an ihn stellt, da in der Entwicklungsreihe die Phase des horizontalen Bauens erst auf die Phase des vertikalen Konstruktionsspiels folgt (FLITNER, 1980; HARDING, 1972; vgl. auch KLUGE, 1980; zur Vergleichbarkeit der Spielentwicklung zwischen geistig behinderten und nicht behinderten Kindern vgl. BEEGHLY, PERRY & CICCHETTI, 1989). Die Situation konnte durch eine Vorrichtung deutlich entspannt werden: Statt der Mulden bekam er einen Stab, der senkrecht auf eine Grundplatte montiert war. Er war genau da zuende, wo der letzte Dichtungsring aufhörte, wenn man sie mit Hilfe des Stabes zu einem Turm aufbaute...

Die Michigan-Gruppe (FRENCH, ROGERS & COBB, 1974; HARRISON, 1978; vgl. auch GEBERT, 1981) hat für solche Diskrepanzen das Konzept des person-environment fit (P-E fit-Modell) entwickelt. Es geht von der These aus, daß Streß immer dann entsteht, wenn die Umweltanforderungen nicht mit den Fähigkeiten und dem Leistungsprofil der betroffenen Person zusammenpassen (Schlüssel-Schloß-Prinzip). In der Anwendung auf geistig behinderte Menschen ist es von wesentlicher Bedeutung, dieses Belastungsmodell nicht nur auf die Dimension Ausdauer, Konzentration, Komplexität der Aufgabe usw. anzuwenden, sondern in der Entwicklungsperspektive zu sehen. Im oben genannten Beispiel bestand die Problemlösung darin, die Dichtungsringe nicht mehr nebeneinander anordnen zu lassen, sondern vertikal auf einer Stange, die an der entsprechenden Stelle markiert war, an der aufeinandergeschichtet die korrekte Anzahl Dichtungsringe erreicht war. Von der Aufgabenschwierigkeit her handelt es sich sicherlich um vergleichbar schwierige Aufgaben; der entscheidende Unterschied für den geistig behinderten Menschen liegt jedoch in der Entwicklungsperspektive der Leistungsdiagnostik begründet. Denn nicht die Schwierigkeit und Komplexität der Aufgabe, sondern die Entwicklungsangemessenheit ihrer Struktur hat in diesem Fall den Streß ausgelöst.

> Wie ist in der Tagesstruktur und im pädagogischen Regelwerk die Balance der Verantwortlichkeit zwischen geistig behinderten Menschen und seinen Bezugspersonen gewahrt?
> Stehen strukturierte, halbstrukturierte und unstrukturierte Situationen im Tagesverlauf in einem ausgewogenen Verhältnis, und welche Spielräume für eigene Gestaltung eröffnen sie?
> Welcher Raum besteht in diesem Zusammenhang für alle Beteiligten, unterschiedliche komplementäre und symmetrische Beziehungsmuster zu realisieren?

Diese Fragen sind gleichbedeutend mit der Frage danach, wie gesundheitsfördernd oder krankmachend Tagesstruktur und Regelwerk für alle Beteiligten sind. Hier wird deutlich, daß dieser Teil der Analyse sinnvollerweise erst auf die oben abgehandelten Analysepunkte folgt, denn zur Beurteilung der hier aufgeworfenen Frage lassen sich all die Befunde heranziehen, die oben bereits gewonnen wurden.
Die Frage nach den Spielräumen ist gleichzeitig auch die Frage danach, welcher Grad von Pathologie im gesamten Lebensfeld des geistig behinderten (anders-fähigen) Menschen rund um die symptomatische Verhaltensstörung vorliegt.
Denn in den Tagesstrukturen und pädagogischen Regeln verdichten sich die pathologischen Strukturen und Beziehungsmuster der beteiligten Personen. Tagesstrukturen und pädagogische Regeln spiegeln jedoch nicht nur die Strukturen und Muster der einzelnen beteiligten Personen, sondern auch die mehr oder weniger förderlichen Strukturen der Gruppe,

des Teams, des Heims, des Lehrerkollegiums usw. Diese Aspekte der Problemstellung werden im folgenden Punkt mehr beleuchtet.

2.4 Vierte Strategie: Die Bearbeitung systemischer Zusammenhänge

In der systemischen Perspektive (ROTTHAUS, 1993) werden die symptomatische Verhaltensstörung und die problemverstärkenden Bewältigungsversuche der Umgebung in ihrer Gesamtheit als Versuch einer Problemlösung verstanden.
Das Problem wird in dieser Perspektive nicht in der Psychodynamik der unmittelbar Beteiligten oder ihrer dynamischen Austauschprozesse untereinander lokalisiert; vielmehr versuchen alle Beteiligten, gemeinsam ein anderes Problem zu lösen:

Die sogenannte Störung ist also ein Lösungsversuch.

Dabei stellt sich natürlich die spannende Frage, um welches Problem es sich dabei handeln könnte. In jedem Falle gehen die Systemiker davon aus, daß das präsentierte Symptom im Grunde genommen die bestmögliche Lösung für die daran Beteiligten ist, mit dem noch zu erkundenden Problem fertig zu werden.
Als Instrumente der Problemdiagnose hat sich im Kontext von Organisationen vor allen Dingen das Konzept der Symbiose sehr bewährt (z.B. KESSLER, HAUSER & REUTER, 1988; KRAUSZ, 1989; FAUSER & SCHMID, 1990; SUMMERTON, 1993). Eine Symbiose liegt dann vor, wenn die Beziehung der wechselseitigen Stabilisierung eines grandiosen Selbstbildes auf Kosten realistischer Wahrnehmung dient. Beispielsweise kann die chronische Erfolglosigkeit eines Team mit einem bestimmten geistig behinderten (anders-fähigen) Menschen eine starke symbiotische Einladung für deren Dienstvorgesetzten beinhalten, selbst eklatante Mängel in der Ablauforganisation der Gruppe gemeinsam zu übergehen. Prominentes Thema in Heimen ist hier der haushälterische und verantwortliche Umgang mit der Dienstzeit bzw. das Fehlen eines solchen Umgangs.
Indem nämlich die Mitarbeiter ihren Dienstvorgesetzten in den Bann des Kaninchens vor der Problemschlange hineinziehen und er sich ziehen läßt, versäumen es alle gleichermaßen, mit kühlem Kopf für eine vernünftige Einteilung der dafür zur Verfügung stehenden Dienstzeit zu sorgen.
Die Problemlösung kann jedoch auch auf die Teamstrukturen selbst zielen. Beispielsweise ist im Team die Leitungsfunktion nicht geklärt, und anstatt den unterschwelligen Machtkampf offen auszutragen oder aber den Dienstvorgesetzten in seine Kompetenz zur Personalentscheidung

zu rufen, baut das Team eine pädagogische Ideologie auf, die sich mit dem Satz
„Jeder muß im Kontakt mit den Behinderten unbedingt echt sein – und deswegen können wir keine gemeinsamen Entscheidungen treffen"
umschreiben läßt. Die so entstehenden willkürlichen und chaotischen Strukturen haben für viele geistig behinderte (anders-fähige) Menschen unmittelbar krankmachende Wirkung.
Häufig jedoch dienen die angesprochenen Problemlösungsversuche dazu, unklare Verantwortlichkeiten zwischen verschiedenen Lebensbereichen entweder zum eigenen Vorteil auszunutzen oder das eigene grandiose Selbstbild auf Kosten der anderen zu stabilisieren („Ich bin in Ordnung und Du nicht").

Mit Verweis auf den betreffenden schwierigen Bewohner machen z.B. die Heimmitarbeiter den Lehrern in der gemeinsamen Konferenz mit unschuldigem Augenaufschlag klar, daß es einfach unmöglich ist, die Schüler pünktlich zu Schulbeginn in der Schule eintreffen zu lassen, und überhaupt habe man das Gefühl, daß die Schüler in der Schule doch recht überfordert seien. Umgekehrt können sich dann die Lehrer entrüstet darüber beschweren, daß sie eigentlich mit den betreffenden Menschen recht gut zurechtkämen, wenn nicht die Mitarbeiter im Heim...

Wir werden uns in diesem Abschnitt nur auf die Betrachtung institutioneller Rahmenbedingungen beschränken, da viele systemtherapeutisch relevante Überlegungen und Sichtweisen bereits im vorangegangenen Text beschrieben wurden.
Denn: Kommunikations- und systemtherapeutische Sichtweisen stellen keinen Widerspruch in sich dar, sondern ergänzen sich. Insofern ist die Schnittmenge sehr groß.
Für den Umgang mit selbstverletzenden Klienten und den damit im Zusammenhang stehenden Systemen werden wir Fragen und Antworten weiterer systemischer Betrachtungsweisen im Praxisteil näher betrachten.

Hier werden wir uns mit einer systemischen Betrachtung prozeßhafter Abläufe und Beziehungen auseinandersetzen. Das heißt zum Beispiel, welche ökologischen, ökonomischen und institutionellen Bedingungen haben welche Auswirkungen auf die Symptomatik und den Behandlungsablauf und welche Konsequenzen lassen sich daraus folgern?

Vergleichen wir die Lebensbedingungen geistig behinderter (anders-fähiger) Menschen, unter denen sie 1988 gelebt haben, mit den heutigen Bedingungen, so haben sich die **personellen Voraussetzungen erheblich verschlechtert**.

Psychotherapeutische Hilfen sind auch heute noch kaum vorhanden, Supervision und Beratung werden nur im unzureichenden Maße finanziert.

Psychiatrische Langzeitstationen wurden vermehrt geschlossen und heilpädagogische Heime konzipiert, die die Langzeitpatienten der Psychiatrien übernahmen. Dies führte zu einer erheblichen Kostenreduzierung, somit auch zu einer Verschlechterung personeller Bedingungen.

Es muß an dieser Stelle aber auch erwähnt werden, daß **die räumlichen Bedingungen** für den geistig behinderten (anders-fähigen) Menschen sich **erheblich verbessert** haben. Bettensäle und Mehrfachbelegungen in Zimmern sind heute eher die Ausnahme. Insofern ist dem Anrecht eines jeden somit auch des geistig behinderten (anders-fähigen) Menschen auf einen individuellen Raum, eine Intimssphäre und Rückzugsmöglichkeit vermehrt Rechnung getragen worden.
Grundsätzlich kann man aber davon ausgehen, daß die Arbeits- bzw. Personalbedingungen in heilpädagogischen Einrichtungen weiterhin unzureichend sind.

Es hat aber wenig Sinn, die überall vorherrschenden mangelhaften therapeutischen und pädagogischen Bedingungen zu kritisieren, vielmehr wollen wir versuchen, die vorgegebenen Bedingungen realistisch zu betrachten und zu analysieren, welche therapeutischen Möglichkeiten im heutigen Kontext denkbar sind.

2.4.1 Welche Rolle spielen institutionelle Bedingungen?

1988 haben wir uns in diesem Zusammenhang mit den Schwachstellen und ungenügenden Voraussetzungen institutioneller Arbeit befaßt. Ein solches Vorgehen erscheint uns heute wenig konstruktiv. Vielmehr möchten wir an dieser Stelle eher exemplarisch die Arbeitsweise und Konzeption zur Kurz- bis mittelfristigen Therapie einer Geistig-Behinderten-(Anders-fähigen) Station des Jahres 1997 vorstellen. Die Arbeitsweise der Station 41 der Rheinischen Landesklinik Langenfeld scheint uns ein gutes Beispiel, wie unter heutigen institutionellen Rahmenbedingungen effektive Arbeit geleistet werden kann.

> Das Stationskonzept der Station 41 (Kittmann, Quiroga & Neues, 1996) verfolgt einen pädagogisch-psychiatrischen Ansatz. Es wird davon ausgegangen, das es für geistig Behinderte „normal“ ist, im psychiatrischen Krankenhaus behandelt zu werden, da auch der geistig Behinderte (anders-fähige) – wie auch der nicht Behinderte- im Prozeß der

Sozialisation Verhaltensauffälligkeiten und psychische Störungen entwickeln kann.

1. Grundsätzliche Überlegungen

Das Angebot einer Spezialstation für dieses Klientel ermöglicht die Hereinnahme und die Betonung des pädagogischen Aspektes sowie die Schaffung eines Lern- und Handlungsrahmens, den geistig behinderte (anders-fähige) Menschen überschauen, verstehen und begreifen können. Therapie soll nicht isoliert, sondern in einem „therapeutischen Milieu" stattfinden, in dem der geistig behinderte (andersfähige) Patient ganzheitlich gesehen wird.

Ein Bezugspersonensystem sorgt für feste Ansprechpartner und ermöglicht individuelle Lernprozesse.

Die Behandlung psychischer Störungen bei geistig behinderten (anders-fähigen) Menschen muß ausgehen von einer veränderten oder anderen Wahrnehmung, Verlangsamung der Verarbeitungsprozesse, eingeschränkter oder anderer Kommunikationsfähigkeit, Unangemessenheit oder Andersartigkeit von Reaktionen, mangelhaftes Selbstwertgefühl und einer Persönlichkeit, die häufig von Ängstlichkeit, geringer Frustrationstoleranz, erhöhter Ablenkbarkeit oder unrealistischem Selbstkonzept gekennzeichnet ist.

2. Diagnostik

Infolge der Besonderheiten psychischer Störungen bei geistig Behinderten (anders- fähigen) ergeben sich diagnostische Probleme. Die Vielfalt und Andersartigkeit der beobachteten Symptome läßt eine Zuordnung zu psychiatrischen Krankheitsbildern nicht ohne weiteres zu; die bei geistig behinderten (anders-fähigen) Menschen feststellbare Symptomatik unterliegt offenbar anderen psychopathologischen Gesetzmäßigkeiten.

Durch das Fehlen der subjektiven Schilderung der Befindlichkeit des Patienten ist man vorwiegend auf fremdanamnestische Daten und Fremdbeobachtung angewiesen.

Da die Beziehung zwischen Symptomverhalten und dem, was nicht in der Ordnung ist, häufig gering ist (verzögert, extrem dargestellt), können entscheidende Faktoren nicht oder oft nur schwer erkannt werden. Sinnvoll erscheint es deshalb, eine Entwicklungsdiagnostik, beschreibende Diagnostik/Verhaltensdiagnostik, die insbesondere auch eine Kontextbeschreibung beinhaltet, zu berücksichtigen.

3.1 Indikationen

- Unruhe und Erregungszustände
- Aggressionen und selbstverletzende Verhaltensweisen
- Affektive Störungen wie Labilität, Depressionen, Angst, Explosivität, Passivität
- Autistische Zustandsbilder
- Epileptische Anfälle
- Hirnorganische Abbauprozesse
- Psychotische Zustandsbilder
- Verlustängste
- Somatische Beschwerden
- Dissozialität
- Verwahrlosungssymptome
- Schwere Persönlichkeitsstörungen

4. Behandlungsziele

Die Behandlungsziele werden im Rahmen des Auftrages, den die Klinik entweder vom Klienten, vom Klientensystem oder vom Einweiser erhält, aufgestellt.
Behandlungsziele, die über eine reine Krisenintervention oder medikamentöse Einstellung hinausgehen, sind z.B. Förderung des Sozialverhaltens (z.B. Konflikt- und Beziehungsfähigkeit); Entwicklung der Gruppen- und Gemeinschaftsfähigkeit, Förderung der Kommunikationsfähigkeit, Abbau von Angst bzw. Entwicklung von Zutrauen und Zuversicht, Stabilisierung der Persönlichkeit, Erlernen alternativer und kompensatorischer Handlungsmöglichkeiten, (Wieder-)Herstellung der Heim- bzw. Arbeitsfähigkeit, Transfer der klinischen Erkenntnisse in das Betreuungssystem.

5. Behandlungsmethoden

Behandlungsmethoden werden verstanden als Handlungsstrategien, die psychologisch-ärztliches, pädagogisches und pflegerisches Handeln gleichermaßen beinhalten. Pflegerische und therapeutische Vorgänge finden nicht getrennt statt, sondern jeder Mitarbeiter der Station arbeitet in Ausrichtung auf das formulierte Behandlungsziel gemeinsam im therapeutischen Prozeß.
Die Behandlungsmethoden im einzelnen sind: Milieutherapie, medikamentöse Therapie, Verhaltens- und Gesprächstherapie, Kommunikationstherapie und Körperzentrierte Interaktion und systemische (Familien-)Therapie.

6. Behandlungsteam

Die Gesamtheit aller diagnostischen und therapeutischen Leistungen werden von einem multiprofessionellen Team erbracht:

1	Stationsärztin
1	Diplompädagoge (Stationsleitung)
1	Krankenpfleger (Stationsleitung)
1	Krankenschwester (stellv. Stationsleitung)
10,25	Krankenschwestern/Krankenpfleger (examiniert)
4	Pflegehelferinnen
2	Erzieherinnen im Pflegedienst
1	Erzieherin in Funktion der Beschäftigungstherapie
2	Krankenpflegeschüler
0,25	Sozialarbeiter
	zeitweilig zusätzlich Zivildienstleistende

6.1 Zusatzqualifikationen der Mitarbeiter

Ärztin mit abgeschlossener psychotherapeutischer Ausbildung und abgeschlossener Ausbildung in systemischer Familientherapie, abgeschlossene Ausbildung in Kommunikationstherapie.

Diplompädagoge mit sonderpädagogischer Zusatzausbildung, abgeschlossener Ausbildung zur Leitung von Heimen für Geistigbehinderte, abgeschlossene Ausbildung in systemischer Familientherapie, abgeschlossene Ausbildung in Kommunikationstherapie.
Leitender Krankenpfleger mit abgeschlossener Ausbildung für Stations- und Abteilungsleitung, Fachkrankenpfleger für Psychiatrie, Ausbilder und Anleiter für Krankenpflegeschüler, abgeschlossene Ausbildung in Kommunikationstherapie.

70% der Krankenschwestern und Krankenpfleger haben eine abgeschlossene Ausbildung in Kommunikationstherapie.

7. Belegung und räumliche Bedingungen

Die Station 41 ist eine geschlossene, gemischgeschlechtliche Aufnahme-, Kriseninterventions- und Behandlungsstation mit einer Aufnahmekapazität von 20 Betten für geistig behinderte, krankenhausbehandlungsbedürftige Patienten im Alter von 18 bis 63 Jahren.
Sie ist eine großzügig geschnittene Station auf 920 qm. Patientenzimmer sind geräumig, hell, zweckmäßig und teils gemütlich eingerichtet. Es gibt ausreichend Rückzugmöglichkeiten für die Patienten.
Die Räumlichkeiten sind im allgemeinen mit der Note „2“ (gut) zu bewerten.

Für extrem unruhige, laute bzw. erregte Patienten steht ein spezieller, schallisolierter Raum zur Verfügung, der ebenfalls für time-out-Situationen benutzt wird. Der Raum ist mit einer Musikanlage zur Beruhigung und einer Möglichkeit für Videoaufzeichnungen ausgestattet.
Für die Behinderten ist es von großem Vorteil, daß die Station mit einem großen Stationsgarten für verschiedene Arten von Außenaktivitäten und zur Freizeitgestaltung versehen ist.
Die Station ist in drei Bereiche aufgeteilt:
- den Aufnahmebereich
- den Behandlungsbereich und
- den Entlassungs- bzw. Reha-Bereich.

Räumliche Aufteilung:
2 große Tages- bzw. Aufenthaltsräume mit TV und Radio
9 Patientenzimmer (zusätzliche Räume werden z.Zt. geschaffen)
1 schallisolierter Raum
1 Doppelraum für Beschäftigungstherapie
1 medizinisches Behandlungszimmer
1 Stationszimmer mit Einblick ins Aufnahme- und Überwachungszimmer
1 Besprechungszimmer
2 Badezimmer mit Dusche, WC, Badewanne; behindertengerecht

1 Stationsküche
1 Eßraum mit kleiner Teeküche (auch als Mehrzweckraum nutzbar)
5 Sanitärräume
1 Personal-Ruhe- und Umkleideraum
1 Arztzimmer
1 Zimmer für pädagogische Leitung und Einzeltherapie
1 Zimmer für pflegerische Leitung
1 kleiner Wartebereich
2 Magazine und Versorgungsräume
1 Wasch-Trockenraum

8. Ambulanz
Die psychotherapeutisch ausgebildeten Mitarbeiter der Station bieten zusätzlich einmal wöchentlich eine heilpädagogisch-psychiatrische ambulante Krisenberatung und stationäre Vorschaltambulanz an. Im Rahmen dieser ambulanten Tätigkeit haben geistig behinderte (andersfähige) Menschen die Möglichkeit, sich beraten zu lassen. Bezugs-

personen in Heimen oder vergleichbaren Einrichtungen sowie Eltern wird die Möglichkeit geboten, über ihre Probleme zu sprechen und entweder auf ambulanten oder gegebenenfalls stationären Wege Hilfestellung für Lösungen zu finden.

9. Supervision und Ausbildung
Die Station 41 wird seit 4 Jahren von einem Supervisor unterstützt, der im Umfang von 30 UE pro Jahr Fall-, Team- und Leitungssupervision in Verbindung von Mitarbeiterschulung und Weiterbildung durchführt. Durch die langjährige Kontinuität ist ein gleicher Ausbildungsstand aller Mitarbeiter gewährleistet.
Diese Verbindung von Supervision und Weiterbildung hat sich als ausgesprochen effektiv herausgestellt. Es wird gearbeitet in 3-Stunden- (Supervision) und 6-Stunden-Einheiten (Weiterbildung am spezifischen Fall).

An diesem Beispiel wird gezeigt, daß es möglich ist, mit einer vernünftigen Konzeption und Durchführung qualitativ hochwertige Arbeit zu leisten. Sicherlich bleiben weitere Wünsche offen, u.a. Einzelzimmer für jeden Patienten (im Krankenhaus nicht die Regel), eine Erweiterung der ambulanten Versorgung sowie die Möglichkeit, in einem offenen Setting mittelfristige Behandlungsangebote machen zu können, wie dies bereits in der Kinder- und Jugendpsychiatrischen Klinik Viersen-Süchteln seit langem Standard ist.

2.4.2 Kennen Sie den Verschiebebahnhof „Psychiatrie"?

Es war und es ist immer noch die Regel pädagogischer und heilpädagogischer Einrichtungen, verhaltensauffällige Bewohner (insbesondere Bewohner mit fremd-aggressiven und selbstverletzenden Verhaltensweisen) in Krisensituationen in Landeskrankenhäuser oder psychiatrische Klinken zu „deportieren".
Diese überspitzt polemische Äußerung wollen wir näher erklären:

Eine Verlegung von schwer verhaltensauffälligen Bewohnern in krisenhaften Situationen in Landeskrankenhäuser oder psychiatrische Kliniken ist unter bestimmten Voraussetzungen durchaus sinnvoll. Solche Voraussetzungen könnten sein:

- Unterbrechen von institutionsbedingten prozeßhaften Abläufen durch kurzfristige Krisenintervention insbesondere bei psychoseähnlichen Episoden.
- Gegebenenfalls notwendige medikamentöse Neueinstellung.
- Beruhigung und Beendigung einer Eskalationssituation.
- Damit verbundene kurzfristige Entlastung der Mitarbeiter der heilpädagogischen Einrichtung.
- Austausch über unterschiedliche bzw. ergänzende Sicht- und Vorgehensweisen.
- Vorbereitung neuer oder anderer personeller pädagogisch-therapeutischer und räumlicher Bedingungen.
- Psychiatrische Indikation (Diagnostik, psychotische Episoden, forensische Fragestellung usw.).

Sicherlich gibt es in Landeskrankenhäusern und psychiatrischen Kliniken Bedingungen, die heilpädagogische Heime nicht vorweisen können. Dies sind insbesondere:

- die medizinische Versorgung (gemeint ist psychopharmakologische Versorgung) sowie differenziertere Möglichkeiten einer Isolierung.
- Desweiteren wird als Argument einer Verlegung die psychotherapeutische Versorgung in Landeskrankenhäusern angeführt.

Die Personalstruktur einer Erwachsenen-Psychiatrie ist allerdings eher für das verlegte Klientel (selbstverletzende und fremdaggressive Verhaltensweisen) kontraindiziert. In den Psychiatrien arbeiten auch heute noch überwiegend Mitarbeiter des Pflegedienstes. Dies sind ausgebildete Krankenschwestern und -pfleger. Eine pflegerische Ausbildung beinhaltet aber nun mal nicht erzieherische und therapeutische Aufgaben.
Das heißt, daß die Mitarbeiter heilpädagogischer Heime im Umgang mit unterschiedlichen Verhaltensauffälligkeiten erheblich besser geschult sind. Pädagogische und therapeutische Aufgaben sind aber nicht Bestandteil eines Pflegeteams. Insofern ist, inhaltlich betrachtet, eine Verlegung von schwer auffälligen Bewohnern in psychiatrische Einrichtungen häufig falsch.
Bradl (1993) schreibt denn auch, daß... „der Umgang mit Kriseninterven-

tionen und Verhaltensproblemen zum Arbeitsalltag in den HPH's..." (Heilpädagogischen Heimen) gehört. „Es ist Anspruch, schwierige Situationen grundsätzlich heimintern zu bearbeiten, d.h. keinen institutionellen Ausschluß mehr etwa durch psychiatrische Einweisung zu betreiben" (S.143). Hier wird das Pferd von hinten aufgezäumt:

> Krisen- und Eskalationssituationen innerhalb einer Gruppe eines heilpädagogischen Heimes sind weniger Folge inkompetenter Arbeit eines pädagogischen Teams, sondern vielmehr Folge einer mangelhaften Sozialpolitik.

Die Notwendigkeit struktureller Veränderungen in heilpädagogischen Heimen liegt somit auf der Hand:

> 1. Unabdingbar sind Schaffung räumlicher Bedingungen für die behinderten Bewohner sowie Therapie- und Beruhigungsräume. Schaffung von Rückzugsmöglichkeiten, Intimssphäre und persönlichem Bereich durch Einzelzimmer.
> 2. Förderung der Weiter- und Fortbildung pädagogischer Mitarbeiter im institutionellen Rahmen.
> 3. Förderung der Weiterbildung psychotherapeutisch geschulten Personals speziell im Arbeitsfeld geistige Behinderung.
> 4. Kontinuierliche Fall- und Teamsupervision sowie Supervision auf der Leitungsebene.

Eine moderne heilpädagogische Einrichtung, die diese Punkte berücksichtigt, wird kurzfristig finanzielle Mittel investieren müssen, wird aber mittel- und langfristig finanziell entlastet sein. Die Mehrkosten einer teuren psychiatrischen Unterbringung liegen um ein Vielfaches höher als die Kosten einer zeitgemäßen Lebensfeldgestaltung im Heim.

2.4.3 Welche Bedeutung hat die Umweltstrukturierung?

Unsere Erfahrungen haben gezeigt, daß eine vollkommene Neustrukturierung der Umgebung und des Tagesablaufes, aber auch ein Bezugspersonenwechsel oder eine vorübergehende Isolation von bisherigen Bezugspersonen von großem therapeutischen Wert sein kann.

Beispiel
Nehmen wir das Beispiel Klaus. Es handelte sich um einen Patienten mit der Diagnose „symbiotische Psychose".
Wie sich aus der Anamnese ergab, waren Klaus und seine Mutter durch

sein selbstverletzendes Verhalten derart aneinander gekettet, daß beide Personen abhängig voneinander und vollkommen handlungsunfähig waren.
Diese symbiotische Abhängigkeit mußte also im Interesse beider Seiten unterbrochen werden, um sowohl Mutter als auch Kind wieder handlungsfähig werden zu lassen.
Wir beschlossen also, die Mutter zu bitten, Klaus in den nächsten 6 Wochen nicht zu besuchen (bzw. zu sehen).
Dieses Vorgehen führte zu einer ersten Reflexion der eigenen Abhängigkeit bei der Mutter, die durch intensive therapeutische Einzelgespräche aufgearbeitet wurde. D.h. mit anderen Worten, die Mutter wurde sich erstmals ihrer eigenen Abhängigkeit bewußt und fand heraus, daß sie durch Überbehütung den symbiotischen Prozeß mitinitiiert hatte und sich selbst und ihrem Kind keine Chance bot, aus diesem Prozeß wieder herauszugelangen.

Klaus wiederum lernte, indem er sich nun in einem Bezugssystem befand, in dem er gefordert wurde, Frustrationen zu ertragen, sein Verhalten und seine Handlungen wieder selbst zu steuern.
Ein klarstrukturierter Tagesablauf und ein festes Personenbezugssystem, das sich eindeutig und konsequent verhielt, vereinfachte ihm die Neuorientierung erheblich.
Ein weinerliches Rufen nach der Mutter legte sich bereits nach Tagen. Nach den 6 Wochen wurde die Mutter in das Therapieprogramm miteinbezogen. Sie hatte (etwa im Sinne einer Praktikantin) hinter der Einwegscheibe und im täglichen Ablauf die neuen Verhaltensregeln zu beobachten und unter Supervision des Therapeuten eigenständig durchzuführen. Emotionale Zuwendungen wurden nur dann gezeigt, wenn keine selbstverletzenden Verhaltensweise auftraten.

> Ein Ortswechsel sowie eine Veränderung des Bezugspersonensystems kann therapeutisch wichtig sein. Hier finden wir eine Indikation für einen kurzfristigen Wechsel in eine psychiatrische Einrichtung.

> Wir möchten an dieser Stelle die Gelegenheit nutzen, insbesondere für die schwer geistig behinderten (anders-fähigen) Menschen mit einem immer noch vorherrschenden Vorurteil aufzuräumen, nämlich, daß diese Klienten nicht integrierbar wären. Sie sind es sicherlich nicht, wenn sie nur ausschließlich in sogenannte „Schwerstbehindertengruppen" ausgegliedert werden.

Dies ist Gedankengut der 70er Jahre. Ein Reformkonzept, das für alle Behinderten gesellschaftliche und räumliche Integration fordert, steht allerdings bei vielen Institutionen nur auf dem Papier.
Das vollständige Auflösen der Heime, eine Dezentralisierung wird seit den letzten Jahren verstärkt angestrebt. Es ist für Schwerstbehindertengruppen eine Abkopplung von der zentralen Versorgung vorgesehen, so daß das Pflegepersonal vielfältig „einseitige und anregende“ Aufgaben bei weitgehender Autonomie zu erfüllen hat.

Auch der Schwerbehinderte sollte in der Gesellschaft leben, nicht neben ihr.

Bei dem heren Ziel, auch Schwerstgeistigbehinderte auszugliedern und ihnen einen festen Platz in der Gesellschaft zu geben, sollten zum einen die gesellschaftlichen Bedingungen, „in die man hineinintegriert“, Berücksichtigung finden, zum anderen der Aufwand und die Extrembelastung einer autonomen Schwerstbehindertengruppe außerhalb jeder Versorgungsanbindung nicht unterschätzt werden.
Die vorhandene Intoleranz der „normalen“ Umwelt aufgrund des gegebenen Alltagsstresses kann selbst ohne vorurteilsbeladene Behindertenfeindlichkeit gerade bei homogenen Schwerstbehindertengruppen (z.B. Erscheinungsbild) dazu führen, daß die betroffenen Bewohner faktisch zwar räumlich integriert leben, jedoch aufgrund spürbarer Ablehnung und fehlendem Kontakt zur Außenwelt auf den häuslichen Mikrokosmos beschränkt bleiben.
Sowohl bei den Schwerstbehinderten als auch bei den Betreuern führen derartige Erfahrungen unweigerlich zu Verunsicherungen, Ängsten sowie zur Aufgabe von Bedürfnissen und letztendlich zur Resignation, zumal eine Kompensation dieser sozialen Ausgrenzung durch „Sozialkontakte in den eigenen Reihen“ schwerlich möglich ist und damit dem Integrationsgedanken völlig zuwiderläuft.

Wir unterstreichen hier in aller Deutlichkeit Theunissen's Forderung (THEUNISSEN, 1986)...„daß schwerstgeistigbehinderte Erwachsene nicht prinzipiell auf sogenannten Schwerstgeistigbehinderten-Stationen größerer Heime abgeschoben und isoliert werden“ sollen,...sondern mit sogenannten Leichtgradigbehinderten in kleineren Wohngruppen leben können.”

Die erforderliche Personaldecke ist erfahrungsgemäß zu dünn, als daß dem pädagogischen Auftrag noch im erforderlichen Maße Rechnung getragen werden könnte. Beaufsichtigung und eine Betreuung, die über eine bloße Versorgung nicht hinausgeht, ist die Folge.

> Angesichts derart begründeter Einwände muß u.E. das Bemühen um Integration und differenzierteres Wohnen nicht erst in der Öffentlichkeit ansetzen, sondern bereits dort Einzug halten **und eingeübt werden**, wo bereits Schwerstbehinderte seit Jahrzehnten leben, nämlich in den Großeinrichtungen.

Leider müssen wir immer wieder feststellen, daß diese ausgesprochen sinnvolle Integrationsempfehlung bei einer Vielzahl heilpädagogischer Heime offensichtlich nicht begriffen wird.

Eine Großeinrichtung, die sich „Heilpädagogisch" auf die Fahnen schreibt, ihr elementarstes Anliegen, d.h die Integration **aller** Behinderter jedoch außer Acht läßt, scheint von der Realisierung eines angemessenen erzieherischen Einwirkens noch weit entfernt und als Zentrum sonderpädagogischer Kompetenz zu versagen.

2.4.4 Was muß bei der Veränderung räumlicher Bedingungen berücksichtigt werden?

In Einrichtungen, die Mehrbettzimmer durch Einzelzimmer ersetzt haben, konnte sich die Selbstverletzungs- bzw. Aggressionsrate um die Hälfte reduzieren (Landeskrankenhaus Lengerich, 1990).
Andere Arbeiten zum Territorialverhalten zeigten, daß sich selbstverletzende Menschen bei einer verbesserten Möglichkeit der Abgrenzung ihres Lebensraumes (z.B. Einzelzimmer) bei gleichzeitiger Verbesserung der Angemessenheit von Kommunikationsangeboten weniger selbstverletzende oder fremdaggressive Handlungen zeigten (vgl. auch den Bericht von Lucyshyn, Olson & Horner, 1995).

Jeder Mensch braucht die Möglichkeit, sich zurückziehen zu können und einen kleinen Bereich, den er für sich beanspruchen kann. Wir kennen z.B. aus eigener Erfahrung, daß es uns äußerst unangenehm ist, wenn ein Gesprächspartner sehr nahe an uns herankommt. Auch ein vollbesetzter Aufzug oder Bus trägt nicht gerade zu unserem Wohlbefinden bei.
Es muß deshalb auch dem behinderten Patienten ein gewisser Freiraum zur Verfügung stehen, sein Territorium, in dem er entscheidet, wer dies betreten darf und wer nicht.
Das ein Brechen dieser Territorialansprüche zu aggressiven Ausbrüchen

oder auch selbstverletzenden Verhaltensweisen als Folge eines mangelnden Durchsetzungsvermögens führen kann, liegt auf der Hand.

> Die Lebensbedingungen eines geistig behinderten, anders-fähigen Menschen, auch mit oder gerade wegen selbstverletzenden Verhaltensweisen müssen menschenwürdig sein. Es muß die Chance eines Rückzuges in den eigenen Bereich gewährleistet sein.

Das Snoezeln, abgeleitet von den holländischen Worten snuffelen (schnüffeln, schnuppern) und doezelen (dösen, schlummern), ist am ehesten als Angebot zu einer räumlich-sinnlichen Veränderung zu beschreiben. Ziel ist es, über die Schaffung unterschiedlicher Atmosphären, die einzelnen Sinnesorgane geistig Schwerstbehinderter zu stimulieren, anzuregen, um neue Sinneserfahrungen (Hören, Fühlen, Tasten, Schmecken, Riechen, Sehen usw.) zu vermitteln.
Unseres Wissen wurde die Form eines solchen umfassenden Reizangebotes für geistig Behinderte erstmalig in der Anstalt „De Hartenberg“ in Holland entwickelt und in Deutschland von Besems bekanntgemacht.
„Es ist eine Aktivierung geistig Behinderter, vor allem gerichtet auf Sinneswahrnehmungen und -erfahrungen, die in einer phantastischen Umgebung angeboten werden: warme, farbige künstliche Beleuchtung mit verschiedenen Effekten; in abgedunkelten Räumen ruhige Musik; viele bunte Farben, weiche Teppiche und Kissen; viele verschiedene Dinge zum Fühlen und Tasten. In dieser wohligen Umgebung können genau wie beim Kleinkind Entwicklungsprozesse in Gang gesetzt werden.
Voraussetzung hierfür ist, daß der Behinderte seine Wahrnehmungen mit Freude erfahren kann. Er muß seine Erfahrungen ohne Angst und Streß machen können, eine ihm vertraute Bezugsperson sollte in der Nähe sein.“ (Besems, 1984).
Es wird also nicht gezielt mit den Behinderten gearbeitet, sondern es stehen vielmehr Entspannung und Erholung im Vordergrund. Ein solches Vorgehen soll langfristig auch positiven Einfluß auf selbstverletzendes Verhalten und Aggressionen zeigen.
Als Ziele der Snoezeltherapie formuliert Besems (1984): Aktivitätserhöhung und Spontanitätsförderung, Erhöhung der Frustrationstoleranz, Entscheidungsfähigkeit und Kontaktbereitschaft. Dazu steht nicht unbedingt im Widerspruch, was Besems an anderer Stelle schreibt: „Es gibt keine spezifischen Ziele, die der Behinderte erreichen muß oder soll“.
Wir halten es für wichtig, auf die Arbeit von „De Hartenberg“ hinzuweisen, da sie einen wertvollen Hinweis auf Möglichkeiten bietet, mit geistig behinderten Patienten menschenwürdiger umzugehen, vor allem aber eine menschenwürdige Umgebung zu schaffen.

2.4.5 Wozu ist die Weiterbildung von pädagogischen Mitarbeitern notwendig?

Moderne Ausbildungsinstitute wie Tetralog Schwäbisch Gmünd und das Ausbildungsinstitut für systemische Beratungs- und kommunikationstherapeutische Behandlungsmodelle (TASK, Krefeld) bieten heute Fort- und Weiterbildungsmodelle an, die sowohl kostengünstig als auch sinnvoll sind. Das Kompakttherapieprogramm, das Ulrich Elbing seit 1990 anbietet (vgl. Elbing & Rohmann, 1993; Elbing & Rohmann, 1994), ist ein Intensivausbildungsprogramm innerhalb der Institution für Bewohner und Mitarbeiter gleichzeitig.

2.4.5.1 Das Kompakt-Therapie-Programm

Das Kompakt-Therapie-Programm ist begrenzt auf die Dauer eines Arbeitsjahres und wird von den Mitarbeitern des Fachdienstes verantwortlich geleitet. Drei bis maximal sechs verhaltensauffällige Behinderte werden jährlich ins Programm aufgenommen. Mit ihnen nehmen ihre Betreuer in der Heimgruppe sowie ihr Lehrer oder Arbeitserzieher der Werkstatt für Behinderte am Programm teil.
Um die Betreuer nicht nur mitzubehandeln, sondern verantwortlich und aktiv in das therapeutische Geschehen einzubeziehen, wurde das Konzept des Bezugserziehers entwickelt, der im Programm in die Therapie mit dem Behinderten eingeführt wird. Dadurch wird er zum Vorbild für seine Kollegen, die ihn zunächst beobachten, und dann möglichst selbst aktiv am Änderungsprozeß teilnehmen. Ähnlich gehen auch Realon & Konsarski (1993) vor.
Das Ziel des KTP ist es, Verhaltensstörungen in dem Maße zu verringern, daß Behinderte wie Mitarbeiter mit gestörtem Verhalten leben können, und das gestörte Verhalten das gemeinsame Leben möglichst wenig behindert oder blockiert. Dabei wird angenommen, daß Verhaltensstörungen eine interaktive oder regulatorische Funktion haben und in ein systemisches Bedingungsgefüge aus Umwelt- und Organismusfaktoren eingebettet sind.
Das Programm ist in 3 Arbeitsphasen unterteilt:
- die Phase der Vorbereitung,
- die Phase der Intensivtherapie und
- die Phase der Begleitung.

Die Vorbereitungsphase dient der Planung (Aussuchen der beteiligten Personen, räumliche und zeitliche Gestaltung usw.)

Die Intensivtherapiephase dauert zwei Wochen, denen ein dreitägiges Trainingsseminar mit den Bezugspersonen vorausgeht. Während der zwei Wochen findet für jeden Behinderten täglich eine Stunde Einzeltherapie

statt. Ergänzt wird die Einzeltherapie durch therapeutische Gruppenangebote für Behinderte wir Bezugsbetreuer.
Die Struktur der Intensivtherapiephase entspricht weitgehend der Wochenstruktur, die sich bei der Bezugspersonen-Klient-Therapie im Zentrum für Autismusforschung und Entwicklungstherapie in der Kinder- und Jugendpsychiatrie Viersen bewährt hat.
In der Begleitungsphase tritt jetzt die Arbeit am Bedingungsgefüge der Verhaltensstörung neben die Weiterführung der Therapie. Zum einen werden genaue Absprachen erarbeitet, wie die Betreuer auf die Verhaltensauffälligkeiten reagieren. Zum anderen werden die Regeln, Anforderungen und Grenzen überprüft und neu festgelegt, die dem Behinderten gesetzt werden.
Das KTP endet mit einer Reihe von Auswertungsgesprächen mit allen Beteiligten.

2.4.5.2 Die institutionelle Weiterbildung

Das Ausbildungsinstitut (T)ASK in Krefeld bietet eine zweijährige institutionelle Weiterbildung an, die auf spezifische Arbeitsfelder ausgerichtet ist. Diese Weiterbildung findet in der jeweiligen Institution vor Ort statt und die leitenden Trainer stammen aus den jeweiligen Arbeitsfeldern.
Es werden Ausbildungen angeboten für den **Sonderschulbereich**, für **Werkstätten für Behinderte**, für **Frühfördereinrichtungen und heilpädagogische Kindergärten** und für **heilpädagogische Heime und Langzeitstationen**. Eine solche institutionsspezifische Weiterbildung bietet viele Vorteile:

- sehr kostengünstig (verglichen mit individuellen Weiterbildungen ca. 50% niedrigere Kosten für den einzelnen Mitarbeiter) ohne Qualitätsverlust
- Die Motivation der MitarbeiterInnen an Weiterbildung erhöht sich, weil sie z.B. Unterbringungs- und Verpflegungskosten einsparen.
- Es ist auch die Möglichkeit gegeben, daß sich 12 Teilnehmer aus benachbarten Institutionen zusammenfinden. Dies bedeutet einen besseren Austausch zwischen Institutionen.
- Erlernen einer gemeinsamen Sprache innerhalb eines Teams, dadurch
- weniger Konkurrenz mit und Disqualifizierung von Kollegen, dadurch
- Erhöhung der Arbeitszufriedenheit und -ökonomie.
- Erweiterung eines gemeinsamen Handlungsrepertoires: Alle sind auf dem gleichen Wissenstand.

– Erlernen der Sprache des geistig behinderten (anders-fähigen) Menschen und konstruktiver Umgang mit Verhaltensstörungen. Dies bewirkt eine Reduzierung von Streß und Frustration bei allen Beteiligten.

Inhalt dieser Weiterbildungen sind moderne Beratungs- und Behandlungsmodelle wie systemische Therapie, Kommunikationstherapie, Transaktionsanalyse, Körpertherapie und verhaltensmodifikatorische Vorgehensweisen speziell für den Geistig-Behinderten-Bereich.

2.4.5.3 Die psychotherapeutische Ausbildung für akademisch geschultes Personal insbesondere im Arbeitsbereich geistige Behinderung:

Geistige Behinderung (Anders-Fähig-Sein) ist nicht als Krankheit anzusehen, sondern vielmehr als eine weitere oder andere Möglichkeit der Aneignung von Welt zu verstehen (Hennicke & Rotthaus, 1993). Somit ist sie nicht zwangsläufig behandlungsbedürftig.
Die durch nicht „geistig behinderte" Beobachter oder Fachleute diagnostizierte „psychische Erkrankung" stellt sich bei näherem Hinsehen häufiger als ein nicht nur kreatives, sondern eher auch hilfloses Signal des geistig behinderten (anders-fähigen) Menschen heraus, der sich seiner Umwelt gegenüber nicht anders artikulieren kann. Die Umwelt wiederum versteht diese Signale nicht oder falsch, wodurch Krisen im Grunde schon vorprogrammiert sind.
„Konfrontation des Behinderten mit der Effizienz des Gesunden..." geht immer einher „...mit einem Verlust auf der Beziehungsebene..." und provoziert „...mannigfache psychische und verhaltensmäßige Strategien beim Behinderten, mit dem Verlust zurechtzukommen." (Sorrentino, 1988)
Für geistig behinderte (anders-fähige) Menschen und deren Angehörige und/oder Betreuer gibt es wenig therapeutische Hilfen und Beratungsangebote. Dies begründet sich nicht zuletzt auch in fehlenden psychotherapeutischen Weiter- und Ausbildungsmöglichkeiten. Die Komplexität der Problematik, die Vielschichtigkeit der beteiligten Systeme als auch die „Unattraktivität" des Klientels scheinen dafür Grund zu sein.
Medizin und Psychologie finden nur sehr langsam den Weg zum geistig behinderten (anders-fähigen) Menschen. Eine psychotherapeutische Zusatzausbildung insbesondere für diese Zielgruppe ist daher zwingend notwendig.

Der Therapeut ist sowohl in der Krise gefordert, als auch im Erkennen komplexer Zusammenhänge der einzelnen Subsysteme sowie in der Ak-

zeptanz seiner Persönlichkeit, seiner Schwächen und Stärken und Grenzen. Die Akzeptanz des Andersdenkenden ist unbedingt notwendig.
Dies muß implizieren, in Krisensituationen ein therapeutisches Handwerkzeug zur Verfügung zu haben, das auch die Akzeptanz beinhaltet, Fehler zu machen. Fehler machen kann man aber dann nicht, wenn man seine Ziele klar definiert. Ziel kann nur sein:
„Ich kann in einer Krisensituation nur das schaffen, was ich kann".
Gelingt mir dies nicht, so ist dies Bestandteil eines natürlichen Prozesses. Wir müssen von dem Anspruch herunterkommen, alles zu können. Eine solche Sichtweise wird uns unserem Team sehr nahe bringen. D.h. auch, daß wir den Rahmen akzeptieren, in dem wir arbeiten. Dieser läßt nur ein bedingtes Maß an Interventionsmöglichkeiten zu. Außerhalb dieses Rahmens können wir nur von unserem Klientel lernen. Die Kreativität, Unberechenbarkeit, die uns entgegengebracht werden, soll für uns Motor sein, uns in dieser Richtung weiter zu entwickeln. Wichtig dabei ist es, nicht zu vergessen, daß wir es mit Menschen zu tun haben, die eine andere Sprache sprechen. Haben wir dies einmal begriffen, können wir anders damit umgehen. Das bedeutet nicht, daß wir Grenzüberschreitungen akzeptieren müssen.
Aggression und selbstverletzendes Verhalten verstehen wir als eine Art Sprache, aber wir müssen erst diese Sprache lernen, um unserem Gegenüber unsere Sprache beibringen zu können.
Es ist ignorant, grundsätzlich von unseren Thesen und unserer Wahrnehmung auszugehen. Man findet nur dann zu einem Dialog, wenn man seinen Dialogpartner aussprechen läßt, ihn genau beobachtet und versucht zu verstehen. Erst dann ist die Basis dafür gegeben, daß wir im Gegenzug unsere Einstellung klar und deutlich machen können.
Aus diesen Ausführungen wird deutlich, daß wir eine solche Ausbildung ganz wesentlich als persönlichen Auseinandersetzungs- und Veränderungsprozeß verstehen. Wie nämlich verschiedene Untersuchungen gezeigt haben (Hastings, Remington & Hall, 1995; Rasnake, Martin, Tarnowski & Mulick, 1993), bestimmt weniger das fachliche Wissen als solches, welche Maßnahmen wir für effektiv und damit auch akzeptabel oder wünschenswert halten, sondern unsere eigene Einstellung und Bewertung (vgl. Elbing & Rohmann, 1994).

2.4.5.4 Supervision

Supervision in Form von in der Regel ein- bis zweitägigen Supervisionsseminaren wurde von Rohmann 1987 entwickelt und im Rahmen der Zusammenarbeit mit dem Landesverband der Lebenshilfe NRW seit diesem Zeitpunkt bis 1994 erprobt. In diesem Zeitraum fanden etwa 50 sol-

cher Seminare statt. Seitdem sind Supervisionsseminare Standard vieler Fortbildungsprogramme.
Supervisionsseminare sind regional und überregional konzipierte systemtherapeutische Fall-, Team- und Leitungsseminare, die neben klassischer Supervision auch Weiterbildungsinhalte beinhalten.
Den Teilnehmern werden zusätzliche neue therapeutisch/pädagogische Hilfen an die Hand gegeben, die sie zwischen den einzelnen Treffen erproben können und gegebenenfalls eine entsprechende Anleitung erfahren.

2.5 Die Problemanalyse als Intervention

Führt man eine komplexe Problemanalyse mit Hilfe der hier vorgestellten Strategien durch, so ergeben sich folgende Ergebnisse und Auswirkungen:
Zum einen gewinnen alle an der Problemanalyse Beteiligten – und das sollten möglichst auch die am Problem Beteiligten sein – einen breiten Blick auf die Gesamtszenerie, in die das symptomatische Problemverhalten des geistig behinderten (anders-fähigen) Menschen eingebettet ist.
Dieses pragmatisch erarbeitete Problempanorama ist somit gleichbedeutend mit einem neuentwickelten Problemverständnis. Stets werden in diesem Panorama mehrere Problemzonen in ihrer wechselseitigen Vernetzung auszumachen sein. Diese gemeinsame Beschreibung der vernetzten Problemzonen ist gleichbedeutend mit der gemeinsamen Problemdefinition aller am Problem beteiligten Personen, was bereits als wichtige Ausgangsbasis in den Ausführungen über die Vertragsarbeit und die Zieldefinition hervorgehoben wurde.
Hierdurch wird ein Parallelprozeß vermieden, in dem sich ansonsten die ursprüngliche Zuschreibung, daß der geistig behinderte (anders-fähige) Mensch nicht in Ordnung ist und eben das Problem darstellt, in der Art des Analysierens wiederholen könnte.
Die Moderation eines solchen Problemanalyseprozesses bis hin zu einer gemeinsamen Beschreibung des Problempanoramas ist Bestandteil der Vertragsarbeit und gleichzeitig eine wirkungsvolle Intervention.
So konnten wir nachweisen (Elbing & Rohmann, 1993), daß sich bei den meisten der von uns untersuchten verhaltensauffälligen, geistig behinderten (anders-fähigen) Menschen die deutlichsten Verbesserungen beobachten ließen, als die eigentliche Therapie noch gar nicht begonnen war: Die Änderungen vollzogen sich in der Phase der gemeinsamen Problemanalyse.
Indem sich nämlich die Bezugspersonen ein neues Problempanorama erarbeiten, verlassen sie zunächst vielleicht unbemerkt, später aber auch bewußt reflektiert ihren bisherigen Standpunkt und entdecken, daß ihre

Sicht des Problems, wie sie sie bisher vertreten haben, nur eine von vielen möglichen Facetten des Problems erfaßt und beileibe nicht die einzig mögliche ist.

Haben die Bezugspersonen erst einmal realisiert, daß sie ihren Standpunkt verändert haben, so drängt sich natürlich die Frage dennoch auf, wieso sie eigentlich ihren alten Standpunkt über so lange Zeit hartnäckig verfochten und durchgetragen haben.

Untrennbarer Bestandteil dieser Komplexität sind deshalb die eigenen Anteile am Problemgeschehen, die bereits durch die Wahl der Analyseinstrumente gleich mit in den Blick genommen werden können. Dies wiederum bewirkt, daß bereits lange bevor die ersten Interventionen vereinbart sind, sich das Beziehungsgefüge rund um den geistig behinderten (anders-fähigen) Menschen in Bewegung setzt und verändert.

Beginnt sich nämlich die eigene Sicht des Problems zu wandeln, verändert sich in gleicher Weise die Haltung und Einstellung gegenüber den Menschen mit selbstverletzendem Verhalten.
Möglicherweise sind die Bezugspersonen jetzt neugieriger, nachdenklicher oder auch unbefangener geworden und dies wird sich in der Art auswirken, wie sie mit ihm in Kontakt treten und in der ihnen eigenen hochintuitiven Weise, von der noch öfter die Rede sein wird, werden die behinderten Menschen diese feinen Veränderungen wahrnehmen und durch ihr verändertes Verhalten widerspiegeln. Der Veränderungsprozeß bringt es also mit sich, daß die Bezugspersonen sozusagen gar nicht daran vorbeikommen, ihr Verhalten und ihre Beziehungsgestaltung gegenüber den Menschen mit selbstverletzendem Verhalten zu verändern.
Dadurch beginnen die Bezugspersonen durch die Veränderung des eigenen Verhaltens dem behinderten Partner neue Verhaltensspielräume zu eröffnen. Der behinderte Partner braucht sozusagen nicht mehr in seiner Überanpassung zu verharren, mit der er bislang die Verhaltenserwartungen seiner Bezugspersonen treu erfüllt und somit das ganze System stabil gehalten hat.

Die Instruktion, im pädagogischen Umgang nichts zu verändern, bevor es nicht gemeinsam abgesprochen ist, kann in dieser Hinsicht als paradoxe Intervention therapeutisch effektiv wirksam sein, indem das Bemühen, möglichst nichts zu verändern, gerade eben das unbedachte Fortführen der destruktiven Interaktionsmuster vereiteln hilft.

Als Auswirkung des Problemanalyseprozesses beginnen die Bezugspersonen häufig, spontan kleine Experimente durchzuführen nach dem Motto

„Das interessiert mich doch wirklich, was passiert, wenn ich diesmal ganz anders reagiere"?

und ähnliches. Außerdem sind diese kleinen Experimente eine sehr wertvolle Quelle von weiteren Ideen und Informationen, wie man den Veränderungsprozeß weiter vorantreiben könnte. Sie werden uns in erweiterter Form und richtungsweisend im Prinzip der Unvorhersagbarkeit durch wesentliche Teile dieses Buches begleiten.

3. Wie können die Ziele sinnvoll formuliert und miteinander abgestimmt werden?

In der gemeinsamen Zielsetzung mit den Bezugspersonen geht es wesentlich um das Stärken der Autonomie bei allen Beteiligten sowie darum, einem Scheitern durch die Art und Weise der Zielsetzung selbst möglichst vorzubeugen. Grundsätzlich gilt also auch auf dieser Ebene der Projektplanung das, was bereits auf der Meta-Ebene für die Zielsetzung eines Gesamtveränderungsprojekts weiter oben ausgeführt wurde. Ergänzend zu diesen Ausführungen lassen sich jedoch hier einige zentrale Fragestellungen festhalten, die als Orientierungsraster zur Ausarbeitung der Ziele gemeinsam mit den Bezugspersonen dienen können.
Entlang dem Ordnungsschema der **Vier-Strategien-Konzeption** sind folgende Fragen von besonderem Interesse:

3.1 Ziele zur ersten Strategie: Symptomatisches Verhalten

Soll das selbstverletzende Verhalten völlig verschwinden oder ist es bereits sinnvoll und ausreichend im Sinne der Zielsetzung, wenn es bis auf ein bestimmtes Maß zurückgeht? Welches Ausmaß?
Was soll an seine Stelle treten? Wie werden die Bezugspersonen gemeinsam mit dem geistig behinderten (anders-fähigen) Menschen oder auch jeder für sich die freiwerdende Zeit nutzen, die dadurch entsteht, daß sie nicht mehr bzw. sehr viel weniger mit dem Problemverhalten befaßt sind?

Gerade bei selbstverletzendem Verhalten und in Anbetracht der Rahmenbedingungen, unter denen heute im Gruppenalltag die Bezugspersonen mit dem Problem umgehen müssen, halten wir es nicht für realistisch, daß selbstverletzendes Verhalten völlig verschwindet. Nicht nur unserer eigenen Erfahrung nach, sondern auch mit Blick auf die einschlägige Literatur (Luiselli, Matson & Singh, 1992; Sternberg, Taylor & Babkie, 1994;) kann selbstverletzendes Verhalten bedeutsam reduziert werden, wobei das Ziel im Wiedererlernen der Selbststeuerungs- und Entscheidungsfähigkeit der betroffenen Person und der gesamten Umgebung mit behinderten Mitbewohnern, Betreuern usw. besteht. Es ist also erreichbar, daß die verbleibenden selbstverletzenden Verhaltensweisen im Grunde niemanden mehr an etwas hindern, was er tun oder lassen möchte oder zu etwas nötigen, wozu er eigentlich nicht bereit ist. Im Falle schwerer chronischer und automatisierter selbstverletzender Verhaltensweisen ist bereits dies ein anspruchsvoll formuliertes Ziel und es wird nur erreichbar sein im Verbund mit den übrigen Zielebenen, die im folgenden aufgeführt sind.

3.2 Ziele zur zweiten Strategie: Physiologische Erregungsregulation

Wie oben bereits dargestellt, ist die Befundlage zu diesem Bereich noch sehr widersprüchlich und wenig fundiert, sodaß wir im Grunde unsere Erfahrungswerte heranziehen müssen, um eine sinnvolle Zielperspektive aufzuzeigen. Unserer Erfahrung nach ist es erreichbar, einen Normalisierungsprozeß der Erregungsregulation und der Körperwahrnehmung in die Wege zu leiten. Wie weit dieser Prozeß vorangetrieben werden kann, läßt sich vor Beginn schwer absehen; wir kennen sowohl Beispiele einer nahezu völligen Normalisierung als auch solche, in denen zwar eine deutliche Besserung, aber keine Normalisierung erreicht werden konnte. Allerdings lohnt jeder erreichte Zwischenschritt die Mühe, denn mit jeder Verbesserung der Regulationsfähigkeit steigt die Aufnahme- und Kontaktbereitschaft und damit die Chance, selbstverletzendes Verhalten ablegen zu können.

3.3 Ziele zur dritten Strategie: Persönlichkeitsentwicklung und Interaktionsqualität

Was bedeutet Autonomie konkret für den geistig behinderten (andersfähigen) Menschen auf der Entwicklungsstufe, die er bereits innehat?

Was kann Autonomie für die nächstfolgende(n) Entwicklungsstufe(n) bedeuten? Was bedeutet Autonomie konkret für unseren Kontakt mit dem (anders-fähigen) geistig behinderten Menschen und dem Kontakt miteinander? Was ist für jeden der am Problem beteiligten Personen der nächste sinnvolle persönliche Entwicklungsschritt?

In diesem Zusammenhang ist es sehr empfehlenswert, sich mit entwicklungspsychologischen Modellen vertraut zu machen, die hierzu wichtige Ideen und Hinweise geben können. Hilfreich sind insbesondere Ansätze, die das Verhalten, das der behinderte Partner an den Tag legt, als Ausdrucksformen einer Entwicklungs-*Leistung* auffassen und somit bereits in ihrem Ansatz die Bezugspersonen unterstützen, das Verhalten des be-

hinderten Partners nicht aus einem Defizit orientierten Blickwinkel, sondern als Ausdruck einer eigenen Entwicklungskompetenz unter erschwerten Bedingungen zu begreifen.
ELBING (1996) hat hierzu einen eigenen Ansatz vorgelegt, indem er den konstruktivistischen Ansatz PIAGES, den entwicklungspsychologischen Ansatz von WYGOTZKI (1975; vgl. JANTZEN, 1993; 1993a) und das psychodynamische Persönlichkeitsmodell der Transaktionsanalyse integriert. Ein weiterer Ansatz ist der Ansatz von CRITTENDEN (1996), die die moderne Entwicklungspathologie in der Tradition der Bowlby'schen Bindungstheorie (BOWLBY, 1969; 1975; CICCHETTI, 1990; CICCHETTI & TOTH, 1991; CICCHETTI & TOTH, 1991a; CICCHETTI, GANIBAN & BARNETT, 1991; SROUFE, 1982) zu einem Modell der entwicklungspsychischen Gesundheit zusammenfaßt.

Wie werden Tagesstruktur und pädagogische Regeln zum Nährboden von Entwicklung, Begegnung und Autonomie?

Dieser Punkt verlangt bei der Zielformulierung besondere Sorgfalt, denn die Tagesstrukturen und Regeln sind die Drehscheibe, die alle am Problem Beteiligten zusammenführt und über die sie ihre Beziehungen koordinieren. Modell hierfür könnte ein „Treffen der Autonomen" der anderen Art sein, um den Geist zu beschreiben, aus dem heraus die Tagesstruktur und die pädagogischen Regeln gestaltet werden sollten.
Leitfragen hierfür sind: Wie begreifen wir unsere Rolle und unsere Verantwortung? Wie begreifen wir die Rolle des geistig behinderten (andersfähigen) Menschen?

Wie wollen wir sie künftig begreifen? Im Falle, daß der geistig behinderte (anders-fähige) Mensch sich selbst äußern kann: Wie erlebt er selbst seine Rolle und wie ist dieses Erleben einzuordnen? Welche Rolle will er wahrnehmen?

Das Schlagwort vom „Treffen der Autonomen" muß also mit Leben gefüllt werden durch eine klare Beschreibung der Personen und Rollen, in denen sich die Menschen im gegebenen Kontext begegnen und aus denen heraus sie ihre Autonomie gestalten. Hilfreich ist es hierzu, sich aus der Sicht des geistig behinderten Menschen klar zu machen, welche Rolle die professionellen Bezugspersonen im Laufe seiner gesamten Biographie für ihn spielen.
In aller Regel wird hierbei deutlich werden, daß die eigentlichen Konstanten seines Lebens von Mitbewohnern, Arbeitskollegen, Mitschülern, der vertrauten Wohnumgebung usw. gewahrt werden, aber nicht vom Personal, das ihn häufig nur wenige Monate oder Jahre begleitet. An

diesem Punkt fließen wie kaum sonst in der therapeutischen und pädagogischen Arbeit die gewandelten Strukturen und damit auch das veränderte Selbstverständnis der professionellen Betreuer in die Behindertenarbeit ein.

> Die derzeitige Situation läßt sich als Umbruchphase vom bisherigen Konzept der Lebensbetreuung, das in noch vielen Einrichtungen eine Ordens- oder diakonische Tradition fortsetzt, hin zu einem Konzept der gezielt angebotenen Hilfeleistung beschreiben. Realistischerweise ist in Abwandlung des modischen Schlagworts vom Lebensabschnittspartner allenfalls eine professionelle Lebensabschnittbegleitung leistbar. Betrachtet man die durchschnittliche Verweildauer von pädagogischen Mitarbeitern in sozialen Einrichtungen, so ist dies bereits ein hochgegriffenes Ziel (vgl. zum Wandel des Betreuungsverständnisses LINGG & THEUNISSEN, 1993; HAISCH, 1995).

Die Einführung neuer Regeln aus einem neuen Betreuungs- und Begleitungsverständnis heraus kann auch selbst wiederum eine Intervention darstellen, die unbewußte und unklare Prozesse und Strukturen verdeutlicht.

> In einem eigens dafür gestalteten Raum wird für einen Nachmittag in der Woche ein Treffen der Bewohner eingerichtet, wobei zwei Praktikantinnen den Thekendienst machen und gelegentlich ein kleines Programm organisieren. Ansonsten ist die Strukturierung und Gestaltung der Zeit und der Kontakte ganz den Bewohnern überlassen. Dieser Treffpunkt ist gleichzeitig eine betreuerfreie Zone. Die zwei Regeln, nämlich Selbstorganisation des Kontaktes und Ausschluß der Betreuer haben zwei Effekte hervorgebracht. Zum einen organisieren die Bewohner Kontakt und Kommunikation in einer Weise, die ihnen vorher nicht zugetraut worden war, und zum anderen empören sich die Betreuer, die ansonsten sehr für eine erwachsenengerechte Behindertenpädagogik eintreten, über den Ausschluß und können sich schlechterdings nicht vorstellen, daß das tatsächlich gut gehen soll. Andere Betreuer wiederum versuchen zur Theke vorzudringen und gleich für die im Schlepptau anmarschierte Bewohnergruppe eine Einheitslimonade zu bestellen. Freundlich des Raumes verwiesen zu werden hat einige kontroverse und heilsame Diskussionen ausgelöst.

3.4 Ziele zur vierten Strategie: Systemische Zusammenhänge

Welche Vorstellungen haben wir von einer guten Balance aus Nähe und Distanz, Abgrenzung und Kooperation zwischen den Personengruppen, die an der Betreuung des behinderten Partners beteiligt sind? Können wir einander gelten lassen, eigene Kompetenz wahrnehmen und die anderer respektieren? Wie kann das konkret aussehen?

Dies sind nur beispielhafte Fragen, die sich ergeben werden, wenn sich das Team wie weiter vorne beschrieben selbstkritisch auf den Prüfstand stellt. Ein zentraler Punkt wird hierbei die Frage sein: Wie können wir die Gruppe der Bewohner in *ihrer* Funktions- und sozialen Regulationsfähigkeit entwickeln und stärken? Dieser Frage messen wir mit wachsender Erfahrung ein wachsendes Gewicht bei, denn hier wird es wirklich ernst mit dem Ernstnehmen behinderter Menschen.

Wie wird innerhalb der Strukturen der Institution Verantwortung wahrgenommen? Wie konsequent und glaubhaft wird delegiert? Gibt es eine sinnvolle Kontrolle der (arbeits) vertraglich zu erbringenden Leistung, und wie wird sie gehandhabt? Gibt es überhaupt zwischen den hierarchischen Ebenen klare Verträge über Zuständigkeiten, Rechte und Pflichten? Wie soll künftig Leitung wahrgenommen und Führung gestaltet werden? Was kann und soll Mitarbeit bedeuten, was eigenverantwortliches (dienstliches) Handeln? Wie sind die räumlichen Bedingungen, wie ihre Änderbarkeit? Wo sind pfiffige Provisorien möglich?

An dieser Stelle kann es nötig werden, zunächst ein Stück Personalentwicklung oder auch Organisationsentwicklung voranzutreiben. Die Macht schlechter Verträge sollte auf dieser Ebene der systemischen Zusammenhänge auf keinen Fall unterschätzt werden. Schon Berne (1966; zitiert nach Stewart, 1992) hat darauf hingewiesen, wie notwendig es ist, strukturelle Bedingungen und Verträge in ihrer Beziehung zu den inhaltlichen (Therapie-) Verträgen sorgsam abzuklären.
Das Ziel ist in jedem Fall, die Zuständigkeit und Verantwortlichkeit in der gemeinsamen Organisation des Alltags zu klären und nachvollziehbar zu gestalten.

3.5 Die Verbindung der Zielebenen

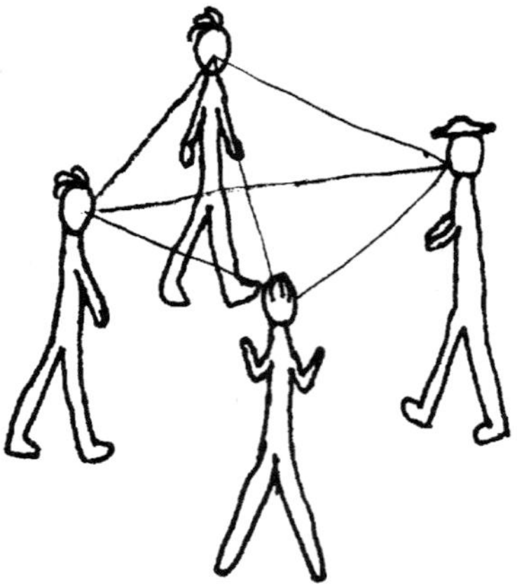

Grundsätzlich sollten für alle vier strategischen Interventionsebenen klare Ziele definiert und Verträge geschlossen werden. Die Testfrage hierzu lautet: Woran werden wir merken, daß wir dieses Ziel erreicht haben? Woran werden es die anderen feststellen? Die Antworten sollen möglichst beobachtbare, belegbare Veränderungen beinhalten.

Das Bindeglied zwischen allen Ebenen liegt darin, daß durch alle Ebenen hindurch die beteiligten Personen und Funktionsträger ihre Verantwortung erwachsenengerecht und in angemessener Weise wahrnehmen – und das bedeutet nicht: im Sinne einer Anpassung gegenüber den Erwartungen noch weiter oben angesiedelter Dienstvorgesetzter. Es geht vielmehr um die Verantwortung für den eigenen Entwicklungsbeitrag in der jeweiligen Rolle und Funktion hin zu den gemeinsam abgestimmten Zielen.

In der entwicklungspsychologischen Forschung wurde hierfür das Wort von der Entwicklungskompatibilität geprägt (Brandtstädter, Krampen & Heil, 1986). Mit Entwicklungskompatibilität ist nicht gemeint, daß alle an einem System Beteiligten dieselbe Entwicklung nehmen müssen oder dieselben Ziele verfolgen müssen. Vielmehr ist damit gemeint, daß auch unterschiedliche Ziele und Entwicklungsverläufe oder noch besser gerade unterschiedliche Ziel- und Entwicklungsverläufe gemeinsam so realisiert werden können, daß sie nicht in Konkurrenz zueinander stehen. Vielmehr sollen sie im wechselseitigen Austausch stehen und dadurch wechselseitige Entwicklungsanregung ermöglichen. Sie sollen also kompatibel sein, so wie Computersysteme oder Softwareprogramme miteinander kompatibel sind. Sie behindern sich nicht gegenseitig, sondern sie erlauben eine Kooperation unter der gegenseitigen Nutzung der vorhandenen Möglichkeiten (vgl. auch den Begriff der Ko-Evolution bei Willi, 1985).

Somit wird auch in dieser Ebene der Zieldefinition der ganzheitliche Charakter von Veränderung und Entwicklung erneut deutlich. Deutlich ist weiterhin, daß das ursprüngliche Symptomverhalten längst nicht mehr isoliert im Zentrum der Bemühungen steht. Es hat vielmehr eine sinnvolle

Umdeutung als Impuls erfahren, in gemeinsamer Verantwortung einen Änderungsprozeß zu gestalten, in dessen Zielhorizont die Veränderung des Symptomverhaltens nur eine unter mehreren Ebenen der Zielbeschreibung ist, die sich in ihrer Wichtigkeit nicht gegeneinander ausspielen oder aufrechnen lassen.
Die Zielformulierungen beinhalten jedoch zum einen die unterschiedlichen Zeitperspektiven und zum anderen unterschiedliche, sich wechselseitig bedingende Aussagen über den zu realisierenden Prozeß der Veränderung. Die Interventionsplanung hat so die Aufgabe, die Elemente der Zielbeschreibung einander so zuzuordnen, daß aus ihnen das konkrete Vorgehen der Umsetzung erwächst. Dieser Punkt ist Gegenstand des nächsten Abschnitts.

4. Wie entwickelt man eine maßgeschneiderte Interventionsplanung?

Aus der Problemanalyse und der Zielplanung ergibt sich eine Landkarte vernetzter Problemfelder und Zonen und eine Reihe möglicher Ansatzpunkte zur Veränderung. Wie sind nun die vier Strategien der Intervention miteinander zu verknüpfen?

Bereits die Problemanalyse und die Zielfestsetzung auf der Prozeßebene waren darauf angelegt, einen Parallelprozeß der Problemzuschreibung an den geistig behinderten (anders-fähigen) Menschen in der Art des Vorgehens zu vermeiden. Ebenso gilt es auch in der Interventionsplanung, durch die Reihenfolge und die Schwerpunkte der Interventionsmaßnahmen eine Störungsverstärkung bei geistig behinderten (anders-fähigen) Menschen wie auch bei den übrigen Beteiligten möglichst zu vermeiden und dafür entwicklungsfördernde Erlaubnisse zu transportieren.

Im praktischen Vorgehen bedeutet dies, nach Möglichkeit erst einmal die Änderungsmöglichkeiten auf der Ebene von Alltag, Struktur, Gruppenregeln und auf der Ebene der systemischen Aspekte auszuloten. Damit wird zunächst der Schwerpunkt auf diejenigen Aspekte gesetzt, die unmittelbar darauf abzielen, daß wie oben besprochen, alle an der Problematik beteiligten Personen ihre Problemanteile aufgreifen und in eigene Änderungsschritte umsetzen.

Für die Überlegungen zur Einzeltherapie bedeutet das, daß man zunächst abwartet, welche Dynamik die eingeleiteten Änderungsschritte auf den übergeordneten Ebenen entfalten. Das, was dann gewissermaßen als angemessener Problemanteil des geistig behinderten (anders-fähigen) Menschen noch einmal neu sichtbar wird und gewissermaßen übrigbleibt, ist dann Gegenstand der Einzeltherapie.

Damit wird die Einzeltherapie neu definiert nicht als eine störungszentrierte Intervention, sondern als eine sinnvolle Ergänzung und weitere Bereicherung des Veränderungsprozesses insgesamt.

Auch wenn dieses Vorgehen die Ideallinie der Interventionen darstellt, so sind im Einzelfall eine Reihe von differenzierten Erwägungen erforderlich, aus denen sich dann erst der konkrete Interventionsplan ergeben kann.

4.1 Erste Strategie: Symptomatische Behandlung

Die bisherigen Ausführungen können für die Interventionsstrategie der symptomatischen Behandlung nur bedeuten, daß das selbstverletzende Verhalten selbst in der Interventionsplanung erst berücksichtigt wird, wenn es wirklich notwendig ist. Die Entscheidungsregel lautet deshalb:

> Vor der Behandlung des selbstverletzenden Verhaltens werden (nach Möglichkeit) zuerst die Effekte der übrigen Strategien auf dieses Verhalten abgewartet.

In lerntheoretischer Sicht entspricht diese Entscheidungsregel einem Ignorieren des Symptomverhaltens bereits auf der Metaebene der Behandlungsplanung: Eine therapeutische Maßnahme ist bereits auf der Planungsebene gar nicht erst vorgesehen.
Nach unserer Erfahrung ist das häufig wesentlich effektiver, als mit den Bezugspersonen die Intervention „Ignorieren" zu erarbeiten und einzuführen. Denn die Erarbeitung einer solchen Intervention mit den Bezugspersonen kann bereits eine Aufmerksamkeitsverlagerung oder Zentrierung auf das Problemverhalten bewirken (siehe oben: Kaninchen-Schlange-Syndrom), die das Verhalten stabilisiert, obwohl bei oberflächlicher Betrachtung die Intervention „Ignorieren" korrekt durchgeführt wird.

> Eine unmittelbare symptomatische Behandlung von selbstverletzendem Verhalten ist zwingend nur dann erforderlich, wenn das Verhalten automatisiert ist, was in der Regel zu länger andauernden Phasen von massivem Kontrollverlust führt, oder aber wenn es im Zuge einer heftigen Eskalation der Kontrolle der betroffenen Person entgleitet.

In diesen Fällen ist es aus ethischen und Fürsorgegründen zwingend erforderlich zu intervenieren (vgl. hierzu auch die späteren Ausführungen zur Intervention des Ignorierens). In den Fällen von Kontrollverlust soll die symptomatische Behandlung dem behinderten Partner unter anderem dazu dienen, sein Verhalten soweit wieder selbst zu regulieren, daß er sich überhaupt mit etwas anderem auseinandersetzen kann. Seine Aufmerksamkeit und Aufnahmefähigkeit müssen also erst wiederhergestellt werden, bevor Lernen möglich ist.
Die Entscheidungsregel wird also durch eine weitere Regel ergänzt:

> Die Ausnahme von der Regel: Selbstverletzendes Verhalten, das mit massivem Kontrollverlust verbunden ist, muß in jedem Fall auch symptomatisch behandelt werden.

Solange aber in der Problemanalyse deutlich wird, daß das selbstverletzende Verhalten noch nicht oder nicht mehr zum Teufelskreis aus wechselseitiger Hilflosigkeit und Kontrollverlust führt (vgl. ROHMANN & HARTMANN, 1988), so sollte auch hier nach der Entscheidungsregel verfahren werden, im Zweifelsfall mit anderen Interventionsstrategien zu beginnen. Hier bieten sich ganz vorrangig die Tagesstruktur und die Gruppenregeln an (siehe unten).
In einem weiteren Fall kann es jedoch ebenfalls sinnvoll sein, symptomatisches Verhalten in der Interventionsplanung zu berücksichtigen, nämlich dann, wenn das Verhalten eine klar umrissene und nicht provokative Mitteilungsfunktion hat und in der Problemanalyse deutlich wird, daß der betreffende Mensch die Lernvoraussetzungen für eine effektivere und besser integrierte Problemlösung hat.
In diesen Fällen kann die Entscheidungsregel „Ignorieren auf der Metaebene" abgelöst werden durch ein Modellieren des angemessenen Verhaltens in der Problemsituation selbst.

> Seit langer Zeit ist Fritz bekannt für seine lauten und anhaltenden Schreiattacken beim Mittagessen, die er mit laut klatschenden Schlägen ins Gesicht verbindet oder an deren Anschluß er sich fest in die Hand beißen kann. Das Problem tritt vor allen Dingen beim Mittagessen auf. In der Problemanalyse wurde sichergestellt, daß Fritz in einfachen Sätzen sprechen kann, und es zeigte sich, daß sein Verhalten in erster Linie als Protest gegen Friedas Essenslärm zu verstehen war. Die symptomatische Behandlung bestand nur darin, daß eine Bezugsperson beim Essen hinter ihn trat, ihm seine Hände auf die Schulter legte und immer dann, wenn er Luft holte um zu schreien oder zu beißen, an seiner Stelle laut und kräftig sagte: „Frieda, hör auf."

Diese Form, ein therapeutisches Hilfsmittel anzubieten und in der Problemsituation selbst ein Modell-Lernen anzuregen, kann eine sinnvolle Ausnahme von der Entscheidungsregel sein.

Je nach Art des selbstverletzenden Verhaltens ist es jedoch auch möglich, dieses als Form von Selbstregulation oder als Selbststeuerungsversuch zu verstehen, wie es bereits weiter vorne geschildert worden ist. Besonders die sorgfältige Beobachtung von Stereotypen oder scheinbar gleichförmigen verletzenden Verhaltensweisen bietet sich hierzu an.
An dieser Stelle kommen wir auf das Beispiel zurück, das wir zur Erläuterung der genauen Verhaltensbeobachtung verwendet hatten. Die exakte Verhaltensbeobachtung hatte zu der Idee geführt, daß im Ablauf des

selbstverletzenden Verhaltens selbst eine Art Selbstschutz auf einem sehr existentiellen Niveau verhaltenswirksam wird.
Können die Bezugspersonen es einmal wahrnehmen, daß sich der behinderte Partner nicht einfach nur mechanisch und sinnentleert schlägt, ist die Tür geöffnet, um im nächsten Schritt darüber nachzudenken, wie sie ihn in seiner Bemühung um Selbstkontrolle und Selbststeuerung unterstützen können und wie sie einen gemeinsamen Lernprozeß hin zu effektiveren Regulationsstrategien auf einem weniger destruktiven Niveau gestalten können. Diese Fähigkeit beobachtetes Verhalten neu zu deuten, ist der Ausdruck dafür, daß sich die betroffenen Bezugspersonen aus ihrer Symbiose mit dem behinderten Partner zu lösen beginnen.
Das bedeutet für unser Vorgehen, selbstverletzendes Verhalten darf also mit den oben beschriebenen notwendigen Ausnahmen erst dann zum Gegenstand unmittelbarer Interventionen gemacht werden, wenn die Problemwahrnehmung der Bezugspersonen bereits zu einer Erklärung und Differenzierung ihrer eigenen Sichtweise geführt hatte und damit die symbiotische Abhängigkeit der *Bezugspersonen* von selbstverletzendem Verhalten wesentlich gelockert ist.
Mit anderen Worten: Die Bezugspersonen haben für sich selbst bereits ein wichtiges Stück Handlungsfreiheit wieder gewonnen.

Gelingt es, das symptomatische Verhalten positiv zu definieren, so kann das symptomatische Verhalten selbst Gegenstand der Interventionsplanung sein.

4.2 Zweite Strategie: Körpertherapie

Die Domäne der Körpertherapie ist das Wiedererlangen von Selbstkontrolle zusammen mit der Unterstützung einer verbesserten physiologischen Selbstregulation. Die Körpertherapie kommt also genau in einem derjenigen Fälle zum Einsatz, die soeben als wichtige Ausnahme von der Regel beschrieben worden sind:
Bei automatisierten selbstverletzenden Verhaltensweisen, bei denen keine oder nur eine völlig unzureichende Selbstkontrolle über das Verhalten vorhanden ist. Wie bereits früher erwähnt, dient die Körpertherapie der Kommunikationstherapie als Türöffner, sodaß hier folgende Regel zur Anwendung kommt:

Wird Körpertherapie eingesetzt, wird sie so bald wie möglich dialogisch gestaltet und in die Kommunikationstherapie übergeführt.

4.3 Dritte Strategie: Kommunikationstherapie

Nach den Ausführungen dieses Kapitels ist bereits deutlich, daß die Zeit der Kommunikationstherapie gekommen ist, wenn der Änderungsprozeß insgesamt nicht nur begonnen, sondern bereits erste klare Zwischenetappen durchschritten hat. Es hat sich jedoch durchaus bewährt, von der hier beschriebenen systematischen Ideallinie abzuweichen und die Kommunikationstherapie in der Interventionsplanung anders einzusetzen und zu nutzen.

Eine der großen Stärken der Kommunikationstherapie liegt nämlich darin, daß sie viel Spaß macht und den Beteiligten das Gefühl der Wirksamkeit des eigenen Verhaltens zurückgeben kann, sobald die Eingangsprobleme überwunden sind. Sie bestehen darin, daß sich die Bezugspersonen zunächst einmal daran gewöhnen müssen, sich auf die Verhaltensebene des geistig behinderten (anders-fähigen) Menschen zu begeben und das nicht als unangemessen und albern zu bewerten. Bezieht man die Bezugspersonen frühzeitig oder möglichst von Anfang an in die Therapie mit ein, so lassen sich durch die Dynamik der Kommunikationstherapie ihre Ängste und Widerstände gegenüber den anstehenden Veränderungen leichter auflösen oder ganz anders ansprechen, als wenn sie während der Problemanalyse zum Thema gemacht werden.

Der relativ rasche Einsatz der Kommunikationstherapie kann somit auf der Metaebene der Projektplanung für den leitenden Therapeuten eine Interventionsstrategie darstellen, die den Bezugspersonen mindestens ebenso gilt wie den geistig behinderten Menschen.

> Diese Alternative des strategischen therapeutischen Handelns wurde im Kompakt-Therapie-Programm systematisch entwickelt und wissenschaftlich überprüft (Elbing & Rohmann, 1993; 1994; 1994a). In diesem Konzept wird zunächst eine Phase der Problemanalyse und Problembeschreibung durchgeführt, wie sie in diesem Buch beschrieben ist. Je nach dem Widerstand der Bezugspersonen, sich mit eigenen Anteilen auseinanderzusetzen, werden aber tiefergreifende Konflikte, die für den Therapeuten selbst in der Problemanalyse deutlich geworden sind, mit den Bezugspersonen erst zum Thema und damit zum Gegenstand der Intervention auf der systemischen Ebene gemacht, wenn die Kommunikationstherapie eine Dynamik entfaltet hat, die die Auseinandersetzungsbereitschaft der Bezugspersonen deutlich verändert. Deshalb erhalten die Bezugspersonen im Konzept des Kompakt-Therapie-Programms den Status als Co-Therapeuten und sind von Beginn an in dieser Rolle aktiv in die Therapie integriert. Typischerweise können dann die Bezugspersonen selbst

eigene Anteile und Konflikte ansprechen und an ihrer Lösung arbeiten, deren Existenz sie vor Beginn der Kommunikationstherapie weit von sich gewiesen haben.

Diese Strategie fordert allerdings die Sorgfalt des Therapeuten in besonderer Weise, denn hier könnte die ethische Verpflichtung des Therapeuten, seinen Klienten zu schützen, und mit ihr auch der Klient Schaden leiden.
Dies wäre dann der Fall, wenn diese Strategie isoliert verwendet und die Therapie dazu mißbraucht wird, um Änderungsprozesse bei den Bezugspersonen zu bewirken. Dann wäre der geistig behinderte (anders-fähige) Mensch der eigentliche Co-Therapeut des Therapeuten. Mehr noch:
Der geistig behinderte (anders-fähige) Mensch befreit den Therapeuten aus der Verlegenheit, die Bezugspersonen zu konfrontieren. Läßt sich der Therapeut unbewußt auf diese Weise vom geistig behinderten (anders-fähigen) Menschen retten, so ist dies gleichbedeutend mit einer destruktiven Botschaft für den geistig behinderten (anders-fähigen) Menschen:

Ändere dich, damit es mir gut geht – sei nicht, wie du bist, sondern sei normal, was auch immer das sein soll!

Hier ist also die Selbstreflexion des Therapeuten besonders gefordert, wozu eigene Supervision unbedingt anzuraten ist.

Im planerischen Vorgehen selbst gewinnt diese Variante, die Kommunikationstherapie in der strategischen Interventionsplanung einzusetzen, ihren Sinn und ihre Rechtfertigung aus der gesamten Interventionsplanung, wie sie hier systematisch entfaltet wird.
Wenn dann diese Entscheidung eine von vielen Entscheidungen im Gesamtprozeß der Interventionsgestaltung ist, so hat sie ihren spezifischen Ort und ihre abgewogene Begründung. Dann verletzt die Vorgehensweise in ihrer Gesamtheit nicht die Sorgfaltspflicht des Therapeuten gegenüber seinem Klienten und bietet strukturell auch einen gewissen Schutz gegen die Versuchung des Therapeuten, den Klienten für sich an der Bezugsperson arbeiten zu lassen.

Somit gilt für die Kommunikationstherapie ähnlich wie für die symptomorientierte Behandlung:

Zunächst sollten die Auswirkungen der Interventionen auf der Ebene der pädagogischen Regeln und der Tagesstruktur sowie auf der Ebene der systemischen Zusammenhänge abgewartet werden, bevor mit der Kommunikationstherapie begonnen wird. Gut zu begründende Ausnahmen müssen unbedingt Teil einer Gesamtstrategie sein.

Diese Entscheidungsregel ist umso wichtiger, je schwerer die geistige Behinderung ist und je weniger der betreffende Mensch in der Lage ist, sich allgemein verständlich mit der Umwelt auseinanderzusetzen. Dies ist in der Regel an das eigene aktive Sprechen gekoppelt. Geistig behinderte (anders-fähige) Menschen, die nicht oder kaum über eine aktive Sprache verfügen und/oder deutlich autistische Verhaltens- und Erlebensweisen zeigen, sind darauf angewiesen, daß diese Entscheidungsregel vom Therapeuten sehr sorgfältig gehandhabt wird. Umgekehrt können lernbehinderte und leicht geistig behinderte Menschen von einer kommunikationstherapeutischen Einzeltherapie profitieren, auch wenn die systemischen Bezüge und die darin verborgenen Probleme für Interventionen wenig zugänglich oder offen sind. Denn aufgrund ihrer höheren kommunikativen Flexibilität können diese Klienten von einer dann fast schon traditionellen Einzeltherapie profitieren, da ihnen auch Veränderungen in ihrem Lebensfeld bzw. die Kompensation der gegebenen Begrenztheit im Lebensfeld aus eigener Kraft möglich ist.
Weil ihnen Sprache zur Verfügung steht, können sie beispielsweise die Veränderung der pädagogischen Regeln selbst reklamieren oder aber die vorhandenen Freiräume nutzen und ausdehnen.
Sie können in der Regel auch lernen, von ihren Bezugspersonen soweit unabhängig zu werden, daß sie auch eine Veränderung ihres Lebensfeldes als Chance nutzen können. Das bedeutet, daß diese Personengruppe in Ergänzung zur Therapie auch mit administrativen Interventionen sinnvoll unterstützt werden kann wie z.B. einer Heimaufnahme oder dem Wechsel in eine andere Betreuungsform, eine andere Wohngruppe oder dem Antritt einer anderen Arbeitsstelle. Bei diesem Personenkreis kann auch der Therapeut die entlastende Erfahrung machen, daß Therapie nicht alle Probleme lösen muß und sinnvolle Problemlösungen auch auf andere Weise mitorganisiert werden können.

Somit wird hier eine übergeordnete Regel deutlich:

Mit zunehmendem Behinderungsgrad sind die Klienten mehr darauf angewiesen, daß der Therapeut nach den Entscheidungsregeln verfährt, wogegen mit wachsender Differenziertheit und Auseinandersetzungsfähigkeit der Klienten die Entscheidungsregeln flexibler gehandhabt werden können.

Gleichzeitig damit wächst aber auch die Anforderung an den Therapeuten, die therapeutische Ebene verlassen zu können und auf der strukturellen Ebene zu verhandeln und Problemlösungen voranzutreiben. Die Interventionen gewinnen dadurch den Charakter einer Einzeltherapie, die mit einem soziotherapeutischen Vorgehen im Sinne von PETZOLD (1994) kombiniert wird.

Bereits in der Problemanalyse ist ein weiterer zentraler Punkt deutlich geworden, den wir oben schon indirekt als Regel eingeführt haben:

Nach Möglichkeit sollten die Interventionen bei der Alltagsstruktur und den pädagogischen Regeln ansetzen.

Die Problemanalyse wird oftmals ergeben, daß sich der geistig behinderte (anders-fähige) Mensch einer Vielzahl von Regeln gegenüber sieht, die häufig genug nicht nur schlecht aufeinander abgestimmt sind, sondern sich sogar widersprechen oder ausschließen. Deshalb ist die Arbeit mit den Regeln eine besondere Herausforderung an den Therapeuten.
In der Arbeit mit den Regeln entscheidet sich letztlich das Gelingen des Veränderungsprojekts, denn erst dann, wenn der vermeintlich graue Alltag deutlich anders ist, hat sich auch in der Substanz etwas getan. Arbeitet man auf diesem Gebiet, so wird der Alltag schnell zum Krimi – manchmal ängstigend, aber vor allem spannend und reizvoll.

Schädigenden Regeln ist grundsätzlich gemeinsam, daß mit ihrem Aufstellen das Scheitern vorprogrammiert ist. Zwei Varianten treten hierbei besonders oft auf. Die eine Variante läßt sich damit umschreiben, daß die Formulierung der Regel selbst es bereits unmöglich macht, sie wirklich zu befolgen.
Hierzu gehört das weite Feld der Regeln, die die geistig behinderten (anders-fähigen) Menschen in ihrem Entwicklungsstand überfordern, wie es in der Problemanalyse beschrieben wurde (Sortieren der Dichtungsringe). Die andere Möglichkeit besteht darin, grundsätzlich erreichbare Regeln so miteinander zu kombinieren, daß sie zusammen auf keinen Fall einzuhalten sind.

Es darf spekuliert werden, weshalb es ausgerechnet die Essenssituation ist, die ganz offenkundig in besonderer Weise mit widersinnigen

Regeln befrachtet wird.

In einer Supervision stellte eine Lehrerin ein Videoband vor, auf dem eine Essenssituation mit einem neunjährigen Kind zu sehen war, das gemeinsam mit den anderen seine Mahlzeit einnehmen sollte. Das Mädchen war extrem leicht ablenkbar, motorisch unruhig und hatte Schwierigkeiten mit der Auge-Hand-Koordination sowie mit der feinmotorischen Steuerung, so daß es mühsam für das Kind war, die Mahlzeit mit Hilfe von Besteck zu sich zu nehmen. Es dauerte nicht lange, bis das Mädchen zusehends noch unruhiger wurde, zu schreien anfing und schließlich aufsprang, sich dann wie ein Brummkreisel drehte, wobei es mit den Händen zunächst fuchtelte, bis sie schließlich in einem unkoordinierten Bewegungssturm an Kopf und Körper schlugen. Nach Betrachten des Videofilms wurde die Lehrerin aufgefordert, die Regeln zu benennen, an die das Mädchen sich in dieser Situation halten sollte. Sie fing an: „Also, sie soll sich zuerst einmal hinsetzen, wenn sie zum Tisch gerufen wird. Dann soll sie warten, bis alle sitzen und ihr Essen haben. Dann soll sie beim Essen Messer und Gabel benutzen. Sie soll ordentlich kauen und hinunterschlukken und nicht so schlingen..." Der Supervisor unterbrach die Aufzählung so etwa nach der neunten Regel. Als die Lehrerin anschließend gebeten wurde, das vorrangig verfolgte Ziel in der Situation zu benennen, wurde ihr auf einmal bewußt, wieviel auf einmal sie erreichen wollte. Gleichzeitig wurde klar, daß möglicherweise das konsequente Verfolgen eines Zieles vorübergehenderweise andere Ziele ausschloß. Z.B. kann das Ziel 'Essen ohne fremde Hilfestellung bis zum Punkt der persönlichen Sättigung' zumindest vorübergehend mit anderen Zielen unvereinbar sei.

Ist man in der Diskusion erst einmal an diesen Punkt gekommen, so stellt sich natürlich die Frage: Welche Regel ist an diesem Punkt der Entwicklung die wichtigste?

Wenn nun also neue Regeln eingeführt werden sollen, so müssen sie in doppelter Hinsicht erfüllbar sein:

Regeln müssen ihrem Inhalt nach für diejenigen erfüllbar sein, für die sie gelten sollen, und sie müssen in ihrer Einführung und Durchführung für die Bezugspersonen leistbar sein.

Regeln müssen sich ändern können, denn auch das gehört zum Änderungsprozeß. Deshalb ist es grundsätzlich wichtig, mit den Bezugspersonen die Veränderbarkeit als zentrale Eigenschaft guter Regeln herauszuarbeiten: Regeln sind änderbar und dürfen sich ändern. Denn wenn der Änderungsprozeß wirksam ist, werden auch die neuen Regeln immer wieder neu angepaßt und überdacht werden müssen. Unter dieser Maßgabe ist es nach sorgfältiger Problemanalyse möglich, erste Regeln aufzustellen, die den geistig behinderten (anders-fähigen) Menschen gerecht werden können. Um nun aber denen gerecht zu werden, die die Regeln einsetzen und durchführen müssen, haben sich folgende Maximen bewährt:

Eine Regel, und die richtig.

Diese Maxime bedeutet, daß im Zweifelsfall nur eine Regel oder Anforderung an den geistig behinderten (anders-fähigen) Menschen gestellt wird, die dann aber so wohlüberlegt und sorgfältig plaziert ist, daß sie von den Mitarbeitern auch unter ungünstigen Bedingungen durchgehalten werden kann.

Für schwer Selbstverletzende ist es beispielsweise von großer Bedeutung, daß sie möglichst mit körperlich fordernden Tätigkeiten gut ausgelastet sind (Kane, 1986; vgl. Koch, Kane, Jochmus, Kane & Wilhelmstroop-Meyer, 1979).

Die Problemanalyse ergibt aber in solchen Fällen häufig, daß möglicherweise jahrelang überhaupt keine Anforderungen mehr an die betreffende Person gestellt worden sind. Deshalb sollte als erste Anforderung eine Tätigkeit gewählt werden, die für alle Beteiligten so klar umrissen ist, daß sie wirklich von jedem Mitarbeiter, der mit dem Betreffenden arbeiten wird, auch durchsetzbar ist.

Die Bezugspersonen tun sich meist sehr schwer, die Vielzahl an Regeln aufzugeben, die sie vorher meinten, aufrecht erhalten zu müssen. Bei der Einführung dieser Maxime ist deshalb die vorangegangene Problemanalyse hilfreich. Denn aus ihr geht hervor, daß die Regeln nicht nur den geistig behinderten Menschen, sondern auch die Bezugspersonen überfordert haben. Letztlich waren sie nie wirklich in Kraft, weil sie gar nicht wirklich umgesetzt werden konnten. Hier zahlt sich also die vorangegangene Arbeit in der Problemanalyse bereits aus.

Erfahrungsgemäß macht selbst diese Maxime noch eine Ergänzung erforderlich:

Ausnahmen bestätigen die Regel – sprichwörtlich.

Gerade im Fall selbstverletzenden Verhaltens oder eskalierender Aggressionen ist es unrealistisch, daß selbst noch so gut aufgestellte Regeln immer und unter allen Bedingungen durchführbar sind. Deshalb brauchen die Bezugspersonen diese Ergänzungsregel, die der Tatsache Rechnung trägt, daß bei dem Vorhaben keine Maschinen, sondern Menschen am Werke sind. Sie enthält die Erlaubnis, im Einzelfall auf das Einfordern einer Regel von vornherein zu verzichten, wenn absehbar ist, daß der geistig behinderte (anders-fähige) Partner den Kampf um die Gültigkeit der Regel gewinnen würde.

Diese Erlaubnis eröffnet den Mitarbeitern die Möglichkeit, sich auch in schwierigen Situationen zu schützen und achtsam mit ihren eigenen menschlichen Schwächen umzugehen. Im Fall extremer Verhaltensstörungen kann beispielsweise die Tagesform einer Bezugsperson zur Durchsetzung auch einer einfachen Regel ein relevantes Entscheidungskriterium sein.

Der Vorteil der Ergänzungsregel liegt also darin, daß sie vermeiden hilft, von vornherein verlorene Kleinkriege zu führen.

Etwas heikel ist diese Ergänzungsregel in anderer Hinsicht. Sie kann auch dazu benutzt werden, um sich sein eigenes Versagen und damit sein eigenes negatives Selbstbild zu bestätigen, etwa nach dem Motto:

> „Ich bin so unfähig oder schwach, daß ich eine Ausnahme von der Regel brauche."

Zwei Erfahrungen ermutigen uns, diese Ergänzungsregel dennoch vorzuschlagen.

Zum einen ist das Ausmaß an Destruktivität in der Gesamtdynamik deutlich geringer, wenn von vornherein verlorene Auseinandersetzungen unterbleiben, auch wenn sich einige Bezugspersonen dadurch negativ bestätigen. Diese Form zweifelhafter Selbstbestätigung ist nämlich leichter zu konfrontieren, als die Verletzungen und Kränkungen aus den verlorenen Kleinkriegen weiterhin aufzuarbeiten.

Zum anderen ist es bis auf wenige Fälle (zum Beispiel die Behandlung schwerer Selbstverletzung in der Akutphase) für eine effektive Arbeit auch gar nicht erforderlich, die festgelegten Regeln immer und lückenlos zur Anwendung zu bringen. Viel wichtiger ist es, überhaupt Regeln zur Anwendung zu bringen, die nicht von vornherein Verlierer produzieren, sondern den Beteiligten die Möglichkeit zu einer klärenden Auseinandersetzung öffnen.

Regeln sind stets Kind ihrer Zeit und das bedeutet für unseren Zusammenhang, daß Regeln immer nur in einen bestimmten Entwicklungskontext der betroffenen Person und ihres Umfeldes passen.

Regeln zu setzen muß deshalb unbedingt mit der Bereitschaft verbun-

den sein, sie sorgsam und kontinuierlich an den Veränderunsprozeß insgesamt anzupassen. Hat sich dann die Regelentwicklung sozusagen in die allgemeine Entwicklung „eingeklinkt", so lassen sich dann auch Regeln dazu nutzen, um den Veränderungsprozeß und sein Tempo zu beeinflussen.
Mußte sich nämlich bisher der behinderte Mensch mit den Regeln auseinandersetzen, die seine Betreuer ihm vorsetzten und sich in Anpassungsleistung üben, so ist es möglich, den behinderten Menschen zum Zugpferd seiner eigenen Entwicklung zu machen.
Dies geschieht am besten, wenn der Änderungsprozess schon richtig in Schwung ist, indem die Betreuer die Regeln behutsam konservativ an den Entwicklungsprozeß anpassen, etwa nach dem Motto:

„Ich kann das noch gar nicht so recht glauben, daß Du bereits so viel Freiräume oder Gestaltungsspielräume verträgst."

Der behinderte Partner wird sodann beginnen, sich mit den Regeln auseinanderzusetzen, dagegen zu rebellieren, gegen die so oft gerichteten Grenzen anzugehen und treibt dadurch seine Entwicklung mit Energie weiter voran.
Indem sich die Bezugspersonen etwas zögernd, aber schließlich doch davon überzeugen lassen, daß er bereits mehr kann als sie ihm durch die Sprache der Regeln vermittelt bisher zutrauten, können sie ihm außerdem ein neues Gefühl der Selbstwirksamkeit vermitteln, das sich etwa unter das Motto stellen läßt

„Ich kann *wirklich* etwas bewirken – und das ganz ohne selbstverletzendes Verhalten".

In Art und Durchführung der pädagogischen Regeln und in der Strukturierung des Alltags entscheidet sich ganz wesentlich das Gelingen des Änderungsprozesses.

4.4 Vierte Strategie: Systemische Zusammenhänge

Es wäre verwunderlich, wenn die Problemanalyse im Blick auf die Dynamik unter den Bezugspersonen und die Problemanteile des sonstigen Umfeldes keine Ergebnisse erbracht hätte. In der Interventionsplanung gilt es nun abzuwägen, ob nicht zunächst hier ein Änderungsprozeß in Gang kommen muß, damit die ansonsten geplanten Maßnahmen auf den übrigen Ebenen nicht gefährdet oder blockiert werden.

Als Entscheidungskriterien für diese Prioritätensetzung haben sich folgende drei Punkte bewährt:

Solange das Team oder Teile des Teams in massiver Weise in destruktiven selbsterfüllenden Prophezeiungen engagiert sind oder solange Intrigen oder Sabotage „laufen", müssen die Interventionen zunächst auf dieser Ebene ansetzen.

Solche Manöver können nämlich häufigst ernste Folgen haben wie Kündigung, Erkrankung, Einweisung in die Psychiatrie oder Verlegung.

Sind bei den Bezugspersonen und sonstigen wichtigen beteiligten Personen solche manipulativen Manöver auszumachen, die mit dem gesamten Problemkomplex in Beziehung stehen, ist es oftmals erforderlich, die weitere Interventionsplanung auszusetzen, bis dieser Punkt anderweitig abgeklärt werden konnte.
Denn wenn beispielsweise eine Bezugsperson den geistig behinderten (anders-fähigen) Menschen mit seinem Problem dazu nutzt, um sich selbst aus dem Beruf zu katapultieren, dann läßt sie sich aller Erfahrung nach nicht konfrontieren, ohne daß die Konfrontation den Aufwand einer eigenen Therapie annimmt. Damit sind in aller Regel die Grenzen des Änderungsvertrages gesprengt, der zu Beginn des Änderungsvorhabens abgeschlossen wurde (siehe oben).
Die destruktiven Prozesse müssen deshalb unbedingt aufgedeckt werden, ihre Lösung jedoch wird in aller Regel in einem anderen Rahmen anzugehen sein als in dem Vertragsrahmen, in dem der Therapeut gegenwärtig arbeitet. Im Rahmen einer psychotherapeutischen Praxis kann dies bei entsprechender Einsicht der betreffenden Person durch die Weiterverweisung an einen Kollegen geschehen. Im institutionellen Rahmen ist dies eine der Nahtstellen für Dienstaufsicht und damit auch meist zum Auftraggeber des Änderungsprojektes.
Je nach Lage der Dinge kann es erforderlich sein, durch eine Veränderung der personellen Rahmenbedingungen erst die Voraussetzungen zu schaffen, um eine erfolgreiche Therapie überhaupt zu ermöglichen. Diese angesprochene Querverbindung zu Funktionen der Dienstaufsicht kann auch bis zu Prozessen der Organisationsentwicklung reichen.
Dies ist ebenfalls bei Intrigen und powerplay der Fall (Steiner, 1985). Bei powerplay handelt es sich um eine gezielte Manipulation und Abwertung anderer mit dem Ziel, manipulieren zu können und Macht über das angemessene Maß hinaus auszuüben. Stellt der Therapeut im Zuge der Problemanalyse fest, daß Machtspiele und Intrigen einen wichtigen Teil des Problemfeldes rund um die Verhaltensstörung ausmachen, so sollte

das Vorgehen mit dem Auftraggeber neu verhandelt werden:

Statt der Therapie mit dem geistig behinderten (anders-fähigen) Menschen wird (zunächst) die Arbeit mit dem Team oder in der Abteilung im Vordergrund stehen mit dem Ziel, die Arbeitsfähigkeit wieder herzustellen.

In krassen Fällen wird auch dies nicht ausreichen, so daß dienstrechtliche Maßnahmen zum ungeliebten, aber angemessenen und letztlich befreienden Mittel der Wahl werden. Hierzu ein gar nicht so seltenes Beispiel:

Xaver, ein Mann mit schwer selbstverletzendem Verhalten, lebt in einer Wohngruppe. Ihr Leiter hat seit langen Jahren diese Position inne. Unter der Maske des sozialpädagogischen Retters, der sich für seine Bewohner aufopfert und sogar im Urlaub zum Dienst erscheint, zieht er alle Macht und Informationen an sich. Mitarbeiter, die versuchen, eine Zusammenarbeit anzustreben und seinen Leitungsstil vorsichtig anfragen, läßt er durch entsprechend harte Dienstplangestaltung ausbrennen, bis sie krank werden oder die Gruppe verlassen. Xavers Verhalten dient der Legitimation des Mitarbeiterverschleißes und der Forderung nach weiteren Mitarbeitern. An der Art, wie sich Xaver bei den jeweiligen Mitarbeitern selbst schlägt, läßt sich deutlich die Reihenfolge der Gunst ablesen, in der die Mitarbeiter beim Gruppenleiter stehen.
Die Dienstvorgesetzte des Wohngruppenleiters hat ein ausgeprägtes Helfersyndrom; sie hört den Klagen über die viele Arbeit und die schwere Belastung durch die Verhaltensstörung jahrelang mit hoher Anteilnahme zu und versäumt darüber zu überprüfen, was ihr Mitarbeiter eigentlich tut – geschweige denn dabei festzustellen, wie er seine Kollegen ins Messer laufen läßt. Sie verläßt eines Tages die Einrichtung, und die Nachfolge tritt eine Person an, die sich gut abgrenzen kann und einen klaren Blick hat. Dem Gruppenleiter ist sofort klar, was das für Konsequenzen haben wird, und er reicht von sich aus die Kündigung ein.

Der gruppenergänzende Dienst hatte die systemischen Zusammenhänge nicht genügend berücksichtigt, die soziopathische Persönlichkeit des Gruppenleiters erst sehr spät erkannt und über ein Jahr mühevoller Arbeit in Xavers Therapie vergeblich investiert.
Drei Jahre nach Abbruch des ersten Therapieversuchs konnte die Therapie erneut und mit guten Erfolgsaussichten aufgenommen werden, nach-

dem die neue Leitung das Team in der Zusammensetzung völlig verändert hatte.

An dieser Beispielskizze wird sowohl die Begrenztheit therapeutischen Handelns im institutionellen Rahmen als auch die Sorgfalt deutlich, die darauf verwendet werden sollte, gerade die systemischen Rahmenbedingungen kritisch zu prüfen (vgl. die Ausführungen zur Vertragsarbeit).

Auch wenn keine massiven Manipulationsversuche vorliegen, so sollten sich die verschiedenen beteiligten Gruppen und Bezugspersonen nicht gegenseitig blockieren und sabotieren. Im Gegensatz zu manchen rein verhaltenstherapeutischen Ansätzen ist es über weite Strecken nicht erforderlich, daß alle Beteiligten gleichermaßen oder mit gleichem Engagement an einem Änderungsprojekt teilnehmen. Diejenigen, die nicht in vorderster Front den Entwicklungsprozeß mitgestalten möchten, sollten jedoch nach folgendem Motto handeln können:

„Ich engagiere mich im Projekt nicht so wie Du, aber ich unterstütze Dich, wenn Du es machst."

Die Kolleginnen und Kollegen können diejenigen, die eine aktive Rolle spielen, ruhig mit einer gewissen Skepsis oder Ängstlichkeit beobachten, solange sie bereit sind, diese in ihrem Vorhaben zu unterstützen – beispielsweise durch eine neue Verteilung der Arbeit, durch Entlastung im Dienstplan oder durch andere unterstützende Arbeit im Hintergrund.
Die in dem Motto enthaltene Erlaubnis, den Änderungsprozeß nicht aktiv gestalten zu *müssen*, kann bei den betroffenen Bezugspersonen zu einer inneren Entspannung führen. Aus der heraus können sie im Laufe der Entwicklung dann doch zu interessierten Beobachtern und schließlich auch aktiven Teilnehmern werden, wenn sie das dann möchten. Mit Ausnahme der Behandlung von massivem selbstverletzendem Verhalten mit Kontrollverlust ist es selbst bei sehr schweren Formen von Verhaltensstörungen, wie z.B. eskalierenden Fremdaggressionen nicht erforderlich, daß alle gleichermaßen beteiligt und aktiv sind, um den Veränderungsprozeß effektiv und erfolgreich zu gestalten.
Der hiermit verbundene Abschied von der Einmütigkeitsdoktrin der Gleichschrittpädagogik, wie sie vielerorts noch gelehrt wird und in vielen Teams noch verankert ist, kann darüberhinaus für die Kultur der Zusammenarbeit eine befreiende Wirkung haben. Umgekehrt können Teams, die eine individualistische Doktrin vertreten („Wir können uns nicht einigen, weil jeder anders ist und jeder echt sein will"), zu effektiven Formen der Zu-

sammenarbeit finden ohne das ihnen wichtige Ideal der Individualität aufgeben zu müssen.
Ist ein solcher neuer Konsens nicht erreichbar, so wird die Eingangsintervention sinnvollerweise zunächst in einem Stück Teamentwicklung oder Entwicklung der Zusammenarbeit zwischen den beteiligten Gruppierungen bestehen, bevor weitere Interventionsschritte eingeleitet werden können. Im gegebenen Fall wird man auch personelle Konsequenzen diskutieren und einleiten müssen.

In Zeiten knapper Kassen ist es allerdings häufig einfacher, bauliche Veränderungen vorzunehmen als personelle, da die Sachkostenbudgets gegenüber dem Personaletat eine untergeordnete Bedeutung haben. Außerdem sind für (vorzeigbare) räumliche Veränderungen häufig leichter Spendenmittel einsetzbar als für „unsichtbare" Maßnahmen. Da räumliche Bedingungen oft eine nicht zu unterschätzende Rolle spielen, lohnt es hier oft, Kreativität und Energie zu investieren. Unsere Empfehlung ist, solche Maßnahmen auf jeden Fall und unabhängig von den übrigen Planungen zu betreiben.

Die Veränderung institutioneller Rahmenbedingungen sollte parallel zu den übrigen Maßnahmen vorangetrieben werden.

Mut zu Provisorien ist dabei wichtig:

Das Kompakt-Therapie-Programm (ELBING & ROHMANN, 1993) hätte es nicht gegeben, wenn wir nicht vorübergehend unsere Büros geräumt und für die Therapie „zweckentfremdet" hätten, statt auf den Beginn irgendwelcher baulicher Maßnahmen zu warten. Außerdem unterstützen Chefs lieber ein gut laufendes Projekt statt ins Ungewisse zu investieren.

4.5 Durchführung und Auswertung der geplanten Interventionen

Die Durchführung der geplanten Interventionen läßt sich als Zyklus aus Planung, Ausführung und Reflektion beschreiben. Sie bildet also im verkleinerten Maßstab die Planungsprozesse nochmals ab, die in diesem und dem vorangegangenen Kapitel für die strategische Dimension eines gesamten Projekts beschrieben worden sind. Bewährt haben sich 14-tägige Sitzungen zusammen mit den Bezugspersonen und der geistig

behinderten (anders-fähigen) Person, in denen die Interventionen und der Änderungsprozeß reflektiert werden.
Die Rahmenziele werden dabei in eine Schrittfolge von Teilzielen aufgelöst, die dann von Mal zu Mal mit geeigneten Maßnahmen verfolgt werden, um den Prozeß in der nächsten Sitzung erneut zu überprüfen usw. Zumindest in der ersten, intensiven Phase der Therapie sollte ein solches Reflektions- und Planungsgespräch nach jeder Therapiestunde stattfinden. Im Grunde ist vor Beginn der Therapie nur eine Einstiegsplanung möglich, die den Ansatzpunkt in der ersten Stunde auswählt. Hat der Prozeß begonnen, so erfolgt die Planung im Rahmen der übergeordneten Ziele von Mal zu Mal, denn der geistig behinderte (anders-fähige) Partner wird den Prozeß aktiv mitgestalten und Signale geben, welches Thema für ihn „dran“ ist.
Das zu erkennen, aufzugreifen und einzubinden in die Gestaltung der nächsten Stunde ist die Aufgabe des Reflektionsgesprächs. Es ist nicht erforderlich, daß der Teilnehmerkreis genauso umfangreich ist wie in den 14-tägigen gemeinsamen Beratungen. Es sollte jedoch zumindest eine Bezugsperson dabei sein. Idealerweise ist diese Bezugsperson auch in die Therapie selbst mit einbezogen, wodurch sie eine Modell- und Multiplikatorfunktion für die anderen Bezugspersonen haben kann (ELBING & ROHMANN, 1993).
Ist der Start gelungen, so entfaltet die Veränderung ein Eigenleben, das die Beteiligten in seinen Bann zieht: Sie verändern und werden verändert, und beides ist deutlich spürbar und erlebbar. Dieselben wechselseitigen Verstärkungsprozesse, die vorher in der Abwärtsspirale der Störung unbewußt genährt und bewußt erlitten wurden, werden jetzt nicht nur in ihrer Wirksamkeit wahrgenommen, sondern teilnehmend und bewußt gestaltet.
Die eigentlich kritische Phase ist dann erreicht, wenn ein neuer Alltag einzukehren beginnt, die wache Aufmerksamkeit nachläßt und sich wieder Routinen herausbilden. Diese neue Selbstverständlichkeit ist die Nagelprobe des gesamten Änderungsprozesses.

Entscheidend ist die *Qualität* der neuen Routinen: Die veränderte Art, über sich selbst, den geistig behinderten Partner und über Konflikte und Probleme nachzudenken, wird im gelingenden Fall selbst zur Routine, und die Signale, die das eigene System von stand by in den Alarmzustand versetzen, sind jetzt ganz andere.
Die Gefahr des wieder einkehrenden Alltags besteht andererseits darin, daß sich nur Verhaltensroutinen entwickeln und keine neuen Denkgewohnheiten.

Verläuft die Entwicklung weiter positiv, so erlauben es die neuen Selbstverständlichkeiten, daß die Beteiligten ihre Energien wieder anderen Aufgaben zuwenden können – sei es dem nächsten Entwicklungsschritt oder anderen anstehenden Problemen. Typischerweise formulieren die Bezugspersonen vor Beginn des Änderungsprozesses die Sorge, über die Konzentration auf den einen geistig behinderten Menschen andere zu vernachlässigen. Und genauso typisch berichten sie später wie nebenher, daß sich ihre gesamte Art und Weise, mit den anderen geistig behinderten Menschen (wie auch mit den Kollegen) umzugehen, ebenfalls geändert hat.
Erst hier kann die therapeutische Begleitung enden. Die Begleitung in eine neue Selbstverständlichkeit des Miteinander und einen neuen Alltag hinein ist eine leise, aber eine unabdingbar nötige Arbeit. Sie endet damit, daß sich der Therapeut unversehens auf dem Bahnsteig der Interventionen wiederfindet und der Entwicklungszug ohne ihn weiterfährt. Jetzt einfach nur zu gehen (und zu verlassen, statt verlassen zu werden) ist zu wenig.
Das Winken und die Wehmut gehören auch dazu – es ist eben nicht die eigene Reise, auch wenn man ein Stück zusammen unterwegs war.

4.6 Zusammenfassung der Entscheidungsregeln zur Interventionsplanung

Die Befunde aus der Problemanalyse sind zunächst daraufhin zu prüfen, ob die systemischen Zusammenhänge Hinweise auf destruktive Prozesse selbsterfüllender Prophezeiung, Machtspiele und Sabotagemanöver enthalten. Ist dies in ernstzunehmender Weise der Fall, so wird vor Beginn weiterer Interventionsschritte eine Lösung auf dieser Problemebene anzustreben sein, die je nach Sachlage die Bezugspersonen selbst oder aber auch darüberhinaus ihre Vorgesetzten und die Institution betreffen kann. Möglicherweise ist hier auch über einen Abbruch des Projektes zu entscheiden. Erst wenn diese dreifache therapeutische Alarmanlage Entwarnung signalisiert, können mit Aussicht auf Erfolg weitere Interventionsschritte eingeleitet werden.
Ist dies der Fall, so sollte vorrangig und zunächst das Feld der Tagesstrukturierung und der pädagogischen Regeln bearbeitet werden. Die hierdurch in Gang kommende Änderungsdynamik wird dann durch einzeltherapeutische Maßnahmen wie die Kommunikationstherapie weiter verstärkt und ergänzt. Sie sind eine notwendige Ergänzung der getroffenen Maßnahmen im wahrsten Sinne des Wortes.
Im Fall von Kontrollverlust oder eskalierenden selbstverletzenden Verhaltensweisen werden die Interventionen zunächst hier mit der Körperthera-

pie ansetzen müssen, wobei zeitgleich bereits mit der Bearbeitung der Tagesstruktur und der pädagogischen Regeln begonnen werden kann und sollte.
Hinsichtlich einer symptomatischen Behandlung sollte das Problemverhalten in allen anderen Fällen nach Möglichkeit strukturell ignoriert werden, indem zunächst gar keine symptomorientierte Interventionsplanung erfolgt. Wenn die Auswirkungen der übrigen Maßnahmen erkennbarerweise hierfür noch einen Interventionsbedarf übriglassen, dann setzt die symptomatische Behandlung ein. Sie sollte möglichst im Sinne eines Neulernens erfolgen, indem z.B. Hilfs-Ich-Strategien und Modell-Lernen angeboten werden.
Im sorgfältig zu handhabenden Einzelfall kann es hilfreich sein, die Kommunikationstherapie zuerst zu beginnen und erst dann die Maßnahmen auf der Ebene der pädagogischen Regeln und der Tagesstruktur folgen zu lassen.

Abbildung 11: Die Ebenen der Problemanalyse und Veränderungsgestaltung

Abbildung 11 zeigt die Ebenen der Analyse und der Veränderung im Überblick.
Die verstärkte Trennlinie hin zu den institutionellen Rahmenbedingungen und weiteren, übergeordneten Zusammenhängen verdeutlicht, daß jenseits dieser Grenze andere Ansatzpunkte und Vorgehensweisen benötigt

werden als die hier vorgestellten Möglichkeiten. Hier liegt die Schnittstelle zur Organisationsentwicklung und zur politischen Gestaltungsebene. Damit verdeutlicht die Abbildung nochmals die Gestaltungsspielräume und die Grenzen effektiver therapeutischer und pädagogischer Arbeit.

In ihrer Gesamtheit bewirken die Entscheidungsregeln, daß dem geistig behinderten (anders-fähigen) Menschen durch Aufbau und Durchführung der Interventionsmaßnahmen ein angemessener Anteil am Problem zugestanden und in seine Verantwortung gegeben wird – nicht mehr und auch nicht weniger. Dadurch wird nicht nur eine Verstärkung seines Selbstbildes vermieden, das ihm nahelegt, ein Problem für das Leben anderer Menschen zu sein.
Vielmehr erfährt er die angemessene Unterstützung darin, seinen Teil der Zuständigkeit für die Problemlösung an- und wahrzunehmen. Hierin liegt für ihn die Erlaubnis, er selbst und auf dem Entwicklungsstand zu sein, auf dem er tatsächlich auch ist.
In ähnlicher Weise können die Bezugspersonen erfahren, daß auch ihr Anteil am Problemgeschehen nicht delegierbar ist und daß sie ihren eigenen und ganz legitimen Anteil am ganzheitlichen Änderungsprozeß haben können und sogar haben sollen. Dem Therapeuten schließlich erlaubt diese Arbeitsstruktur, seiner eigenen Fehlbarkeit nicht mit einem Perfektionsanspruch zu begegnen.
Vielmehr kann er mit Hilfe der Entscheidungsregeln einige grobe Akte der Selbstsabotage nicht nur bei den Interventionen selbst, sondern bereits in der Planung sein lassen, und er kann als Agent der Veränderung seine Wirksamkeit entfalten und ausschöpfen.

5. ... und was ist nun selbstverletzendes Verhalten?

Aufmerksamen Lesern ist es bestimmt schon bei der Durchsicht des Inhaltsverzeichnisses aufgefallen, daß entgegen der sonst üblichen Vorgehensweise erst jetzt ein Kapitel erscheint, das sich mit der Definition und der Beschreibung selbstverletzenden Verhaltens befaßt. Vielleicht wird sich der Leser nach der Lektüre der vorangegangenen Kapitel sogar die Frage stellen: Und was ist nun an selbstverletzendem Verhalten eigentlich so anders als an anderem Verhalten? Gerade das Vorgehen bei der Problemanalyse, wie wir es bisher vorgestellt haben, hat wohl (bis auf wenige Ausnahmen z.B. bei dem Thema Erregungssteuerung) klargemacht, daß man die vorgeschlagene Strategie der Problemerarbeitung wohl auf jedes Verhalten anwenden kann, das problematisch oder änderungsbedürftig ist. In der Tat sind wir dieser Auffassung und das ist der Grund, weshalb dieses Kapitel erst an dieser Stelle steht. Selbstverletzendes Verhalten kann in bestimmte Bedingungszusammenhänge angebunden sein, es kann eine Mitteilung bedeuten, es kann von der betreffenden Person multifunktional eingesetzt werden – und es gibt gewiß Dutzende andere Verhaltensweisen, von denen man mit gleichem Recht dasselbe behaupten könnte.

5.1 Definitionen selbstverletzenden Verhaltens

Ein weiterer Grund, dieses Kapitel hierher zu stellen, liegt daran, daß die fachliche Diskussion der letzten Jahre zum Thema Definition von selbstverletzendem Verhalten nicht sonderlich ergiebig war. Die frühe Definition von Tate und Baroff (1966) ist nach wie vor ein „Zitier-Klassiker“ (bzw. auf Neudeutsch ein „citation classic“) und auch neueste Überblicksveröffentlichungen (Fee & Matson, 1992, sowie Hettinger, 1996) greifen ebenso auf sie zurück wie die deutschsprachigen Klassiker von Brezovsky (1985) und Rohmann und Hartmann (1988). Tate und Baroff (1966, nach Johnson & Rea, 1986, S. 9) definieren:

> „Selbstverletzendes Verhalten impliziert weder einen Zerstörungsversuch noch unterstellt es Aggression. Der Begriff beschreibt einfach ein Verhalten, das eine physische Verletzung des eigenen Körpers produziert“ (Übersetzung der Autoren).

In der Literatur findet sich in der Folge eine Vielzahl von Ansätzen und Versuchen, selbstverletzendes Verhalten zu definieren (Bachmann, 1972;

Baumeister & Rollings, 1976; Duker, 1975; Frankel & Simmons, 1976; Martin, 1979; Nissen, 1975; Törne, 1974; vgl. den Überblick bei Fee & Matson, 1992 oder bei Hettinger, 1996). In die Definition von selbstverletzendem Verhalten fließen wie in jede Definition Bewertungen und Interpretationen ein, weil es kein ungedeutetes beschriebenes Verhalten gibt. Bei schwerem selbstverletzenden Verhalten, das sich häufig bei geistigbehinderten Menschen zeigt, kann diese unvermeidbare Deutung zu einem Problem werden, weil die Beliebigkeit einer Interpretation kaum zu überprüfen ist: Die Betroffenen können sie nicht kommentieren und darauf hinweisen, ab welchem Punkt eine Deutung ihre behinderungsbedingten Möglichkeiten und Begrenzungen außer acht läßt.

Es spricht sicher für die Achtung der Forscher vor den behinderten Menschen, daß zumindest in der deutschsprachigen Fachliteratur die Diskussion um möglichst deutungsfreie Definitionen von selbstverletzendem Verhalten einen breiten Raum einnimmt (vgl. Brezovsky, 1985).

Ross und McKay (1979) stellen 33 im angloamerikanischen Sprachgebrauch verwendete Synonyme zusammen, die selbstverletzendes Verhalten bezeichnen. Dabei wird deutlich, daß in der Begriffswahl bereits ein Vorverständnis wie Absicht, perverses Lusterleben oder Suizidalität, um nur einige zu nennen, mit transportiert werden. Den betroffenen geistigbehinderten Menschen werden solche Deutungsversuche mit Sicherheit nicht gerecht.

Selbstverletzendes Verhalten ist nach Brezovsky (1985, S.3) „ein beobachtbares Verhalten, das häufig wiederholt auftritt, stereotypen Charakter haben kann und bei dem ein Individuum Reize gegen den eigenen Körper setzt, deren Ziel oder Wirkung die physische Verletzung ist.“ Brezovsky weist darauf hin, daß Stereotypien nicht notwendigerweise selbstverletzendes Verhalten darstellen, dennoch aber Selbstverletzung bedeuten können. In der Diskussion um die Abgrenzung von stereotypen Bewegungen und selbstverletzendem Verhalten wird neuerlich das Problem deutlich, daß das selbstverletzende Verhalten unwillkürlich als absichtsvolles Handeln interpretiert wird; das Bemühen, Stereotypien von selbstverletzendem Verhalten abzugrenzen, weist auf eine vorhandene Koppelung von Selbstverletzung und Absicht hin: „Ziel oder Wirkung“ . Selbstverletzendes Verhalten kann jedoch auch automatisiert und der Selbstkontrolle völlig entglitten sein (vgl. Rohmann & Hartmann, 1988, S.14).

In der Diskussion um die Intentionalität selbstverletzenden Verhaltens ergibt sich eine Parallele zur Diskussion innerhalb der Aggressionsforschung. Versuchten Autoren wie Buss (1961) und Bandura und Walters (1963) noch, aggressives Verhalten nur auf der Verhaltensebene und ohne Rückgriff auf die Handlungsabsicht zu definieren, so konstatierte bereits Merz (1965, S.572): „Die Definition einer Verhaltensklasse ‘Aggression’ ohne

Rückgriff auf die Intention des Angreifers ist bisher nicht gelungen." Fünfzehn Jahre später faßt HECKHAUSEN (1980) die Diskussion um die Intentionalität von Aggressionen zusammen: Die rein behaviorale Definition von Aggression „ist inzwischen jedoch von den meisten Autoren als unhaltbar aufgegeben worden..." (HECKHAUSEN, 1980, S.350). Ähnlich faßt SCHOTT (1978, 5. Aufl.) zusammen (vgl. auch WERBIK, 1971). Die neuere Aggressionsforschung, wie sie sich zusammengefaßt etwa in der Bibliographie von CARUS-CIESLIK und ROSS (1986) spiegelt, folgt überwiegend handlungstheoretischen und kognitiven Erklärungsansätzen, in denen die Handlungsabsicht einen bedeutenden theoretischen Stellenwert hat.
Der Diskussionsstand der Aggressionsforschung läßt sich nicht ohne weiteres auf die Diskussion um selbstverletzendes Verhalten übertragen, weil die Annahme einer Handlungsabsicht voraussetzt, daß die aggressiv handelnde Person auch in der Lage ist, eine bewußte Handlungsabsicht zu bilden. Da es sich bei unserem Personenkreis in der Regel um geistigbehinderte Menschen mit teilweise psychotischen oder autistischen Zügen handelt, kann die Annahme beabsichtigten Handelns zu Recht auf ihre Gültigkeit hinterfragt werden. Selbstverletzendes Verhalten kann sowohl absichtlich erfolgen, wie BREZOVSKY (1985) anklingen läßt, es kann aber auch automatisiert, d.h. nicht absichtlich gewollt sein, wie ROHMANN und HARTMANN (1988) hervorheben. Eine Definition selbstverletzenden Verhaltens kann also beide Aspekte nur als Möglichkeiten berücksichtigen: Selbstverletzendes Verhalten beinhaltet

> „Verhaltensweisen, die sich gegen den eigenen Körper richten, die meist stereotyp und mit hoher Geschwindigkeit ablaufen und dem eigenen Körper physische Schädigung oder extreme Reizung zufügen, wobei sie, abhängig vom beobachtbaren Grad der Erregung und Spannung, Qualität und Intensität in andersartig stereotype oder aggressive Verhaltensweisen übergehen können" (ROHMANN & HARTMANN, 1988, S.17).

Damit stellen Rohmann und Hartmann ihre Definition in einen Bedingungszusammenhang mit Erregung und Spannung (vgl. dazu ROHMANN, ELBING & HARTMANN 1988a). In die Diskussion führen Rohmann und Hartmann darüber hinaus den Begriff des reaktiven selbstverletzenden Verhaltens ein. Der Begriff 'reaktiv' stellt dabei einen Bezug zu Umweltereignissen her, wogegen der Begriff des automatisierten selbstverletzenden Verhaltens eine Entkoppelung von Umweltereignissen bedeutet. Damit folgen sie der Differenzierung von Schröder und Mitarbeitern (SCHRÖDER, MULLIG & ROJAHN, 1980), worauf wir weiter unten noch eingehen. Der Schwerpunkt der Definition liegt jedoch auf der Ebene beobachtbaren

Verhaltens. Hier stellen Rohmann und Hartmann (1988) durch das Gegensatzpaar reaktiv-automatisiert einen markanten Qualitätsunterschied im selbstverletzenden Bewegungsverlauf heraus.
Der bisher entwickelte Begriff selbstverletzenden Verhaltens berücksichtigt die Art des beobachtbaren Verhaltens sowie seine selbstverletzenden Auswirkungen. Bezüge zur Umgebung, in die das Verhalten eingebettet ist, fließen dabei stets mit ein, ohne aber in der Begriffsbestimmung ausdrücklich berücksichtigt zu sein. Verhalten findet aber nicht ohne einen äußeren Zusammenhang statt, sondern ist eine interaktionale Größe. Deshalb soll der Begriff des selbstverletzenden Verhaltens im folgenden durch eine kontextbezogene Definition erweitert werden.

Hierfür hat Elbing (1992) eine begriffliche Trennung zwischen exoreaktiven und endoreaktiven selbstverletzenden Verhaltensweisen eingeführt, die sich als Ergänzung zu den referierten Definitionen versteht. Sie fügt den symptomatischen und phänomenologischen Definitionselementen die interaktionale Dimension hinzu.
Sind selbstverletzende Verhaltensweisen ein Bestandteil von Kommunikation, können sie auf einen Impuls aus der Umwelt folgen und/oder ihrerseits eine Umweltreaktion auslösen. Sie sind als interaktionssteuernde Verhaltensweisen, z.B. als Protest, Weigerung oder Provokation deutlich zu erkennen, wenn entsprechende Stimuli und Reaktionen der Umwelt vorliegen. Ist dies jedoch nicht der Fall, so scheint selbstverletzendes Verhalten relativ entkoppelt von Umweltereignissen zu sein. In diesem Fall ist es sinnvoll anzunehmen, daß selbstverletzendes Verhalten in einen Zusammenhang interner Ereignisse eingebettet ist, d.h. durch interne Ereignisse (wie z.B. Spannungszustände, Körperempfindungen usw.) ausgelöst ist und/oder solche bewirkt.

Selbstverletzende Verhaltensweisen haben also immer eine interaktive Funktion, wobei sich die interaktive Funktion auf äußere wie auf interne Ereignisse beziehen kann.

Exoreaktives selbstverletzendes Verhalten steht in einem beobachtbaren Zusammenhang mit Umweltereignissen. Es kann entweder durch Umweltereignisse ausgelöst sein oder seinerseits Umweltänderungen und -reaktionen auslösen. Im Falle zwischenmenschlicher Interaktion – also personaler Umwelt – sind exoreaktive selbstverletzende Verhaltensweisen eine Form der Kommunikation, durch die eine Interaktionssequenz begonnen, fortgesetzt oder auch been-

det werden kann. Exoreaktives selbstverletzendes Verhalten ist so gleicherweise ausgelöstes wie auslösendes Verhalten; es hat interaktionssteuernde Funktion für die Kommunikation mit den Ereignissen in der Umwelt.
Endoreaktives selbstverletzendes Verhalten steht in keinem beobachtbaren Zusammenhang mit äußeren Umweltereignissen. Das heißt, ihm geht keine beobachtbar auslösende Umweltänderung voraus, noch löst es selbst beobachtbar eine Umweltänderung aus. Bezogen auf zwischenmenschliche Interaktion hat es keinen kommunikativen Charakter und ihm fehlt erkennbar die interaktive Verankerung in der äußeren Umwelt. Endoreaktives selbstverletzendes Verhalten steht dagegen mit personen-internen Ereignissen in einem funktionalen Zusammenhang. Es kann auf interne Stimuli erfolgen und/oder als Stimulus für weitere interne Reaktionen dienen. Es hat somit steuernde und regulierende Funktion oder aber ist Ausdruck von Steuerung und Regulation personen-interner Prozesse und Ereignisse. Diese Prozesse sind der neurobiologischen Ebene zuzuordnen; diese Prozesse sind wie auch das endoreaktive selbstverletzende Verhalten einer bewußten Steuerung nicht zugänglich. Mit anderen Worten: Endoreaktives selbstverletzendes Verhalten ist für den Betroffenen selbst nicht mehr bewußt kontrollierbar.

Die vorgeschlagene begriffliche Unterscheidung hat die Schwierigkeit, daß exoreaktives selbstverletzendes Verhalten einen endoreaktiven Verlauf haben kann. Hier spielt der stereotype Charakter eine wichtige Rolle insofern, als anfänglich exoreaktives selbstverletzendes Verhalten sich stereotyp „festfahren" und, entkoppelt von der äußeren Umwelt, endoreaktiv verlaufen kann. Der Punkt, ab dem eine ursprünglich exoreaktive Verhaltenssequenz endoreaktiv verläuft, wird nicht ohne eine gewisse Beliebigkeit anzugeben sein. Endoreaktives selbstverletzendes Verhalten hat aber nicht notwendigerweise einen stereotypen Charakter wie umgekehrt auch exoreaktives selbstverletzendes Verhalten stereotyp sein kann. Es erscheint somit nicht sinnvoll, den stereotypen Charakter von selbstverletzendem Verhalten zur Unterscheidung heranzuziehen.
Ebensowenig sinnvoll ist es, Übergangsformen zwischen beiden Möglichkeiten zu definieren. Fruchtbarer scheint es vielmehr, das „Kippen" exoreaktiver Selbstverletzung in endoreaktive Verläufe auf seine Bedingungen zu untersuchen. Der Wechsel in die umgekehrte Richtung bietet weniger Unterscheidungsprobleme, da der wiederhergestellte Umweltbezug sich in einer Verhaltensänderung niederschlägt. Die Unterscheidung beider Formen selbstverletzenden Verhaltens stellt dennoch weniger ein Definitions-, sondern vielmehr ein Beobachtungsproblem dar.

Die Begriffe exo- und endoreaktiv sind interaktionsbezogen gefaßt; hervorzuheben ist aber, daß sie im Blick auf den sich selbst verletzenden Menschen definiert sind. Denn nach dem pragmatischen Axiom Watzlawicks und seiner Mitarbeiter (WATZLAWICK, BEAVIN & JACKSON, 1969) hat *jedes* Verhalten kommunikative Funktion. Eine endoreaktive Selbstverletzung kann also sehr wohl eine kommunikative Funktion für einen betroffenen Beobachter haben, der sie z.B. als Appell deutet und entsprechend reagiert. Für den sie ausführenden geistigbehinderten Menschen hat sie diese Funktion in diesem Augenblick jedoch nicht.

Die gewählte Begrifflichkeit des exo- und endoreaktiven selbstverletzenden Verhaltens ist nicht ohne problematische Beiklänge, da sie an die Unterteilung in exo- und endogene psychische Erkrankungen in der klassischen Nosologie erinnert. Mit wachsendem psychopathologischen Kenntnisstand wurde diese Unterscheidung als problematisch erachtet bzw. aufgegeben. Deutlich wird das daran, wie internationale Klassifikationssysteme in den letzten Jahren modifiziert wurden. Beispielsweise existiert der Begriff der endogenen Depression im Diagnoseschlüssel des DSM III R nicht mehr (deutsche Version: WITTCHEN, SASS, ZAUDIG & KOEHLER, 1989), wogegen er im konservativeren ICD-Schlüssel von 1980 noch Verwendung findet (DEGKWITZ, HELMCHEN, KOKKOTT & MOMBOUR, 1980, 5. Aufl.). Der Beigeschmack, endogen heiße dem Forscher unbekannt, darf für die Erforschung selbstverletzenden Verhaltens weitgehend als Tatsache gelten; dennoch soll der Begriff 'endoreaktiv' darauf hinweisen, daß selbstverletzendes Verhalten eine personeninterne Regelungsfunktion hat oder aber Ausdruck einer solchen ist (vgl. HARRIS, 1992).

Zusammenfassend läßt sich selbstverletzendes Verhalten etwa so beschreiben:
Selbstverletzendes Verhalten umfaßt Verhaltensweisen, die sich gegen den eigenen Körper richten und ihn physisch extrem reizen oder schädigen. Sie haben interaktiv steuernde Funktion sowohl für externe als auch für personeninterne Ereignisse. Ihr Verlauf kann exoreaktiv oder endoreaktiv sein. Selbstverletzende Verhaltensweisen können stereotypen bzw. automatisierten Charakter haben. Sie können in Qualität und Intensität leichte bis schwere Ausprägungen annehmen. Die daraus entstehenden Schädigungen umfassen alle Verletzungsgrade bis hin zur Lebensbedrohlichkeit.

Durch diesen Definitionsversuch wird der Begriff der Intention bzw. Absicht vermieden. An seine Stelle treten zum einen die vorhandene vs. nicht vorhandene Selbststeuerung des Patienten, die sich auf das motorische Erscheinungsbild des selbstverletzenden Verhaltens bezieht, und zum anderen die vorhandene vs. nicht vorhandene interaktive *Funktion* (nicht: Intention) für äußere Umweltereignisse und interne Regulationsprozesse. Die funktionale Definition klammert die Intention nicht aus, macht die Diskussion darum aber überflüssig, weil sie eine übergeordnete Perspektive einnimmt. Denn die intentionale Definition betrachtet die handelnde Person in der Tendenz isoliert für sich, wogegen die funktionale Definition systemisch-prozeßorientiert an Interaktionssystemen verschiedener Ebenen wie z.B. der Person- Umwelt-Ebene ansetzt.

Die Begriffe „exoreaktiv“ und „endoreaktiv“ sind für einen wissenschaftlichen Sprachgebrauch sinnvoll, für die Praxis allerdings zu sperrig – so redet niemand, der in seiner täglichen Arbeit mit selbstverletzendem Verhalten konfrontiert ist. Da Sprache der Orientierung und Verständigung dient und unser Buch auf eine verantwortungsvolle und effektive Praxis zielt, werden wir im weiteren Text den Begriff „exoreaktiv“ auf das geläufige „reaktiv“ verkürzen. Für den Begriff „endoreaktiv“ werden wir wie schon ROHMANN und HARTMANN (1988) das Wort „automatisiert“ verwenden. Er hat den Vorteil, daß er auf den Kontrollverlust des behinderten (anders-fähigen) Partners direkt hinweist; dieser Kontrollverlust ist nämlich ausschlaggebend für die Wahl der therapeutischen Mittel in einer konkreten Situation, und der Kontrollverlust ist zudem das äußerlich sichtbare Ergebnis der vermuteten internen Regulationszusammenhänge, die zu dem Begriff „endoreaktiv“ geführt haben (ELBING, 1992). Wenn wir also im folgenden den Begriff „automatisiertes selbstverletzendes Verhalten“ verwenden, so ist jetzt klar, daß damit eben kein sinnentleerter, hirnloser Ablauf gekennzeichnet wird. Der damit verbundene Kontrollverlust steht vielmehr im Zusammenhang mit einem Selbststeuerungsversuch auf dem Hintergrund komplexer interner Selbstregelungsprozesse.

5.2 Schweregrade und andere Einteilungen

Ergänzend zur vorgeschlagenen Definition ist es sinnvoll, verschiedene Schweregrade selbstverletzenden Verhaltens zu unterscheiden. ROHMANN und FACION (1984) schlagen folgende Einteilung vor:

> „1. Leichte Autoaggressionen: Darunter verstehen wir selbstbeschädigende Verhaltensweisen mit geringer Intensität, ohne sichtbare Verletzungen, die häufig mit einem erkennbaren Situationsbezug stattfinden, wie z.B. Schlagen mit der flachen Hand, Kneifen usw. in Situationen der Überforderung, Verweigerung oder Wut.

2. Mittlere Autoaggressionen: Darunter verstehen wir selbstbeschädigende und selbstverletzende Verhaltensweisen wie das Schlagen der flachen Hand ins Gesicht, Beißen, Kratzen, Kneifen, Schlagen mit der Faust auf den Kopf mit gesteigerter Intensität und Regelmäßigkeit, so daß Verletzungen wie Narben, Verhornung usw. sichtbar sind, wobei dieses Verhalten bereits teilweise automatisiert auftreten kann, und

3. Schwere Autoaggressionen: Darunter verstehen wir selbstverletzende und selbst zerstörerische Verhaltensweisen, d.h. daß Verletzungen auftreten können, die lebensbedrohlich sind wie das Schlagen mit dem Kopf oder der Stirn gegen Wände, scharfe Kanten, Stechen mit den Fingern in die Augen, Halten des Kopfes in offenes Feuer, Abbeißen der Fingerkuppen, Lippen oder Zunge. Die Intensität des Verhaltens ist massiv, das Verhalten findet ohne erkennbaren Grund statt und ist stark automatisiert, dem Kind fehlt jegliche Selbstkontrolle, es ist sich sozusagen selbst ausgeliefert."

Auf der Schwelle zwischen Definitionsversuch und der empirischen Beschreibung von Art und Häufigkeit selbstverletzenden Verhaltens stehen Einteilungssysteme. In der Literatur werden vor allen Dingen die zwei Systeme von Schröder, Mulick und Rojahn (1980) sowie das System von Rojahn (1986) als Beispiele zitiert, die nach einer umfangreichen Auswertung empirischer Studien das selbstverletzende Verhalten nach Topografien einteilen und Häufigkeiten zuordnen. In der früheren Schröder-Studie trat hierbei Kopfschlagen am häufigsten auf, dann folgen Kopfschlagen und Selbstbeißen und Selbstkratzen in der Kombination mit anderen Verhaltensweisen. Die Autoren berichten, daß selbstverletzende Verhaltensweisen bevorzugt kombiniert mit anderem Verhalten in sozialen Situationen, stereotypem Verhalten oder anderem Verhalten auftreten. Aus diesem Grund unterschieden die Autoren soziale selbstverletzende Verhaltensweisen von selbstverletzenden Verhaltensweisen ohne sozialen Bezug.
Unsere eigene Differenzierung zwischen endoreaktiven („reaktiven") und exoreaktiven („automatisierten") selbstverletzenden Verhaltensweisen zeigt eine Ähnlichkeit zu dieser Unterscheidung von Schröder, Mulick und Rojahn (1980). Wir halten jedoch die positive inhaltliche Bestimmung von endoreaktiven selbstverletzenden Verhaltensweisen mit dem Hinweis auf selbstregulatorische Prozesse für wichtig. Schröder und Mitarbeiter (1980) klassifizieren diese Gruppe von Verhaltensweisen lediglich durch das Fehlen eines sozialen Bezuges.

Der neuere Ansatz von Rojahn (1986) geht etwas anders vor und versucht, selbstverletzendes Verhalten auf der Hintergrundfolie einer Stichprobe von ebenfalls geistig behinderten Menschen zu untersuchen, die sich jedoch nicht selbst verletzen. Er kommt auf andere Häufigkeitswerte. Hier war Sich-selbst-beißen mit 45 % am häufigsten, gefolgt von Körperkontakt und Kratzen.

Ein anderer Klassifikationsansatz richtet sich nach möglichen Bedingungszusammenhängen wie ihn etwa Carr (1977) beschreibt. Der Ansatz besteht darin, vorhergehende Umweltbedingungen zu beschreiben, die das selbstverletzende Verhalten konstant hervorrufen. Die Autoren unterscheiden drei Gruppen, nämlich die selbstverletzenden Verhaltensweisen Selbststimulation, diejenigen im Zusammenhang mit positiver Stärkung und die im Zusammenhang mit negativer Verstärkung (vgl. einen ähnlichen Ansatz bei Fleuron, Serein & Abecassis, 1995).

Fee und Matson (1992) fassen den Stand der Diskussion mit der Bemerkung zusammen: „Die Arbeit an der Definition und der Klassifikation von selbstverletzendem Verhalten fängt offenkundig gerade erst an“ (Fee & Matson, 1992, S. 17; Übers. d. Verf.). Die Autoren greifen von den eingeschlagenen Richtungen folgende Schwerpunkte in ihrer Zusammenfassung heraus: Hinsichtlich der Ähnlichkeit von selbstverletzendem Verhalten mit Stereotypien betonen sie, daß der Zusammenhang nach wie vor unklar ist. Hettinger (1996) wertet bei seinem Überblick z.T. dieselben Studien aus wie Fee und Matson (1992) und ergänzt seine Zusammenstellung um die im deutschsprachigen Raum vorgelegten Befunde von Brezovsky (1985); unabhängig von Fee und Matson (1992) kommt er in der Auswertung der Literatur zu ähnlichen Ergebnissen.
Fee und Matson (1992) weisen ebenso wie auch Rohmann und Hartmann (1988) oder Elbing (1992) auf die Probleme der Altersverteilung und der Bewertungs- bzw. Motivationsfrage hin. Schließlich ist für sie trotz aller bisheriger Definitionsversuche die Zuordnung eines konkreten beschriebenen selbstverletzenden Verhaltens zu einer dafür geeigneten Behandlungsstrategie ungelöst. Diese Feststellung von Fee und Matson (1992) kann unsere Leser nunmehr nicht mehr überraschen, denn nach allem bisher Gesagten ist klargeworden, daß selbstverletzendes Verhalten multifunktional sein kann und im Grunde im jeden einzelnen Fall durch einen kreativen Suchprozeß erst die geeignete Therapiemöglichkeit erarbeitet werden muß. Mit der Unterscheidung zwischen exo- und endoreaktivem (bzw. reaktivem und automatisiertem) selbstverletzenden Verhalten und der Berücksichtigung von Kontrolle und Kontrollverlust über dieses Verhalten sind wir außerdem einen Schritt weiter als Fee und Matson (1992) mit ihrem Fazit. Wie bereits in der Problemanalyse angesprochen

und weiter unten zur Körpertherapie ausgeführt, führt diese Unterscheidung zu wichtigen therapeutischen Entscheidungen.

5.3 Vorkommen und Auftreten selbstverletzenden Verhaltens

Aufgrund unserer Überzeugung, daß in jedem einzelnen Fall eine sorgfältige Problemanalyse erst zu dem angemessenen Verständnis des selbstverletzenden Verhaltens und zur Entwicklung erfolgversprechender Veränderungsstrategien führen kann, werden wir dieses Kapitel relativ kurz halten und uns mit einer zusammenfassenden Darstellung der aktuellen Befundlage begnügen, ohne auf Einzelheiten in der Literatur genauer einzugehen. Schließlich ist es nicht sonderlich hilfreich für die Frage, wie ich mit diesem konkreten Menschen und seinem selbstverletzenden Verhalten nun umgehen soll, wenn ich genau weiß, ob nun 18 oder 43 % aller behinderten Menschen in sozialen Einrichtungen ähnliche Formen selbstverletzenden Verhaltens zeigen, zumal auch hier, wie weiter unten gezeigt wird, die Frage nach der Henne und dem Ei aus der Kenntnis von Prozentzahlen nicht zu lösen ist...

Johnson und Day (1992) haben in differenzierter Weise über 30 Studien untersucht, die sich mit dem Vorkommen und den Zusammenhängen von selbstverletzendem Verhalten befassen. Trotz der Unübersichtlichkeit und teilweise schwierigen Vergleichbarkeit der Befundlage arbeiten sie folgende Zusammenhangslinien heraus (S. 55-56; Übers. d. Autoren):

„Es kann geschlossen werden, daß

a) die Auftretensrate bei nicht behinderten und die Häufigkeit bei geistig behinderten Personen bei Männern höher zu sein scheint als bei Frauen, wogegen das Umgekehrte zutrifft bei psychiatrisch beeinträchtigten Personengruppen.

b) Selbstverletzendes Verhalten tritt bei nicht behinderten Menschen kaum nach Kindheit und Vorschuljahren auf.

c) Es ist schwierig, handfeste Schlüsse bezüglich Alter und Auftreten bei geistig behinderten oder psychiatrischen Personengruppen zu ziehen.

d) Die Auftretensrate ist am niedrigsten für nicht behinderte Kleinkinder und Kinder und am höchsten für geistig behinderte Menschen aller Altersgruppen. Sie ist in der Mitte für psychiatrisch beeinträchtigte Stichproben.

e) Eine umgekehrte Beziehung wird festgehalten für den Zusammenhang zwischen selbstverletzendem Verhalten und Intelligenzniveau und hier scheinen definitiv höhere Raten von selbstverletzendem Verhalten aufzutreten bei den stark geistig behinderten Menschen, die in Institutionen leben gegenüber denen, die nicht in Institutionen leben."

HETTINGER (1996) ergänzt diese Befundlage dahingehend, daß hinsichtlich des Zusammenhangs mit dem Alter keine einheitliche Befundlage vorliegt. Einige Untersuchungen zeigen ein Abnehmen von selbstverletzendem Verhalten mit wachsendem Alter, andere zeigen gegenläufige oder unklare Zusammenhänge.

In ihrer Diskussion werfen JOHNSON und DAY (1992) die Frage auf, inwieweit institutionalisierte schwer geistig behinderte Menschen deswegen höhere selbstverletzende Verhaltensweisen zeigen als in Familien und Gemeinden lebende schwer geistig behinderte Menschen, weil sie in Institutionen leben oder aber ob es nicht umgekehrt ist: Die schwer geistig behinderten Menschen mit selbstverletzenden Verhaltensweisen sind in Institutionen, weil sie eben selbstverletzende Verhaltensweisen haben. Solche und ähnliche Fragen bedürfen weiterer Klärung.

Zweiter Teil:

Therapeutische Möglichkeiten im Umgang mit Menschen mit selbstverletzenden Verhaltensweisen

Selbstverletzendes Verhalten ist als kommunikatives Signal zu verstehen, eingebettet in eine Vielschichtigkeit unterschiedlichster Bedingungen und Zusammenhänge. Therapeutische Vorgehensweisen, die ausschließlich das Symptom in das Zentrum der Überlegungen stellen, sind zum Scheitern verurteilt – eine Feststellung, die nach der Problemanalyse im ersten Teil sicher keiner weiteren Erläuterung bedarf.
Nachdem wir im ersten Teil das Problempanorama ausgebreitet und die Entscheidungsregeln zum Verknüpfen der Ziel- und Interventionsebenen erläutert haben, werden wir im zweiten Teil die entsprechenden Maßnahmen und Vorgehensweisen konkret vorstellen und diskutieren.

Dabei orientieren wir uns wiederum an der Vier-Strategien-Konzeption, um die Vielschichtigkeit der Problemaspekte und die damit verbundenen Prozesse abzubilden.
Die **Vier-Strategien-Konzeption** beinhaltet entsprechend den bereits vorgestellten Ebenen der Problemanalyse folgende *Interventionsebenen:*

- **Die systemischen Vorgehensweisen** zielen auf die Entwicklung der sozialen und institutionellen Strukturen und Prozesse, in die unser behinderter (anders-fähiger) Partner mit seinem Verhalten eingebettet ist.
- **Die kommunikationstherapeutischen Interventionen** zielen auf die Entwicklung der Dialog- und Handlungsfähigkeit *aller* Beteiligten im konkreten Alltag.
- **Die körpertherapeutischen Methoden** zielen auf die Wiederherstellung und Unterstützung von Selbststeuerung und Selbstregulation unseres behinderten (anders-fähigen) Partners auf dem Hintergrund neurophysiologischer Prozesse.
- **Die verhaltenstherapeutischen Techniken** zielen darauf, die erlernte und verfestigte ungünstige Verkettung zwischen Verhalten und Konsequenzen aufzubrechen und durch lösungsorientierte, flexible Zusammenhänge zu ersetzen.

Die Darstellung der unterschiedlichen Betrachtungsebenen ist eine für den Leser vereinfachende Form, sich einen entsprechenden Überblick zu verschaffen. Es muß an dieser Stelle aber nochmals darauf hingewiesen werden, daß die unterschiedlichen Betrachtungsebenen **nicht voneinander losgelöst** gesehen werden können, da auch innerhalb dieser Bezugssysteme prozeßhafte Abläufe weiterführende Prozesse bedingen. Wenn wir also im folgenden die verschiedenen Methoden der Reihe nach vorstellen, so geschieht dies auf dem Hintergrund und im Rahmen der Problemsicht, die wir im ersten Teil entwickelt haben.

Nachdem wir im ersten Teil die Problemanalyse ausgehend vom konkreten Verhalten sozusagen von innen nach außen entwickelt haben, folgen wir im zweiten Teil den Entscheidungsregeln der Interventionsplanung, mit denen wir den ersten Teil abgeschlossen haben: Wir beginnen bei den systemischen Vorgehensweisen und arbeiten uns vom Umfeld her auf das sogenannte Problemverhalten zu (vgl. Abbildung 11 in Kapitel 4), weshalb die verhaltenstherapeutischen Techniken zuletzt besprochen werden.

6. Die systemische Vorgehensweise: Welche Bedeutung haben Gruppenprozesse im Team und in der Behindertengruppe?

Vorsicht, Satire!

Wie könnte man einen systemtherapeutischen Text beginnen?

Vielleicht so?

Was ist systemische Therapie im Geistig-Behinderten-(Anders-Fähigen) Bereich?
Stellen wir uns einen geistig behinderten (anders-fähigen) Menschen vor, der sich gerade entschieden hat, alle Fensterscheiben, die sich auf einer Gruppe befinden, zu zerschlagen.
Es wird in dieser Situation sehr hilfreich sein,
- *Genogramme zu produzieren,*
- *einzelne Sub-Systeme und deren Zusammenhänge zu analysieren,*
- *Einzel- und Gruppengespräche zu führen, Hypothesen aufzustellen, was sich verändern würde, wenn der Behinderte keine Scheiben mehr einschlägt usw.*

Wir werden dann zu dem Schluß kommen, daß dieser behinderte Mensch eigenverantwortlich als Akt kreativer Eigenleistung die innenarchitektonische Ausstattung seinen Wünschen entsprechend verändert hat.
Man sollte vielleicht eher die Frage stellen, was das Mitarbeiterteam tun könnte, um sich in den neuen räumlichen Bedingungen wieder wohl zu fühlen, d.h. die Gesamtsituation positiv umdeuten und z.B.
- *die dadurch gegebene Möglichkeit eines Auftragens der alten Winterkleidung oder*
- *die hervorragende Luftzirkulation, die der Gesundheit allen Beteiligten zugute kommt, schätzen.*

Ein voller Therapieerfolg.

(...Entwarnung...)

Beim Umgang mit Menschen mit selbstverletzenden Verhaltensweisen ist es notwendig, daß alle beteiligten Personen bei der Planung und Durchführung pädagogisch-therapeutischer Vorgehensweisen beteiligt bzw. berücksichtigt werden. Bevor eine individuelle therapeutische Konzeption entwickelt wird, sollten folgende Fragen gestellt werden:

6.1 Welcher zeitliche Rahmen und welche räumlichen Möglichkeiten stehen den Mitarbeitern zur Verfügung?

Das beste therapeutische Konzept kann nicht greifen, wenn nicht die personellen und zeitlichen Bedingungen dafür gegeben sind. Insofern muß die Frage nach den möglichen zeitlichen Ressourcen gestellt werden. Berücksichtigt werden sollten auch die räumlichen Bedingungen. So gibt es z.B. wenig Sinn, relativ zeitaufwendige körpertherapeutische Verfahren einzusetzen, wenn nicht genügend zeitliche Ressourcen vorhanden sind oder auch Therapieräume fehlen.

Bei der Behandlung selbstverletzenden Verhaltens ist sogenannte **Einzelbetreuung kontraindiziert.**

Da dieses Verhalten als Kommunikationsmittel zu verstehen ist und häufig eingesetzt wird, um Aufmerksamkeit und Zuwendung zu bekommen oder um Personen emotional zu binden (vgl. BERNARD-OPITZ & KOK, 1994), ist die Notwendigkeit eines Wechsels der Bezugspersonen unabdingbar. Einzelförderung würde dieses Verhalten eher fördern denn beschränken. Es sollte also bei einer Therapieplanung dieser Umstand berücksichtigt werden.

Pädagogisch/therapeutische Förderung muß somit von mehreren Personen im ständigen Wechsel durchgeführt werden. Dies impliziert damit auch eine umfangreiche Personalplanung. Da selbstverletzendes Verhalten unter Umständen eine massive Form des Einforderns von sozialer Bindung bzw. Kontakt sein kann, ist es notwendig, auch die nötigen räumlichen Möglichkeiten zur Verfügung zu haben, um den Bewohner oder Klienten die Entscheidung zu geben, sich selbst zu beruhigen, ohne sich in selbstgefährdender Weise zu verletzen.

Auch die Notwendigkeit einer kurzfristigen Fixierung sollte berücksichtigt werden (zu der damit verbundenen Problematik siehe SMITH, LERMAN & IWATA, 1996).

Für therapeutische Methoden wie z.B. das interaktive Boxen müssen zusätzliche räumliche Möglichkeiten gegeben sein.

Stehen einem Mitarbeiterteam bestimmte räumliche als auch personelle Voraussetzungen nicht zur Verfügung, so muß dies im Therapieplan berücksichtigt werden.
Dies beinhaltet natürlich auch eine nicht unerhebliche Verzögerung des therapeutischen Erfolges, die dann nichts mit der Qualität der Arbeit zu tun hat, sondern allein auf die Bedingungen reduzierbar ist.

Das Erkennen dieser Zusammenhänge sollte dann zu einer realistischen Einschätzung führen und somit zu einer Reduktion der Frustration und des Zweifelns an der eigenen pädagogisch-therapeutischen Kompetenz. Gerade im sozialen Arbeitsfeld neigen wir dazu, mißerfolgsorientiert zu denken und ein mangelndes Fortschreiten therapeutischer Erfolge der persönlichen Unfähigkeit bzw. Ohnmacht zuzuschreiben. Bevor wir Mißerfolge den vorherrschenden Rahmenbedingungen zuschreiben, neigen wir eher dazu, an uns selbst zu zweifeln. Es ist daher von großer Bedeutung, diese Zusammenhänge zu erkennen, die vorherrschenden Rahmenbedingungen zu akzeptieren und nicht an der persönlichen Kompetenz zu zweifeln.

Eine weitere Frage, die im Vorfeld der Therapieplanung gestellt werden muß, ist:

6.2 Welche Auswirkung hat das selbstverletzende Verhalten eines Bewohners auf das Team?

Wir unterscheiden hier zwischen der individuellen – sprich: Mitarbeiterebene – und der Teamsituation. Ohne Frage stehen Klienten mit selbstverletzenden Verhaltensweisen (und/oder fremdverletzenden Verhaltensweisen) im Zentrum des Interesses aller Beteiligten. Diese Verhaltensweisen beschäftigen uns sowohl privat als auch in jeder Teamsitzung.
Sie können aber auch eine gänzlich andere Funktion haben, die dazu beiträgt, dieses Verhalten zu bestärken und somit zu fördern. Uns allen, die wir in diesem Arbeitsbereich tätig sind, ist bewußt, daß wir ohne Frage für das, was wir tun, verantwortlich sind.
So hat auch jeder, der in diesem Arbeitsbereich tätig ist, seine persönliche Geschichte. Wir wollen nicht näher darauf eingehen, warum der einzelne von uns ausgerechnet dieses Arbeitsfeld gewählt hat (diese Frage sollte in qualifizierten Weiterbildungen geklärt werden). Doch ist es nicht so, daß wir auf indirekte Weise von diesem Verhalten auch profitieren:

Es ist schon ein schönes Gefühl, wenn man im Freundeskreise außerhalb der Arbeit zusammensitzt und berichtet, was man so am Tage tut, mit wem man es zu tun hat und mit welchen Bewohnern/Klienten man umgehen muß. Es ist ein angenehmes Gefühl, seine Freunde und Bekannte sagen zu hören:

> „Ich bewundere dich, daß du so etwas kannst. Ich könnte so etwas nie, wie kannst du so etwas nur aushalten?"
> Wir haben das Gefühl, daß wir durch unser für andere „angstmachendes" und „exotisches" Klientel auch etwas Besonderes sind.

Wir, die Autoren, finden es vollkommen legitim, daß auch solche Gefühle zugelassen werden, denn unsere Arbeit ist bei Gott nicht einfach.
Es ist nur wichtig, auch diesen Aspekt zu betrachten. Denn er kann dazu führen, daß der eine oder andere Mitarbeiter vielleicht „gerne leidet", um darüber soziale Anerkennung zu erreichen.
Doch dieses Phänomen ist so vielschichtig und immer individuell geprägt, daß es hier an dieser Stelle den Rahmen sprengen würde. Ein guter Supervisor wird einfühlsam dieses Thema ansprechen.
Ein weiterer Aspekt ist, daß extreme Verhaltensauffälligkeiten wie selbstverletzende und/oder fremdverletzende aggressive Verhaltensweisen möglicherweise auch durch ein gesamtes Arbeitsteam gefördert werden.
Ein Phänomen bei Mitarbeitern in sozialen Einrichtungen ist die ausgesprochen gering ausgeprägte Kritikfähigkeit. Wir sind sehr wohl in der Lage, außerhalb unserer Einrichtung und Arbeitsbedingungen Kritik zu äußern, aber innerhalb unseres Teams haben wir eine „Ladehemmung".
Dies führt nicht selten dazu, daß Teams eine sogenannte „Friede-Freude-Eierkuchen-Mentalität" entwickeln.
Wir sind alle gut, wir sind alle gleich, wir mögen uns alle. Um diesen Status aufrecht zu erhalten, d.h. um keinen Preis die Harmonie des Teams zu stören, brauchen wir Klienten, die besonders extrem in ihren Verhaltensweisen sind.
Das heißt, wir können über extrem auffällige Klienten vermeiden, uns mit den wirklichen atmosphärischen, persönlichen und störenden Schwierigkeiten auseinanderzusetzen.
So wird eine Atmosphäre des gegenseitigen guten Willens geschaffen, Veränderungen und Bewegung werden dadurch aber verhindert.
Insofern übernimmt das selbstverletzende Verhalten eine wichtige Funktion für das Team:

> Solange wir uns in jeder Teamsitzung ausführlich mit diesen Verhaltensauffälligkeiten auseinandersetzen, haben wir gleichzeitig die Möglichkeit, wesentliche für das Team zu klärende unangenehme Auseinandersetzungen zu vermeiden.

Das heißt, letztendlich hat unter einer solchen Voraussetzung das selbstverletzende Verhalten eine nicht unerhebliche Funktion für die Teamarbeit.

Und somit wird indirekt vom Team dieses Verhalten gefördert und gestützt. Aber nicht nur der einzelne Mitarbeiter wie auch das Mitarbeiterteam könnten vom selbstverletzenden Verhalten profitieren, sondern auch die Behindertengruppe selbst. Bevor wir aber uns auch diese Zusammenhänge kurz ansehen, möchten wir das Gesagte in einer Regel formulieren:

> Nichts ist immer so, wie es scheint. Man kann ein Verhalten nicht losgelöst vom Zusammenhang betrachten. An einer Interaktion sind immer viele Personen beteiligt und es gilt, alle Seiten eines Phänomens zu betrachten. Man kann eine Person von vorne, von oben, von links, von rechts, von unten, im Hellen oder im Dunkeln betrachten. Wir werden immer andere Informationen bekommen. Und man kann auch den Betrachter betrachten, aus welcher Richtung er auch immer betrachtet. Und wir werden immer andere Informationen bekommen. Je nach Betrachtungsebene ergeben sich unterschiedliche Reaktionen. Wir neigen aber eher dazu, uns meist nur eine Ebene anzuschauen.
> Lernen wir es, ein und die gleiche Situation unterschiedlich zu betrachten. Denn es gibt viele Wahrheiten:
>
> Ist ein Glas halb voll oder halb leer? Was ist die Wahrheit?

6.3 Welche Funktion hat das selbstverletzende Verhalten für die Behindertengruppe?

Unsere gängige Meinung ist, daß sowohl wir als Team, als auch insbesondere die anderen Behinderten unter dem extremen Verhalten des selbstverletzenden oder fremdaggressiven Klienten zu leiden haben. Schlimmer noch, es gibt behinderte Bewohner, die das Verhalten des selbstverletzenden „Kollegen“ zusehends mehr imitieren. Warum?
Unser „behindertes“ Klientel hat die besondere Fähigkeit, nonverbale Zusammenhänge zu erkennen, zu interpretieren und zu nutzen. Dies ist überaus menschlich. Vergleichen wir selbstverletzendes Verhalten als eine aktive Lösung, Kontakt, emotionale Zuwendung und Aufmerksamkeit zu binden und sehen wir es aus Sicht der nicht selbstverletzenden Klienten, die möglicherweise in ihrer Einschätzung zu wenig davon bekommen, so ist es naheliegend, auch Verhaltensweisen zu produzieren, die ganz eindeutig genau dies erreichen.
Falls dies der Fall sein sollte, werden selbstverletzende Klienten sehr schnell auch die fremdverletzende Variante im Wechsel einführen. Denn wenn andere Mitbewohner das eigene Verhalten kopieren, wird die eige-

ne Wichtigkeit und Relevanz reduziert. Dem kann sich der selbstverletzende Klient nur mit fremdaggressivem Verhalten erwehren. Insofern ist selbstverletzendes Verhalten nicht selten entsprechend der jeweiligen Gruppenkonstellation gepaart mit einem Wechsel zum fremdverletzenden Verhalten. Es ist durchaus üblich, daß in einer Gruppe von behinderten Menschen einer besonders viel Aufmerksamkeit des Mitarbeiterteams bindet, es aber immer ein oder zwei andere gibt, die mit ihm konkurrieren.
Die restlichen Bewohner haben für sich „entschieden", sich frei und ihren Bedürfnissen entsprechend weiterzuentwickeln. Der Focus (der Blick) der Mitarbeiter liegt, so haben sie es schnell gelernt, ja immer auf den extremen „Kollegen". Solange die sich in der Art verhalten, fällt es nicht besonders auf, wenn sie relativ unspektakulären, aber ebenso angenehmen Beschäftigungen nachgehen.

> Es gibt also innerhalb der Behindertengruppe die eine Gruppe, die miteinander um die „Chef-Aufmerksamkeits-Variante" konkurriert, und die andere Gruppe, die dies für ihre eigene Zufriedenheit nutzt.

In einer Gruppe solcher Behindertenkonstellation wird es denn auch nach z.B. Verlegung des „extremen Klienten" sofort einen „neuen extremen Klienten" geben. Auch hier in dieser Gruppe hat das auffällige Verhalten der Selbstverletzung oder Fremdverletzung eine wichtige Funktion für das Gleichgewicht der Gruppe. Auch dieses Phänomen sollte unbedingt in einer Therapieplanung berücksichtigt werden.
D.h. zum Beispiel, daß man einen selbstverletzenden Klienten positiv beeinflussen kann, wenn man z.B. der „unscheinbaren Gruppe" mehr Zuwendung und Aufmerksamkeit gibt. Dies geht allerdings nur dann, wenn das selbstverletzende Verhalten reaktiv, d.h. einem bestimmten Zweck folgend dient. Bei automatisierten selbstverletzenden Verhaltensweisen gelten andere Regeln. Nichts desto trotz ist es sehr wichtig, sich auch die Beziehungen der Behinderten untereinander anzuschauen und die Frage zu stellen, welche Vorteile dieses Verhalten für die Restgruppe hat.
Aus den bisherigen Fragen stellt sich dann natürlich zwangsläufig die Frage:

6.4 Was würde passieren, wenn keine selbstverletzenden Verhaltensweisen mehr da wären?

Dies ist eine ketzerische Frage, die Teams komischerweise selten beantworten können. Man könnte behaupten, daß das Gesagte durchaus sei-

nen Sinn gibt, man könnte auch vermuten, daß ein Team diese Frage für absolut absurd hält. Denn durch die Unfähigkeit einer Beantwortung dieser Frage ergibt sich zwangsläufig auch die Unfähigkeit, ein solches Verhalten abbauen zu können. Damit schließt sich mit dem bisher Gesagten der Kreis. Stellen wir uns diese Frage, so werden wir sehr schnell auf die Richtigkeit der oben genannten Hypothesen kommen.
Rituale abzulegen ist schwer. Es ist dabei vollkommen egal, ob es sich um behinderte oder nicht behinderte Menschen handelt. Alle Menschen lieben in gewisser Weise Rituale. Denn Rituale geben Sicherheit in einem überschaubaren Rahmen. Jeder Mensch tut sich schwer, sich von Ritualen zu verabschieden. Dabei ist der individuelle ritualistische Rahmen gar nicht so weit entfernt vom institutionellen ritualistischen Rahmen.
Dazu gehört das „Jammern", das „Kaffeetrinken" wie auch das „Pädagogische" und „Pflegerische". Egal wie schlimm es ist, es ist ein überschaubarer Rahmen. Und solange es mir gelingt, mich in diesem Rahmen zu bewegen, ihn als erträglich zu empfinden, werde ich ihn nicht ändern. Weil, man weiß ja nie, was danach kommt.

> Es ist sehr schwer, sich von dem zu verabschieden, was man kennt. Neue Wege sind faszinierend, zugleich aber auch beängstigend. Und man weiß nie, ob das, was man eintauscht, befriedigender ist als das Vorherige. Das ist der Beweggrund, um an Ritualen festzuhalten.

Diese Rituale begegnen uns Tag für Tag. Sie begegnen uns im privaten Bereich genauso wie im beruflichen. Aber zum Leben gehört auch Bewegung. Um uns in eine andere oder neue Richtung zu bewegen, brauchen wir oft die Hilfe eines Supervisors. Ein Supervisor, der die oben genannte Frage stellt und behutsam uns auf den Weg der Veränderung führt.
Auf diesem Weg werden uns zwei weitere zentrale Fragen begleiten:

6.5 Wer kann am besten mit dem Klienten und warum?

Diese Frage ist oft die Frage der kollegialen Disqualifikation:

> Kennen wir nicht die Frage aus den Teamsitzungen wie: „Also wenn ich mit dem Klienten B zusammen bin, macht er das nicht".

Diese eigentlich nicht wertende Aussage impliziert gleichzeitig eine Disqualifizierung des anderen Kollegen. Wenn Klient B diese Dinge nicht tut, bedeutet dies, daß ich Wege und Möglichkeiten gefunden habe, ihn dahin zu bewegen, bestimmte Dinge nicht zu tun. Entweder ist die persönliche Beziehung so stark, daß Verhaltensauffälligkeiten vermieden werden oder meine qualitative Leistung ist derart, daß Klient B sich nicht traut oder es nicht nötig hat, bestimmte Verhaltensauffälligkeiten in meinem Beisein zu zeigen.

Gleichzeitig bedeutet dies, daß das Vorgehen meiner Kollegen offensichtlich nicht adäquat ist. Dies suggeriert einerseits „mache es so wie ich und du hast weniger Probleme“ und andererseits „warum machst du immer wieder die gleichen Fehler, du könntest es doch einfacher haben”.
Durch solche Aussagen ist der Kollege gezwungen, zusätzlich erschwerende Umstände zu formulieren (”In unserer Schicht ist einer krank und einer im Urlaub”), um diesem unterschwelligen Angriff auf die eigene Kompetenz entgegenzutreten.

Solche Aussagen sind wenig konstruktiv.

Auch in einer professionellen Beziehung gibt es individuelle Unterschiede. So könnten oberflächlich betrachtete Stärken wie Dominanz und Durchsetzungsvermögen durchaus genauso effektiv sein wie Verständnis und Einfühlungsvermögen. Doch können unkoordinierte Rahmenbedingungen beide Stärken bis zur Eskalation reduzieren. Die Akzeptanz unterschiedlicher Stärken und nicht die Dezimierung der Stärke des anderen durch Hervorheben der eigenen Stärken sollte Regel sein.
Dies gelingt aber selten durch das tägliche „Einerlei”. Eine regelmäßige Koordinierung und Bewußtmachung durch einen externen Supervisor sind zwingend notwendig. Das „Kochen im eigenen Saft“ führt letztendlich immer nur zu Irritationen, nicht Ausgesprochenem oder subtilen Schuldzuweisungen, die ein Team handlungsunfähig machen können.
Die zweite in diesem Zusammenhang stehende nicht unerhebliche Frage lautet:

6.6 Warum will ich das Verhalten eigentlich verändern?

Hier bewegen wir uns ausschließlich auf der individuellen Ebene. Hier spielen Moral, Erziehung und Ethik der einzelnen Personen eine entscheidende Rolle. Hier muß sich die Frage nach dem Helfersyndrom stellen, hier beginnen Fragen nach Herkunftsfamilie und eigener Sozialisation.
Hier subsumieren sich individuell betrachtet alle bisher gestellten Fra-

gen. Hier gilt es offen und ohne jede Scham die eigenen ethischen Normen und moralischen Grenzen zu äußern, so man sie bereits erkannt hat.
Die eigene Herkunft prägt das Individuum. Dies sollte man akzeptieren, aber nicht zwingenderweise als gottgewollt hinnehmen. Entwicklung bedeutet eine Analyse des Ist-Standes und eine konkrete Formulierung des Soll-Standes. Es impliziert aber auch eine Akzeptanz dessen, was ist, sowie eine Entscheidung, ob der Ist-Stand verändert werden soll. Diese Entscheidung kann nur jeder für sich selbst treffen. Innerhalb eines Teams allerdings sollte er/sie seine/ihre Handlungsgrenze offenlegen.

Wir haben in diesem Abschnitt systemischen Betrachtens nur einen kleinen Teil von unterschiedlichen Sicht- und Handlungsweisen dargestellt sowie deren mögliche prozeßhafte Zusammenhänge. Nichts ist so wie es scheint.
Um effektiv mit Menschen arbeiten zu können, bedarf es der Fähigkeit, Dinge von unterschiedlichen Warten aus zu betrachten. Welche letztendlich die eigene Handlung bestimmt, bleibt uns überlassen.

Das Erkennen und Wahrnehmen unterschiedlicher Sichtweisen führt aber zwangsläufig zu einer Erweiterung der Kreativität und der Akzeptanz und des Verstehens anderer Personen, seien sie nun behindert oder Kollegen. Offenheit und Ehrlichkeit und der Wille zu Auseinandersetzungen, das Annehmen von Kritik sowie konstruktive Kritikfähigkeit sind Grundvoraussetzung für ein verantwortliches pädagogisch-therapeutisches Handeln.

Erst nach Beantwortung dieser Fragen ist die Planung und Durchführung eines Therapiekonzeptes möglich. Vor eigentlichem Behandlungsbeginn sollte der begleitende bzw. verantwortliche Therapeut (in der Regel ein Psychologe, Erziehungsleiter, Arzt) die Mitarbeiter über mögliche und gängige Therapieformen zur Behandlung des selbstverletzenden Verhaltens ausführlich informieren.
Neben der Wissensvermittlung muß die Frage im Vordergrund stehen, welche moralischen und ethischen Probleme der Einzelne mit den unterschiedlichen Therapiemethoden haben könnte.
Zulassen von selbstverletzenden Verhaltensweisen (in einem definierten Rahmen), mechanische Fixierungen oder medikamentöse Behandlungen als auch Aversivmethoden sind Themen, wo individuelle Grenzen erreicht werden können.

6.7 Welche Übungen können uns in einem Team weiterhelfen?

Im **Rollenspiel** können – unter entsprechender therapeutischer Anleitung – z.B. bestimmte, typische oder aktuelle Situationen (im Zusammenhang mit dem Klienten oder auch einem Mitarbeiter) auf „Regieanweisung" desjenigen, der sein Problem darstellen will, nachgespielt werden.
Anschließend berichten die Spieler über ihre Gefühle, die sie in ihrer Rolle empfunden haben. Dies hat sich für unser Team als eine wertvolle Hilfe erwiesen, weil im Rollenspiel der einzelne den anderen noch besser kennenlernt, aber auch der Spielleiter („Regisseur") häufig für sich selbst, schon durch außenstehende Beobachtung, Problemlösungsmöglichkeiten findet. Auf diesem Weg können auch für das gesamte Team interne verdeckte oder offene Spannungen aufgedeckt bzw. gelöst werden.

Die **Skulpturdarstellung** ist eine weitere Methode, das eigene Team als System zu verstehen, darzustellen und zu analysieren. Es läßt sich zeigen, wie z.B. die einzelnen Teammitglieder in der Gruppe zuzuordnen sind, wie weit sich ein einzelner Mitarbeiter vom Team entfernt hat oder welche Untergruppen, die möglicherweise auch noch miteinander konkurrieren, sich gebildet haben.

Übung 1:
Das Team befindet sich in einem leeren Raum. Ein Mitarbeiter stellt nun alle Kollegen in Form von Standbildern zu einer oder mehreren Gruppen zusammen in der Art, wie er die Beziehungen der einzelnen untereinander empfindet. Dies kann dargestellt werden durch:

- unterschiedliche Entfernungen der einzelnen Personen voneinander
- zusätzliche Gestik oder typische Bewegungen
- Märchen- oder Phantasiegestalten, die für die einzelnen Mitarbeiter als typisch angesehen werden.

Diese Darstellung wird anschließend von allen Mitarbeitern reflektiert, diskutiert und eventuell von dem einen oder anderen auf Wunsch geändert. So können unterschiedliche Sichtweisen transparenter gemacht werden.

Übung 2:
Jeder Mitarbeiter stellt aus seiner Sicht die Beziehungen innerhalb des Gesamtteams in Münzen dar:

- Nähe und Entfernung stellen die Intensität der persönlichen Beziehungen untereinander dar,

– die Größe oder der jeweilige Münzwert symbolisieren den Rang des einzelnen in der Gruppe.

Diese Übung kann auch zeichnerisch oder mit anderen Gegenständen (z.B. Stühlen und Sesseln) durchgeführt werden.

Alle Übungen sollten nur unter qualifizierter therapeutischer Anleitung durchgeführt werden, da möglicherweise sonst „der Schuß nach hinten losgeht", d.h. daß sich, anstelle von Lösungen, die Fronten noch mehr verhärten, da hier eine Menge persönlicher Gefühle und Ängste möglicherweise transparenter werden können.
Ein Beispiel für eine zeichnerische Skulptur finden wir in der folgenden Darstellung:

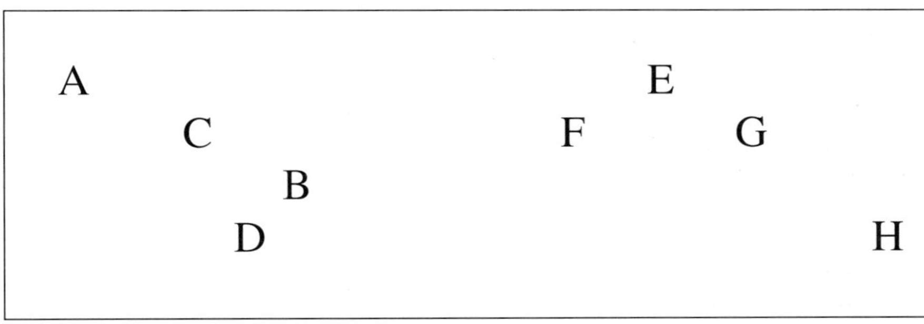

Abbildung 12: Zeichnerische Darstellung einer Gruppenskulptur

Bei dem eben gezeigten Beispiel lassen sich z.B. zwei Unter-Gruppen (A, C, B, D und E, F, G) und einen Außenseiter (H) erkennen, ein Bild, das gar nicht so selten zu beobachten ist.

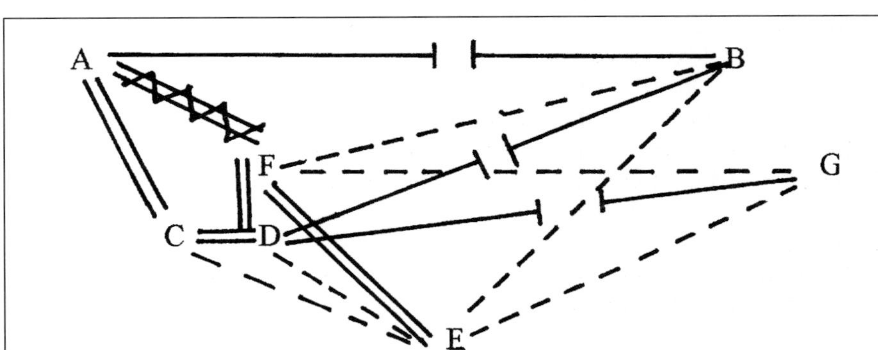

Abbildung 13: Grafische Darstellung von Beziehungen untereinander

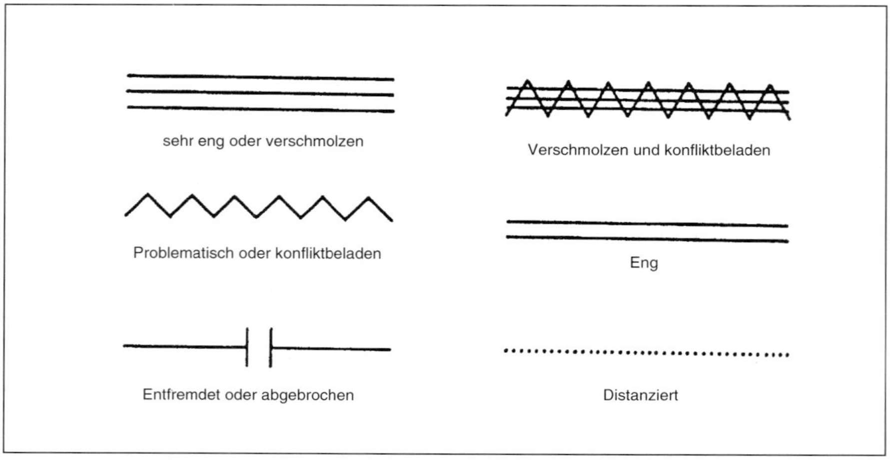

Abbildung 13a: Grafische Darstellung von Beziehungslinien (McGoldrick & Gerson, 1990, S. 23)

Es konnten in diesem Abschnitt nur einige typische Probleme, die in Teams immer wieder vorkommen, angeschnitten werden und nur ein gewisser Teil an Überlegungen zu Problemlösungen aufgezeigt werden.
Im späteren Verlauf dieser Arbeit werden immer wieder Situationen beschrieben, die den Ablauf des gesamten Teamgeschehens beeinflussen können, und weitere Lösungsmöglichkeiten angesprochen.

Aller Erfahrung nach steckt jedoch hinter den Problemen im Team und ihren Lösungsversuchen immer auch ein Leitungsproblem: Es ist unklar, wer mit welchen Befugnissen und Kompetenzen über wen die Dienstaufsicht und damit auch die sinnvolle Überprüfung der Arbeit zu leisten hat. An dieser Stelle lassen sich die Ausführungen über den Dreiecksvertrag wieder hereinholen. Dort wurde bereits darauf hingewiesen, daß unklare Vertragsverhältnisse auch zwischen unterschiedlichen Hierarchien und Aufsichtsebenen den Boden für manipulative Manöver bereiten.
Zu den systemischen Aspekten gibt es sowohl im Bereich der Systemtheorie als auch im Bereich der Transaktionsanalyse umfangreiche Literatur, die sich auf die Arbeit mit geistig behinderten Menschen gut übertragen läßt, denn die Auswirkungen von strukturellen Problemen in Organisationen sind allenthalben dieselben. An dieser Stelle sollen einige weiterführende Literaturhinweise genügen (Duss-von Werdt, 1995; Schmid, 1994).

Fazit:
Begonnen haben wir diesen Abschnitt mit einer Provokation. Beenden wir diesen Abschnitt doch mit einer ebenso provokanten Darstellung psychotherapeutischer Vorgehensweisen innerhalb einer Institution:

Doch halt, wir haben ja einen Psychologen im Haus.

Und wenn Klient X durchdreht, wie ein Wilder im Flur tobt, um sich schlägt, rufen wir doch unseren Psychologen.
Es ist eine Situation, wo der Ruf nach Psychotherapie laut wird.

Nun verhalten sich die Kollegen recht unterschiedlich:
Es gibt alte Hasen und es gibt junge dynamische Kollegen, wobei ich den Alten die Dynamik nicht absprechen will, wir sind ein lebendes Beispiel dafür.
Kollege A:
Unendlich frustriert, seit einem Jahr in der Einrichtung, versucht in den Teams, die er ja beraten soll, Fuß zu fassen, wohlwollend freundlich aufgenommen –
es wird ihm ein Fall vorgestellt, er kramt in seiner psychotherapeutischen Trickkiste, voller Enthusiasmus und Engagement präsentiert er die Lösung.
Die leicht erheiterte Antwort: „Haben wir alles schon gemacht, bringt nichts, haben wir alles schon gemacht."
Enttäuscht zieht er sich in sein Zimmer zurück und liest und liest und liest.

7. Der kommunikationstherapeutische Weg: Welche Möglichkeiten haben sich bei der Behandlung von selbstverletzenden Verhaltensweisen bewährt?

Und wie beginnen wir diesen Text?
Vielleicht so?

Wie funktioniert Kommunikationstherapie bei geistig Behinderten (Anders Fähigen)?
Der Behinderte (Anders-Fähige) setzt gerade mit Brüllen an, dem Therapeuten eins voll auf die Glocke zu geben
(Kommunikationstherapeuten drücken sich immer etwas salopper aus, weil das ist gerade „in“).
Also der Therapeut kriegt eins auf die Glocke, deutet dies als ein in der aktuellen Situation präsentiertes Dialogangebot des geistig behinderten (anders-fähigen) Menschen und antwortet in dessen Sprache, indem er dieses Verhalten imitiert. Er setzt das Signal,
„Ich habe Deine Sprache verstanden und bin dialogbereit“ .
Beide liegen mit einem knock out auf dem Boden. Der Dialog ist perfekt.

(... ach ja: ***Vorsicht, Satire!****)*

Wie im theoretischen Teil beschrieben nehmen wir unterschiedliche Verursachungsebenen und damit verbundene rekursive Prozesse an, die selbstverletzendes Verhalten verursachen bzw. bedingen und aufrecht erhalten.
Die Symptomatik kann nicht losgelöst gesehen werden vom jeweiligen Kontext, in dem sie stattfindet. Die Berücksichtigung dieser unterschiedlichen Ebenen erfordert auch eine differenzierte Betrachtung und individuell spezifische therapeutische Interventionen. Die Behandlung von selbstverletzendem Verhalten ist also immer multimodal (vgl. auch Kapitel 2).

Entsprechend unseren theoretischen Überlegungen gehen wir davon aus, daß selbstverletzende Verhaltensweisen unter anderem auch lerntheoretischen Prozessen unterliegen. So kann zum Beispiel aus einer emotionalen Deprivation heraus selbstverletzendes Verhalten „zum Zwecke“ der Zuwendung einer weiteren Person entwickelt werden.
Carr (1977) beschreibt das Auftreten von reaktiven selbstverletzenden Verhaltensweisen wie folgt:

Erreichen von Aufmerksamkeit 15%, Vermeidung von Anforderungen 40% und Selbststimulation 15%. 30% sind anderen Funktionen zuzuordnen. Fleuron und Mitarbeiter (Fleuron, Serein & Abecassis, 1995) treffen eine ähnliche Zuordnung.
Diese verursachenden Faktoren führen dazu, daß die Mitarbeiter, die mit selbstverletzenden Menschen arbeiten, entsprechende Reaktionen zeigen, die möglicherweise dieses Verhalten reduzieren bzw. verstärken.
Unsere Annahme ist, daß selbstverletzendes Verhalten wie jedes Verhalten in sich als kommunikatives Signal zu verstehen ist.

7.1 Welche kommunikationstheoretischen Grundsätze stehen hier im Mittelpunkt?

Der Begriff Kommunikation hat schon längst Eingang in die Alltagssprache gefunden, und wir begegnen ihm in den unterschiedlichsten Zusammenhängen. Die Bandbreite reicht von der Kommunikation zwischen zwei oder mehreren Menschen über die Massenkommunikation mit ihren Medien Rundfunk, Fernsehen oder Zeitung bis hin zur Mensch-Maschine-Kommunikation oder der Kommunikation von Computern untereinander.
Auch die Physik kennt kommunizierende Röhren, und das Wort „Kommunikation" scheint brauchbar zu sein, wenn sich zwei oder mehrere Personen irgendwie zueinander verhalten oder sich wechselseitig beeinflussen.
Kommunikationstherapie bedeutet in diesem Sinne, daß es um zwischenmenschliche bzw. soziale Kommunikation geht, bei der in der Regel nur wenige Personen beteiligt sind. Im folgenden meinen wir mit Kommunikation auch nur diesen speziellen Fall des unmittelbaren zwischenmenschlichen Kontaktes.
Grundsätzlich gehen wir mit Watzlawick et al. (1969) davon aus, daß in Situationen, in denen mehr als eine Person anwesend ist, Verhalten und Kommunikation gleichsetzbar sind. Dieses Grundverständnis ist nun in der Tat so universell, daß es wenig zum Verständnis des Begriffes beiträgt. Wir wollen an dieser Stelle nur einige Merkmale von Kommunikation herausarbeiten, um so etwas wie einen Grundkonsens über die Bedeutung des Begriffes Kommunikation darstellen zu können.

(1) Kommunikation ist stets mit dem Transport von Informationen verbunden, wobei es völlig gleichgültig ist, worin die Information besteht und was das Transportmittel ist. Ein Blick kann Verliebtheit transportieren, ein Kupferdraht elektrische Impulse, satzförmig aneinandergereihte Worte geben eine Information.
Durch diesen Transport von Informationen erst kann eine Verbindung zwi-

schen Menschen entstehen; die Tatsache, daß ständig und überall, wo Menschen zusammen sind, dieser Transport stattfindet, schafft erst Gemeinschaft anstelle von Einsamkeit.
Die lateinische Wurzel des Wortes Kommunikation bedeutet genau das: „communis“ bedeutet gemeinsam, überall üblich und öffentlich; „communicatio“ ist die Mitteilung. Kommunizieren bedeutet also, etwas Gemeinsames zu betreiben und sich einander mitzuteilen.

(2) Kommunikation ist mehr als das bloße Aussenden von Botschaften.
Im Wesen von Kommunikation liegt es, daß jede transportierte Information mit einem Rücklauf verbunden ist.
Kommunikation bedeutet, immer auch etwas über das Schicksal der eben transportierten Informationen zu erfahren. Im Kontakt von Angesicht zu Angesicht erhält man den Rücklauf aus der Reaktion seines Gegenübers. Da der untrennbare Zusammenhang von Information und Rücklauf für jeden Beteiligten gilt, so läßt sich als zweites grundlegendes Merkmal von Kommunikation festhalten:
Kommunikation hat immer einen Austauschcharakter (Dialog). Kommunikation ohne diesen Austauschcharakter wäre lediglich ein Aussenden von Informationen (Monolog). Auch auf diesen Tatbestand weist der Wortsinn der lateinischen Wurzel von Kommunikation hin.

(3) Kommunikation verändert alle Beteiligten und damit auch ihren eigenen Charakter.
Jede aufgenommene Information verändert den Empfänger. In der zwischenmenschlichen Kommunikation geschieht dies schon auf rein physiologischer Ebene: Unsere Sinnesorgane leiten Informationen über Nervenimpulse an das Gehirn weiter, und im Zuge der Verarbeitung verändert sich das Gehirn durch jede einlaufende Information, und sei sie noch so minimal.
Keine Information trifft zweimal auf die exakt gleiche Hirnstruktur. Die Tatsache, daß wir überhaupt in der Lage sind, irgendwelche Reaktionen auf eingehende Informationen zu haben (die wiederum Informationen für unsere Kommunikationspartner darstellen), ist gleichbedeutend damit, daß wir uns verändern. Da Kommunikation ein ständig weiterfließender Fluß des Austausches von Informationen ist, bedeutet dies, daß wir uns auch selbst mit diesem Fluß verändern und dadurch wieder den Charakter des Austausches ändern (MATURANA & VARELA, 1987). Der Grund dafür ist, daß wir aufgrund unseres eigenen Änderungsprozesses im Zuge der Kommunikation auch nicht dieselbe Information zweimal von uns geben können.

Fassen wir zusammen:
Kommunikation als unmittelbare zwischenmenschliche Begegnung ist also gleichbedeutend mit einem beständigen Fluß des Informationsaustausches, der zusammen mit allen Beteiligten einem beständigen Veränderungsprozeß unterworfen ist.

7.2 Worin liegt der Unterschied zwischen Kommunikation und Interaktion?

Über die zeitliche Dimension von **Kommunikation** wurde bisher nur indirekt eine Aussage gemacht insofern, als der Änderungsprozeß jeder Kommunikation natürlich Zeit benötigt. Kommunikation als Oberbegriff meint zunächst einmal alle Abläufe von der kleinsten Einheit, die aus einer Mitteilung und deren Rücklauf bzw. Feedback besteht, (WATZLAWICK, BEAVIN & JACKSON, 1969, S. 50) in gleicher Weise auch (BERNE, 1989, S. 98) bis zu stundenlangen Dialogen. In Anlehnung an WATZLAWICK und Mitarbeiter (1969, S. 51) werden wir mit dem Ausdruck Interaktion einen Ablauf bezeichnen, der länger als die eben beschriebene kleinste Einheit ist.
Von **Interaktion** können wir dann sprechen, wenn der Änderungsprozeß der Kommunikation zu beobachten ist.
Ein Bild aus dem Sport kann hier verdeutlichen, in welchem Sinne die Begriffe verwendet werden. Bei Aufschlag und Return handelt es sich zweifelsfrei bereits um Tennis jedoch sicherlich nicht um ein Tennisspiel. Ebenso sind in der Kommunikation eine Frage und eine Antwort sicherlich Kommunikation wie jede andere Form der Kommunikation, aber noch kein Wechselspiel der Interaktion.

7.3 Ist selbstverletzendes Verhalten als kommunikatives Signal zu verstehen?

Alles ist Kommunikation!

Jede Form von Verhaltensäußerung, dies gilt für Behinderte und Nicht-Behinderte gleichermaßen, verfolgt ein Ziel. Ersetzen wir den Begriff *Ziel* mit dem Begriff *Adressat*, und dieser kann Gegenstand oder Person sein, so verfolgt jede Verhaltensäußerung eine Reaktion des Adressaten. Eine Person muß auf eine Verhaltensäußerung reagieren, wobei auch ein Nicht-Reagieren eine Reaktion ist.
Der Umgang mit Gegenständen oder dinglichen Systemen wiederum zielt auf eine Veränderung dieser hin. Im weiten Sinne ist auch hier von einer Reaktion zu sprechen. So findet ein Dialog statt.

Unter Dialog verstehen wir, daß es zu einer Aktion und Reaktion (einem Austausch) kommt. So verstanden ist alles, jede Aktion kommunikativ. Beziehen wir dies auf Verhaltensäußerungen, die eine Beeinträchtigung der Umwelt bedeuten, wie z.B. destruktives oder aggressives Verhalten, so liegt der kommunikative Aspekt nahe.
Es ist vielleicht nicht der für uns gewohnte Weg eines Dialogs, aber es ist ohne Frage ein Dialog.

Nun wird von selbstverletzenden Verhaltensweisen behauptet, daß sie sich gegen das Selbst richten, eine Art von aggressiven Akt darstellen, also nicht gegen eine andere Person oder einen anderen Gegenstand gerichtet sind, sondern gegen die eigene Person.

Wo bleibt hier der kommunikative Aspekt?

Dieser oberflächlich betrachtete Widerspruch löst sich aber gleich auf zwei Wegen auf:

- Selbstverletzendes Verhalten ruft auf Grund einer eindrucksvollen und für unser Gesellschaftssystem tabuisierten Qualität zwangsläufig Reaktionen von anderen Personen hervor. Dies mag nicht unbedingt, gehen wir von automatisierten selbstverletzenden Verhaltensweisen aus, Ziel dieses Verhaltens sein. Trotzdem hat es diese Funktion für die Kommunikation.
- Bei automatisierten selbstverletzenden Verhaltensweisen findet hier vielmehr ein Dialog zwischen Handlung und Körper statt. Der selbstverletzende Klient kommuniziert sowohl mit seinem Körper als auch mit seiner Umwelt, da er nicht in einem luftleeren Raum lebt; letztendlich nicht anders, als bei allen anderen Formen der Kommunikation. Es bleibt also festzuhalten:

Selbstverletzendes Verhalten ist kommunikativ.

7.3.1 Warum spielt die Aufmerksamkeit eine wesentliche Rolle?

Aufmerksamkeit ist unbedingte Grundlage für neue Erfahrungen. Fest steht, daß Lernen nicht möglich ist, wenn man sich nicht auf das zu Lernende ausrichtet. Ich kann nicht die Beschaffenheit eines Tisches beschreiben oder lernen, wenn ich den Tisch nicht kenne bzw. nicht kennengelernt habe. Also muß ich mich erst mal dem Tisch zuwenden und seine Beschaffenheit, mit welchen Sinnesmodalitäten auch immer, überprüfen. Dies geschieht z.B. über das Ansehen, Anfassen oder Anhören, wenn ich auf ihn klopfe. Das heißt, mindestens drei Sinnesmodalitäten

sind in der Lage, Erfahrungen über den Tisch zu machen.
Mache ich aber Erfahrungen in dieser Art, so gilt zwangsläufig meine Aufmerksamkeit, die Aufmerksamkeit meiner Sinne, seien sie nun taktil, visuell oder auditiv, diesem Gegenstand.
Würde mich dieser Gegenstand nicht interessieren, ich würde ihn nicht wahrnehmen, könnte auch keine Aussagen über ihn machen.
Betrachten wir den Aufmerksamkeitsaspekt von einer anderen Seite:
Jeder kennt den Witz: Kommt ein Mann zum Psychiater und sagt: „Alle Menschen ignorieren mich". Antwort:" Der nächste bitte".
Hier haben wir es mit einem Aufmerksamkeitsdefizit zu tun, das von der Umwelt ausgeht.
Der Mensch, sei er nun behindert oder nicht, braucht den Menschen. Er ist konzipiert, von wem auch immer, daß er die Fähigkeit hat zu fühlen, zu denken und zu differenzieren. Kein Mensch ist in der Lage, ohne ein anderes Individuum oder Lebewesen zu existieren.
Eindrucksvolles Beispiel ist der Hospitalismus (Spitz, 1974; 1982). Es kommt zu psychosomatischen und psychischen Entwicklungsstörungen bei Kindern während des ersten Lebensjahres, wenn sie keine Aufmerksamkeit und Zuwendung bekommen.
Der Austausch mit anderen Lebewesen ist also lebenswichtig. „Der Mensch ist zu jeder Lebensphase und in bezug auf jeden entwicklungspsychologisch ausgliederbaren Abschnitt seiner Persönlichkeitsentwicklung ein nach Maßgabe seiner Individualität wahrnehmendes, denkendes und handelndes Subjekt" (Feuser, 1981).

Wird der Mensch ständig mißachtet, d.h. ihm wird keinerlei Aufmerksamkeit geschenkt, so wird dieser Mensch zwangsläufig verhaltensauffällig. Er versucht dieses Defizit, diesen Mangel auszugleichen, kurz, indem er extremere Verhaltensweisen zeigt, um damit seine Umwelt zu „zwingen", ihn als Menschen wahrzunehmen.

Vollkommen legitim.
Das Dilemma ist allerdings: Wenn dies funktioniert, den extremen Verhaltensweisen einer Person, sei sie behindert oder nicht, sehr viel Aufmerksamkeit zu schenken, verstärkt dies das gezeigte Verhalten extrem. Irgendwann ist dann der Punkt erreicht, wo dieses Verhalten pathologisch wird.
Es wird sich dann verselbständigen. Der Adressat wird dadurch gezwungen, immer mehr Aufmerksamkeit zu zeigen, die wiederum zu einer Erhöhung der Symptomatik führt (Kreisprozesse).

So entsteht eine Symbiose mit der Symptomatik

7.3.2 Ist selbstverletzendes Verhalten ein kommunikatives Mittel, um Aufmerksamkeit zu erreichen?

Wie oben bereits beschrieben wurde, liegt es nahe, daß selbstverletzendes Verhalten kommunikativen Charakter hat. Es wird u.a. eingesetzt, um die Aufmerksamkeit der personalen Umwelt oder des eigenen Körpers mit dem Mittel des selbstverletzenden Handelns zu erreichen. Dabei ist es in der Regel so, daß dieses Mittel eher zufällig, z.B. während einer hohen Erregungsphase mit dem Effekt „entdeckt“ wird, daß darauf von anderen Personen oder dem eigenen Körper höchst heftig reagiert wird.
Ein so gefundenes potentes Kommunikationsmittel wird dann häufiger eingesetzt. So kommt es zwangsweise zu einer Erhöhung von Aufmerksamkeitsreaktionen, die wiederum eine Zunahme des Verhaltens bedingen.
Diese Aufmerksamkeit, hier verstanden als vermehrtes Maß an Zuwendung, wird dann zur „Sucht”.
Der selbstverletzende Klient ist durchaus mit einem Alkoholiker zu vergleichen. Er kann jahrelang „trocken“ sein und trotzdem bei einer schwer zu verkraftenden Frustration wieder altbewährte Mittel einsetzen.
Pseudo-Kommunikation bedeutet in diesem Zusammenhang, daß der selbstverletzende Klient süchtig geworden ist, daß er das eigentliche Ziel seines Tuns nicht mehr erkennt und nur noch handelt, um seine „Sucht“ zu „befriedigen”. Nicht mehr die Person, sondern das selbstverletzende Verhalten ist nun Kommunikationspartner.

> Das bedeutet, daß wir in diesem Falle, zum einen den „Kommunikationspartner selbstverletzendes Verhalten“ verunsichern und schwächen müssen, um gleichzeitig den „Kommunikationspartner Behinderter“ in allen noch vorhandenen Verhaltensressourcen, die ihm noch zur Verfügung stehen, zu unterstützen.

Wir sind jetzt an einem Punkt angelangt, wo kommunikationstherapeutische Methoden verstärkt eingesetzt werden.

7.4 Was sind kommunikationstherapeutische Methoden?

Die Wichtigkeit kommunikationstherapeutischer Vorgehensweisen bei der Behandlung selbstverletzenden Verhaltens wurde bereits Mitte der 80er Jahre beschrieben (Hartmann, 1986, Rohmann & Hartmann 1988; sowie Rohmann & Elbing, 1992).
Dieser Sichtweise folgten auf den unterschiedlichsten Gebieten weitere Autoren (z.B. Jantzen, 1990 für den deutschen Sprachraum; vgl. den Überblick im Einleitungskapitel).

In der Folgezeit rückten diese Strategien immer mehr in den Vordergrund und stellten einen wesentlichen Bestandteil innerhalb unseres Vier-Strategien-Konzeptes dar. Über diese Methodik wird, folgen wir der verhaltenstherapeutischen Begrifflichkeit, Alternativ-Verhalten aufgebaut, indem selbstverletzendes Verhalten zusehends mehr durch andere Kommunikationsfertigkeiten ersetzt wird, die das selbstverletzende Verhalten letztendlich überflüssig machen.

Reine verhaltenstherapeutische Programme können zwar auch effektiv sein (vgl. z.B. SCHLOSSER & GOETZE, 1991), sind aber labormäßig konzipiert und vor allem besonders arbeitsaufwendig.
In der Behandlung von selbstverletzenden Verhaltensweisen werden wir aber weiterhin auch nicht an verhaltenstherapeutischen Methoden vorbeikommen – allerdings nur auf eine Art, die eine Kontextanalyse und kommunikative Aspekte miteinbeziehen. Wir werden uns in späteren Abschnitten damit auseinandersetzen.
Kommunikationstherapeutische Vorgehensweisen haben den Vorteil, daß sie jederzeit und vor allem ohne besondere Zeitpläne eingesetzt werden können, da z.B. auch ein Nicht-Verhalten von Seiten der Betreuer eine wesentliche therapeutische Intervention darstellt.

Wir wollen nun an dieser Stelle einen Überblick über einzelne kommunikationstherapeutische Prinzipien geben. Es ist verständlich, das dies nur in kurzer Form geschehen kann, denn ein Buch kann keine Ausbildung garantieren.

Fassen wir noch einmal Grundlagen und Ziele zusammen:

Alles ist Kommunikation, man kann nicht nicht-kommunizieren. Also ist auch selbstverletzendes Verhalten kommunikativ. Aufmerksamkeit ist die Grundlage für neue Erfahrungen, Interaktion ist notwendig für die Kontaktaufnahme.
Eine gezielte Verhaltensanalyse ist unbedingt notwendig, sie gibt Rückmeldung für den Behinderten und den Therapeuten und hat in einzelnen Fällen durchaus auch therapeutischen Charakter (vgl. ROHMANN, ELBING & HARTMANN, 1988; ELBING,1996).
Eine solche verhaltensanalytische Vorgehensweise beinhaltet auch das Kennen und Berücksichtigen des Entwicklungsstandes des Behinderten. Im Umgang mit unserem Klientel wird immer wieder der Fehler gemacht, dem Entwicklungsalter des Behinderten zuwenig Rechnung zu tragen anstatt zu erkennen, auf welcher Entwicklungsstufe er sich wirklich befindet (vgl. auch Kapitel 2).

Ein Aufgreifen selbstverletzender Verhaltensweisen in einem sorgfältig gesteckten therapeutischen Rahmen bedeutet dann ein Achten und Ernstnehmen der „Sprache“ des Behinderten.

Die im folgenden beschriebenen therapeutischen Prinzipien sind zum großen Teil Methoden der Aufmerksamkeits-Interaktions-Therapie von Hartmann und Mitarbeitern (vgl. HARTMANN, 1986; HARTMANN, ROHMANN, KALDE & JAKOBS, 1988 u.a.). PROUTY (1976; 1977) stellte mit der Pre-Therapy erstmals die Imitation auf Verhaltensebene in der Arbeit mit schizophrenen Patienten vor, allerdings entwickelte er keine weiterführenden therapeutischen Techniken, weshalb wir auf ihn nicht weiter zurückgreifen. Wir selbst haben in der Folge zusammen mit KALDE (1992) den Ansatz von HARTMANN für die Arbeit mit selbstverletzendem Verhalten weiterentwickelt (ROHMANN & ELBING, 1992).

7.4.1 Was verstehen wir unter Imitation von Verhaltenweisen?

Unter Imitation verstehen wir synchrones Wiedergeben von kommunikativen Verhaltensweisen des Behinderten. Dies bezieht sich auf Bewegungsabläufe, sowohl mimische als auch lautliche Äußerungen. Wie im Spiel von kleinen Kindern machen wir einfach alles nach.
Mit diesem Mittel soll erreicht werden, die Aufmerksamkeit des Behinderten (anders-fähigen) über unser Verhalten zu lenken. Nimmt der Behinderte uns als Dialogpartner wahr, so beinhaltet dies gleichzeitig eine gezielte Richtung der Aufmerksamkeit auf eine andere Person (nämlich uns). Der Folgeschritt ist, daß über diesen Weg das eigene Verhalten bewußter wahrgenommen wird, um es in Folge zu variieren. Ein weiterer Schritt dieser Vorgehensweise bedeutet, daß wir uns in einem wechselseitigen Dialog befinden. Dies gibt uns zum Dritten die Möglichkeit, über den Weg von Selbsterfahrung ein Stück der emotionalen Empfindlichkeit und Qualität dieses Verhaltens kennenzulernen (vgl. KALDE, ROHMANN, JAKOBS & HARTMANN, 1989; KALDE, 1992).

Der achtjährige Jürgen schreit laut und provokativ in der Sitzung, wahrscheinlich um das Gespräch zu stören. Der Untersucher imitiert sein Schreien ziemlich laut. Jürgen verstummt abrupt. Sieht den Untersucher mit großen Augen an und fängt an zu weinen. Der Untersucher beginnt auch zu schluchzen. Jürgen hört auf zu weinen und beginnt, ruhig mit dem Schlüssel des Untersuchers zu spielen.

7.4.2 Welche Variationsmöglichkeiten ergeben sich daraus?

Nach Erreichen der Aufmerksamkeit folgt als nächster Schritt die Variation des zu verändernden Verhaltens. Hierzu nutzen wir unterschiedliche Schritte und Vorgehensweisen. Im Bereich von Bewegungsabläufen werden folgende Variationsmöglichkeiten beispielsweise eingesetzt:

Wir handeln oft in Rhythmen. Was passiert, wenn wir diese stören?

Das heißt, wir folgen über den Weg der Imitation bestimmten selbstverletzenden Bewegungsabläufen andeutungsweise, bis ein bestimmter Rhythmus sich einstellt. Den unterbrechen wir mit dem Ziel, daß der selbstverletzende Dialogpartner in seinem „Rhythmus" gestört wird und dadurch sein eigenes Verhalten unterbricht. Auf diese Art ist es ihm möglich, erste Selbstkontrollmechanismen aufzubauen, um später Blockierungen mehr nutzen zu können.

> Petra schlägt sich zweimal ins Gesicht. Dann werden die Schläge weniger stark aber rhythmisch. Der Therapeut folgt dem Rhythmus durch andeutungsweise Imitation des Verhaltens mit der einen Hand und klatscht rhythmisch mit der anderen auf seinen Oberschenkel. Plötzlich hört er auf. Petra folgt dieser Unterbrechung irritiert.

Verlangsamen oder beschleunigen von Bewegungsabläufen
Wir folgen dem Bewegungsrhythmus und verlangsamen ihn unabhängig vom Verhalten unseres Dialogpartners. Ziel ist auch die Störung von stereotypen Rhythmen, mit der Hoffnung, daß es uns auf diesem Wege gelingt, die Bewegungsabläufe zu verlangsamen. Dies geht aber wiederum nur einher mit einer Erhöhung der Selbstkontrollmechanismen des Behinderten, die wir dadurch in Gang setzen wollen. In einzelnen Fällen kann dies auch durch die Beschleunigung des Rhythmus erreicht werden.

Nutzen von zusätzlichen Medien
Dies bedeutet, daß wir Bewegungsrhythmen nicht mehr durch eigene Bewegungsabläufe imitieren, sondern vielmehr diese durch ein Instrument (Tambourin, Trommel, Händeklatschen, etc.) entsprechend begleiten. Auch über diesen Weg werden wir unterbrechen, verlangsamen oder ggf. beschleunigen. Ein Vorteil dieses Vorgehens ist das Ansprechen einer weiteren Sinnesmodalität (neben dem Sehen nun auch das Hören).

Einsetzen von Sprache

Eine andere Qualität des eben geschilderten ist das Einsetzen von sprachlichen Äußerungen. Wir nutzen kein Instrument, sondern Laute und Sprache in der Art, daß wir im gleichen Rhythmus der Bewegungsabläufe diese sprachlich begleiten mit z.B. einem „Hoch oder Runter“ oder ähnlichem. Eine Kombination mit paradoxen Interventionen ist hier möglich und sinnvoll (z.B. „Und noch fester... und noch fester..“). Ein großer Vorteil dieser Vorgehensweise ist, daß eine Imitation dieser Art auch auf größere Distanz möglich ist.

Alternativbewegungen

Dies bedeutet, daß wir nach einem anfänglichen Imitieren der Rhythmen von Bewegungsabläufen diese insofern verändern, daß wir anstelle von synchronen Abläufen Veränderungen einsetzen. Nehmen wir z.B. das Schlagen der Faust an den Kopf, so würde Veränderung eine zunehmende Entfernung unserer Bewegungen vom Kopf bedeuten, um letztendlich vielleicht gegen einen Schrank oder die Tür oder auf den Tisch zu schlagen. Es sind also besonders Bewegungsabläufe angesagt, die in eine entgegengesetzte Richtung des eigentlichen Schlagens verlaufen.
Vorrangiges Ziel ist natürlich auch, daß uns der selbstverletzende Dialogpartner folgt und möglichst selbst aktiv wird, wobei auch eine Veränderung der selbstverletzenden Bewegungsabläufe als dialogischer Erfolg gewertet werden kann.

Übertreibung mit entsprechender lautlicher Begleitung

Wir folgen wieder dem Rhythmus der selbstverletzenden Bewegungsabläufe und übertreiben die Schläge maßlos, indem wir diese forcieren und entsprechend übertrieben lautlich begleiten, wie ein lautes „Hey“ oder „Boing“ oder „Bumm”.

Variation von Lauten und Sprache

Der lautliche bzw. sprachliche Bereich ist von besonderer Bedeutung nicht nur bei der Behandlung selbstverletzenden Verhaltens, sondern auch für die Sprachanbahnung. Letztendlich ist ja Sprache vorrangiges Kommunikationsmittel für unser Gesellschaftssystem.
Es ist immer wieder erstaunlich zu beobachten, wie kreativ und kommunikativ Erwachsene mit Lautäußerungen eines Babys umgehen können (HARTMANN,1986). Mit einem einzigen Laut lassen sich komplette Dialoge führen. Diese Kenntnis setzen wir auch beim selbstverletzenden Klienten ein.
Ein Laut läßt sich vielfach variieren:
Laut, leise, definitiv, singend, fragend, wütend, beschwichtigend, hilflos, zweifelnd etc.

Wir finden bei sich selbstverletzenden Personen häufig Lautäußerungen (z.B. Stöhnen, Schreien usw.) vor, die wir auf die eben beschriebene Art nutzen können.
Wir können mit Lauten bestimmte Bewegungsabläufe begleiten, sie unabhängig von Bewegungen einsetzen und durch übertriebenes Darstellen immer mehr in den Vordergrund stellen und damit die Aufmerksamkeit über das Gehör auf die auditive Kommunikationsebene lenken, um indirekt das selbstverletzende Verhalten zu unterbrechen bzw. positiv zu beeinflussen.
Zum anderen motivieren wir damit unseren Klienten, auf dieser Ebene vermehrt mit uns zu kommunizieren.

Eine Verbindung von Lauten mit bestimmten Handlungsabläufen oder Gegenständen wäre nun der nächste Schritt. Auf diese Weise kann es uns gelingen, zusehends mehr auf der sprachlichen Ebene Kommunikation anzubahnen. Diese setzen wir in einen Handlungsbezug, der mit selbstverletzendem Verhalten nicht mehr vereinbar ist und somit das Interesse in eine andere Richtung lenkt.

7.4.3 Was ist indirektes Imitieren?

Die Vorgehensweise des indirekten Imitierens bedeutet, verglichen mit dem direkten oder synchronen Imitieren, daß wir unabhängig vom aktuellen Verhalten unseres selbstverletzenden Dialogpartners seine spezifischen Verhaltensweisen übernehmen und von ihm unabhängig – entweder in der gleichen Weise, wie der Behinderte es gewöhnlich tut oder aber auch übertriebenerweise – darstellen (vgl. Hartmann, 1990, Rohmann et al., 1991).
Dies kann dazu führen, daß er diese Verhaltensweisen nicht mehr zeigt, da sie durch uns vorweggenommen werden. Dies sei an einem Beispiel eines aggressiven Klienten kurz demonstriert:

> Ein fremdaggressiver Junge wirft, sobald er einen Raum betritt, sämtliche Gegenstände durch den Raum, wirft Stühle und Tische um und Schreit dabei. In der folgenden Therapiestunde wird er zum Raum gebracht, findet jetzt aber den Therapeuten vor, der genau dieses übliche Verhalten zeigt (das kann enorm Spaß machen!). Diese Szenerie wird beim Behinderten Verwunderung und Irritation hervorrufen. In den seltensten Fällen wird er das gleiche tun, d.h. mitmachen, sondern vielmehr bewegungslos zusehen oder sich im weiteren Verlauf, wenn es ihm „zu dumm" wird, eine andere, vielleicht sinnvollere Beschäftigung suchen.

Der ihm gewohnte Platz ist durch den Therapeuten besetzt, also ist er gezwungen, sich Alternativen zu suchen.

Hier setzen wir also vorwegnehmend die Kommunikationsmittel des Behinderten ein, um ihn auf diese Art zu motivieren, alternative Kommunikationsmöglichkeiten zu entwickeln, zu finden und zu probieren. Gelingt uns dies nicht, so bleibt uns über den Weg des indirekten Imitierens die Möglichkeit, aus unserem „destruktiven“ Verhalten heraus selbst, sozusagen per Modell, Alternativen und langsam Lösungsmöglichkeiten aus unserem Dilemma zu finden.
Für selbstverletzendes Verhalten würde dies z.B. bedeuten, daß wir zusehends mimisch und lautlich deutlich machen, daß uns unser (angedeutetes) selbstverletzendes Verhalten allmählich auf „die Nerven“ geht, wir darüber wütend werden, dies zum Ausdruck bringen und dann anstelle von Schlagen z.B. uns mit einem Gegenstand fixieren oder unsere „Wut“ auf eine angemessene Art lenken (z.B. Sandsack schlagen oder Ball werfen).

7.4.4 Was heißt Abwarten und Ignorieren?

Wenn selbstverletzendes Verhalten ein kommunikatives Mittel ist, und es sich in diesem Falle nicht um einen vorrangigen Dialog mit dem eigenen Körper handelt, sondern ein gegenständlicher oder personaler Adressat Ziel des Verhaltens ist, so kann es sinnvoll sein, den Adressaten zu entziehen.
Gibt es keinen Adressaten mehr, der in irgendeiner Form durch dieses Verhalten beeinflußt bzw. beeindruckt werden soll, so ist es logisch, daß dieses Verhalten entweder abnimmt oder sich steigert insofern, daß eine neue Situation eingetreten ist, die vielleicht durch das Steigern des selbstverletzenden Verhaltens in Richtung des alten Zustands verändert werden soll.
Wir sollen also gezwungen werden, die alten Dialoge oder „Spielchen“ wieder einzuführen.
Entziehen wir uns aber kontinuierlich dieser Forderung, so wird nach einem gewissen Zeitraum das Verhalten reduziert und nach anderen Wegen gesucht, die vielleicht konstruktiver sind.
Eine andere Form eines solchen „ignoranten Vorgehens“ ist das Abwarten. Das ruhige Dabeistehen und Zusehen ist eine andere Form des Entzuges sozialer Verstärkung. Auch hier verhalten wir uns nicht mehr

erwartungsgemäß (im Sinne von Kreisprozessen), was zu ähnlichen Konsequenzen führen kann wie soeben beschrieben.

7.4.5 Welche Bedeutung hat die Variation von Nähe und Distanz?

Sehen wir Distanz und Nähe aus kommunikationstherapeutischer Sicht, werden wir gleich an eigene Erfahrungen denken. Jeder von uns hat seine „optimale individuelle“ Kommunikationsdistanz. Wir kennen das unangenehme Gefühl, wenn man es mit einem Dialogpartner zu tun hat, der während eines Gesprächs zu nah an uns herantritt. Wir werden automatisch zurückweichen oder auf andere Art versuchen, uns dieser Nähe, die ja bedrohlich wirkt, zu entziehen. Das gleiche gilt auch für den behinderten Menschen.

Innerhalb der Variation von Nähe und Distanz gilt es herauszufinden, wann unser Gegenüber am aufmerksamsten ist, wenn wir versuchen, mit ihm in Dialog zu treten, sei dies nun lautlich oder gestisch. Wir werden das am besten dann herausfinden, wenn wir die Distanz variieren. Wir werden an seinen mimischen, gestischen oder lautlichen Äußerungen feststellen, ob wir zu nah oder zu weit weg sind.

Wenn Aufmerksamkeitsreaktionen z.B. mit Blickkontakt erfolgen, können wir davon ausgehen, daß wir momentan die richtige Distanz gefunden haben. Diese kann natürlich von Tag zu Tag, von Handlung zu Handlung, variieren.

So kann die Distanz bei einem gestischen Dialog eher näher sein als bei einem lautlichen. Darüber hinaus sollten wir allerdings auch unsere eigenen Kommunikationsentfernungen nicht vernachlässigen. Haben wir es mit einem behinderten Menschen zu tun, der eine besonders weite Distanz bevorzugt, die ihn wiederum einschränkt, bestimmte Verhaltensweisen unsererseits wahrzunehmen, so sollten wir langsam und spielerisch immer wieder versuchen, die Distanz in Richtung Nähe zu verändern, bis eine geringe Distanz toleriert werden kann.

7.4.6 Warum sollten wir Rituale oder Reihenfolgen von Handlungsmustern verändern?

Selbstverletzende Verhaltenweisen sind häufig mit bestimmten Ritualen verbunden. Solche Rituale treten meist bei täglich gleichen Abläufen, wie z.B. beim Essen oder vor dem Zubettgehen auf.

> Der Klient wartet z.B. auf das Essen. Er ißt sehr gerne. In dem Augenblick, wo der Teller vor ihm hingestellt wird, beginnt er sich zu schlagen. Er ißt zwei Löffel voll, legt den Löffel weg und schlägt sich erneut. Das wiederholt er. Dies läuft jeden Tag etwa in der gleichen Weise ab.

Eine Veränderung dieses Rituals wäre z.B.: Der Klient sitzt am Tisch und wartet. Er wird aufgefordert, sich zu schlagen, bevor der Teller hingestellt wird. Er schlägt sich, der Teller wird wieder weggenommen
... abwarten...
infolgedessen wiederum Aufforderung zum Schlagen.
... Hinstellen des Tellers...
Er schlägt sich vielleicht nicht mehr, weil er ganz durcheinander gekommen ist.

Hier wird ein Ritual unterbrochen, indem gleichzeitig die Absurdität des selbstverletzenden Verhaltens demonstriert wird (Aufforderung zum Schlagen vor dem Essen in Zeiträumen ohne selbstverletzendes Verhalten), und zum anderen bestrafende Mechanismen eingesetzt werden, indem der Teller weggenommen wird.
Durch die Veränderung von Handlungsmustern erreichen wir ähnliches:

Ein Beispiel:

Eine junge Frau schlägt sich abends immer dann, wenn das Ritual des Ausziehens nicht in einer bestimmten Reihenfolge geschieht. So müssen als erstes immer die Socken ausgezogen werden, dann der Pullover, dann die Hose geöffnet, aber das Hemd wird vor der Hose ausgezogen usw...
Geschieht dies nicht in der gewünschten Reihenfolge oder nicht innerhalb eines bestimmten Zeitraumes, schlägt sie sich an den Kopf.
Hier würde es sich anbieten, jeden Tag eine Veränderung des Rituals durchzuführen, wobei darauf geachtet werden sollte, daß es sich jeden Tag um eine andere, nicht berechenbare Veränderung handelt, denn sonst würden wir ein Ritual mit einem anderen ersetzen.
Eine Zunahme des Schlagens ist vorprogrammiert. Dem ließe sich insofern begegnen, indem die Hände, auch mit leichtem Zwang, zur Mithilfe beim Ausziehen eingesetzt werden. Gleichzeitig sollte diese Mithilfe mit Lob begleitet werden. Zusätzlich können z.B. paradoxe Interventionen eingesetzt werden.

7.4.7 Was bedeutet interessantes, unabhängiges Handeln?

Indem wir unabhängig vom selbstverletzenden Verhalten, aber im Dabeisein des selbstverletzenden Klienten, uns mit Dingen beschäftigen, die

ein gewisses Interesse des Behinderten auf sich ziehen könnten, ist die Möglichkeit gegeben, durch Aufmerksamkeit auf unser Tun das selbstverletzende Verhalten zu unterbrechen und zu motivieren, ggf. gemeinsam mit uns diese Aktivität weiter durchzuführen. Neben dem ignorierenden Anteil dieser Vorgehensweise erreichen wir, wenn es funktioniert, eine gleichzeitige Motivierung zu Alternativverhaltensweisen.
Welche Handlungen wir unabhängig vornehmen muß individuell festgelegt werden, wobei wir besonders Neigungen und Interessen des Klienten berücksichtigen sollten.

> Marc liebt es, Kissen zu stapeln, um sie dann umzuwerfen. Heute ist er wütend und schlägt sich immer wieder mit der Faust gegen die Schulter. Der Betreuer ist mit im Raum, ignoriert dieses Verhalten aber und beginnt mit entsprechender vergnüglicher gestischer und lautlicher Untermalung Kissen zu stapeln. Marc hört mit dem Schlagen auf und signalisiert Interesse. Beide stapeln nun die Kissen mit sehr viel Vergnügen.

7.4.8 Warum sind wir immer so perfekt?

Eine weitere Variante des vom Verhalten des Klienten unabhängig interessanten Handelns ist das Fehlermachen und Hilflosigkeit signalisieren. Wir handeln wiederum unabhängig vom Klienten in einer Art, von der wir durch vorheriges Beobachten annehmen, daß dies für ihn interessant sein könnte. Dabei gelingen uns die Dinge aber teilweise nicht. Wir machen Fehler, äußern dies lautlich oder sprachlich (wenn Sprachverständnis vorhanden) und zeigen unseren Ärger, daß die Dinge nicht so funktionieren, wie wir uns das vorstellen. Wir drücken allerdings nicht unseren Ärger auf selbstverletzende Art aus, sondern in alternativer Form wie Hauen mit der Hand auf den Tisch, Treten oder Aufstampfen.

> Wir signalisieren damit, daß auch uns nicht immer Dinge gelingen, daß wir nicht perfekt sind und uns so auf eine indirekte Art auf die gleiche Stufe (handlungsmäßig) stellen wie der Behinderte selbst.

Eine Variante davon ist, Hilflosigkeit zu zeigen. Wir bemühen uns, irgendein Problem zu lösen, möglichst ein Problem, das direkt mit der Lebenssituation des Behinderten in Beziehung steht und kriegen es einfach nicht geregelt.
Wir signalisieren wiederum lautlich oder auch gestisch unsere „Verzweiflung" und versuchen es erneut. Es gelingt wieder nicht.

Über diesen Weg zeigen wir auf, daß wir auch nicht perfekt sind, zum anderen können wir stark motivieren, uns zu helfen.

Bei beiden Varianten sollten allerdings nur Handlungsmuster genutzt werden, von denen wir wissen, daß der Behinderte sie beherrschen kann.

> Manfred muß in der Werkstatt immer wieder runde Plättchen auf eine Holzstange auffädeln. Wenn es ihm zu langweilig wird, beginnt er, sich zu schlagen.
> Wir kommen hinzu und versuchen, unabhängig von seinem Schlagen, seine Arbeit zu übernehmen. Aber es gelingt uns nicht. Immer wieder rutschen uns die Plättchen von der Stange und wir werden ärgerlich. Manfred hört auf zu schlagen und zeigt uns mit triumphierenden Blick, wie es richtig geht.

In diesem Beispiel schlagen wir gleich zwei Fliegen mit einer Klappe. Auf der einen Seite zeigen wir Manfred, daß wir auch nicht alles können und geben damit seinem Handeln eine neue, wichtigere Qualität. Zum anderen unterbrechen wir das selbstverletzende Verhalten.

7.4.9 Was verstehen wir unter indirekter Sprache?

Dies ist besonders wichtig für die Kommunikation mit autistischen und selbstverletzenden Klienten, die über ein Sprachverständnis verfügen. Indirektes Sprechen bedeutet nichts anderes, als daß der Klient nicht direkt angesprochen wird:
(Tu´mal..., mach´mal..., hol´mal...etc.),
sondern daß wir in Form eines Selbstgespräches über das Problem sprechen oder mit dem Material direkt kommunizieren, um somit den Aufforderungscharakter herauszunehmen, und damit dem Klienten die Chance lassen, mit uns gemeinsam aktiv zu werden.

> Wir sprechen also nicht:
> „Hol´mir den Ball" oder „Kannst du mir den Ball holen",
> sondern stellen fest:
> „Der Ball ist weg", „Ich kann ihn nicht finden", „Wo soll ich denn mal suchen", „Ist er vielleicht hier", usw.

In diesem Zusammenhang müssen wir kurz auf eine „Uneigenart" unserer aktiven Sprache eingehen:
In der Erziehung behinderter, als auch nicht-behinderter Klienten hat es

sich eingebürgert, Aufforderungen in Frageform zu stellen.
Wenn wir wollen, daß ein Ball geholt wird, so sagen wir nicht „Hole den Ball", sondern „Kannst du mal den Ball holen?".
Wir lassen dem Klienten eine Alternative, nämlich auch den Ball nicht zu holen, meinen aber, er muß ihn holen. Entscheidet sich nun der Klient, den Ball nicht zu holen, sind wir enttäuscht und fordern dann direkt, den Ball zu holen. Er fühlt sich in seiner Entscheidungsfreiheit nicht ernstgenommen.
Besonders widersinnig ist diese Frageform bei Klienten, die nicht sprechen können oder über kein Sprachverständnis verfügen. Wir sollten deshalb mehr darauf achten, wie wir was sagen.

7.4.10 Was bedeutet Sprache ohne Sprache?

Da die Sprache aber unser wichtigstes Kommunikationsmittel ist, ist es klar, daß auf dieser Dialogebene noch eine ganze Menge mehr „Tricks" möglich sind.

Wir kennen doch das Phänomen, das in der Fachsprache „sprachliche Perseveration" genannt wird. Wir werden ständig immer wieder dasgleiche gefragt und egal, wie oft und was wir antworten – es hat keinen Sinn.

Sprache ist unser wichtigstes Kommunikationsmittel. Und unsere Klienten nutzen es auf ihre Weise: Dabei geht es manchmal wirklich nur darum zu sprechen. Der Inhalt ist dabei relativ unwichtig:

„Wir müssen den Betreuer weichkochen, egal wie!"

Jetzt stellen Sie sich das Prinzip „ohne Sprache" vor:

Ilse hat ein ausgesprochenes Interesse an allem, was mit dem Doktor zu tun hat. Und sie scheint sich insbesondere für Zahnschmerzen zu interessieren. So läuft sie den ganzen Tag auf der Gruppe herum, steckt ihren Finger in den Mund und sagt „Zahnschmerzen".
Wir sehen sie dabei sehr interessiert an und geben Ratschläge, ganze Monologe von uns, bewegen dabei die Lippen, aber kein Ton ist zu hören.
Susanne hört sehr irritiert auf, mit uns „zu reden" und sucht jemand anders, dem sie von ihren Zahnschmerzen berichten kann.

7.4.11 Was bedeutet lautliche Erwiderung?

Bei Sprache ohne Sprache sprechen wir nicht. Bei lautlicher Erwiderung sprechen wir nicht mehr, sondern geben nur noch unverständliche Laute von uns, die allerdings durchaus die Betonung haben, daß unser Klient weiß, was wir meinen.

> Sigrid sagt, begonnen vor ca. 5 Monaten:" Bald ist Weihnachten, ich freue mich auf Weihnachten." Dies sagt sie ständig, und wenn wir nicht antworten:" Ja Sigrid, bald ist Weihnachten", beginnt sie sich heftig zu schlagen.
> Nun antworten wir aber (im Tonfall vom üblichen „Ja, bald ist Weihnachten") mit „Za, ba di ka, ka ka en."

7.5 Was sind paradoxe Methoden?

7.5.1 Symptomverschreibung im bestimmten räumlichen und zeitlichen Rahmen

Dies bedeutet, daß wir das selbstverletzende Verhalten als kommunikatives Mittel voll akzeptieren, aber versuchen, es nicht zu verändern, sondern es in einem anderen Rahmen, den wir vorher festlegen, stattfinden zu lassen.
Das heißt also z.B.:
Der sich selbstverletzende Klient schlägt sich immer bei der Werkstattarbeit, wir nehmen ihn dort kurzfristig heraus und sagen ihm (auch hier muß Sprachverständnis vorhanden sein):
„Wir machen etwas anderes, du mußt dich aber genauso schlagen wie an deinem Werktisch".
Hier erweitern wir die Selbstverletzung auf unterschiedliche räumliche Bereiche, vor allem in Bereichen, die immer ohne selbstverletzende Verhaltensweisen waren. Damit nehmen wir diesem (gezielt eingesetzten) Verhalten seinen Aufforderungscharakter. Wir mißverstehen bewußt das kommunikative Signal.
Der Behinderte ist nun gefordert, seine „Sprache" oder seine Signale zu überdenken und Alternativen zu finden.

Eine zeitlich begrenzte Symptomverschreibung bedeutet, daß der Behinderte in einem vorher festgelegten Zeitraum sich schlagen muß, z.B. immer eine Minute vor einer vollen Stunde. Dabei ist es unerheblich, ob er es gerade tut oder nicht. Wir strukturieren dieses Signal als etwas Nor-

males und werden es dadurch verhindern. Auch hier wird Selbstkontrolle aufgebaut.
Beide Vorgehensweisen lassen sich natürlich koppeln.

7.5.2 Direktes Auffordern zum Verhalten

Hier gehen wir den direkten Weg, daß wir den selbstverletzenden Dialogpartner, während er sich schlägt, auffordern, sich weiter oder heftiger zu schlagen. Wir akzeptieren seine „Sprache“ und „fördern“ sie.
Zusätzlich ist im Sinne eines Aufbaus von alternativer bzw. erweiterter „Sprachfähigkeit“ denkbar, ihn zu bitten, sich doch auch mal an anderen Stellen zu schlagen. Wir kommunizieren also über seine „Sprache”. Wir können ihm sogar bei dieser Erweiterung „hilfreich“ zur Seite stehen. Über die Variation erreichen wir eine neue Qualität, wobei auf den sprachlichen Austausch immer mehr Wert gelegt werden sollte, so daß es zu einer Verschiebung von Selbstverletzung in Richtung Sprache und Laute kommt.
Dies hat allerdings nur dann Sinn, wenn ein gewisses Sprachverständnis vorhanden ist und das Verhalten als reaktiv einzustufen ist, das heißt einem möglichen Ziel folgt. Bei automatisiertem selbstverletzenden Verhalten -im Sinne von Pseudo-Kommunikation- funktioniert dieses Prinzip weniger gut. Eine andere Variante eines solchen paradoxen Vorgehens ist die:

7.5.3 Vorwegnahme von Selbstverletzung

Ein anderer Weg des Akzeptierens von selbstverletzendem Verhalten als Kommunikationssignal läßt sich auch durch eine Vorwegnahme therapeutisch nutzen. Dies geschieht in Situationen, die durch eine gezielte Verhaltensanalyse vorher untersucht wurden – Situationen also, in denen wir voraussagen können, daß nach einer bestimmten Reaktion, Aufforderung oder einem Verbot nun selbstverletzendes Verhalten sehr wahrscheinlich auftritt.

> Immer, wenn der Therapeut eine Aufforderung ausspricht, beginnt sich Franz zu schlagen. Nun versuche ich die Zeit zwischen Aufforderung und Schlagen zu nutzen, indem ich im Anschluß an die Aufforderung direkt und sofort zum Schlagen auffordere:
> „Und nun mußt du dich schlagen..”
> Ein solches Vorgehen signalisiert die Kenntnis der Funktion des selbstverletzenden Signals. Indem ich dieses Verhalten als „Entziehungs-

Signal“ des selbstverletzenden Behinderten akzeptiere, verliert es seine Wirksamkeit.

Dieses Vorgehen – verbunden mit einem Alternativangebot „und jetzt mußt du dich schlagen oder...“ – kann vom Verhalten ablenken und handlungserweiternd förderlich sein.

7.5.4 Verbalisierung emotionaler Inhalte und Schaffung von Alternativen

Ein letztes hier vorgestelltes Prinzip ist die Verbalisierung emotionaler Inhalte. Hierunter ist zu verstehen, daß wir ein Teil des Verhaltens akzeptieren und sprachlich, im Sinne der Gesprächspsychotherapie, begleiten. Wir versuchen, uns ein Stück in die Erlebniswelt des selbstverletzenden Behinderten hineinzuversetzen und sprachlich, gestisch und mimisch sein Hin- und Hergerissensein, seine Wut, seinen Ärger auszudrücken und dies mit alternativen Handlungsanweisungen zu verbinden.
Es sollte uns aber immer klar sein, daß wir nur sehr bedingt uns in die Gefühlswelt eines Behinderten hineinversetzen können.
Diese Vorgehensweise wird immer ein Experiment sein, und wir sollten tolerieren, daß Behinderte möglicherweise in einer ganz anderen Gefühlswelt leben als wir. Wir dürfen also nicht versuchen, ihnen unsere Gefühle als die einzig richtigen aufzudrängen.

„Am meisten stört es mich, wenn Leute so maskenhaft sind und ihre Gefühle meinen verbergen zu können. Ich gucke hinter die Fassade. Darum bin ich manchmal lieber allein. Die Menschen sind so anstrengend“ (Zöller, 1989).

Beenden wir auch diesen Abschnitt der hohen Schule psychotherapeutischen Handelns mit einer anderen Variante hochqualifizierten therapeutischen Vorgehens:

Ein wesentliches Problem des Psychologen in einer Einrichtung für geistig Behinderte (anders Fähige) ist, daß es neben dem geistig behinderten (anders-fähigen) Klientel noch andere Berufsgattungen gibt,
die Soldaten sozusagen, die Tag für Tag an der Front arbeiten, die Betreuer, Erzieher, Krankenpfleger usw.
Dieser Job ist ein alltägliches Überlebenstraining. Personelle Unterbesetzung, burn-out und permanentes Improvisieren-Müssen steuert nicht unbedingt zum absoluten Wohlbefinden bei.

Kollege B (Psychologe der Einrichtung):
Kollege B zieht sich in sein Zimmer zurück und studiert erstmal die Akten, um dann zurückzukehren:
„In den Akten steht aber nichts von dieser Lösung."
„Bei dem Arbeitsaufwand und der personellen Unterbesetzung können wir doch nicht alles dokumentieren!"
Patsch, die nächste Teamfalle.
Dieser Kollege, der vielleicht ein wenig unter seiner Nutzlosigkeit im Sinne „wofür haben wir dich studieren lassen" leidet, an sich und seinen beruflichen Qualitäten zu zweifeln beginnt, dieser Kollege wird sich in die Situation hineinstürzen und sich intuitiv mit dem tobenden Klienten konfrontieren.
Welche Möglichkeiten bleiben ihm in der Eskalation?
Richtig, Er wird kämpfen, den Klienten, wenn er Glück hat, niederringen, um dann außer Atem in die wohlwollenden, leicht amüsierten Gesichter seines Teams zu schauen.

Psychotherapeut sein ist v e r d a m m t schwer.

8. Das kreative Chaos: Was verstehen wir unter dem Prinzip der Unberechenbarkeit?

Es gibt immer wieder Menschen, die stärker, kreativer aber auch grenzüberschreitender sind als andere Menschen. Bestimmte Lebensabschnitte in der Entwicklung von Menschen sind davon besonders stark geprägt

- Die Trotzphase
- Die Pubertät
- Die Midlifekrise

Menschen mit selbst- und/oder fremdverletzenden Verhaltensweisen, vor allem wenn dieses Verhalten als reaktiv zu beschreiben ist, das heißt, daß es vom Klienten selbst gesteuert werden kann, erinnert an das Verhalten von Kleinkindern, die sich in der Trotzphase befinden. Aber auch Parallelen zur Pubertät und letztendlich zur Adoleszenzkrise sind erkennbar.
Allen ist gemeinsam, daß der Versuch unternommen wird, mit welchen Mitteln auch immer, gesetzte Grenzen zu überschreiten. Diese Grenzüberschreitungen erfordern allerdings ein hohes Maß an Kreativität und Flexibilität. Pädagogische und therapeutische Grenzsetzungen sind bei solchen Klienten häufig ohne Wirkung.

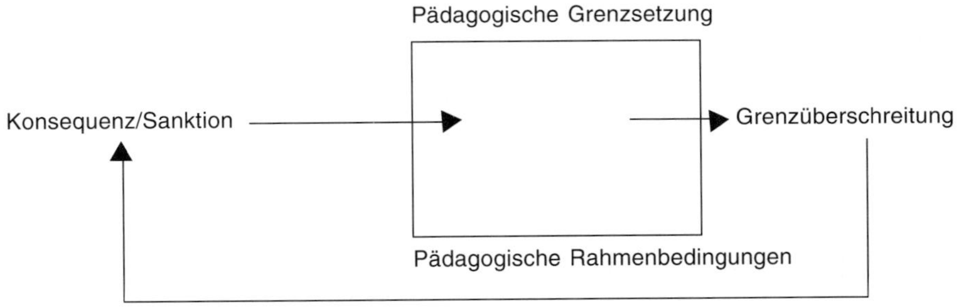

Abb. 14: Einfache Form der Erziehung

In Abbildung 14 sehen wir in Form des inneren Rahmens ein gedachtes Regelwerk z.B. einer Familie. Die erwachsenen Eltern geben dem Kind diesen Rahmen von Regeln vor. Innerhalb dieses Rahmens kann das Kind sich verhalten, wie es will. Es ist der Rahmen, indem es sich seinen eigenen Vorstellungen entsprechend entwickeln kann.
Nun neigen Kinder aber dazu, und das ist Sinn und Prozeß ihrer Ent-

wicklung, immer wieder die Grenze des Rahmens zu überschreiten. Die Kinder agieren und die Eltern reagieren. Erziehung bedeutet in diesem Zusammenhang, den Grenzüberschreitungen durch Ermahnungen, Erklärungen oder gegebenenfalls auch durch Sanktionen zu begegnen.
Das Kind wird sich dann in seinen vorgegebenen Regelrahmen zurückziehen und bestenfalls gelernt haben, daß diese Regelüberschreitung nicht in Ordnung ist und die Eltern dann ärgerlich werden.
Jede einzelne Person, jedes soziale Subsystem, jedes System bis hin zum Staat als solches, gibt ein individuelles Regelwerk vor. Dieses Regelwerk impliziert Grenzen, in denen sich das jeweilige Individuum, das Volk zu bewegen hat. Betrachten wir das Subsystem Familie:
Jede Familie gibt für die Erziehung ihrer Kinder einen bestimmten erzieherischen Rahmen vor. Dieser Rahmen variiert je nach Einstellung, Moral und Ethik. So ist ein klassischer Erziehungsrahmen sicherlich enger als ein Laisser-faire Rahmen.
Unabhängig von der Weite oder Enge dieses erzieherischen Regelrahmens neigen Kinder dazu, die ihnen gesetzten Grenzen zu überschreiten. Dies ist ein Phänomen eines normalen Entwicklungsprozesses. Das gleiche Prinzip finden wir auch in der Pubertät.
In Abbildung 14 wird wie gesagt der regelhafte erzieherische Prozeß dargestellt. Das Kind erprobt seine Fähigkeiten und durchbricht vorgegebene Regeln. Die Eltern reagieren mit erzieherischer Konsequenz/Sanktion, das Kind zieht sich in den ihm gesetzten Rahmen zurück.

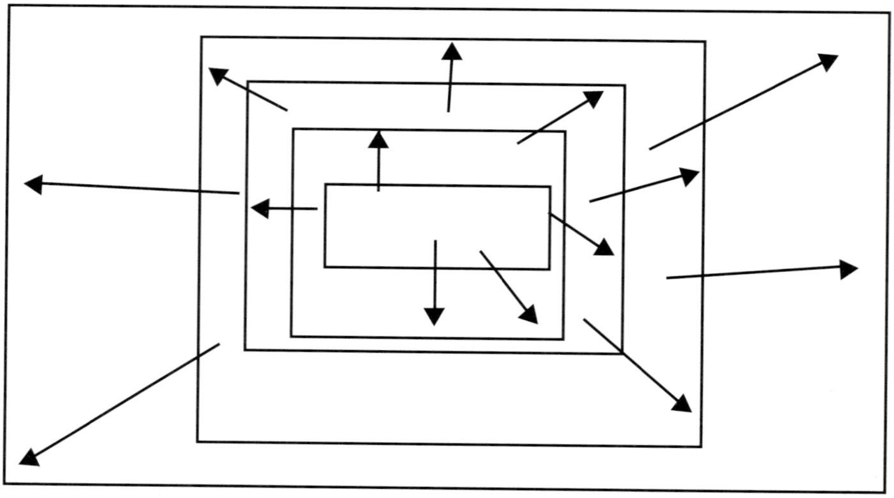

Abbildung 15: Der Weg eines Kindes, den Handlungsrahmen zu erweitern

Abbildung. 15 zeigt einen anderen Prozeß:

In der Mitte der Abbildung 15 haben wir wiederum den Rahmen, den eine Familie, eine Institution oder ein Erzieher setzt. Innerhalb dieses Rahmens kann sich der zu Erziehende frei entfalten und bewegen. Wie in Abbildung 14 bereits gezeigt, liegt es in der Natur des Kindes und auch des geistig behinderten (anders-fähigen) Menschen, diese Grenzen zu erproben, indem sie überschritten werden.

Nun gibt es aber Kinder mit einem hohen Maß an Kreativität und der „Lust", Grenzen zu erproben. Das sind z.B.:

Kinder mit einen hohen Potential an Kreativität, Neugier, Langeweile und Flexibilität neigen zu schnellen und sehr variablen Grenzüberschreitungen.

Kinder, die sich emotional vernachlässigt fühlen, neigen eher zu Grenzüberschreitungen, um Aufmerksamkeit und Zuwendung zu erreichen.

Kinder, die spüren, daß ihre Eltern sie wie Erwachsene sehen und Erwachsenenverhalten von ihnen ständig einfordern, werden durch Grenzüberschreitungen ihr Kind-Sein-Dürfen einfordern.

Kinder, die alles dürfen, weil dies zur Stabilisierung der kindlichen Seele führen soll (Lehrer-Syndrom), werden ständig Grenzen überschreiten, um die Sicherheit einer Begrenzung einzufordern.

Der Kabarettist Dieter Nuhr beschreibt dies sehr eindrucksvoll:

„Lars, 4 Jahre, kommt rein bei mir ins Wohnzimmer, taxiert den Wert aller Gegenstände im Raum, läuft dann direkt auf meine Box zu und sticht mit dem Zeigefinger unten in den Tieftöner rein. Ich hab' mich so geärgert, daß ich mir nicht diese Boxen gekauft habe, mit dieser Metallplatte vorne drauf, dann hätte er sich wenigstens den Finger daran gebrochen. Ich weiß, das ist hart, ja, und Jesus hatte gesagt, lasset die Kindlein zu mir kommen, aber der hat auch keine Boxen gehabt, für 1200 DM. Dieses Kind benimmt sich überall so, als wäre es zu Hause, ich mein' die Eltern sind Lehrer, das sagt ja wohl alles."

Das sind z.B. auch:

Jugendliche, die alles verstehen sollen, aber noch nicht können.

Jugendliche, denen ständig gesagt wird, was sie sind, die aber selbst nicht wissen, wer sie sind.

Jugendliche, die sich wünschen, noch als Kind langsam in die Erwachsenenrolle hineinwachsen zu dürfen, werden ständig Grenzen überschreiten, um ihre Eltern zum Elternsein zu zwingen.

Oder eben auch **geistig behinderte Menschen,** wo hier ganz besonders das „Anders-Fähig-Sein" zum Vorschein kommt. Für sie gelten eigentlich alle Zuschreibungen, wie sie auch für Kinder und Jugendliche soeben beschrieben wurden.

Diese Kinder, Jugendlichen und auch unser Klientel werden Grenzen überschreiten und während sich ihre Eltern oder Erzieher noch Gedanken über Sanktionen machen können, um diesem Menschen den Weg in seinen von ihnen gewählten sozialen Rahmen zu zeigen (sprich: erzieherische Konsequenz), wird dieser Mensch bereits an zwei weiteren Stellen die Grenzen austesten und Grenzen überschreiten. Die Erzieher waren nicht schnell genug in ihrer Reaktion. Es erfolgte keine Sanktion. Erfolgt aber keine Sanktion oder Konsequenz, so ist die Grenzüberschreitung ja akzeptiert.

Das Erwachsensein verhindert ein Einfühlen in die kindliche und jugendliche Seele. Ein mangelndes Maß an gedanklicher und emotionaler Variabilität „behindert" Eltern, ihren Kindern zu folgen und „behindert" somit auch den natürlichen Entwicklungsprozeß.

Damit gelingt es dem Kind, über den zunehmenden Weg der Resignation der Eltern seine Rahmenbedingungen immer mehr zu erweitern. (vgl. Abbildung 15). Dies wird eine endlose Spirale.

Die Eltern werden in diesem Falle immer hilfloser innerhalb ihrer erzieherischen Kompetenz, die Kinder immer maßloser im Erproben von Überschreiten von Grenzen.

Was bedeutet dies für aggressive und selbstverletzende Klienten?

1. Die Erzieher sind gezwungen, nur noch zu reagieren, der Klient agiert.
2. Der Klient wird aus der Natur seines Entwicklungsprozesses immer wieder Grenzen erproben, und erfährt durch die Ohnmacht seiner Erzieher zusehends mehr Macht.
3. Diese Macht allerdings ist ein zweischneidiges Schwert: Unsere Klienten brauchen einen gesicherten Rahmen, in dem und an dem sie sich orientieren können. Wird ihnen dieser Rahmen nicht gesetzt, werden sie maßlos im Überschreiten von Grenzen, aber auch **gleichzeitig irritiert und ängstlich**.

Der geistig behinderte (anders-fähige) Klient ist gar nicht in der Lage, mit diesen Kräften umzugehen, die ihm letztendlich die Erzieher relativ kampflos übergeben. Es erinnert an den Zauberlehrling, der die Geister rief, sie dann aber nicht mehr kontrollieren konnte.
Sind wir innerhalb eines Bezugssystems an diesem Punkt angelangt, wo das „eigentlich schwächere Glied" die Familie oder die Gruppe mit sei-

nem Fehlverhalten kontrolliert und dominiert, ist herkömmliche Erziehung nicht mehr möglich.

8.1 Welches ist die gängigste Methode eines Kindes, Grenzen überschreiten?

Provokation = Ärger =
Provokation = Ärger =
Provokation = Ärger =
Provokation = Ärger =
Provokation = Ärger =
Provokation = Ärger

Abbildung 16: Das Prinzip der Provokation

Wesentlichstes Moment solcher Grenzüberschreitungen ist das Phänomen der Provokation.
Wovon lebt eine Provokation, was verstärkt sie?

Wie in Abbildung 16 dargestellt lebt die Provokation vom Ärger des Gegenübers. Je mehr sich das Gegenüber ärgert, desto größer die Wahrscheinlichkeit, daß provokantes Verhalten häufiger und vor allem in heftigerer Form auftritt.

Regel:
Auf Provokationen niemals mit Ärger reagieren!

Unsere Klienten sind genial darin auszutesten, wie sie ihre Eltern oder ihre Erzieher über Provokationen zu den unterschiedlichsten emotionalen Reaktionen zwingen können. Und wir sind so „dumm", unsere Klienten zu unterschätzen. Wir sind ihnen sicherlich intellektuell und erfahrungsmäßig überlegen, aber im Erspüren von Unsicherheiten sind wir ihnen haushoch unterlegen. Doch dieser Umstand widerspricht jeder intellektuellen Logik. Also ist er nicht existent und der geistig behinderte, oder besser: andersfähige Mensch nutzt seine Überlegenheit „schamlos" aus.

Sie wissen relativ schnell, welchen „Knopf oder Schalter" sie drücken müssen, um ihre Erzieher, Mutter oder ihren Vater auf achtzig, auf hundertzwanzig oder auf hundertachtzig zu bringen.
Fassen wir das Gesagte zusammen, so bleibt:

1. Der Klient **agiert**,
2. die Erzieher **reagieren**.
3. Der Klient **provoziert**,
4. die Erzieher **ärgern sich**.

Der Klient erfindet neue Varianten, die Erzieher greifen auf altes Bekanntes zurück.
Erziehung von seiten der Erzieher findet nicht mehr statt, **der Klient erzieht seine Erzieher.**

Regel:
Wir müssen nicht reagieren, wir müssen agieren!

8.2 Was bedeuten diese Überlegungen für unser Klientel?

Ein vergleichbares Bild finden wir auch bei geistig behinderten (anders-fähigen) Menschen. Während ein quengelndes, schreiendes, wütendes, verweigerndes, nervendes Kind keine eigentliche akute Gefahr für den Erwachsenden bedeutet (sehen wir von einer Einweisung in eine psychiatrische Klinik ab), so sind die kreativen Verhaltensweisen unseres Klientels (Fremdverletzung, Selbstverletzung und destruktives Verhalten) von ganz anderer Qualität. Hier geht es nicht mehr um die Ohnmacht des Behandlers oder Betreuers, sondern hier geht es um massive Gefährdung der zu beaufsichtigenden Person, sei es gesundheitlich oder psychisch.

Die faszinierende Maßlosigkeit der Grenzüberschreitungen unseres geistig behinderten (anders-fähigen) Klientels bewirkt, daß wir panische Angst um die eigene Gesundheit und unser Leben haben (bei fremdaggressiven Verhaltensweisen) als auch einen Zweifel an unserer eigenen pädagogisch-therapeutischen Kompetenz zeigen, wenn es darum geht, selbstverletzende Verhaltensweisen zu unterbinden.

Das bedeutet, unser Klientel wird immer unberechenbarer!

Die zunehmende Unberechenbarkeit unseres Klientels steht diametral zur zunehmenden Berechenbarkeit unseres eigenen Handelns:

Bleiben wir beim Beispiel elterlicher „Gewalt":
Betrachten wir einmal die Möglichkeiten, die Eltern von Kindern und Jugendlichen letztendlich zur Verfügung stehen, um auf „klassische Art" Grenzüberschreitungen zu begegnen:
Hausarrest, Fernsehverbot, Taschengeldentzug, Schimpfen, Schreien, Ins-Zimmer-Schicken, Liebesentzug. Die allerletzte Konsequenz ist die Ohrfeige oder eine andere Form von körperlicher Züchtigung.
Im institutionellen Rahmen haben wir noch weniger Sanktionsmöglichkeiten.
Was aber passiert, wenn sich ein Kind oder ein geistig behinderter Klient entscheidet, daß die den erzieherisch tätigen Personen zur Verfügung stehenden Sanktionen im Sinne des „Kohl-Syndroms" ausgesessen werden?
D.h. wenn sich der grenzüberschreitende Klient (Kind oder geistig behinderter Mensch) entscheidet:
„Es interessiert mich nicht, wie die anderen darauf reagieren!"
Dieses Denken bzw. dieser Prozeß wird besonders dadurch gefördert, daß unser zu erziehendes Gegenüber ein enorm gutes Gespür dafür hat, wie unsicher wir in dem sind wie wir handeln.
Weder Eltern noch Erzieher fühlen sich gut dabei, Sanktionen auszusprechen. Insbesondere dann nicht, wenn sie diese in ihrer eigenen Sozialisation zu Genüge gespürt haben. Wollten wir es nicht immer anders machen als unsere Eltern?
Aus diesem Dilemma kommen wir nur noch heraus, wenn wir von unserem Klientel lernen. Dies geht über drei Wege:

1. Umkehr der Provokation
2. Umkehr der Reaktion
3. Umkehr der Unberechenbarkeit

8.2.1 Umkehr der Provokation

So schwer es auch fällt, die Verbindung von Provokation und Ärger muß erkannt werden. Die einzige logische Schlußfolgerung daraus ist, wir dürfen uns nicht mehr „ärgern lassen".
Wenn ich auf Ärger nicht mehr wütend, sondern eher lächelnd, humorvoll oder ironisch reagiere, wird mein Gegenüber entweder

- noch provozierender, um den für ihn gewohnten Reaktionszyklus wiederherzustellen oder
- irritiert reagieren. „Was ist passiert? Es ist heute nicht der ideale Provokationstag, ich warte mal einige Zeit ab, und dann läßt sich sicherlich der Allgemeinzustand wiederherstellen!"

Wir aber bleiben konsequent fröhlich. Insofern wird die Funktion der Provokation nicht mehr greifen.
Wichtig ist dabei, daß ich selbst handlungsfähig bleibe, d.h. über mein Verhalten erkenne, daß ich nicht nur die unglückliche Rolle des „Reagierens“ spielen muß, sondern auch die Möglichkeit des „Agierens“ habe.
Auf dieser spielerischen Ebene, sind erstmals wieder Bewegung und Kompromisse möglich. Auf einer restriktiven, konfrontativen Ebene kommt es wie gewohnt nur zu weiteren Verhärtungen und somit auch zu ausweglosen Ritualen. Verhärtungen aber sind destruktiv und führen zu keiner Bewegung.

8.2.2 Umkehr der Reaktion

Innerhalb des Umgangs von Menschen untereinander spielt Kommunikation die wesentlichste Rolle. Kommunikation ist ein Austausch von Informationen, wobei der Schwerpunkt auf dem Austausch, dem Dialog liegt. Auch Interaktion liegt ein solcher Austausch zugrunde. Dieser Austausch ist gekennzeichnet durch Aktion und Reaktion.
Ich handle in einer bestimmten Weise, mein Interaktionspartner reagiert darauf, und ich wiederum reagiere auf seine Reaktion.
D.h. einmal agiert der eine Interaktionspartner und der andere reagiert, wobei seine Reaktion für mich gleichzeitig auch eine Form der Aktion bedeutet, auf die ich dann spezifisch reagieren kann.
Bei den oben beschriebenen Kindern, Jugendlichen und vor allem auch bei unserem Klientel verändert sich aber dieser normale Prozeß in eine Richtung:

Dadurch, daß unsere Klienten unsere persönlichen und auch institutionellen Grenzen immer mehr auf die unterschiedlichsten Arten herausfordern können (z.B. mit Kot schmieren, Dinge zerstören, sich selbst oder andere Personen verletzen, um nur die gravierendsten Wege zu beschreiben), werden wir aus Mangel an adäquaten Aktionsmöglichkeiten immer mehr zum Reagieren gezwungen. Das Ende des Prozesses ist: Wir müssen nur noch reagieren.
Insbesondere bei selbstverletzenden Verhaltensweisen verstehen unsere Klienten es, uns soweit zur Reaktion zu zwingen, daß, wie bereits weiter oben beschrieben, „nur noch das Symptom den Dialog bestimmt.”

Eltern, die nur noch auf das kreative Chaos ihrer Kinder reagieren müssen, haben keine Möglichkeit mehr zu agieren. Der Reagierende wird somit erzogen.
Hier ist es Aufgabe, diesen „einseitigen Prozeß“ zu verändern. Das

geschieht am einfachsten dadurch, daß wir von unseren Klienten lernen.

Wir müssen wieder lernen auch zu agieren!

Dadurch, daß wir ständig zur Reaktion gezwungen werden, aber auch durch die Erkenntnis, daß wir diesen Prozeß verändern müssen, ergibt sich die dritte Variante:

8.2.3 Die Umkehr der Unberechenbarkeit

Eigentlich ist das Leben so einfach: das Prinzip liegt auf der Hand. Wenn einer der Dialogpartner **berechenbar** und der andere **unberechenbar** ist, wird der Berechenbare ständig **reagieren**, der Unberechenbare ständig **agieren**.

Dies ist eine asymmetrische Interaktion. Sie beinhaltet die Abhängigkeit des Einen vom Anderen und umgekehrt. Es ist ein Kreisprozeß, es ist ein Ritual. Rituale sind aber unproduktiv. Um einen lebendigen Dialog, d.h. einen ständiger Austausch von Aktion und Reaktion wieder zu erreichen, müssen wir von unserem Klientel lernen. Wir können z.B. im Sinne der Imitation des Klientenverhaltens den Prozeß umdrehen, der Berechenbare wird plötzlich unberechenbar. Das heißt jetzt nicht, daß wir auch mit Kot schmieren müssen, uns selbst schlagen oder den Klienten verprügeln. Aber durch diesen erstmal nur theoretischen Wechsel der Vorzeichen können folgende Veränderungen stattfinden:

a) bei der berechenbaren Person:

- Auseinandersetzung mit den eigenen Verletzungen und Anstreben neuer Stärken
- Erhöhung der Flexibilität und Kreativität gepaart mit einer Fülle von Humor
- Zunehmende Selbstsicherheit im Umgang mit unberechenbaren bzw. unvorhersehbaren Situationen
- Reduktion der Ohnmacht, Hilflosigkeit oder Angst
- Zunehmend mehr Gelassenheit und Sicherheit, die „Dinge im Griff zu haben"

b) bei der unberechenbaren Person:

- Irritation (Frage: „Warum ist der Andere verrückt?")
- Unsicherheit (Frage: „Warum funktioniert mein Verhalten nicht mehr?")
- Zunehmende Stabilisierung (Rückzug in den bekannten erzieherischen Rahmen und damit ein erhöhtes Maß an Zufriedenheit)

- Abwarten und zunehmend mehr konstruktives Handeln (als Ersatz für destruktives Handeln, bis sich die Situation normalisiert)
- Dadurch zunehmende soziale Anerkennung und emotionale Zuwendung des anderen Dialogpartners
- Festlegen eines neuen Verhaltensspektrums

8.3 Wie wird man unberechenbar?

Eigentlich ist es ganz einfach und doch so schwer:

- Einfach insofern, weil das Prinzip logisch und leicht nachvollziehbar ist
- Schwer, weil es bedeutet, Regeln und Reaktionsmöglichkeiten zu finden, die ständig variieren, dem Klienten keine Möglichkeiten zu lassen, sich wieder auf uns einzustellen, d.h. uns zu berechnen.

Unberechenbar zu reagieren heißt ja, eine Zeitlang **„verrückt" zu reagieren und damit wieder zu agieren.**
Und damit tun sich Eltern und Betreuer verdammt schwer. Kreativität und Flexibilität sind nicht jedermanns Sache. Bei Eltern empfehlen wir, sich abends ins Bett zu legen und gemeinsam für den nächsten Tag sich die unterschiedlichsten Reaktions- und vor allem auch Aktionsmöglichkeiten zu überlegen. Wenn Eltern dies konsequent tun, so haben sie zumindest an diesem Abend sehr viel Spaß. Allein der Gedanke, sich plötzlich verrückt zu verhalten, hat etwas von Aggressionsabfuhr.
Denn bei solchen Kindern ist es nur natürlich, das die Eltern ihren Kindern gegenüber ein hohes Maß an Aggressivität haben. Die Planung des jeweils täglichen Vorgehens nimmt schon sehr viel von dieser Aggressivität. Und das bedeutet, daß die Eltern in der Durchführung entschieden souveräner sind. Und das spürt auch das Kind.
Dies gilt für den Erzieher im Heim gleichermaßen. Stellen sie sich eine Teamsitzung vor, wo nur nach Möglichkeiten gesucht wird, für den Betreuten A neue „verrückte" Verhaltensregeln zu finden. Dies wird eine befreiende, humorvolle und angenehme Sitzung sein.

> Dadurch, daß wir unberechenbar „reagieren", „agieren" wir gleichzeitig wieder. Unser Klient muß sich auf uns einstellen und damit reagieren.

Das Prinzip ist verhaltenstherapeutisch, das Vorgehen ist kommunikationstherapeutisch, der Weg ist systemtherapeutisch und das Ende ist einfach gut. Für diese Umkehr der Unberechenbarkeit haben wir vor allem

die kommunikationstherapeutischen Interventionen zur Hand.
Betrachten wir nochmals die kommunikationstherapeutischen Möglichkeiten:

- Imitation des aktuellen Verhaltens
- Imitation des Verhaltens außerhalb der aktuellen Symptomatik
- Abwarten
- Hilflosigkeit
- indirekte Sprache
- Sprache ohne Sprache
- „verrücktes" Sprechen
- lautliches Sprechen
- Auffordern zum Fehlverhalten
- Vorwegnahme des Fehlverhaltens
- Verbalisierung emotionaler Inhalte
- Verschiebung in Raum und Zeit

und nehmen noch weitere Reaktionsebenen hinzu wie

- Lachen, wenn provoziert wird, lachen wir;
- Schimpfen, wenn nicht provoziert wird, schimpfen wir;
- selbst aggressiv sein, wenn der Bewohner gerade mal nicht aggressiv oder selbstverletzend ist, werden wir aggressiv, dies aber auf eine nicht verletzende Art und Weise,

denn Unberechenbarkeit beinhaltet auch:

Das Überraschungsmoment

Stellen sie sich einen Heimbewohner vor, der seine Mitbewohner und die beteiligten Erzieher immer wieder damit aus der Reserve lockt, andere zu attackieren. Gibt es nun mal eine Situation, wo sich der Bewohner gerade mal friedlich auf dem Sofa der Gruppe zur Beobachtung niedergelassen hat, so stürzen wir auf ihn zu, zerren an seinem Hemd, lachen und gehen kommentarlos wieder.
D.h. wir müssen gar nicht auto- und/oder aggressiv sein, um diesen Bewohner in seine Schranken zu weisen. Wir müssen nur etwas machen, was er nicht kennt.

Wir müssen agieren!

Dies soll mit einem Beispiel aus dem Heimalltag belegt werden:
Der Erziehungsleiter und die Gruppenleiterin eines Heimes kamen zu uns in die Ambulanz mit der Bitte um Behandlung eines extrem fremdaggressiven sowie autoaggressiven jungen Mannes, dem es offensichtlich gelungen war, sowohl die Mitbewohner als auch die Mitarbeiter in Angst

und Schrecken zu versetzen. Bei massiven Reaktionen auf fremdaggressives Verhalten setzte der Bewohner zusätzlich selbstverletzende Verhaltensweisen ein, die letztendlich zu einer entsprechenden Reaktion durch die Mitarbeiter zwangen.
Auf der Gruppe arbeiteten ausschließlich weibliche Mitarbeiter, die zum Teil schon erhebliche Verletzungen (Nasenbein- und Rippenbrüche) hinnehmen mußten.
Verständlicherweise hatten die meisten Mitarbeiterinnen Angst vor den Ausbrüchen dieses Mannes. Diese Angst und Unsicherheit bzw. Hilflosigkeit der Mitarbeiterinnen führte unter anderem dazu, daß sich insbesondere das aggressive Verhalten verstärkte. Der Bewohner wurde immer unberechenbarer in seinen aggressiven Attacken. Diese bezogen sich nicht nur auf schwächere Mitbewohner (niemals stärkere, die sich massiv wehrten), sondern in zunehmendem Maße auch auf das pädagogische Personal, das glaubte, sich nicht wehren zu dürfen.
So wurde z.B. eine nicht sofort berücksichtige Erfüllung aktueller Bedürfnisse mit Destruktion, Aggression oder selbstverletzendem Verhalten „beantwortet".
Die Frage einer Verlegung oder psychiatrischen Unterbringung wurde akut. Die Mitarbeiterinnen berichteten aber auch, daß sie ungern „kapitulieren" würden. Es wurde herausgearbeitet, daß eine Verlegung auch die eigene pädagogische Kompetenz in Frage stellen würde.

In der Beratungssitzung stellten wir das Prinzip der Unberechenbarkeit vor. Den Mitarbeiterinnen wurde empfohlen, sich erst einmal um den Schutz der eigenen Person zu kümmern. Wir empfahlen einen großen runden Tisch im Gruppenraum, um den man herumlaufen konnte und damit sich schützen und „spielerischer" mit der Aggression umgehen konnte.
Ihnen wurde klar, daß sie sich in deutlicher Weise von ihrem altbekannten und wenig hilfreichen Verhalten kurzfristig verabschieden mußten. Es wurden verschiedene Reaktionsmöglichkeiten vereinbart, die wieder „Aktion" bedeuteten. Das weiter oben beschriebene Beispiel war Bestandteil des Gesamtprogrammes.

> Wenn der Bewohner friedlich auf der Schaukel im Garten saß, wurde er laut schreiend begrüßt, danach gelacht und er wurde dann allein gelassen. Wenn er Bilder von der Wand riß, kamen alle Mitarbeiter herbeigelaufen, lachten laut und applaudierten. Wenn er gerade mal nichts tat, wurde er aufgefordert, ein bestimmtes Bild herunterzureißen usw.

Nichts funktionierte mehr so, wie er es gewohnt war. Der Bewohner hat sich bereits nach einem halben Tag in sein Zimmer zurückgezogen, ab und zu vorsichtig aus der Tür geschaut, um vielleicht zu sehen, „ob die Erzieherinnen wieder normal sind". Er zeigte vermehrt seine charmante Art, wurde zusehends hilfsbereiter. Dem begegnete das Team dann mit Distanz, aber Freundlichkeit.
Die Teamsitzungen, in denen die Aufgabe gestellt war, sich gemeinsam neue Variationen des Vorgehens „auszudenken" und zu planen, wurden entkrampfter und humorvoller. Auf diese Weise konnten aufgestaute Aggressionen und Ängste der Mitarbeiterinnen zusätzlich abgebaut werden. Dies hatte zur Folge, daß sich die Mitarbeiterinnen nicht mehr hilflos, sondern wieder „agierend" erlebten. Diese Sicherheit spürte der junge Mann offensichtlich und begann zusehends mehr konstruktive Beschäftigung durch Nachfragen einzufordern.

Fassen wir zusammen:

Unberechenbar werden heißt: Wieder zu Agieren. Agieren gibt Sicherheit. Sicherheit reduziert die Angst. Eine Erhöhung des sicheren Auftretens der Mitarbeiter führt zu einer Bereitschaft des Bewohners, sich an Regeln der Gruppe wieder anzupassen. Eine Akzeptanz der Regeln führt beim Bewohner wiederum zu einem Gefühl der Zufriedenheit und Überschaubarkeit. Dieses Gefühl führt zu einer Erhöhung der Handlungskompetenz und somit auch zum Wohlbefinden.

9. Der körpertherapeutische Zugang: Was beinhaltet er und welche Ziele verfolgen wir damit?

Wie können wir dieses Kapitel beginnen?

Vielleicht so?

*(... das wird wohl wieder diese Satire-Ecke sein, also: **Vorsicht, Satire!**)*

Körpertherapien erfreuen sich ja großer Beliebtheit (eine Renaissance der Heilpädagogik des letzten Jahrhunderts).
Sie sind einfach oder
einfach strukturiert,
haben einen Anfang und vor allem ein Ende (wobei es unerheblich ist, ob mit oder ohne Flöte).
Defizite werden durch sogenannte gute Erfahrungen ausgeglichen.
Nur manchmal macht man eben die Erfahrung, daß der behinderte Mensch ganz andere Vorstellungen von guten Erfahrungen hat als der wohlwollende Therapeut.
Körpertherapien dienen in erster Linie dem Wohlbefinden und der Müdigkeit des Therapeuten.
Man kuschelt sich aneinander, streichelt sich und schafft sich dann die entsprechende Innenausstattung wie Glitzerlampen, Wasserbett, sphärische Musik, Vibration und vieles mehr. Die Qualität der Snoezelräume wird immer variantenreicher und teurer. Warum sollten wir unser Arbeitsfeld nicht wirklich angenehmer gestalten?
Wenn nicht dieser verdammte Knebelvertrag mit dieser großen Rasierschaum-Firma wäre.
Ich kann zwar meine Haut spüren, jede Wahrnehmung, aber diese trokkene, verrunzelte Haut ist wirklich nicht besonders angenehm.

Der derzeitige Stand der Körpertherapie bei selbstverletzenden Verhaltensweisen läßt sich wie folgt beschreiben:

Im Vordergrund therapeutischer Bemühungen stehen neben verhaltenstherapeutischen Methoden zusehends mehr körperliche bzw. physische oder physiologische Aspekte des selbstverletzenden Klienten. In neuerer Zeit werden aber zunehmend mehr systemische und kommunikationstherapeutische Überlegungen angestellt.
Die in der Literatur der letzten Jahre beschriebenen Therapieverfahren

beschränkten sich meist auf Verstärkerprogramme lerntheoretischer Art und medikamentöse Behandlung. Der körperlichen Komponente wird allerdings vermehrt Aufmerksamkeit geschenkt.
Dies ist auch nachvollziehbar, da häufig der Körper des selbstverletzenden Klienten, vor allem bei den geistig schwerstbehinderten, oft einziges Kommunikationsmittel bzw. den einzig verfügbaren Kommunikationskanal darstellt.
Die hier vorgestellte dritte Behandlungsstrategie, die Methode der Körperzentrierten Interaktion ist ein übergeordnetes therapeutisches Modell, das Elemente unterschiedlicher Therapieformen (u.a. Besems & van Vugt, 1988; 1989; Facion, 1986; Hartmann, Kalde, Jakobs & Rohmann, 1988; Mall, 1984; 1992) zu einem Konzept verbindet.
Als übergeordnetes Ziel läßt sich ein Aufbau von Kommunikations- und Interaktionsfähigkeit beschreiben.
Der therapeutische Umgang mit dem Körper bietet dabei die Basis, höherstrukturierte Kommunikationsprozesse (über Mimik, Gestik, Laute, Sprache) aufzubauen.
Selbstverletzende Menschen können oft ihr eigenes Schlagen nicht mehr beherrschen; sie können ihren Körper und über den Körper sich selbst nur in einer sehr gestörten Weise wahrnehmen, und sie haben oftmals nur eingeschränkte Möglichkeiten, sich anders als durch selbstverletzendes Verhalten mitzuteilen und Kontakt aufzunehmen.

Explizite Ziele der körperzentrierten Interaktion (KI) sind:

1. Entwicklung von Selbstkontrolle
Der sich selbstverletzende Mensch soll (wieder) die Entscheidung treffen können, sich zu verletzen oder nicht. Er steht dann nicht mehr unter dem Zwang, sich verletzen zu müssen.
2. Entwicklung einer vielgestaltigen und angemessenen Körperwahrnehmung
Hier geht es darum, den eigenen Körper in unterschiedlichen Weisen zu erleben und ein feineres Körpergefühl zu entwickeln. Letztendlich soll sich dadurch der ganze Menschen entfalten, auch in seinem Erleben und Verhalten.
3. Anbahnung und Entwicklung von Kommunikation
Vor allem für behinderte Menschen ist es wichtig, daß sie sich über ihren Körper verständigen und sich so mitteilen können. In der KI sollen solche Verständigungsweisen entwickelt werden. Angestrebt wird dabei, über verschiedene Vorstufen hinweg die Begegnung im gegenseitigen Wechselspiel; mithin also eine qualitative Entwicklung der Verständigungsmöglichkeiten.

4. Aufbau von Alternativverhalten
Schließlich geht es für den selbstverletzenden Menschen darum, daß er lernt, z.B. seine Arme oder Hände für andere Tätigkeiten und Bewegungen einzusetzen, als dazu, sich zu schlagen.

Diese Zielsetzungen können allerdings nicht losgelöst von weiteren Prozessen gesehen werden, da unsere Klienten in unterschiedlichen sozialen Voraussetzungen eingebettet sind, auf die die Symptomatik Einfluß nimmt und umgekehrt (vgl. vorangegangene Kapitel).

> In Abgrenzung zu systemischen und kommunikationstherapeutischen Vorgehensweisen, die sich ausschließlich am Klientenverhalten im Sinne eines Dialoges orientieren, sind körpertherapeutische Methoden in erster Linie direktiv und folgen überwiegend klar strukturierten Regeln, insbesondere dann, wenn es darum geht, Körperprozesse (wie z.B. Erregung, Verspannung etc.) zu verändern.
> Der kommunikative Aspekt folgt erst an zweiter Stelle.

9.1 Welche therapeutischen Strategien, die überwiegend den Körper als Kommunikationsmedium betrachten, stehen uns zur Verfügung?

Nach einem kurzen Überblick über die therapeutischen Strategien und der Klärung wichtiger Voraussetzungen (9.1. bis 9.3.) und Arbeitsbedingungen liegt der Schwerpunkt in der konkreten Darstellung der Körperzentrierten Interaktion. Dieser Kapitelteil (9.4. bis 9.7.) gliedert sich dann wie folgt:

- Körperzentrierte Interaktion – vorbereitende Phase – Vorübungen – Knuddeltherapie
- Körperzentrierte Interaktion auf Basis der Musik-Körpererfahrungstherapie und der Aufmerksamkeits-Interaktions-Therapie (K.M.A.)
- Körperzentrierte Interaktion Sitzende Position
- Körperzentrierte Interaktion auf niedriger Kommunikationsebene
- Körperzentrierte Interaktion auf höherer Stufe
- Körperzentrierte Interaktion zum Aufbau inkompatibler Bewegungsabläufe
- Körperzentrierte Interaktion zur Nutzung natürlicher Reflexe
- Körperzentrierte Interaktion als Methode zur muskulären Entspannung
- Körperzentrierte Interaktion: Interaktives Boxen

Es schließt sich eine Zusammenfassung mit Ergänzung an (Abschnitt 9.8).

9.1.1 Welche körpertherapeutischen Vorgehensweisen setzen wir bei Kindern ein?

Die K.M.A. ist sozusagen ein „Klassiker“ körpertherapeutischer Intervention. Diese Therapieform wurde als Musik-Körpererfahrungstherapie von Jose Facion (1986) an der Kinder- und Jugendpsychiatrischen Abteilung der Universitätskliniken Münster unter Leitung von Prof. Hans E. Kehrer entwickelt (M).
Die Aufmerksamkeits-Interaktions-Therapie von Dr. Hellmut Hartmann seit 1982 praktiziert und 1986 erstmals veröffentlicht, wurde zusätzlicher Bestandteil der Methode und gab den Buchstaben (A).
Die Verbindung des kommunikativen und interaktiven Aspektes im Sinne einer Körperzentrierten Interaktion ist auf Dr. Ulrich Rohmann zurückzuführen, dieser steuerte den Buchstaben (K) hinzu.
Im Institut für Autismusforschung und -behandlung Marl-Sinsen unter der Leitung von Dr. Hellmut Hartmann sowie in der Folgeeinrichtung, im Zentrum für Autismusforschung und Entwicklungstherapie in Viersen unter der Leitung von Hartmann und Rohmann wurde diese Methode mit etwa 300 autistischen und/oder selbstverletzenden Klienten durchgeführt.
Es ist uns ein Anliegen, mit dieser ausführlichen Darstellung der Entwicklung dieser Methode die sehr wichtige Pionierarbeit von Hartmann und Facion hervorzuheben.

9.1.2 Welche körpertherapeutischen Vorgehensweisen setzen wir bei Jugendlichen und Erwachsenen ein?

Aus der K.M.A. wurde die Körperzentrierte Interaktion entwickelt, weil die Übungen aufgrund der Körpergröße und mit Rücksicht auf eine mögliche Grenzverletzung (sexuelle Stimulation/Mißbrauch) nicht einfach übertragbar waren. Die therapeutischen Prinzipien sind die gleichen; die konkrete Durchführung ist an die veränderten körperlichen Bedingungen Jugendlicher und Erwachsener angepaßt.
Die vergleichbare Körpergröße zwischen Klient und Therapeut eröffnet jedoch auch neue Felder der therapeutischen Auseinandersetzung, was wohl am deutlichsten beim Interaktiven Boxen zum Ausdruck kommt. Da die überwiegende Zahl der behinderten (anders-fähigen) Menschen mit selbstverletzendem Verhalten im jugendlichen und jungen Erwachsenenalter ist (Kobe, Mulick, Rash & Martin, 1994; vgl. auch Brezovsky, 1985 oder Hettinger, 1996), haben wir den Schwerpunkt der Darstellung auf die Körperzentrierte Interaktion gelegt. Die Methoden sind – soweit sie nicht schon im Rahmen der K.M.A. dargestellt – mit etwas Fantasie auch für Kinder anwendbar.

9.2 Welche Voraussetzungen sind notwendig?

9.2.1 Was muß im Vorgespräch geklärt werden?

Unabdingbar ist, ein ausführliches Vorabgespräch mit der im späteren Verlauf behandelnden Bezugsperson zu führen.
Oft haben wir es, als Folge eines interaktiven Teufelskreises, mit wechselseitigen Abhängigkeiten zwischen Bezugsperson und Klient zu tun. Wenn diese nicht vorher bearbeitet werden, kann es zu gravierenden emotionalen Reaktionen kommen, die u.a. auch zu einem Mißerfolg der Therapie führen können.
Nicht aufgearbeitete Widerstände oder Ängste führen zu Verkrampfungen oder Verspannungen in der Therapie, im extremsten Fall auch zu einer Ablehnung des Klienten.
Das wohl schwierigste Problem für den „Behandler" stellt die „gezwungene bzw. erzwungene" Haltesituation dar. Immer wieder geäußerte Bedenken gehen in die Richtung, daß man durch das Halten dem Klienten psychische Schädigung zufügen könnte, möglicherweise seinen Willen bricht. Diese Befürchtung sollte unbedingt berücksichtigt und angesprochen werden.
Fremd- und Selbstkontrolle als agierende Mechanismen kommen große Bedeutung für die Aufrechterhaltung selbstverletzender Verhaltensweisen zu.
Eine übermäßige Fremdkontrolle des Klienten läßt die Vermutung naheliegend erscheinen, daß von einem Willen des Klienten kaum die Rede sein kann. Andererseits wiederum bestimmt der Klient durch sein selbstverletzendes Verhalten die Reaktionen der Bezugsperson sowie den täglichen Ablauf innerhalb des Umfeldes auf massivste Art und Weise. Ist in diesem Falle von einem Willen des Klienten zu sprechen?
Für uns stellt sich die Problematik, wie im folgenden Beispiel beschrieben, dar:

Ein Klient wird, aus welchen Gründen auch immer, selbstverletzend, wobei es vorerst unerheblich ist, ob dieses Verhalten eine Reaktion auf mangelnde Zuwendung, Vermeidung oder auch eine Erwiderung auf einen (bekannten) Schmerzreiz darstellt.
Unklare Schmerzzustände bedürfen jedoch der Klärung und der Behandlung ihrer Ursachen (z.B. Mittelohrentzündung oder Zahnschmerzen). Für die Untersuchung behinderter, autistischer und/oder selbstverletzender Klienten bedarf es jedoch besonderer Erfahrung.
Wenn eine offensichtliche Beziehung zwischen Situation und selbstverletzendem Verhalten besteht, kann bei dem Klienten noch eine relative Selbstkontrollkompetenz vermutet werden. Andererseits können Bezugs-

person und selbstverletzender Klient in einem Wechselwirkungsprozeß verhaftet sein, aus dem sich beide ohne Hilfe von außen nicht lösen können. In vielen Fällen haben die Klienten (unbewußte oder wenig bewußte) Mechanismen entwickelt, um ihre Umwelt zu dirigieren.
Die Bezugsperson wird nun mit selbstverletzendem Verhalten konfrontiert und wird eingreifend den Klienten an der Selbstverletzung hindern. Dadurch wird das selbstverletzende Verhalten aber „positiv verstärkt" und die haltende Person durch die momentane Abnahme (Unterbindung) der Selbstverletzung ebenfalls. Durch die Verstärkung kommt es zu einer Erhöhung der Selbstverletzungsfrequenz, so daß die Bezugsperson immer häufiger eingreifen muß. Sie gerät dadurch zusehends mehr in Abhängigkeit vom Klientenverhalten. Der Klient wiederum wird durch eingreifende Maßnahmen immer mehr fremdbestimmt.
Diese zunehmende Fremdbestimmung führt zu einer Automatisierung des selbstverletzenden Verhaltens. Der einzig kontrollierende Faktor ist also letztendlich die Selbstverletzung selbst.
Folge ist, daß beide Interaktionspartner (Bezugsperson und Klient) vollkommen voneinander abhängig werden, somit handlungsunfähig sind. Handlungsunfähig bedeutet in diesem Sinne, daß eine Erweiterung des Erfahrungs- bzw. Handlungsspielraums nicht mehr gegeben ist.

Durchdenkt man dieses Beispiel, so fällt es einem schwer, den Begriff „Willen" sowohl auf den einen als auch auf den anderen Interaktionspartner anzuwenden.
Wenn man überhaupt von Willen sprechen kann, so scheint nur das selbstverletzende Verhalten über einen „Willen" zu verfügen. Das heißt, wir müssen uns darüber klar sein, daß in einer solchen massiven Ausnahmesituation von einer willentlichen Entscheidung des Klienten kaum gesprochen werden kann.

Ein weiteres Argument, das immer wieder angesprochen wird, ist, daß die Bezugsperson das Kind in der Haltesituation nicht leiden sehen kann. Dies scheint auf den ersten Blick paradox, da die Leiden durch die zugeführten selbstverletzenden Handlungen beim Kind extrem größer sein müssen als die Haltesituation selbst, wo wir das Kind ja direkt an Verletzungen hindern.
Hier handelt es sich meist um ein emotionales Problem der Bezugsperson, das viele Ursachen haben kann, z.B. die eigene Familiengeschichte oder z.B. eine unterschwellige Wut dem Kind gegenüber.
Wesentlich ist, die Hintergründe für verdeckte Abneigungen zu beleuchten. Oft bedienen wir uns auch eines kleinen Tricks, indem wir darstellen, daß die Haltesituation der K.M.A. in gewisser Weise dem Geburts-

akt entspricht. Somit versuchen wir symbolisch einen Neubeginn.
Das heißt, wir gehen entwicklungsmäßig soweit in die früheste Kindheit zurück, daß wir dort wieder ansetzen können, wo das selbstverletzende Verhalten noch nicht vorhanden gewesen ist.
Ob dies richtig und sinnvoll ist, bleibt eine andere Frage. In der Regel zeigt sich aber, daß dieses Argument die Bezugsperson beruhigt und motiviert und sie somit engagierter handelt.
Da bei der K.M.A. der Körperkontakt sehr eng ist, kann eine intensive Berührung mit dem Kind auch für die eine oder andere Bezugsperson vorerst unangenehm sein.
Diese Gründe, Bedenken und Ängste führten uns zu dem Schluß, eine langsame Annäherungphase der intensiven Beziehung bei der K.M.A. vorzuschalten.

9.2.2 Welche räumlichen Bedingungen sind notwendig?

Eine Überlegung hinsichtlich der Reizqualität des Raumes ist wichtig. Nach unserer Meinung gibt es aber keine allgemeingültige Regelung, sondern nur eine individuelle. So kann zum Beispiel für den einen selbstverletzenden Klienten die Raumqualität eine Reizüberflutung darstellen, für einen anderen wiederum, in der gleichen Situation, ein Mangel an Stimulierung bedeuten.
Sinnvoll ist es, vor Beginn der Therapie, eine differenzierte Reizanalyse durchzuführen oder den Raum vollkommen reizarm zu gestalten. Das Reizangebot wird dann im weiteren Zeitverlauf variiert bzw. erweitert (s.u.).
So nutzen wir zu diesem Zwecke einen Raum, der außer einer Matratze keinerlei weitere Gegenstände enthält.
Nach einem ausführlichen Gespräch mit dem Betreuer, der die Therapie absprachegemäß später vom Therapeuten übernimmt, beginnt der Therapeut den Oberkörper des Klienten zu entblößen, d.h. mit sehr stark verlangsamten Bewegungen, Ignorieren der Selbstverletzung, soweit dies möglich ist und beruhigende Lautäußerungen (z.B. beruhigende Intonation von Vokalen; keine sprachlichen Äußerungen nutzen, auch wenn der Klient sprechen kann).
Die jeweilige Bezugsperson beobachtet den Verlauf hinter einer Einwegscheibe. So bleibt ihr auch die Möglichkeit zu entscheiden, ob sie die Therapie selbst durchführen will oder kann.

Ist die Bezugsperson zu einem aktuellen Zeitpunkt nicht in der Lage, die Therapie zu übernehmen, kommt es nicht zu einem Wechsel, der Therapeut beendet die Therapiestunde allein.
D.h. es wird dem Betreuer die Möglichkeit gegeben, die Therapie bei seinem Klienten zu verfolgen, er kann aber, falls ihm während des Ablaufes noch Bedenken kommen sollten, die bisher noch nicht oder nur ungenügend angesprochen wurden, die Chance zu einem weiteren klärenden Gespräch nutzen.
Als Beruhigungs- und Interaktionsmedium wird zusätzlich meditative Hintergrundmusik gespielt. Wir empfehlen die CD „Silvercloud" von KITARO. Notwendig ist, während der Therapie mit dem Betreuer ständig in Kontakt zu stehen, um in der therapeutischen Situation selbst auch über seine emotionalen Probleme zu sprechen.

9.3 In welchen Körperpositionen wird die Körpertherapie durchgeführt?

Die liegende Position
wenden wir nur bei Kindern im Rahmen der K.M.A. an. Der Oberkörper des Kindes wird entblößt, das Kind auf den Rücken auf die Matratze gelegt, wobei seine Arme durch die Knie des Therapeuten flach an den Körper gedrückt werden. Der Therapeut sollte darauf achten, daß er durch seine Körperhaltung nicht die Atmung des Kindes beeinflußt, d.h. daß das Gesäß des Therapeuten auf dem Becken oder je nach Größe auf den Oberschenkeln des Kindes ruht.
Die Fixierung der Arme dient allein der Vermeidung von selbstverletzenden Verhaltensweisen, eine Verbindung zur Festhaltetherapie ist weder gedacht noch sinnvoll.

Die sitzende Position
Der Therapeut sitzt hinter dem Klienten, der Klient zwischen seinen Beinen. Der Therapeut legt seine Arme von hinten über die Arme des Klienten, ohne dessen Arme oder Hände anzufassen. Er drückt mit seinen Unterarmen die Arme des Klienten nach außen.
Sind die Beine des Klienten unruhig, so können diese durch das Auflegen der Beine des Therapeuten oder einer Hand des Jugendlichen ruhiger gestellt werden. Eine weitere Möglichkeit ist, anfangs nur Bewegungsabläufe zu üben, die sich auf die Beine zentrieren (s.u.).

Die stehende Position
wird der dialogischen Erweiterung der KI eingesetzt, vor allem, wenn motorische Aktivierung wichtig ist. Je nach Erfordernis kann der Thera-

peut vor dem Klienten, hinter ihm oder seitlich stehen. Die Variabilität der Position zueinander ist hier naturgemäß am größten. Es kann sinnvoll sein, in dieser Position auf weichem, nachgiebigem Untergrund (alte Matratzen z.B.) zu arbeiten, um über die Wahrung des Gleichgewichts die Regulierung der Körperspannung und die Aufmerksamkeit anzuregen (Interaktives Boxen, s.u.).

9.4 Die Vorbereitungsphase: Was tun, wenn das Kind nicht so will, wie ich es will?

Unter bestimmten Umständen erscheint es notwendig, vor Beginn der K.M.A spezifische Vorübungen durchzuführen. Dies gilt vor allem, wenn sich Therapeut und Klient noch nicht genügend kennen, das Kind erhebliche Widerstände zeigt, sich auf die Matratze legen zu lassen u.ä.
Hier bietet sich folgende Vorübung an:

Bei der sogenannten Knuddeltherapie wird überwiegend auf körperlicher Basis interagiert, wobei die Vorgehensweise mehr non-direktiv sein sollte. Hier steht mehr der emotionale, spielerische Aspekt im Vordergrund. Bestenfalls sollten diese Übungen beiden Interaktionspartnern (Bezugsperson und Klient) Spaß machen und sie entspannen bzw. entkrampfen. Die selbstverletzenden Verhaltensweisen werden weitestgehend ignoriert, wobei die Bezugsperson immer wieder (auch im Sinne von Toben) den direkten Körperkontakt mit dem Kind sucht.
Es werden das Tempo der Annäherung (stark verlangsamte Annäherung mit Unterbrechungen im Wechsel mit sehr schneller Annäherung), die Kontaktart (den Klient kitzeln, durchkneten, mit ihm über die Matratzen rollen u.ä.) und die Distanz beim Kontakt (sehr weit weg, sehr naher Kontakt) variiert. Es sollte darauf geachtet werden, daß es nicht zu Angstreaktionen beim Kind kommt. In diesem Falle sollten Geschwindigkeit und Kontakt verringert und die Distanz erhöht werden. Allerdings ist ein allzu vorsichtiges Vorgehen nicht angezeigt, da es wahrscheinlich ist, daß das Kind einige Zeit braucht, um sich an die neue Situation zu gewöhnen und Spaß daran zu finden.
Alle Aktionen sollten mit angemessenen übertriebenen Lauten begleitet werden.
Dadurch, daß der Bezugsperson die Aufgabe gegeben wird, mit dem Kind rumzutoben und selbst Spaß an der Situation zu haben, vergißt sie häufig ihre Annäherungsproblematik, so daß es durch den spielerischen Prozeß automatisch zu einem engeren Körperkontakt kommt, der dann, nachdem die beruhigende Musik einsetzt, relativ einfach in die neue therapeutische Situation umgewandelt werden kann.

Es muß allerdings nicht zwangsläufig zu der üblichen Position der K.M.A. kommen, sondern, je nach Situation besteht auch die Möglichkeit, ins Sitzen oder in die Seitenlage überzugehen.

9.5 Die K.M.A.: Welche therapeutischen Schritte sind bei der K.M.A. zu berücksichtigen?

Die K.M.A. wird bei Kindern grundsätzlich in der oben beschrieben *liegenden Position* durchgeführt.
Sie läßt sich in 8 Behandlungsphasen unterteilen, wobei jede Behandlungsebene nicht als ein alleiniger Schritt gesehen werden kann, sondern im Kontext mit den anderen Ebenen betrachtet werden muß. Es wird im folgenden auch keine direkte zeitliche Reihenfolge beschrieben, sondern nur therapeutische Ebenen mit entsprechend möglichen Reaktionen, die sich am jeweiligen aktuellen Kindverhalten orientieren.
Das bedeutet, daß in erster Linie immer die Aktion des Kindes die jeweilige therapeutische Reaktion der Bezugsperson bestimmt. Die im folgenden beschriebenen therapeutischen Schritte können also durchaus häufiger in einer Sitzung genutzt werden, wobei andere vielleicht gar nicht zur Anwendung kommen.

9.5.1 Phase 1: Widerstand

In dieser Phase beschäftigen wir uns primär mit dem gezeigten Widerstand des Kindes, den zugrundeliegenden Ursachen sowie mit möglichen adäquaten Reaktionen auf dieses bei der Körperzentrierten Interaktion am meisten belastende Verhalten.
Den Widerstand zu überwinden kann auch bedeuten, mit dem Kind kämpfen zu müssen. Bei dieser Kommunikation mit dem Körper finden über den Austausch von Kraft und Gegenkraft sowohl „Ich" und „Du" – Abgrenzungen als auch vielleicht erstmals wieder gemeinsames Erleben statt.
Die Situation des Kampfes beinhaltet auch die Notwendigkeit, seine Aufmerksamkeit nach außen zu richten – besonders wichtig, damit das selbstverletzende Verhalten Nebensache werden kann.

9.5.1.1 Welche Formen des Widerstands gibt es?

Als erstes seien mögliche Formen von Widerstand beschrieben, wobei wir allerdings nicht auf Vollständigkeit plädieren:

Physischer Widerstand
An Formen physischen Widerstandes findet man sehr häufig Anspannung der oberen Extremitäten, der Beine, Kneifen des eigenen Körpers bzw. des Körpers der festhaltenden Person, Aufbäumen des Oberkörpers, Schlagen mit dem Kopf auf die weiche Unterlage.
Andere Formen sind Kopfjaktationen, eine verzerrte Mimik, Beißen auf die Lippen oder auch Bruxismus (Zähneknirschen), Treten mit den Beinen auf die Unterlage oder Treten mit den Beinen auf die Unterschenkel bzw. Schienbeine, Spucken u.ä.

Verbaler bzw. lautlicher Widerstand
Hier stehen lautes Schreien, Kreischen, stereotypes Schreien im ständigen Wechsel mit Jammern im Vordergrund, wobei häufig das Wort „Mama" genutzt wird, bis hin zum Weinen mit oder ohne Tränen, Beschimpfen, die Aufforderung loszulassen oder, wenn strukturiertere Sprache vorhanden, die Frage, warum die Bezugsperson dies tut.
Bei sprechenden Kindern haben wir in unserer bisherigen Praxis bei allen festgestellt, das irgendwann das Wort oder der Satz „Ich muß Pipi, Pipi" gesprochen wird.
Dies ist insofern interessant, da offensichtlich das Kind bewußt ist, welch' hohen Stellenwert diese Aussage (da diese Klienten in der Regel sehr spät sauber werden) für die Bezugsperson haben muß. Hier finden wir einen Hinweis darauf, daß es sinnvoll sein kann, beim Sauberkeitstraining möglichst den zwanghaften Charakter (auch bei den Betreuern) herauszunehmen.
Wie ist nun mit diesen einzelnen Formen des Widerstandes umzugehen?

Bevor auf physischen oder verbalen Widerstand reagiert wird, zuerst selbst beruhigen. Nur über Blickkontakt kommunizieren, auf die Musik achten, sich möglichst entspannen. Eine Hilfestellung für diesen Weg: Versuchen Sie die Musik in Bilder und Phantasien umzusetzen, so entfernen Sie sich ein Stück vom Klienten und nähern sich ein Stück sich selbst. Sie werden bemerken, nach genügender Vorübung, daß sich Ihre Ruhe auch auf den Klienten überträgt. Wir werden uns im folgenden auf eine kurze Beschreibung der möglichen Reaktionsebenen beschränken, wobei mehrere Ebenen auf einzelne Formen des Widerstandes anzuwenden sind. Einige Reaktionsdimensionen werden im späteren Text ausführlicher beschrieben.

9.5.1.2 Welche Reaktionsmöglichkeiten sind denkbar?

1. **Anspannung des Oberkörpers und/oder der Oberarme**:
– Stark verlangsamtes, leichtes Streicheln dieser Körperpartien, reagiert der Klient darauf aversiv, Wechseln zu einem Rubbeln bzw. Kneten dieser Regionen, bis hin zu gezielter Massage einzelner Muskelpartien (Siehe auch weiter unten).
Alternativ dazu: Aufforderung zur Anspannung der Oberarme (s.u.). Durch übertriebene mimische Äußerungen die Anspannung der Oberarme und des Oberkörpers widerspiegeln.

2. **Verzerrte oder angespannte Physiognomie**:
– Adäquate bis übertriebene Imitation der Mimik des Klienten oder Distanzänderung (wird weiter unten näher beschrieben). Gegebenenfalls das Imitieren lautlich begleiten wie: „oh,ja", bis hin zur Aufforderung, Wut zu zeigen.

3. **Treten mit den Beinen bzw. Treten auf die Beine**:
– Mit dem eigenen Gesäß auf die Oberschenkel des Klienten setzen oder wahlweise Festhalten der Beine durch eine dritte Person. Diese Verhaltensweisen dürfen gegebenenfalls auch kurzfristig zugelassen werden.

4. **Kopfschlagen oder Aufbäumen des Oberkörpers**:
– Streicheln des Kopfes bzw. Drücken des Oberkörpers mit beiden Händen an den Schulterblättern auf die Matte oder langsames Führen des Oberkörpers. Ggf. Lockerungsübung (vgl. Phase 4).

5. **Spucken oder der Versuch des Beißens**:
– Ignorieren dieses Verhaltens, bis hin zu paradoxen Reaktionen, das heißt Auffordern zum Spucken. Eine weitere Möglichkeit wäre das Ausweichen bzw. Distanzänderung (vgl. Phase 3).

6. **Schreien**:
– Imitation des Schreiens mit unterschiedlicher Modulation und Lautstärke (von ganz laut bis ganz leise). Fragendes Schreien mit etwas übertriebener Imitation der entsprechenden mimischen Äußerung des Klienten oder, führt dies nicht zur Beruhigung, Aufforderung des Klienten zum Wütendsein, etwa derart: „Du bist wütend, sei jetzt ganz wütend und noch wütender und noch wütender...".
Auch hier ist es ratsam, die Distanz zu variieren.
Alternativ:
In sehr stark verlangsamter suggestiv-monotoner Sprechweise den Namen des jeweiligen Klienten wiederholen.

7. **Jammern, mit entsprechenden verbalen Äußerungen (z.B. Mama)**:
– Fragende Wiederholung der geäußerten Laute oder Worte, Imitation der Mimik mit entsprechender übertriebener Darstellung, Aufforderung zum Wütendsein (siehe oben) oder wahlweise den Namen des Klienten in eben beschriebener Form ständig wiederholen.
Auf keinen Fall Fragen stellen wie „Was ist denn? Was hast du denn?“ o.ä.

8. **Schimpfen**:
– Aufforderung zum Schimpfen: „Ja, jetzt darfst du schimpfen, *jetzt* schimpf noch lauter, schimpf noch fester und noch einmal schimpfen...“ oder, wahlweise lautliche Beruhigung wie „Aahh, jaaah, ohh“.

9. **Der Klient verbalisiert Wünsche, Aufforderungen in Richtung auf Vermeidung der Therapiesituation**

Die jetzt folgenden Anweisungen gelten nicht für den angesprochenen Toilettengang.
Aufnehmen der Frage mit einer Gegenfrage, z.B. „Warum möchtest du, daß ich loslassen soll“ oder, handelt es sich um eine Dominanzproblematik zwischen Betreuer und Klient:
„Ich möchte aber hier jetzt noch gerne ein bißchen mit dir liegenbleiben und schmusen“.
„Wir machen *jetzt* noch ein wenig die Streicheltherapie, nachher können wir gemeinsam spielen“. Solche Reaktionen sind allerdings nur dann angezeigt, wenn es sich abzeichnet, daß es zu einer symmetrischen Kommunikation kommen wird. Ist dies nicht der Fall, werden solche Äußerungen vermieden bzw. stereotype Äußerungen des Klienten ignoriert.
Bevor man unsicher auf entsprechende Fragen reagiert, sollte man lieber diese ignorieren oder mit beruhigendem Summen reagieren.

Auf den geäußerten Wunsch, Pipi machen zu wollen, sollte nicht reagiert werden, da es häufig der Fall ist, daß behinderte Kinder gelernt haben, daß Sauberkeit bzw. erfolgreicher Toilettengang eine wichtige Rolle im Leben der Betreuer/Eltern spielt.
Das heißt, sie setzen dies sozusagen als letzte Konsequenz ein, da nach ihren Erfahrungen, wenn nichts funktioniert, zumindest auf diesen Wunsch reagiert wird.
Um einem Einnässen oder Einkoten während der Therapiesituation vorzubeugen, sollte man möglichst mit dem Kind vor Therapiebeginn auf die Toilette gegangen sein. Kotet oder näßt das Kind während der Therapie ein und befindet sich noch in der Widerstandsphase, so darf auf keinen Fall zu diesem Zeitpunkt die Therapie abgebrochen werden,

sondern erst dann, wenn das Kind zu einer relativen Beruhigung gekommen ist.
Die hier vorgestellten Reaktionsmöglichkeiten auf unterschiedliche Widerstands-Verhaltensweisen des Kindes sind als Hilfestellungen zu verstehen, wobei allerdings jede behandelnde Bezugsperson auch ihren individuellen Weg finden kann.
Auf jeden Fall sollten Sie dies mit Ihrem supervidierenden Therapeuten absprechen, da sich hier schnell Fehler einschleichen können in dem Sinne, daß wir möglicherweise, wenn auch gut gemeint, das Verhalten des Kindes noch unterstützen.

9.5.2 Phase 2: Erste Beruhigung

Die erste Beruhigung, beschrieben als eine Phase, in der das Kind nur noch geringen Widerstand zeigt, wobei durchaus noch Spannung (Muskeln, Atmung etc.) vorhanden sein kann, wird als Ausgangsbasis für erste symmetrische Kommunikation genutzt.
Um dieses definierte Ziel zu erreichen, bedienen wir uns mehrerer Kommunikationskanäle, meist derjenigen, die beim Klienten, auch aufgrund seiner Behinderung, im Vordergrund stehen.

9.5.2.1 Wie nutzen wir den Kommunikationskanal Körper?

Interaktion und Kommunikation auf taktilen bzw. kinästhetischen Ebenen stehen beim behinderten selbstverletzenden Kind im Vordergrund. Dies bedeutet, daß wir anfangs die Kreisprozesse, die sich zwischen dem Körper des Kindes und seinem Erleben abspielen, in Richtung auf „Normalisierung" und Integration von Körperempfindungen verändern. Dabei geht es nicht nur um Stimulierung, sondern auch um die Aufmerksamkeitslenkung des Kindes und Zentrierung auf bestimmte Körperregionen und Körperempfindungen. Im weiteren Verlauf können diese Kreisprozesse zur Wahrnehmung der streichelnden Hand des Therapeuten bis zur Wahrnehmung seiner ganzen und der eigenen Person erweitert werden.
Ausgangsbasis dafür ist, die nackte Haut des Oberkörpers stark verlangsamt von den Schultern bis hinab zum Bauch zu berühren.
Streicheln des Gesichts, des Halses sowie der Haare und der Kopfhaut folgen.
Dabei stehen drei Reaktionsebenen des Kindes im Vordergrund:

Welche Rolle spielt die Intensität der körperlichen Stimulierung?
Es gilt herauszufinden, welcher Grad der Intensität (leichtes Streicheln, Rubbeln, festes Kneten) angenehme Reaktionen beim Kind hervorruft. Nicht selten können wir feststellen, daß selbstverletzende und nicht sel-

ten auch autistische Kinder auf leichte Stimulierung aversiv (ablehnend) reagieren. Sie werden unruhiger, grimassieren, schreien u.ä. Rubbelt oder knetet man aber die Hautpartien, so zeigen sie angenehme Reaktionen. Hier gilt es, im Verlauf der weiteren Therapie beide Stimulierungstechniken häufiger zu variieren, um somit eine Annäherung an eine leichtere Stimulierung, im Sinne eines angenehmen Empfindens, aufzubauen.

Welche Körperregionen reagieren auf Stimulationen besonders stark?
Es ist nicht selten zu beobachten, daß selbstverletzende Klienten besonders empfindlich im Hals-, Schulter- und Kopfbereich reagieren. Dies ist umso verwunderlicher, da gerade der Kopfbereich überwiegend häufig selbstverletzenden Handlungen ausgesetzt ist.

Diesen Widerspruch argumentativ aufzulösen, ist sicherlich nicht einfach. Eine Erklärungsmöglichkeit für dieses Phänomen könnte sein, daß gerade eine übersensible Oberflächenwahrnehmung im Kopfbereich zu einem ständigen Mißempfinden führt, das durch das Schlagen ins Gesicht sozusagen „übertönt" wird. Die Folgen von Verletzungen im Kopfbereich werden vom selbstverletzenden Klienten als weniger unangenehm empfunden als eine ständige Übersensibilität der Haut.
Durch gezielte Variation der Stimulation gerade bei diesen Körperpartien (im Sinne von a) kann eine Änderung der Oberflächensensibilität erreicht werden.
Im Bereich des Bauchnabels finden sich häufig starke muskuläre Verspannungen. Diese versuchen wir durch Methoden wie Massage, Kitzeln, Kneten zu verändern bzw. aufzulösen.
Ein gezieltes Registrieren übersensibler Körperpartien bzw. -regionen, findet auch Bedeutung in Spielsequenzen außerhalb dieser therapeutischen Maßnahmen:
So können z.B. Bauchverspannungen durch ein spielerisches Rollen auf einem großen Gymnastikball positiv begegnet werden. Übermäßiger Empfindlichkeit des Kopfbereiches beeinflussen wir u.a. durch Differenzierungsübungen wie Unterscheiden von warm und kalt, rauh und weich u.ä.

Mit welchem Tempo und Rhythmus soll stimuliert werden?
Eine bereits oben angesprochene Verlangsamung leichter Stimulierung bzw. eine folgende Variation Stimulationstempo und -rhythmus ist von weiterem therapeutischen und diagnostischen Interesse.
Nicht selten finden wir bei selbstverletzenden Klienten eine verzögerte, wechselnde oder auch herabgesetzte Reaktion auf Schmerzreize. Es ist allerdings durchaus denkbar, daß die von uns oberflächlich als herabgesetzt empfundene Schmerzreaktion des Klienten nicht herabgesetzt, son-

dern eher als verzögert oder ständig wechselnd zu beschreiben ist.
Um hier zu verläßlicheren Erkenntnissen zu gelangen ist es notwendig, den Stimulationsablauf zu variieren.
Durch sehr stark verlangsamtes Streicheln des Oberkörpers geben wir dem Kind die Chance, setzen wir einmal voraus, daß die Körperwahrnehmung verzögert ist, eine entsprechende Stimulierung wahrzunehmen unter anderem auch dadurch, daß wir einen Reiz längere Zeit beibehalten. Erfolgreiche Wahrnehmung läßt sich z.B. durch mimische, lautliche oder auch Hautreaktionen (Gänsehaut) beobachten.
Sind Reaktionen erkennbar, variieren wir das Stimulationstempo, in diesem Sinne also eine Übung zur Erhöhung der Wahrnehmungs- bzw. Informationsverarbeitungsgeschwindigkeit kinästhetischer Stimulierung.
Ein weiterer Schritt wäre dann, Stimulationsverlangsamung, -intensität und -region (im Sinne von Körperteilen) zu variieren.

9.5.2.2 Wie nutzen wir die Kommunikationskanäle Blickkontakt und Mimik?

Blickkontakt und Mimik als höher strukturierte Kommunikationskanäle werden durch Körperübungen zusätzlich aktiviert.
Wir erreichen also bei Veränderung der Körperwahrnehmung durch die oben beschriebenen Stimulationstechniken nach einiger Zeit Blickkontakt bzw. mimische Äußerungen, die wir zur Kommunikation auf einer höheren Ebene nutzen können.

Wie schon im vorangegangenen Kapitel beschrieben, spielt das therapeutische Element der Imitation eine grundlegende Rolle zum Aufbau symmetrischer Kommunikation.
Durch ein solches Vorgehen ist uns die Chance gegeben, das Kind auf unsere Reaktionen aufmerksam zu machen, aber auch dem Kind durch spiegelbildliches Reagieren, im wahrsten Sinne des Wortes, seine Reaktionen vor Augen zu führen.
Dadurch besteht die Chance, daß dem Kind seine mimischen bzw. lautlichen Äußerungen bewußter werden.
Durch Variation der imitierten Reaktionen kann differenzierteres Interagieren aufgebaut und somit selbstverletzungsreduzierend gearbeitet werden.
Zunahme von Kommunikation und Abnahme von Selbstverletzung hängen eng zusammen.
Für den Behandelnden sind die beiden Ebenen einer Kommunikation über den Körper und über Blickkontakt und Mimik von anderer Bedeutung.

Der Behandler lernt durch den intensiven und direkten Kontakt mit dem selbstverletzenden Klienten, gezielt und detailliert auf die einzelnen Re-

aktionen zu achten, wobei auch die Nähe zum Klienten den interaktiven und emotionalen Austausch verstärken kann.
Durch die Imitation des Klientenverhaltens machen wir weitere Erfahrungen darüber, was in dem Klienten vorgehen könnte.
Die Verlangsamung der Körperstimulierung hat auch den Vorteil, daß der Behandler selbst ruhiger und ausgeglichener wird.

9.5.3 Phase 3: Distanz und Nähe

Sinnvoll und notwendig ist es festzustellen, bei welcher Distanz von Gesicht zu Gesicht das Kind am aufmerksamsten reagiert. Eine solche Kenntnis hat sowohl therapeutischen als auch diagnostischen Wert.
Wir kennen ja alle aus eigener Erfahrung, daß es uns unangenehm sein kann, wenn ein Gesprächspartner zu nah an uns herantritt. Etwas ähnliches mag auch der selbstverletzende Klient empfinden. Deshalb ist es notwendig, die Distanz zu variieren.
Dies ist sicherlich auch außerhalb der K.M.A. sinnvoll und möglich (vgl. interaktives Boxen), wobei sich diese Therapieform allerdings besonders anbietet, extreme Nähe hervorzurufen.
Bei einer sehr engen körperlichen Beziehung reagieren selbstverletzende Klienten häufig ablehnend.

Wofür ist sie also notwendig?
Hier geht es darum, den Körper in seiner Gesamtheit, als Mensch zu spüren. Denn häufig werden nur bestimmte Körperteile von uns, von den Klienten als „Objekte" genutzt wie z.B. die Hände, die Füße oder auch der Kopf. Dadurch, daß wir in unserer Gesamtheit als körperlicher Mensch erkannt und akzeptiert werden müssen, kann der selbstverletzende Klient möglicherweise Rückschlüsse auf seine eigene körperliche Persönlichkeit ziehen.
Das Ertragenkönnen von Nähe erfordert eine gewisse Vertrautheit beider Interaktionspartner. Diese Vertrautheit kann förderlich für den gesamten kommunikativen und interaktiven Austausch sein.
Der Aufbau von Vertrautheit wird besonders durch das Schützen durch den Körper des Behandlers gefördert (vgl. Phase 7).

9.5.4 Phase 4: Körperführung

Wie schon an anderer Stelle beschrieben, kommt es bei selbstverletzenden Handlungen, wenn sie unterbrochen werden (z.B. durch Fixierung) zu Symptomverschiebungen.

Bei der hier beschriebenen Methode der K.M.A. ist ja das Kind auch relativ bewegungseingeschränkt. Die wenigen Alternativattacken gegen den eigenen Körper beschränken sich auf Treten, Kneifen und Kratzen oder das Schlagen des Kopfes auf die Unterlage. Letzteres passiert am häufigsten.
Im Sinne der oben beschriebenen therapeutischen Verfahren werden wir die Bewegung des Kopfschlagens aufgreifen und durch Führen des Kopfes mit dem gesamten Oberkörper diesen Ablauf verlangsamen.
Wir unterbrechen bzw. verhindern diese Reaktion also nicht, sondern geben ihr eine andere, eine neue Qualität. Durch eine Kontrolle des Bewegungsablaufes durch uns (Verlangsamung), kann durch ein steigendes Loslassen bzw. Lockern der Führung des Kopfes und des Oberkörpers Selbststeuerung des eigenen Bewegungsablaufes beim selbstverletzenden Kind aufgebaut werden.

9.5.5 Phase 5: Suggestion

Um Aufmerksamkeit oder Entspannung beim Klienten zu erreichen (auf eine nichtkörperzentrierte Vorgehensweise), setzen wir zusätzlich suggestive Elemente ein. Hier kommt vor allem die Begleitmusik zum Tragen, die so ausgewählt sein sollte, daß sie sich in Bilder, Geschichten, aber auch Geräusche umsetzen läßt. Wir nutzen als musikalische Untermalung die CD „Silvercloud“ von KITARO.
In verlangsamter, monotoner Sprachmelodie flüstern wir dem Klienten verbalisierte Musiksequenzen ins Ohr: Meeresrauschen, das Pfeifen des Windes, Regentropfen u.ä., wobei immer wieder entspannende Formeln wiederholt werden (je nach vorhandenem passiven Wortschatz): Einzelne Worte wie „ruhig“, „schön“ o.ä., bis hin zu ganzen Sätzen: „Wir sind jetzt ganz ruhig, ruhig, ruhig, es ist schön, schön, schön...“ oder aber auch gefühlsbetonte Sequenzen, wie „ich hab dich lieb“ etc.
Wir haben schon öfters im weiteren Verlauf beobachten können, daß Klienten (auch bisher nichtsprechende) diese Sätze wiederholt haben, auch in Situationen außerhalb der Therapie, meist bei einem massiven Selbstverletzungsausbruch (ein Hinweis auf einsetzende Selbstkontrolle). Dieser Bereich befindet sich aber noch im Entwicklungsstadium und muß weiter systematisiert werden. Wir stellen ihn nur der Vollständigkeit halber hier vor.

9.5.6 Phase 6: Selbststimulation

Ist eine längerandauernde Beruhigung beim Kind erreicht, lassen wir die Hände und Arme frei.
Selbstverletzende Handlungen werden allerdings verhindert, indem wir

die Hände des Klienten führen. Wir folgen zwar den Bewegungen zum Kopf, führen die Hände aber immer wieder zum Oberkörper zurück, wobei dies ohne Zwang und verlangsamt geschehen sollte.
Am Anfang werden die Kindbewegungen noch abrupt, unkoordiniert und unharmonisch sein. Durch ein langsames Streicheln des Oberkörpers mit den Händen des Kindes, wird es den angenehmen Charakter der Selbststimulation immer mehr empfinden lernen (es gibt etwas anderes, als sich zu schlagen) und damit wird auch der Bewegungsablauf immer koordinierter.
Im späteren Therapieverlauf wird es häufig nicht mehr notwendig sein, die Hände des Kindes zu führen, es wird sich ohne Selbstverletzung selbst streicheln.
In den ersten Sitzungen wird das Kind auf das Freilassen der Arme mit Unruhe und Schreien reagieren. Wir sollten uns davon nicht zu schnell beeindrucken lassen, denn unser oberstes Ziel ist ja Aufbau von Selbstkontrolle.
Sollte diese Form von Widerstand allerdings länger als 10 Minuten dauern, sollten wir nochmals in die Grundposition zurückgehen und es zu einem späteren Zeitpunkt erneut versuchen.
Diese Form der Selbststimulation ist eines der wesentlichsten therapeutischen Elemente der K.M.A.

9.5.7 Phase 7: Schutz durch den Körper des Therapeuten

Diese Strategie folgt mehreren Zielen:

a) Von diagnostischem Interesse ist, ob die Selbstverletzung automatisiert ist und in welchem Ausmaß.

   Wenn wir die Selbstverletzungen in vollem Ausmaß wieder zulassen und dabei den Kopf des Kindes durch unseren Körper schützen, erfahren wir, ob es sich um ein automatisiertes, stereotypes Bewegungsmuster handelt. Das Kind hat eigentlich keinen Grund uns zu schlagen, sondern es muß, wie unter einem Zwang, die Schlagbewegung zum Kopf durchführen. In leichteren Fällen kann das Dazwischenbringen des Körpers des Therapeuten die selbstverletzende Handlung erfolgreich blockieren.

b) Diese Phase ist für den Therapeuten sicherlich eine recht schmerzhafte Angelegenheit. Wir gewinnen aber durch dieses Vorgehen die Kenntnis, mit welcher Intensität die Schläge ausgeführt werden. Diese Kenntnis wird sicherlich unsere gesamte therapeutische Konzeption beeinflussen.

c) Wie schon oben beschrieben, spielt eine Vertrautheit zwischen Kind und Therapeut eine wichtige Rolle. Oft begleiten wir das selbstverletzende Kind als eine Art Hilfs-Ich eine geraume Zeit. Dadurch, daß wir Selbstverletzung zulassen, aber mit unserem Körper schützen, wird diese Hilfs-Ich-Funktion erleichtert.

9.5.8 Phase 8: Konfrontation mit der Selbstverletzung

Wie schon beschrieben, ist eine kontrollierte Konfrontation mit dem selbstverletzenden Verhalten von therapeutischer Notwendigkeit. D.h. der selbstverletzende Klient muß lernen, Selbstverletzungen wieder selbst zu kontrollieren.
Bei der hier beschriebenen Methode der Körperzentrierten Interaktion geschieht dies in 2 Stufen:

(1) Steuerung der Selbstverletzungsintensität
Die Arme des Kindes sind frei, wir lassen Schläge zu, wobei wir allerdings unsere Hände locker auf die Hände des Kindes legen. Auf diese Weise können wir die Intensität des Schlages durch ein vorheriges Abbremsen variieren. Ziel ist es, daß das Kind die Intensitätssteuerung der Schläge durch Übung übernimmt, also auch hier Selbststeuerungsmechanismen wieder in Gang gesetzt werden.

(2) Hilfestellung zum Selbstschutz anbieten
Eine weiterführende Form eines Aufbaus von Selbststeuerung ist die Stufe des Schutz-anbietens:
Die Oberarme des Kindes sind frei, Selbstverletzungen werden in vollem Umfang zugelassen, wobei wir allerdings unsere Hände als Schutz anbieten. D.h. wir halten sie in das Blickfeld des Kindes und fordern es auf, unsere Hand zu ergreifen.
Wir bieten unsere Hände sozusagen als Selbstfixierungsobjekte an.

9.5.9 Zusammenfassung und Indikationsstellung

Die hier vorgestellten Übungen der K.M.A. (Körperzentrierten Interaktion auf Basis der Musik-Körpererfahrungstherapie und Aufmerksamkeits-Interaktions-Therapie) können als Basistherapie zur Beeinflussung von kognitiven, interaktiven insbesondere aber physiologischen Prozessen angesehen werden.
Auf diese Art gewonnene Kenntnisse und Erkenntnisse werden in die weitere Arbeit mit der Körperzentrierten Interaktion einfließen.
Unsere Beobachtungen haben gezeigt, daß bei der Basistherapie K.M.A. zwischen Klient und Bezugsperson wechselseitige therapeutische Prozesse in Gang gesetzt werden.

Wir haben die Beobachtung gemacht, daß z.B. Mütter durch diese Form der Behandlung einen neuen oder anderen emotionalen Zugang zu ihrem Kind gewinnen.
Durch die beruhigende Wirkung der meditativen Musik und/oder auch der beruhigend wirkenden Verlangsamung der Bewegungen und der Aufforderung, über die Augen zu kommunizieren, kann es dann zu einer Generalisierung der Entspannung auch über die therapeutische Situation hinaus kommen.
Dieser Gewinn an innerer Ruhe und Gelassenheit erlaubt es dem Betreuer, selbstverletzenden, negativistischen und provokativen Verhaltensweisen des Klienten zunehmend kompetenter und „haltgebender" zu begegnen. Das wiederum unterstützt wesentlich Verhaltensänderungen beim Kind.
Ein weiterer Aspekt, der möglicherweise eine therapeutische Bedeutung hat, ist eine Veränderung der Dominanzbeziehung. D.h. nicht mehr der Klient dominiert mit seinen Selbstverletzungen sein Umfeld, sondern der Betreuer führt wieder das Kind.

Indikation

Bei einem u.E. immer noch nicht ausreichend statistisch geprüften therapeutischen Verfahren, das zwar durch ein Forschungsprojekt der Universität Bochum unter der Leitung von Hartung geprüft wurde, ist eine Indikationsstellung nur bedingt möglich.
Erfahrungswerte lassen aber auf eine Wirksamkeit der Methode schließen. Da wir es hier mit einem sehr intensiven Therapieverfahren zu tun haben, wollen eine Indikationsstellung trotzdem vorlegen, um einer laienhaften Durchführung – wie es zum Beispiel bei der Festhaltetherapie noch heute praktiziert wird- vorzubeugen.
Folgende Indikationsstellungen sind für die K.M.A. denkbar:

a) Dominanzstörung:
Der Begriff Dominanz beinhaltet in diesem Zusammenhang eine Störung der natürlichen richtung- und stabilitätgebenden Funktion der Bezugsperson, in den meisten Fällen der Mutter.

b) Verzögerte Reaktion auf Schmerzreize
Wie schon mehrfach beschrieben, zeigen selbstverletzende Klienten oft eine verzögerte, wechselnde oder herabgesetzte Reaktion auf Schmerzreize.
Durch Stimulationsmechanismen, wie sie oben beschrieben wurden, kann eine Veränderung erreicht werden.

c) Veränderungen bei der haltenden Person
Es ist nicht selten, daß wir als Erwachsene durch das massive Verhalten des Kindes eine emotional gestörte Beziehung zum Kind bekommen haben. Durch die intensive Nähe und die Konfrontation mit der Angst, der Orientierungslosigkeit unseres Kindes, aber auch durch differenzierte Beobachtung seiner mimischen, gestischen oder sprachlichen Reaktionen werden wir einen neuen oder anderen emotionalen Bezug zum Kind gewinnen.

d) Sprach- und Kommunikationsaufbau
Kommunikation und Selbstverletzung stehen in der Regel in einer umgekehrt proportionalen Beziehung. Kommunikationsaufbau muß also therapeutisch im Vordergrund stehen. K.M.A. bietet hier wertvolle Möglichkeiten.

e) Aufbau inkompatibler Bewegungsmuster
Durch die K.M.A. haben wir die spezielle Möglichkeit, Selbststimulationen zu initiieren, die keinen selbstbeschädigenden oder selbstverletzenden Charakter haben.
Hier wird also Selbststeuerung und -kontrolle wieder ermöglicht.

Kontraindikation

a) Pathologisch wechselseitige Abhängigkeit über die Selbstverletzung
Bei einer pathologischen Beziehung befinden sich beide Interaktionspartner (Bezugsperson und selbstverletzender Klient) in einem gegenseitigen Abhängigkeitsverhältnis, aus dem in der Regel keiner von beiden ohne fremde Hilfe herausfindet.

b) Klammern
Hier subsumieren sich Klienten, die Festhalten schlechthin bzw. ihren Interaktionspartner als Mittel zum Zweck (Schutz o.ä.) benutzen bzw. einsetzen. Hier werden wir als Objekt oder Werkzeug benutzt.

c) Alter
Ab einem gewissen Alter, abhängig von der Kraft, sind wir nicht mehr in der Lage, die Position bzw. den Widerstand kräftemäßig zu beeinflussen.

d) Sexualität
Verständlichweise kann man einen Jugendlichen in der Pubertät mit ausgeprägten sekundären Geschlechtsmerkmalen nicht mehr den Oberkörper entblößen und ihn entsprechend stimulieren. In diesem Falle empfiehlt sich die im nächsten Abschnitt vorgestellte Variante der KI zu nutzen.

9.6 Die Körperzentrierte Interaktion: Welche Regeln gelten für ihren Einsatz bei Jugendlichen und Erwachsenen?

Als Kontraindikationen der K.M.A. wurden im vorangegangenen Abschnitt u.a. das Alter des Klienten und Gründe der Sexualität angegeben. Aus diesen und anderen Gründen nutzen wir bei größeren Jugendlichen und Erwachsenen eine andere Vorgehensweise.
Wir sitzen nicht über dem Klienten, sondern hinter ihm. Diese Position hat gegenüber der liegenden der K.M.A. einige deutliche Vorteile, z.B. einen weitaus größeren Handlungsspielraum.
Größter Nachteil aber ist, daß Blickkontakt nicht hergestellt werden kann.

9.6.1 Die therapeutische Situation der sitzenden Position

Die KI wird zunächst in der sitzenden Position durchgeführt, die oben beschrieben wurde.
Sind die Beine des Klienten unruhig, so können diese durch das Auflegen der Beine des Therapeuten oder einer Hand des Jugendlichen ruhiger gestellt werden. Eine weitere Möglichkeit ist, anfangs nur Bewegungsabläufe zu üben, die sich auf die Beine zentrieren.
Auch hier wird, bis auf einige Ausnahmen, begleitende Musik als Kommunikations-, Handlungs- und Beruhigungsmedium eingesetzt.

Der Therapieraum sollte variabel gestaltet sein. Das heißt, empfehlenswert ist ein reizarmer Raum, der in langsamer Abstufung zu einem reizvollen Raum umgestaltet werden kann. Notwendig sind einige von der Zimmerdecke hängende Gegenstände (Sandsack, großer Luftballon oder Ball; vgl. Kalde, 1992). Auch sollte eine Matratze oder Judomatte vorhanden sein.
Die Oberarme und der Nacken des Klienten sollten entblößt sein, es empfiehlt sich ein Muscle-Shirt.
Körperzentrierte Interaktion (KI) in der sitzenden Position läßt sich wie die K.M.A. in mehrere therapeutische Phasen unterteilen. Wobei hier, im

Gegensatz zur K.M.A., eine zeitliche Reihenfolge der einzelnen Übungen gegeben und sinnvoll ist.

9.6.2 Körperzentrierte Interaktion auf niedriger Kommunikationsebene

Vergleichbar der basalen Kommunikation (Mall, 1984) wird diese Methode überwiegend bei Klienten eingesetzt, die schwerst geistig behindert sind und auf den ersten Blick über keinerlei Kommunikationsmechanismen verfügen, abgesehen von Selbstverletzungen und motorisch-stereotypen Handlungen, die ja durchaus kommunikativen Charakter haben können.

9.6.2.1 Welche Übungen bilden die Grundlage?

Es werden also Kommunikationskanäle der niedrigsten Stufe genutzt. Darunter ist zu verstehen, daß wir

- uns dem Atemrhythmus des Klienten anpassen. Dies sollte auf eine etwas übertriebene Art geschehen, d.h. bei der Atmung die Brust etwas stärker wölben, so daß der Klient dies auf seinem Rücken spüren kann. Indem wir nahe an das Ohr herangehen, können wir auch den Atmungston etwas verstärken.
- die Vibration des Körpers nutzen. Durch ein Summen oder Brummen entsteht eine Vibration unseres Körpers, den der Klient über seinen Rücken wahrnehmen kann. Eine sehr hohe Körpervibration rufen wir mit einem lauten „ommmm" hervor. Diese Silbe ist Standard jeder meditativen Sitzung, abgeleitet vom „Om nahma shiva ja". Auch der Kopf läßt sich in diesem Sinne als Resonanzboden nutzen, indem wir unser Kinn auf den Kopf oder unsere Wange an die Wange des Jugendlichen legen. Bei letzterem ist uns zusätzlich die Möglichkeit gegeben, durch Aneinanderreiben der Wangen dem Rhythmus der Vibrationen oder der Atmungsfrequenz zu folgen. Durch Verlangsamung, Lautstärkenregulierung und Tonqualitätsänderung können wir eine Art von Sprache aufbauen.
- eine Verbindung beider eben beschriebenen Ebenen. Der Atemrhythmus wird mit entsprechenden Vibrationen imitiert und in Folge auch variiert.

Lichtenberg (1986) berichtet von Entkrampfung bzw. Entspannung bei selbstverletzenden Personen über den Einsatz von unterschiedlichen Medien (Licht, Musik, Projektoren u.ä.) in einem sonst reizarmen Raum. Als Zielsetzung formuliert Lichtenberg eine Bewußtmachung der eigenen Körperrealität, Förderung der Kreativität, wobei auch Lichtenberg sein therapeutisches Handeln eher am Klienten orientiert, um eine Überforderung zu umgehen, so daß der behinderte Mensch auf diesem Weg erste Erfolgserlebnisse registrieren kann.

9.6.2.2 Welche Übungen führen weiter?

Übung 1

Sind erste Reaktionen beim Klienten beobachtbar, können Atmungs- und Vibrationsrhythmen auf eine körperstimulierende Ebene (Streicheln und Selbststreicheln der Oberarme) übersetzt werden. Gestische Begleitung verschiedener Rhythmen wäre ein weiterer Schritt: Wir führen im Rhythmus der Vibration oder der Atmung die Arme des Klienten, wobei auf einen Wechsel von Armführung und Geführtwerden geachtet werden sollte. Bei diesen Übungen sollte keine Musik eingesetzt werden, da hier vordergründig unser Ziel ist, über die Nutzung der Basis-Kommunikationsmechanismen des Klienten seine Aufmerksamkeit zu erreichen und erste symmetrisch interaktive Handlungssequenzen aufzubauen.

Übung 2

Hier besteht die Möglichkeit, daß sich der Therapeut hinter den selbstverletzenden Klienten setzt, dessen Rücken an der Brust des Therapeuten ruht. Die Oberarme des Klienten werden stark verlangsamt zu gezielten Aktionen geführt (z.B. streicheln der eigenen Oberschenkel oder des Oberkörpers). Es kann auch zu langsamen, weitausgreifenden Armbewegungen angeleitet werden, die sich von den schon stereotypen Reaktionen entfernen. Das heißt, schlägt sich ein Klient z.B. mit den Fäusten oder Händen ins Gesicht oder an den Kopf, würden sich in diesem Falle Bewegungen der Oberarme nach unten empfehlen.

9.6.3 Körperzentrierte Interaktion auf höherer Stufe

Bei Klienten mit geringerer geistiger Behinderung oder aber bei Klienten, die die Mechanismen der Basis-Kommunikation erkannt haben, empfiehlt es sich, Kommunikationskanäle wie Mimik, Gestik, Blickkontakt, Laute und Sprache zusätzlich einzusetzen.
Wie bereits mehrfach beschrieben, nehmen wir eine Beziehung von Kommunikationsqualität und -quantität und selbstverletzenden Verhaltensweisen an. Nimmt die Qualität und Quantität der Kommunikation/Interaktion zu, nehmen selbstverletzende Verhaltensweisen ab.

Übung 1

Diese Übung kann dadurch erweitert werden, daß sich zusätzlich die Bezugsperson vor den Klienten setzt und mit ihm gemeinsam die soeben beschriebenen Bewegungsübungen durchführt:

So ist eine räumliche Trennung zwischen Klient und Bezugsperson gegeben, die je nach Situation variierbar ist. Der hinter dem Klienten sitzende Therapeut bietet dem Klienten Schutz und kann zusätzlich Hilfestellung geben. Daß diese anfangs von dem Therapeuten übernommen werden sollte, begründet sich auch darin, daß wir, wie bereits mehrfach in diesem Buch beschrieben, es oft mit „pathologischen Beziehungen" und/oder Anklammerungstendenzen zu tun haben und ein erstes Ziel sein muß, dieses Anklammern zu verhindern.

Übung 2
Weitere Möglichkeiten bestehen zum Beispiel im Massieren der unteren und oberen Extremitäten. Ein erster Versuch, auch das Gesicht des Klienten mit unseren Händen oder durch Führung der Hände des Klienten zu berühren, kann unternommen werden. Dem Klienten (im Sinne von Besems) bleibt aber die Entscheidungsfreiheit eines „ja" oder „nein", das heißt, er kann entscheiden, ob diese oder jene Übung durchgeführt wird oder nicht.

Übung 3
Unterstützt werden solche Übungen durch kommunikationstherapeutische Elemente, wobei z.B. auf der einen Seite der hinter dem Klienten sitzende Therapeut die Atmung des Klienten imitieren kann. Auf der anderen Seite kann die vor ihm sitzende Bezugsperson mimische und gestische Äußerungen imitieren und variieren, sofern sie nichts mit der Selbstverletzung zu tun haben.

Übung 4
Ein weiteres einsetzbares Mittel wäre z. B. das Umsetzen mimischer und gestischer Äußerungen in entsprechende Laute durch die Bezugsperson oder den Betreuer / Therapeuten. Ein Beispiel dafür wäre ein langgezogenes „Aaaaaaahaha" bei weitausschweifenden Armbewegungen.

Ziel dieser Vorgehensweise ist primär, die kommunikativen bzw. interaktiven Fähigkeiten und Möglichkeiten des selbstverletzenden Klienten zu nutzen, um auf diese Weise (sozusagen auf seiner Interaktionsbasis) mit ihm erstmals symmetrisch zu kommunizieren.
Oder, nehmen selbstverletzende Verhaltensweisen ab, so nimmt die Qualität und Quantität von Kommunikation/Interaktion zu. Da in der sitzenden Position kein Blickkontakt möglich ist, erfordern die folgenden Übungen eine zweite Person oder einen großen Spiegel.

Übung 5
Der Therapeut sitzt, wie beschrieben, hinter dem Klienten. Die zweite Person sitzt dem Jugendlichen gegenüber. In der ersten Übungsphase

imitiert sie mimische und lautliche Äußerungen des Klienten, wobei auch hier die Qualität der Imitation variiert wird (folgen, übertreiben, folgen, verändern, folgen...) und auch stark verlangsamte Form annehmen kann. In der zweiten Übungsphase gibt die gegenübersitzende Person bestimmte gestische und lautliche (sprachliche) Signale vor, die der Klient dann imitiert, ggf. mit Unterstützung der hinter ihm sitzenden Person.

Beispiel:

- Die dem Klienten gegenübersitzende Person zeigt langsam mit dem Zeigefinger auf seinen Oberkörper und sagt laut und deutlich seinen Namen. Dieser Ablauf wiederholt sich solange, bis der Klient dies mit seinem Blick verfolgt.
- Therapeut führt nun den Arm des Klienten auf den Oberkörper der gegenübersitzenden Person und sagt laut und deutlich dessen Namen.
- Wiederholung des gesamten Ablaufes.
- Zweite Person zeigt nun langsam auf den Oberkörper des Klienten und sagt dessen Namen. Klient zeigt (mit Hilfe der Führung des Therapeuten) auf seinen Körper, der Therapeut und die Person gegenüber nennen den Namen des Jugendlichen.

Solche Übungen, die der Phantasie des Behandelnden keine Grenzen setzen, können durch Hilfsmittel noch effektiver gestaltet werden. Ist z.B. Ziel der Sitzung, Aufbau von Gestik und Sprache (Laute), können die Fingernägel und die Mundpartie des Gegenübers grell geschminkt werden, um ganz besonders auf diese Areale hinzuweisen (vor allem für taube Klienten von Bedeutung).
Die hier vorgestellten Übungen sind dazu geeignet, ganze Handlungsabläufe zu üben, da der hinter dem Klienten sitzende Therapeut jederzeit die Funktion eines „Hilfs-Ich's" übernehmen kann.

Wir müssen immer wieder (auch zwischen den einzelnen Handlungsabläufen) darauf achten, daß dem Klienten die Chance gegeben ist, selbst zu handeln. Viel Geduld und viel Zeit ist also notwendig.

Der hinter dem Klienten sitzende Therapeut spürt schon über den Körper (z.B. durch Muskelkontraktionen), ob der Klient Reaktionen zeigen will, und kann dann ggf. weniger eingreifend langsam führen. Auch hier ist also Aufbau von Selbststeuerung wesentliches Element.

9.6.4 Körperzentrierte Interaktion zum Aufbau inkompatibler Bewegungsabläufe

Aufbau inkompatibler Bewegungsabläufe bedeutet, daß wir motorische Muster üben, die mit häufig schon stereotypen selbstverletzenden Handlungen unvereinbar oder diesen entgegengesetzt sind.

9.6.4.1 Welche Übungen fördern den Ausdruck und Abbau von Aggression?

Eine Annahme zur Verursachung selbstverletzender Verhaltensweisen ist, daß die Klienten nicht mehr in der Lage sind, aggressive Tendenzen adäquat umzusetzen bzw. auszuleben und diese somit gegen sich selbst wenden. Sind Hinweise in diese Richtung zu beobachten, sollen Übungen zur Aggressionsförderung eingesetzt werden. Eine Möglichkeit bietet das Interaktive Boxen (vgl. weiter unten).

Übung 1 – *Grundposition im Sitzen*
Wir legen unsere Arme locker auf die Arme des Klienten. Dieser wird bald unsere Arme abstreifen und sich mit den Händen oder Fäusten in das Gesicht schlagen. Sobald die Bewegung seiner Arme/Hände zum Kopf geht, fassen wir beide Handgelenke und schlagen die Hände kräftig auf die Matratze.
Lautliche Äußerungen des Klienten werden dabei mit wütendem Ton verstärkt. Ist ein guter passiver Wortschatz beim Klienten vorhanden, können wir die Bewegungen auch sprachlich umsetzen, wie:
„Petra ist wütend, ganz wütend" oder „wir schlagen ganz fest auf die Matratze, noch fester, und noch fester" usw. Wichtig ist, daß wir versuchen, uns in den Klienten hineinzudenken und dieses Gefühl sprachlich umsetzen.
Anfangs werden wir die Arme des Klienten führen müssen, auch Gegendruck ist zu erwarten. Bei Widerstand halten wir kurz inne, führen aber die Handlung trotzdem weiter aus. Werden die Schlagbewegungen auf die Matratze fließender, lockern wir immer mehr den Griff, bis wir unsere Handflächen leicht auf den Handrücken des Klienten legen können.
Bald wird der Klient das Schlagen auf die Matratze selbst durchführen, wobei wir zu immer heftigeren Reaktionen auffordern. Wir legen dann unsere Arme zur Seite. Bei erneut auftretenden Selbstverletzungen fordern wir erst verbal auf, auf die Matratze zu schlagen, geben bei fehlender Reaktion dann wieder Hilfestellung, wie oben beschrieben. Unser Druck sollte dann allerdings schon eine Stufe geringer sein.
Alternativ kann es notwenig und sinnvoll sein, intermittierend zu verstärken. Wir unterbrechen also nicht jeden einzelnen Schlag zum Kopf auf die eben beschriebene Weise, sondern lassen eine gewisse Anzahl von

Schlägen zu. Dieses Vorgehen sollte keiner erkennbaren Regel folgen. Wie unschwer erkennbar, werden hier Bewegungsabläufe geübt, die aggressionfördernd und gleichzeitig mit der Selbstverletzung unvereinbar sind, da der geübte motorische Ablauf in die entgegengesetzte Richtung verläuft.
Außerhalb der therapeutischen Situation können wir in Selbstverletzungsphasen das heftige Aufstampfen mit den Füßen oder das Schlagen auf einen Tisch o.ä. üben.

Übung 2 – *Grundposition im Sitzen*
Eine mehr spielerische Form dieses Übungsablaufes ist z.B. das Werfen von Bällen, das Schlagen gegen einen Luftballon, der in erreichbarer Höhe von der Decke herunter hängt, das Schlagen auf eine Trommel o.ä. Der Vorteil einer solchen Vorgehensweise ist, daß bereits komplexere Handlungsmuster geübt werden können. Hier bietet sich dann auch die kommunikationstherapeutische Erweiterung in Form eines gemeinsamen Spiels an.

Übung 3 – *Grundposition im Stehen*
Der Therapeut steht hinter dem Klienten und hält die Arme bzw. Handgelenke fest, um diese zu führen. Die Arme werden langsam, soweit es geht, nach oben gestreckt, wobei die Ellenbogen möglichst gerade sein und die Arme dicht am Kopf liegen sollten. Dies wird verbal mit einem langgezogenen „hoooooooooooch uuund“ unterstützt.
Befinden sich die Arme in der höchstmöglichen Position, werden sie kräftig nach unten „geschleudert“, verbal begleitet mit einem schnell gesprochenen „runter“ .
Die Bewegung der Arme nach unten geschieht entweder seitlich oder nach vorn. Bei letzterer Übung werden die Arme bis hinter den Oberkörper bewegt. Wir üben hier also einen langsamen Bewegungsablauf nach oben, im Sinne einer Verlangsamung der stereotypen Selbstverletzungsmuster und gleichzeitig einen kräftigen (befreienden) Bewegungsablauf nach unten, der mit der Selbstverletzung inkompatibel ist. In diesem Sinne schlagen wir sozusagen „2 Fliegen mit einer Klappe“ .
Auch hier ist Selbststeuerung primäres Ziel. Die verbale Begleitung unterstützt den Doppelprozeß und gibt vor allem beim „hoch“ dem Klienten Zeit, den Ablauf des Prozesses zu verstehen.

Übung 4 – *Grundposition im Stehen*
Ist Übung 3 erfolgreich geübt, ändern wir den Geschwindigkeitsablauf und setzen zusätzlich das Klatschen in die Hände ein.
Die Hände werden über dem Kopf zusammengeschlagen und unten auf

die Oberschenkel.
Läuft dieser Bewegungsablauf harmonisch ab, so klatschen wir unten anfangs vor dem Körper die Hände zusammen.
Verbal begleiten wir diese Übung mit einem rhythmischen „Oben Klatschen, Unten Klatschen, Oben Klatschen, Unten Klatschen..." Die verbale Begleitung gibt auch den Rhythmus des Bewegungsablaufes vor. D.h. wir variieren die Geschwindigkeit, anfangs sehr langsam, später immer schneller werdend.
Hier ist neben dem Aufbau von Selbststeuerung wesentliches Ziel in einer körperlichen Aktivierung zu sehen. Eine Änderung der körperlichen Aktivität führt ggf. auch zu einer Änderung der körperlichen Verspanntheit.

Übung 5 – *Grundposition im Stehen*
Es werden nun die Übungen 3 und 4 variiert, indem wir uns nun vor den Klienten stellen, ihm aber immer noch die Hände führen. Beim Klatschen müssen wir allerdings in diesem Falle hinter dem Körper des Klienten klatschen. Es kann hier sinnvoll sein, diese Übung teilweise mit Instrumenten durchzuführen (Trommel, Klangstöcke etc.), da sie den Charakter von „Pseudofixierungen" annehmen können, denn Ziel dieser Übung ist, daß wir sie ohne Handführung durchführen.
Wir haben hier nur einen Teil der Übungsmöglichkeiten vorgestellt, um das Prinzip zu erklären. Weitere Möglichkeiten wären z.B. das Hüpfen, Springen, das Rollen des gesamten Körpers über die Seite, das Rollen des Körpers auf einem Ball, Schubkarre spielen und vieles mehr.

9.6.4.2 Welche Übungen harmonisieren Muskelspannung und Bewegung?

Hier finden wir therapeutische Methoden vereint, deren Ziel es ist, harmonische Bewegungsabläufe und solche zu üben, die der Selbstverletzung entgegenlaufen. Die folgenden Übungen sind im wesentlichen an den von Besems und van Vugt (1988) entwickelten Methoden orientiert, wobei allerdings mehr der interaktive und Selbststeuerungsprozeß als die emotionale Befindlichkeit des Klienten im Vordergrund stehen.

Übung 1 – *Grundposition im Sitzen*
Die Hände des Klienten werden auf seinen Bauch gelegt und dort festgehalten. Wir beginnen mit einem langsamen gemeinsamen Kreisen des Oberkörpers, Wobei der Kreisumfang im Verlauf mal größer und wieder kleiner wird. Es hat sich als sinnvoll erwiesen, dabei leise zu summen oder ein Lied zu singen. Eine andere Möglichkeit ist, eine musikalische Untermalung (wie oben beschrieben) zu nutzen und uns von der Melodie

tragen zu lassen. Hier stehen noch Beruhigung und Aufbau von Vertrautheit im Vordergrund.

Übung 2 – *Grundposition im Sitzen*
Jetzt beginnen wir die Arme des Klienten langsam nach außen zu öffnen und leicht kreisend zu bewegen. Die Kreisbewegungen werden immer größer, bis wir weitausgreifend vom Kopf bis zum Boden kreisen. Die Bewegungen werden anfangs durch stetige Versuche des Klienten, mit den Händen den Kopf zu erreichen, immer wieder unterbrochen. Nach einer entsprechenden Übungszeit wird es immer mehr möglich sein, harmonische Kreisbewegungen zu vollziehen. Wenn nicht anders möglich, sollte erst mit einem Arm allein geübt werden. Je mehr harmonische Bewegungsabläufe möglich sind, desto mehr sollten wir versuchen, die Führung der Arme durch uns zurückzunehmen. Verbale Aufforderung ist dabei hilfreich.
Bei heftigem Widerstand kann es sinnvoll sein, vorerst wieder zu Übungsphase 1 zurückzugehen.
Ziel ist es, die Muskulatur zu entkrampfen, Bewegungsabläufe zu harmonisieren und Selbststeuerung aufzubauen, so daß der Klient die Bewegungen ohne Hilfestellung und Selbstverletzungen nachvollzieht.

9.6.5 Körperzentrierte Interaktion zur Nutzung natürlicher Reflexe

Hier subsumieren sich Übungen die darauf abzielen, die natürlichen motorischen Reflexe therapeutisch zu nutzen. Die überwiegenden Funktionen von Reflexen dienen dem Schutz des Körpers. Sie sind also schon von Natur aus selbstverletzungsinkompatibel.
Wenn wir z.B. im Bauchbereich, unter den Achseln oder an den Füßen gekitzelt werden, zeigen wir bestimmte Reaktionen, die etwa bei allen Personen gleich ablaufen: Wir versuchen einer solchen Stimulation, wenn sie unerwartet kommt, zu entgehen. Setzen wir solchen Maßnahmen beim selbstverletzenden Klienten ein, so erreichen wir damit gleich drei *Ziele:*

- Wir erkennen, inwieweit der selbstverletzende Klient über seinen Körper Stimulation wahrnimmt und ob sich diese Wahrnehmung (im Sinne einer Reaktion) bei Beibehaltung der Reizung ändert. Wir erfahren also etwas über die Oualität der Körperwahrnehmung, z.B. ob sie herabgesetzt ist und ob sich diese ändern läßt.
- Dadurch, daß der Klient reagieren muß, ist es mit seiner Reaktion soweit beschäftigt, daß er recht wenig Zeit für selbstverletzende Verhaltensweisen hat. Gleichzeitig kann dieser interpersonelle Prozeß kommunikationsfördernd sein.

– Wir lösen muskuläre Verspanntheit auf und aktivieren den passiven Klienten.

Übung 1 – *Grundposition im Liegen*
Wir kneten die Bauchdecke des Klienten kurz und kräftig im Liegen. Eine natürliche Reaktion wäre das Anziehen der Beine oder ein Wegrollen des Oberkörpers. Reagiert der Klient nicht in dieser Weise, wiederholen wir den Ablauf, wobei wir die Intensität der Bauchdeckenstimulation und die Dauer variieren, bis es zu einer ersten erkennbaren Reaktion kommt. Auch ein Schreien können wir als Reaktion verstehen.
Wir versuchen nun, am Oberkörper die optimalste Stelle zu finden, d.h. die Stelle, bei der der Klient am schnellsten reagiert. Wichtig ist, daß die Stimulation nicht als schmerzhaft empfunden werden soll.
Erfolgt eine Reaktion, versuchen wir, dem Prozeß eine spielerische Qualität zu geben: Wir bewegen unsere Arme übertrieben verlangsamt auf den Bauch zu, wobei wir diese Bewegung verbal durch ein „uuuund... jetzt“ oder „oooooo....hahh“ o.ä. unterstützen.
Nach einer Übungszeit wird der Klient nun bereits auf die lautliche Äußerung reagieren, z.B. durch Wegdrehen des Körpers, durch Lachen oder durch das Ergreifen bzw. Abwehren unserer Hände.
Eine gemeinsame Spielsequenz ist entstanden.
Weiteres Ziel ist es, den Prozeß umzudrehen und den Klienten dazu zu bewegen, auch uns zu kitzeln.
In der ersten Zeit werden die Klienten allerdings weiter selbstverletzend sein. Es ist deshalb sinnvoll, neben dem eben beschriebenen Vorgehen, z.B. kurz und ohne Vorwarnung und Regelhaftigkeit dieses Vorgehen auch intermittierend-sequentiell einzusetzen, also in den unterschiedlichsten Situationen heftig in die Bauchdecke zu greifen. Ein solches Vorgehen kann auch im täglichen Stationsbetrieb genutzt werden.
Stimulation der Bauchdecke dient also sowohl dem Interaktionsaufbau (spielerisches Interagieren), als auch (im zweiten beschriebenen Sinne) der Unterbrechung von Selbstverletzung. Beiden Ebenen gemeinsam ist die Förderung der Körperwahrnehmung.
Als weiteren Körperbereich können später die Füße genutzt werden.

Übung 2 – *Grundposition im Liegen*
Aggressions- wie auch interaktionsfördernd sind die im folgenden beschriebenen Kraftübungen, teilweise in Anlehnung an Besems und van Vugt. Sie sind auch insofern von Bedeutung, da sie gerade bei passiven Selbstverletzenden aktivierend und muskelentkrampfend wirken.
Variante A *bei bewegungslosen, schlaffen Klienten*
<u>Beine:</u> Wir fassen mit der einen Hand den Oberschenkel und mit der

anderen Hand die Fußsohle des Klienten und beugen das Bein. Wir erhöhen den Druck auf die Fußsohle. Zeigt der Klient keinen Gegendruck, so drücken wir mit der anderen Hand das Bein (gegen unseren Druck an der Fußsohle) langsam gerade. Dies wiederholen wir, bis der Klient von sich aus eigenen Widerstand und Druck zeigt.
Arme: In der gleichen Art verfahren wir mit den Armen.
Dieses Vorgehen soll lautlich in der im vorangegangenen Abschnitt beschriebenen Art begleitet werden.
Variante B *bei aktiveren, kräftigeren Klienten*
Der Klient liegt in der Rückenlage. Wir beugen beide Beine soweit, daß sie fast auf der Brust des Klienten liegen und legen unseren Oberkörper auf die Fußsohlen. Zweck der Übung ist, daß der Klient uns mit seinen Beinen wegdrückt. Dies geschieht anfangs sehr langsam und vorsichtig. Wenn der Klient uns in dieser Art wegdrückt, übertreiben wir den Fall nach hinten, so daß er an dieser Übung immer mehr Spaß bekommt und auch heftiger drückt.

Übung 3 – *Grundposition im Stehen*
Wir umfassen das Kind von hinten in Hüfthöhe, heben es hoch und lassen es nach vorne und unten gleiten. Normaler Reflex ist das Abstützen mit den Händen. Stützt sich der Klient ab, kann er sich nicht schlagen.
Wir variieren nun die Geschwindigkeit. Da diese Übung sehr kraftaufwendig ist, ist es manchmal sinnvoller, zu zweit zu arbeiten. Der Klient wird zwischen beiden Personen hin- und hergeschubst, so daß er sich immer wieder abstützen muß. Wenn wir auf diese Weise arbeiten, sollte die Situation mit entsprechender lautlicher Untermalung und Lachen spielerisch gehalten werden, um dem Klienten etwaige Angst zu nehmen.
Eine abgewandte Form dieser Übung empfiehlt BESEMS (1984). Je eine Person zieht am Arm eines Klienten, der Klient steht also in der Mitte. Die beiden Erwachsenen ziehen den Klienten langsam zur einen oder zur anderen Seite (BECKER, 1986). Diese Übung hat vor allem den Vorteil, daß sich der Klient für eine Seite entscheiden kann, indem er zum Beispiel eine der beiden Personen zu sich hinzieht oder in gleiche Richtung zieht, wie einer der Erwachsenen.

Übung 4 – *in allen Grundpositionen möglich*
Der Streckreflex der Arme spielt beim Schlagen mit den Händen oder Fäusten ins Gesicht eine wichtige Rolle.
Mit dieser Übung bauen wir gegenläufige Bewegungen auf, wobei wir gleichzeitig das selbstverletzende Verhalten sanktionieren.
Diese Übung wirkt zwar auf den ersten Blick sehr restriktiv, kann aber im individuellen Fall zu schnellen Erfolgen führen:

Schlägt der Klient sich mit der Faust oder Hand ins Gesicht, so umfassen wir das Handgelenk und schlagen dieselbe Hand dem Klienten heftig nochmals in Richtung Gesicht, wobei wir den Kopf allerdings nicht treffen sollten. Durch diese plötzliche von außen eingetretene Bewegung wird der Klient reflexartig natürlich reagieren. Er wird sehr viel Kraft aufwenden, um diesen Schlag zu vermeiden. Es wird Gegendruck durch Strecken des Armes erzeugen. Der natürliche Schutzreflex wird also neu aufgebaut.
Meist läßt sich ein solches Vorgehen, allein aus zeitlichen Gründen, nur kurzfristig durchführen. Wir haben festgestellt, daß ein unregelmäßiges (intermittierendes) Reagieren in der beschriebenen Art zu gleichen Erfolgen führen kann wie ein ständiges Reagieren.
Es ist sogar anzunehmen, daß ein **intermittierendes** Vorgehen wirkungsvoller ist. Nicht selten haben wir als Folgereaktion beobachtet, daß der Klient zum Schlagen ansetzt, unterbricht, sich umschaut, und wenn keine Reaktion des Umfeldes erkennbar ist, zuschlägt, aber in einer weniger heftigen und etwas verlangsamten Qualität.
Ein solches Vorgehen, gekoppelt mit vor oder während der Handlung installierten sprachlichen Kommandos, führt nicht selten dazu, daß nach einiger Zeit ein konsequentes „Nein" o.ä. genügt, um die selbstverletzende Handlung zu vermeiden oder zu unterbrechen.

Übung 5 – *Grundposition im Stehen oder Sitzen*
Die gleiche Übung wie Übung 4 läßt sich auch auf das Schlagen mit dem Kopf anwenden.
Schlägt ein Klient mit dem Kopf gegen die Wand, so fassen wir den Hinterkopf und drücken ihn heftig gegen die Wand, ohne allerdings die Wand zu berühren und lassen dann kommentarlos los.
Ein solches Vorgehen beim Kopfschlagen einzusetzen bedeutet allerdings einige Probleme: Meist stehen Klienten, die mit dem Kopf schlagen, recht nah an der Wand, so daß sie erst, um diese Übung durchführen zu können, einen Schritt von der Wand weggenommen werden müssen. Ein solches Zurücktreten lassen kann sinnvoll sein, vor allem dann, wenn dies vom Klienten nach verbaler Aufforderung geschieht. Nachteilig kann aber sein, daß durch den Prozeß des Zurücknehmens der Klient zuviel Aufmerksamkeit erfährt und wir somit indirekt das selbstverletzende Verhalten verstärken.
In diesem Fall ist es sinnvoller, den Kopf nicht zur Wand zu drücken, sondern ihn an der Wand zu halten. Auch in dieser Position wird sehr schnell starker Gegendruck vom Klienten erzeugt.
In seltenen Fällen und je nach Qualität des Kopfschlagens kann es notwendig sein, auch in die Haare zu greifen und auf diese Art den Kopf

gegen die Wand zu drücken. Hier wird also ein zusätzlicher aversiver Stimulus eingesetzt.
Nach unseren Erfahrungen ist es auch hier sinnvoller, nach einer kurzen Gewöhnungsphase intermittierend vorzugehen.

9.6.6 Körperzentrierte Interaktion als Methode zur muskulären Entspannung

Bei besonders stark verspannter bzw. verkrampfter Armmuskulatur ist es sinnvoll, bevor die oben beschriebenen Übungen begonnen werden, eine Entspannung bzw. Lockerung der Armmuskulatur zu erreichen. Wir bedienen uns dabei therapeutischer Elemente des Muskel-Entspannungs-Trainings nach JACOBSON (1938).

Übung 1 – *Grundposition im Sitzen*
Anspannung und Entspannung der Hände: Wir sitzen hinter dem Klienten, umfassen seine Hände, indem wir unsere Handflächen auf seine Handrücken legen. Wir fordern ihn ruhig und suggestiv auf, eine Faust zu machen. Gegebenenfalls helfen wir nach, indem wir die Hand von außen zur Faust drücken.
Eine Alternative ist, daß wir unsere Zeigefinger anbieten und den Klienten auffordern, diese fest zu umfassen. Im letzteren Falle haben wir allerdings nicht die Möglichkeit, unterschiedliche Druckzustände, und damit auch die Wahrnehmung dieser herzustellen.
Der Vorgang wird folgendermaßen verbal begleitet: „Wir drücken jetzt die Hand ganz fest" (ggf. mit Hilfestellung) „.. noch fester und noch fester und noch fester..." „..Und *jetzt* lassen wir die Hand ganz locker, noch lockerer, locker, locker..." Wir heben dabei das Handgelenk des Klienten und schütteln leicht die Hand. Ggf. öffnen wir die Faust, schütteln und „...locker, und locker..." Diese Übung wiederholen wir mehrmals.
Anspannung und Entspannung der Arme: Wir machen nun wieder eine Faust, wobei wir zusätzlich die Unterarme in vertikaler Stellung beugen und fest an den Körper ziehen. Die verbale Begleitung wird wie oben durchgeführt.
Wir lockern die Arme, indem wir nun versuchen, in die Ellbogenbeuge zu fassen und den Arm leicht zu schütteln. Bei Erfolg legen wir unsere Hände unter die Oberarme und lockern.
Bei selbstverletzenden Reaktionen gehen wir wieder zur Anspannung über.

Übung 2 – *Grundposition im Sitzen*
Ist es zu einer Lockerung gekommen, beginnen wir mit den Händen des Klienten seine Arme leicht zu streicheln. Dabei führen wir seine Hände

nur soweit, soweit dies nötig ist. Bei dieser Stimulation sollte selbstverletzendes Verhalten unterbunden werden. Gegebenenfalls gehen wir nochmals zu Übung 1 zurück.
Während beider Übungen lassen wir beruhigende Hintergrundmusik leise abspielen.

Übung 3 – *Grundposition im Liegen*
Wesentlich ist auch die Entspannung der Nackenmuskulatur. Wir benutzen zu diesem Zweck eine Methode von Besems und Van Vugt (1988; 1989):
Der Klient befindet sich in der Rückenlage, wir ergreifen beide Arme im Handgelenk und heben den Oberkörper langsam an.
Sie werden beobachten, daß der Klient anfangs beim Anheben den Kopf auf die Brust drückt. Die Muskulatur ist angespannt.
Wir lassen den Oberkörper (und damit auch den Kopf) wieder auf die Matratze sinken und wiederholen ein paarmal diesen Vorgang. Läßt der Klient den Kopf beim Anheben nach hinten fallen, heben wir den Oberkörper wieder an und schütteln ihn leicht in dieser Position. Wiederum lassen wir den Körper langsam zurück auf die Matte sinken.
Eine Entspannung ist dann erreicht, wenn der Klient den Kopf beim Anheben ruhig nach hinten sinken läßt.

9.7 Interaktives Boxen

9.7.1 Welche Ziele und Schwerpunkte hat das Interaktive Boxen?

Die bisher geschilderten Methoden haben einen Vorteil: Sie sichern nämlich dem Therapeuten ein ziemlich hohes Maß an Kontrolle über das (selbstverletzende) Verhalten ihres behinderten (anders-fähigen) Partners. Der Nachteil ist allerdings, daß beide in ihren Handlungsmöglichkeiten eingeschränkt sind. Außerdem muß der Therapeut viel Selbstdisziplin aufbringen, um die Kontrolle stets auf das notwendige Mindestmaß zu beschränken. Es galt also eine Methode zu finden, bei der beide Interaktionspartner (Therapeut/ selbstverletzender Kli-

ent) uneingeschränkt miteinander umgehen können, ohne daß die Möglichkeit von Verletzungen gegeben ist.
Hierzu wurde die Methode des interaktiven Boxens 1985 von uns entwickelt. Das interaktive Boxen als therapeutische Einheit bietet eine Vielzahl an interaktiven Möglichkeiten mit dem selbstverletzenden Klienten umzugehen. So können wir zum Beispiel auf jegliche Art von Fixierungen verzichten (außer den Boxhandschuhen). Da wir uns mit dem selbstverletzenden Klienten in einem Partnerschaftlich-Interaktiven-Prozeß befinden, können wir zum Beispiel Kopfschlagen dadurch vermeiden, daß wir unseren Handschuh zwischen Kopf und Wand legen. Schlägt sich das Kind mit den Fäusten ins Gesicht, auf Augen oder Ohren, sind durch die weichen Kinderboxhandschuhe Verletzungen nicht möglich. Dadurch, daß der Klient keine weiteren Fixierungen mehr tragen muß, ist auch die Chance gegeben, fixierungslose Zeiten aufzubauen bzw. anzugewöhnen. Das Interaktive Boxen bietet uns auch die Möglichkeit, die Distanz im interaktiven Prozeß zu verringern bzw. zu erweitern. Das Laufen auf den Matratzen schult den Gleichgewichtssinn, lenkt gleichzeitig aber auch von selbstverletzenden stereotypen Handlungen ab. Durch das Bewegen auf den Matratzen muß der Klient immer wieder das Gleichgewicht halten, wozu die Arme zur Balance notwendig sind.
Wichtig zur Durchführung ist ein geeigneter Raum. Der *Übungsraum* sollte etwa 10 qm groß sein, der Boden mit weichen Matratzen ausgelegt. Ferner sollten mehrere Gegenstände von der Decke herabhängen, wie ein Sandsack, ein Luftballon, ein großer Ball, aber auch laut tönende Musikinstrumente, wie z.B. ein großes Becken oder ein Schellenring. Die hängenden Gegenstände sind insofern von Bedeutung, daß weitausladende Bewegungen nach vorne geübt werden können, die ja inkompatibel mit Bewegungen sind, die den Kopf verletzen bzw. erreichen wollen. Die weichen Matratzen haben den Sinn, wie oben bereits kurz angesprochen, den Gleichgewichtssinn anzusprechen, so daß es notwendig wird, auch die Arme zu nutzen, um das Gleichgewicht beim Laufen zu halten bzw. auszugleichen. Auch schnelle oder hektische Bewegungen zur Aktivierung sind hier möglich, da auch beim Hinfallen keine Verletzungsgefahr besteht.
Mit dem Interaktiven Boxen können wir eine Vielzahl wichtiger **Ziele** in der Behandlung selbstverletzenden Verhaltens verfolgen:

Aufbau von alternativem Verhalten zum Ausdruck von Aggression

Durch leichtes Schlagen von seiten des Therapeuten, dessen Hände auch mit Boxhandschuhen bedeckt sind, durch aktivierende Übungen und durch Aufforderung, kann der selbstverletzende Klient in die Lage gesetzt werden, „zurückzuschlagen“.

Wir fordern ihn auf bzw. zeigen ihm, daß er uns mit seinen Handschuhen auf den Bauch schlagen bzw. mit den Fäusten gegen einen Sandsack oder Luftballon schlagen kann.

Aufbau inkompatibler Bewegungsabläufe
Dadurch, daß wir auch Boxhandschuhe tragen, können wir in den Selbstverletzungs-Prozeß (Schlagen mit den Fäusten an den Kopf) direkt eingreifen, indem wir zum Beispiel die Fäuste des Klienten mit unseren Fäusten bei einer Aufwärtsbewegung nach unten schlagen. Dies ist weder schmerzhaft noch gefährlich. Unabhängig von diesen Möglichkeiten sind wir dabei gleichzeitig in einer symmetrischen Interaktion mit dem Klienten.

Anregung von Erregungsregulation und sensorischer Integration durch Tänzeln und Bewegen im Raum
Schnelle und stark verlangsamte Bewegungen können direkt oder indirekt die Erregungsqualität des Klienten beeinflussen. So können wir auf diesem Wege eher passive Klienten zur Aktivität motivieren. Auf der anderen Seite führen wir aktive Klienten wiederum durch den körperlich-sportlichen Dialog über den Weg der Erschöpfung zu einer Erregungsreduktion.

Entwicklung dialogischen Handelns durch spielerische Aktivität
Indem wir das Boxen ins Gesicht zulassen, auf der anderen Seite wiederum mit unseren Fäusten die Hände des Klienten herunterschlagen, uns schnell oder verlangsamt bewegen, langsam auf den Bauch des Klienten zielen, auffordern unseren Bauch zu treffen u.ä. geben wir auch dem selbstverletzenden Verhalten eine spielerische Komponente. Dadurch wird dieses unangemessene Verhalten emotional als auch interaktiv im Therapieverlauf für den Klienten anders gewertet. Wir entfernen uns also immer mehr von der schmerzhaften Seite selbstverletzender Verhaltensweisen in Richtung auf spielerischen Umgang mit dem Gegenüber.
Gleichzeitig können zusätzlich alle Bewegungsabläufe bzw. Interaktionen verbal (stark verlangsamt oder schnell) kommentiert werden. Das heißt, es besteht zusätzlich die Möglichkeit, einen weiteren Kommunikationskanal zu nutzen. Durch Übungen, wie Hoch oder Tief (vgl. Übungen unten) oder durch das Schlagen auf einen Sandsack oder Luftballon üben wir gleichzeitig harmonischere Bewegungsabläufe. Solche Übungen führen auch dazu, daß Bewegungsabläufe verlangsamt werden sowie muskuläre Verkrampfungen sich lockern.

Konstruktiver Abbau von Aggressionen beim Therapeuten
Von wesentlicher Bedeutung ist auch, daß der Therapeut oder Betreuer, der mit dem Klienten interaktiv boxt, durch dieses Verfahren einen Teil

seiner eigenen unterschwelligen Aggressionen abbauen kann, vor allem aber nicht in der therapeutischen Situation unsicher sein muß. Es kann nichts passieren, da keine Verletzungsgefahr besteht. Klammerungstendenzen werden vermieden, der Therapeut bzw. Betreuer kann von sich aus bestimmen, wann er eingreift und wann nicht.

Wir haben es hier also mit einer therapeutischen Methode zu tun, die je nachdem, wie sie eingesetzt wird, sowohl kommunikativ spielerische, als auch erregungsreduzierende bzw. erregungsfördernde und zusätzlich sprachaufbauende Elemente in sich birgt. Sie ist also, verglichen mit den vorangegangenen Übungen beschreibbar als eine Synthese von organismus- und umweltbedingten Faktoren, die gleichzeitig therapeutisch eingesetzt werden bzw. beeinflußt werden können.

9.7.2 Wie boxen wir interaktiv?

Wir werden jetzt einige Übungen vorstellen und mit ihnen zeigen, wie die verschiedenen Zielebenen im konkreten therapeutischen Gestalten miteinander verbunden werden können.

Übung 1

Wie bereits in vorangegangen Kapiteln beschrieben, wird der Klient aufgefordert, sich den Helm oder andere Fixierungsgegenstände selbständig abzunehmen. Gegebenenfalls wird von Seiten des Therapeuten Hilfestellung gegeben. Durch das Anziehen der Boxhandschuhe, bei denen der Therapeut zwangsläufig Hilfestellung geben muß, verhindert er selbstverletzende Verhaltensweisen, ohne daß er bewußt fixierend eingreifen muß. Damit wird also das Problem umgangen, daß der Klient das Gefühl bekommt, sein selbstverletzendes Verhalten führt zu Zuwendung und zu Aufmerksamkeit.
Nachdem der Klient die Boxhandschuhe angezogen bekommen hat, wird er losgelassen, der Therapeut zieht sich seine eigenen Handschuhe an. Dadurch, daß der Klient vielleicht erstmalig frei von Fixierungen (außer den Boxhandschuhen) sich im Raum bewegen kann bzw. muß, wird er eine gänzlich neue Komponente an Verhaltensmöglichkeiten kennenlernen. Er wird sich vielleicht mit den Boxhandschuhen ins Gesicht schlagen und möglicherweise verwundert feststellen können, daß eine solche Aktion zu keinen Schmerzreaktionen bzw. Verletzungen führt. Schlimmstenfalls werden die Klienten dann darauf mit dem Kopf gegen die Wand schlagen. Einem solchen Kopfschlagen kann zum Beispiel, wie oben beschrieben, dadurch begegnet werden, indem wir unseren Handschuh zwischen Wand und Kopf oder den Handschuh des Klienten zwischen Wand

und Kopf legen. Das Treten mit dem Knie gegen den Kopf ist, durch die weiche Unterlage bedingt, kaum möglich ohne hinzufallen. Wir gehen nun langsam auf den Klienten zu, wobei wir unsere Hände etwa in Brusthöhe nach vorne halten. Langsam umkreisen wir den Körper des Klienten, ohne auf seine Schläge gegen seinen Kopf oder ähnliches zu achten. Dadurch, daß wir den Körper umkreisen, wird in der Regel schon die Aufmerksamkeit des Klienten von seinen selbstverletzenden Verhaltensweisen etwas abgelenkt. Er wird anfangen, unseren Bewegungen mit den Augen zu folgen. Infolge wird seine Orientierungsreaktion dazu führen, daß er auch seinen Oberkörper bzw. seinen ganzen Körper in unsere Richtung drehen wird. Diese umkreisende Bewegung erhöhen wir langsam, soweit, bis wir merken, daß keine Reaktion mehr erfolgt. Das Umkreisen des Körpers sollte mit unterschiedlicher Distanz geübt werden. Es hat sich als sinnvoll erwiesen, in der Art einer Spirale vorzugehen. Wesentlich dabei ist, daß wir einen sehr großen Kreis und einen sehr engen Kreis um den Körper des Klienten herum nutzen, wobei wir darauf achten sollten, bei welcher Distanz der Klient unseren Bewegungen am ehesten folgt. Dieses ist dann in der Regel die optimalste Interaktionsdistanz.
Im zweiten Schritt beginnen wir sehr nahe am Körper des Klienten um seinen Körper herumzuhüpfen. Wir erreichen damit eine andere Bewegungsqualität, und gleichzeitig ist der Klient dadurch gezwungen, mehr auf sein Gleichgewicht zu achten, da auf Grund der weichen Unterlage durch unser Hüpfen auch seine Standfestigkeit mitbeeinträchtigt wird. Dabei können wir unsere Boxhände so nach vorne halten, daß der Klient die Chance hat, diese zu erreichen und als Stütze zu nutzen. Bestenfalls erreichen wir auf diesem Wege ein gemeinsames Hüpfen im Kreis.

Übung 2

Wir umkreisen weiterhin den Körper des Klienten, wobei wir uns einmal weiter und einmal näher zu diesem hin- oder wegbewegen. Dabei variieren wir die Geschwindigkeit von stark verlangsamt bis schnell. Immer, wenn wir uns auf den Körper des Klienten zubewegen, untermalen wir dieses mit entsprechenden lautlichen Äußerungen, wobei wir langsam unsere Hände in Boxermanier bewegen, ohne den Klienten allerdings zu treffen. Bestenfalls wird der Klient auf unser Verhalten aufmerksam reagieren und unsere Hände mit seinen eigenen abwehren. Dies ist jedoch meist am Anfang nicht der Fall. Erreichen wir auf diese Art und Weise die Aufmerksamkeit des Klienten nicht, machen wir in der gleichen Art weiter, bleiben aber stehen oder verlangsamen den Prozeß noch mehr, solange, bis der Klient zu uns herüberschaut. Der Gesamtablauf sollte eine spielerische, humorvolle Qualität haben.

Übung 3
Wir lassen einen von der Decke hängenden Gegenstand (Ball, Sandsack, Luftballon) je nach Standfestigkeit des Klienten langsam auf seinen Körper zupendeln. Der Klient wird bestenfalls mit den Händen diesen auf sich zukommenden Gegenstand abwehren, wobei erste vom Körper wegorientierte Boxbewegungen geübt werden. Auch diese Pendelbewegung kann wieder lautlich untermalt werden. Wir führen *jetzt* von hinten den Körper des Klienten an den pendelnden Gegenstand heran und führen mit Hilfestellung seine Hände insoweit, daß er langsam selbständig den Gegenstand in Pendelbewegung bringt. Bestenfalls wird er diese Übung dann selbständig durchführen können.

Übung 4
Wir bewegen uns weiterhin im Kreis um den Klienten, fordern ihn jetzt aber auf, vor allem in selbstverletzenden Phasen, auf unsere Fausthandschuhe zu schlagen, wobei wir, im Sinne eines Aufbaus inkompatibler Bewegungsabläufe, Schläge nach oben und unten variieren. Wir halten z.B. unsere Fäuste nahe am Klienten nach oben, so daß er sie erreichen kann und fordern verbal auf, auf unsere Fäuste zu schlagen. Erreichen wir dies nicht sofort, so gehen wir mit unseren Handschuhen auf die Ebene der Handschuhe des Klienten, und versuchen dann, unsere Arme immer höher zu strecken.
Ziel ist, daß der Klient mit ausgestreckten Armen nach oben schlägt. In dieser Phase sollten unbedingt auch Schläge an den eigenen Körper oder Kopf zugelassen werden. Gelingt es uns, die Motivation des Klienten zu erhöhen, Schläge nach oben anzusetzen, wechseln wir auf Schläge nach unten in der Art, daß wir uns vor den Klienten hinknien und ihn auffordern, jetzt nach unten zu schlagen. Nicht selten ist es sinnvoll, erst mit den Schlägen nach unten zu beginnen, da dies den Klienten leichter fällt, da sie ihre Schläge optisch verfolgen können. Die Übung ist vollständig durchgeführt, wenn die Schläge nach oben mit ausgestrecktem Arm und nach unten mit höherer Intensität ausgeführt werden.

Übung 5
beinhaltet das Modell sein, indem wir den Klienten auffordern uns zu schlagen, gegebenenfalls unter Hilfestellung. Gelingt dies nicht, fordern wir dazu auf, mit den Handschuhen unsere nach oben oder nach unten gerichteten Hände zu treffen, bevor wir wieder auf den Körper zurückgreifen.

9.8 Zusammenfassung und Ergänzung

In diesem Kapitel wurden die wichtigsten therapeutischen Strategien der Körperzentrierten Interaktion vorgestellt, die wir z. Zt. bei der Behandlung selbstverletzender Klienten anwenden.
Den therapeutischen Werkzeugen der KI liegen die Konzepte „Körper" und „Kommunikation" zugrunde. Das Konzept „Körper" ist auch Grundlage der Arbeit von Kane und Mitarbeitern (KANE, 1986; KANE & HETTINGER, 1987). Für Kane spielen die körperliche Belastung und die Integration von Körper und Bewegung in sinnvolle Arbeitszusammenhänge eine besondere Rolle.
Kanes Engagement ist hier besonders hervorzuheben, der es mit sehr hohem persönlichen Einsatz ermöglicht hat, daß u.a. auch selbstverletzende Jugendliche auf einem Bauernhof über den Weg humaner und sinnvoller Tätigkeit zu einer Lösung ihrer Probleme gefunden haben.
BAUMEISTER & MCLEAN (1984) beschreiben in ihrer Arbeit, daß regelmäßiges Jogging zu einer Reduktion selbstverletzenden Verhaltens führen kann. Jogging ist eine Methode, die sich in jeder Beziehung als sinnvoll erweist, da durch das Laufen und die entsprechenden Ausgleichsbewegungen der Arme Schläge zum Kopf recht schwierig sind. Eine unserer Mitarbeiterinnen behandelte einen behinderten (anders-fähigen) Partner erfolgreich, indem sie mit ihm, immer wenn er sich schlug, einmal um den Block lief (KRAUSE, 1985). Hier finden wir eine Kombination von körperlicher Aktivierung und konsequenter Reaktion.

Wir haben in diesem Kapitel versucht, Möglichkeiten aufzuzeigen, über den Körper des Patienten Zugang zu ihm zu finden. Die Interaktion über den Körper bildet die Basis für die Entwicklung anspruchsvollerer und höher strukturierter Kommunikation.
Die kontrollierte Beobachtung, ob es sich mehr um einen muskulär verspannten, eher inaktiven oder motorisch unruhigen Patienten handelt, führt zu unterschiedlichen therapeutischen Wegen. Somit zeigt sich, wie wesentlich Beobachtung und Diagnostik sind.
Freuen wir uns auch nach Ende dieses Kapitel über einen neuen kompetenten Kollegen:

Kollege C
kann im Innersten seiner Seele mit geistig Behinderten nichts anfangen, sie sind ihm unangenehm. Ein durchaus akzeptabler Grund, aber er brauchte einen Job. Dieser Kollege hat Berührungsängste, gesteht sie sich aber nicht ein.
Dieser Kollege wird sich in der o.g. Situation immer gerade in einer Besprechung befinden und wird sich nicht vor einer Stunde in der Gruppe

einfinden, um dann eines der mindestens 5 von ihm komplett ausgearbeiteten therapeutischen Programme, die sich fertig in seiner Schublade befinden, zu präsentieren. Diese Programme haben den großen Vorzug, daß sie langfristig angelegt sind d.h.:
„Das ziehen wir jetzt mal 3 Monate durch und dann gucken wir mal weiter."
Vorteil dieses Vorgehens: Man ist 3 Monate aus der Schußlinie.

10. Der verhaltenstherapeutische Ansatz: Welche Methoden sind bei der Behandlung von selbstverletzendem Verhalten zu berücksichtigen?

und, wie beginnen wir diesen Text?
vielleicht so?

(Jawoll, richtig! ***Vorsicht, Satire!****)*

Von den Gummibärchen und Schokostückchen der 80er Jahre will ich gar nicht reden, so im Sinne:
„Weg von der Verhaltensstörung hin zur Adipositas."
Die Verhaltenstherapie ist die Methode des Geistig-Behinderten-(Anders-Fähigen) Bereiches, die wohl bis heute am etabliertesten ist. Wiederherstellung, Überkorrektur, Token-Systeme sowie paradoxe Interventionen zum Beispiel können durchaus wirksam sein und sind es auch.
Wäre da nicht ein kleiner Haken:
Unser Klientel ist sehr schnell und sehr analytisch in der Fähigkeit – unabhängig vom Grad der Behinderung –, sich auf neue Situationen einzustellen, nach einer Phase manchmal genußvoller Verwunderung und Irritation, um dann in hohem Maße kreativ neue „Spielereien" mit seinem Therapeuten zu entwickeln.
Der Therapeut kommt dann zwingend sehr schnell zu dem Schluß (mit der gleichen Schnelligkeit wie der Behinderte, denn er weiß ja, was er sich schuldig ist), daß dies nicht die Methode der Wahl sein kann. Er versucht eine neue Variante und das Spiel beginnt von vorn.
Na ja, macht nichts!

(... und, war's das? „Normaal ja". Vorläufig jedenfalls...)

Neben der systemischen Analyse und daraus resultierenden Veränderung, den mehr non-direktiven Methoden der kommunikationstherapeutischen Dialoganbahnung und -erweiterung und den beschriebenen körpertherapeutischen Methoden beschäftigen wir uns in diesem Abschnitt mit lerntheoretisch/verhaltenstherapeutisch orientierten Wegen, wobei zentraler Punkt das sogenannte „Prinzip der Unberechenbarkeit" ist.
In diesem Abschnitt wollen wir therapeutische Interventionsmöglichkeiten und Wege sowie Beispiele vorstellen, die eine Beeinflussung erlernter, sozial bedingter Verhaltensauffälligkeiten ermöglichen.

Spezifische verhaltenstherapeutische Techniken sind weiterhin aus der Behandlung selbstverletzender Verhaltensweisen nicht wegzudenken, auch wenn unsere therapeutische Gesamtstrategie andere Methoden einschließt und eine breitere theoretische Basis hat. Die im folgenden beschriebenen therapeutischen Interventionen sind nicht als Alternative zu Kommunikations-, Körper- und systemtherapeutischen Vorgehensweisen zu verstehen, sondern stellen ein zusätzliches „Gewürz" der „individuellen Behandlungssuppe" dar.
Wie bereits beschrieben, reicht es nicht aus, nur eine therapeutische Methode zu nutzen, vielmehr bedeutet die Behandlung von selbstverletzenden Verhaltensweisen eine Verknüpfung mehrerer am Individuum orientierter therapeutischer Interventionen.

So ist es z.B. nicht möglich oder sinnvoll, einen sich selbst verletzenden Bewohner oder Patienten ständig zu isolieren (Time-out). Eine Verhaltensänderung auf diesem Wege ist unwahrscheinlich, da z. B. eine Interaktion/Kommunikation mit der Umwelt nicht mehr stattfinden kann.
Aus Gründen der Übersichtlichkeit werden die vorgestellten verhaltenstherapeutischen Methoden zur Beeinflussung von Umwelt und sozialbedingten Faktoren selbstverletzenden Verhaltens wie folgt unterteilt:

1. Die Rolle der Planmäßigkeit und Wiederholbarkeit
2. Die Rolle der Fixierung
   - Fixierungsarten
   - Abbau von Fixierung
   - Selbstfixierung
3. Ignorieren-Konfrontieren-Bestrafen
4. Erlebnis- und handlungserweiternde Methoden
   - Verstärkung bereits vorhandener Verhaltensweisen
   - Aufbau inkompatibler Verhaltensweisen
   - Aufbau neuer Verhaltensweisen
   - Sprach- und Kommunikationsanbahnung
5. Wiederherstellung, Überkorrektur
6. Das therapeutische Prinzip der Unberechenbarkeit

10.1 Welche Rolle spielt die Wiederholbarkeit und Planmäßigkeit?

Voraussetzung für eine funktionale Therapie selbstverletzender Verhaltensweisen sowie im Grunde aller therapeutischer Vorgehensweisen sind Planmäßigkeit und Wiederholbarkeit. Planmäßigkeit in diesem Zusammenhang bedeutet, daß wir nicht nach Intuition oder Laune ausprobie-

ren, „drauflos handeln“ im Sinne von „heute könnte ich ja mal das probieren...“ sondern entsprechend den Daten und Erfahrungen, die wir bereits gesammelt haben, gezielt vorgehen. Auch Variation und Veränderung können dabei zielgerichtet und geplant eingesetzt werden (sowohl situationsabhängig als auch nach einem „Veränderungsplan“).
Beispielsweise haben wir festgestellt (durch systematische oder auch freie Beobachtung), daß sich unser Bewohner besonders häufig schlägt, wenn er zum Essen geht.
Eine weitere Beobachtung ist, daß sich der Bewohner beim Essen weniger schlägt, wenn er mit uns allein ißt.
Ein planmäßig therapeutisches Vorgehen kann beispielsweise wie folgt aussehen:

- Wir essen mit dem Bewohner allein,
- nach etwa 5 Minuten kommt die Gruppe dazu und ißt im Raum mit.
- Wir werden in diesem Falle auf das selbstverletzende Verhalten nicht reagieren.

Wird es zu heftig, verlassen wir kommentarlos mit dem Bewohner den Raum, um 5 Minuten später wieder zurückzukehren, um das Essen fortzusetzen usw. Mit anderen Worten, wir nutzen die Erkenntnisse, die wir vorher gesammelt haben und entwerfen mit diesen Erfahrungen einen festen Plan, nach dem wir vorgehen.

Festgelegte therapeutische Interventionen sollen, trotz einer zu erwartenden anfänglichen Verschlechterung des selbstverletzenden Verhaltens, über einen gewissen Zeitraum (individuell verschieden 1 – 2 Wochen) beibehalten werden.

Ein Grund dafür ist, daß der Klient mit aller Kraft versuchen wird, die bekannten alten Reaktionsmuster der jeweiligen Mitarbeiter oder Bezugspersonen zurückzufordern. Jede Neuerung wird erst einmal als Bedrohung empfunden und deshalb mit einer Zunahme der selbstverletzenden Verhaltensweisen begegnet. Es ist durchaus möglich, daß auch fremdaggressive Verhaltensweisen vermehrt auftauchen könnten.
Zarcone et al. (1993) berichten ebenfalls über diese anfängliche Verschlechterung. Sie weisen jedoch darauf hin, daß man diese Verschlechterung durch das Anbieten von Verhaltensalternativen auffangen und mildern kann.
Der Erfolg einer therapeutischen Strategie kann sich also erst nach ein oder zwei Wochen einstellen, wenn der Bewohner/Klient sich erfolgreich neuorientiert hat.

Insofern ist Kontinuität, d.h. ein relativ gleichbleibender Rhythmus oder eine gleichbleibende Bedingung, Voraussetzung für erfolgreiche Therapie.
Durch ein planmäßiges Vorgehen ist eine Beziehung zur zweiten Voraussetzung, der Wiederholbarkeit bereits hergestellt. Das heißt, wir müssen Pläne für ein gezieltes Vorgehen entwerfen, die sich kontinuierlich auch auf andere Tage oder vergleichbare Situationen (u.U. auch Klienten) übertragen lassen oder wiederholt werden können.

Die Begriffe Wiederholbarkeit, Planmäßigkeit und Variierbarkeit sind Begriffe, die aus der experimentellen Therapieforschung stammen:

- Planmäßigkeit: Gezieltes und systematisches Vorgehen
- Wiederholbarkeit: Das gewählte therapeutische Vorgehen muß auf andere Klienten übertragbar sein, z.B. mit demselben Alter, Entwicklungsstand, entsprechender sozialer Umgebung usw., wobei entscheidend ist, daß auch der gleiche Erfolg voraussagbar sein und sich zeigen muß.
- Variierbarkeit bedeutet, daß planmäßig bestimmte Variablen, d.h. Situationen oder Handlungen verändert werden, wie z.B. eine Reaktion des Betreuers auf selbstverletzendes Verhalten oder auch der Ort oder die Umgebung.

10.2 Die Fixierung: Wann ist sie Falle und wann ist sie Hilfe?

10.2.1 Wann und warum werden Fixierungen notwendig?

Die Heftigkeit und Häufigkeit selbstverletzender Handlungen sowie die hohe Verletzungsgefahr, die zum Tode führen kann (Schädeltraumen, Augenausstechen o.ä.), zwingt uns immer wieder, zu Verfahren zu greifen, die den Klienten vor Verletzungsgefahr schützen.
Wenn wir von Häufigkeit der selbstverletzenden Verhaltensweisen sprechen, so möchten wir das einmal zur Veranschaulichung in Zahlen ausdrücken: Die sich selbstverletzenden Personen, die wir bisher behandelt haben, zeigten im Mittel eine Häufigkeit von etwa 1000 Schlägen in der Stunde. Das hat sich bis heute nicht verändert.
Diese Daten erhält man durch Messungen in einem definierten Zeitabschnitt (meist 3-10 Minuten je nach Intensität). Die Schlaghäufigkeit wird dann auf eine Stunde hochgerechnet.
Die Klientin, die bisher nach unseren Erfahrungen die häufigste Schlagzahl zeigte, schlug sich 5000 mal in der Stunde, also ununterbrochen

und mehrfach pro Sekunde. Bei solchen Häufigkeitsraten ist es verständlich, daß Schutzmaßnahmen ergriffen werden müssen: Hier müssen mechanische Fixierungen eingesetzt werden.
Bei selbstverletzenden Verhaltensweisen sind die gängigsten Fixierungen Schutzhelm, Armmanschetten, Muff(Zwangs)jacken und Hand- bzw. Beinfesseln und Bauchgurte.
Es muß an dieser Stelle erwähnt und festgestellt werden, daß wir häufig um solche Fixierungen nicht herumkommen werden, schon allein, weil nicht genügend Personal für die Aufsicht des selbstverletzenden Klienten vorhanden ist.
Wir sollten uns deshalb auch nicht schämen, Fixierungen einzusetzen, ohne ein solches Vorgehen als eine Kapitulation vor der eigenen Inkompetenz zu betrachten.

Mechanische Fixierungen müssen eingesetzt werden, wenn sich ein Klient so heftig schlägt, daß erhebliche Verletzungen auftreten können. Fixieren ist keine Kapitulation, sondern eine legitime Notwendigkeit.

Es bleibt allerdings die Frage, wie effektiv solche Fixierungen sind? Peter Brezovsky (1987) berichtete uns von einem Fall, wo sich eine Einschränkung spezifischer motorischer Aktivitäten als nur begrenzt effektiv erwies. Denn es zeigte sich in dem von ihm beschriebenen Fall (auch von uns immer wieder beobachtet) eine wiederholte Symptomverschiebung.

Der Klient, der heftig mit dem Kopf schlug und deshalb zum Schutz einen Helm bekam, begann sich an den Händen zu verletzen, so daß Armmanschetten zusätzlich eingesetzt werden mußten.
Nach dieser neuen Fixierung trat er mit den Füßen oder schlug mit den Beinen gegen Gegenstände und verletzte sich auf diese Art. Um dieser Problematik zu begegnen, wurde der Junge in einen Rollwagen gesetzt, so daß er sich zwar fortbewegen konnte, aber sobald er mit den Beinen schlug, hinfiel. Als Konsequenz dieser Einschränkung begann er sich an allen möglichen und erreichbaren Körperpartien zu kneifen. Reaktion war, daß ihm Handschuhe (Fäustlinge) angezogen wurden.
Trotzdem reduzierte sich nach dieser Prozedur im Verlauf das selbstverletzende Verhalten, nachdem die Fixierungen langsam wieder abgenommen wurden.

Bei dieser Falldarstellung kann als wesentliches Moment des Therapieerfolges die Tatsache gelten, daß Fixierungen gewählt wurden, die den Jungen nur bedingt in seiner Handlungsfähigkeit einschränkten. So konnte er sich im Raum bewegen, wenn er etwas greifen wollte, blieb ihm die Möglichkeit, die Handschuhe auszuziehen usw.

Mit einer Einschränkung der motorischen und aktiven Handlungsfähigkeit des Klienten erreichen wir wenig, vielmehr fixieren wir ihn möglicherweise noch mehr auf seine selbstverletzenden Handlungen.

Wir werden uns mit diesem Problem im Abschnitt zu den aufbauenden Verfahren noch näher auseinandersetzen. Unsere Erfahrungen haben fast durchgängig gezeigt, daß Fixierungen schützen, aber sonst therapeutisch unwirksam sind.
Vielmehr werden eher massive Schwierigkeiten auftreten, vor allem dann, wenn Fixierungen wieder abgebaut werden sollen.
Menschen mit selbstverletzenden Verhaltensweisen werden eher bei Wegnahme ihrer Fixierungen heftig selbstverletzend reagieren; oft noch heftiger, als vor Einsatz diverser Fixierungen (vgl. Smith, Lerman & Iwata, 1996). Eine möglichst gering zu haltende Handlungseinschränkung sollte bei der Auswahl entsprechender Fixierungen unbedingt berücksichtigt werden:
Eine Armmanschette ist weniger restriktiv als ein Schutzhelm, schränkt aber die Bewegungsfreiheit und damit Handlungsfähigkeit entschieden mehr ein. Mit einem Schutzhelm kann der selbstverletzende Klient alles das tun, was auch ohne Helm möglich ist (bis auf das Essen), mit Manschetten, ist es schwierig zu greifen, zu spielen o.ä.

Es sollten immer die Fixierungen gewählt werden, die den besten Schutz, aber auch die höchste Bewegungs-/Handlungsfreiheit garantieren.

Deshalb empfehlen wir, eher einen Schutzhelm als Armmanschetten einzusetzen. Vor allem auch deshalb, da man häufig nach Einsatz von Manschetten (durch Symptomverschiebung) doch letztendlich zum Kopfhelm greifen muß. In diesem Falle haben wir also eine überflüssig gewordene Fixierung (Manschette), mit deren Abbau wir uns aber trotzdem auseinanderzusetzen haben.
An Schutzhelmen werden die unterschiedlichsten Modelle genutzt: Eishockey-Helm, Motorrad-Integral-Helm (mit und ohne Plastikscheibe), Epileptiker-Helm oder auch Sonderanfertigungen.

Sie sollten möglichst den Helm wählen, der am wenigsten einschränkt, seine Schutzfunktion aber voll erfüllt. Ein Klient, der z.B. „nur" mit der Stirn an Wände schlägt, muß nicht zwangsläufig einen Vollschutzhelm tragen, es reicht in diesem Falle ein Stirnband, ein Handtuch oder eine Wollmütze.
Vollhelme müssen dann eingesetzt werden, wenn gleichzeitig große Verletzungsgefahr der Augen, der Gehörgänge, des Mund- und Nasenbereiches sowie des Schädels bestehen.
Der Motorrad-Integral-Helm hat im Gegensatz zum Eishockey- Helm den Vorteil, daß er gut ausgepolstert ist, so daß auch heftigste Schläge keine Verletzungen hervorrufen können. Auf der anderen Seite schwitzt der Klient unter diesem Helm stärker als unter dem Hockey-Helm. Dieses Problem kann man dahingehend lösen, daß man verschiedene Löcher in den Helm bohrt, so daß die Luftzufuhr geregelt wird.
Mit einem solchen Vorgehen erreicht man aber nicht die Luftzirkulationsqualität der Hockey-Helme.

Der Kopfhelm ist allen anderen Fixierungen u.E. vorzuziehen, da allein er folgende Bedingungen erfüllt, die wiederum auch entscheidenden therapeutischen Charakter haben:

1. Da besonders häufig mit dem Kopf oder gegen den Kopf geschlagen wird, bedeutet der Helm vollkommenen Schutz.
2. Abbauende Verfahren können ohne große Schwierigkeit eingesetzt werden (vor allem das Ignorieren des selbstverletzenden Verhaltens) und
3. die Handlungsfähigkeit des Klienten ist nicht eingeschränkt.
   Vor allem manuelle Handlungen und Fertigkeiten stehen im Vordergrund geistig behinderter (anders-fähiger) Menschen. Nimmt man ihnen diese Möglichkeit, so nimmt man ihnen (etwas überspitzt gesagt) ihre Handlungsfähigkeit.
4. Der Helm ist einfach auf- und abzusetzen.
5. Er kann auch spielerisch eingesetzt werden (Fußball o.ä.).

Ist eine Verletzungsgefahr des Schädels unwahrscheinlich, aber eine Beschädigung der Augen, Ohren oder Nase zu erwarten, empfiehlt es sich, nur diese Areale zu schützen. Man kann in diesem Falle eine sogenannte Mensurbrille nutzen. Sie ist aus Metall und schützt gleichzeitig die Gehörgänge, die Augen und die Nase. Der Vorteil gegenüber einem Helm ist, daß der restliche Kopf, vor allem der Mund, frei sind. Sie sind bei studentischen Universitätsverbindungen zu bestellen.

10.2.2 Wie werden Fixierungen wieder abgebaut?

Der Abbau eines Helmes oder auch anderer Fixierungen erweist sich häufig als sehr langwierig und schwierig. Immer wieder werden wir gezwungen sein, erneut zur Vollfixierung zurückzukehren. Im folgenden Abschnitt wollen wir aufzeigen, welche Möglichkeiten eines Abbaus von Fixierungen praktikabel und erfolgreich sind.

Beim Integral- und beim Eishockey-Helm besteht die Möglichkeit, den Gesichtsschutz abzunehmen. Dies wäre sozusagen die erste Stufe des Abbaus.
Als zweite Stufe (denken wir an Selbstkontrolle) würden wir versuchen, dem Klienten beizubringen, selbst zu entscheiden, wann, wo und wie er den Helm trägt oder nicht.

> Wir fordern den Klienten auf, wenn wir Zeit für Therapie haben (auch in der Essensituation), den Helm für eine bestimmte Übung abzusetzen. Gelingt dies nicht, und das ist am Anfang die Regel, versuchen wir das Abnehmen durch Hilfestellung zu unterstützen.
> Ohne Helm hat der Klient nun bestimmte Handlungen durchzuführen. Welche Handlungen dies sein können, ist bestimmt durch das, was der Klient leisten kann.
> Es sollten Tätigkeiten gewählt werden, die mit selbstverletzendem Verhalten inkompatibel (unvereinbar) sind, z.B. Tragen von Geschirr, Werfen, Fangen oder Rollen des Helmes.

Letzteres bietet sich besonders an, da damit der Helm zu einem Spielzeug wird, also seinen aversiven oder auch zwanghaften Charakter verliert (Fixierung als kommunikatives Medium).
Anfangs sollten die Zeitabschnitte der Abnahme nur kurz sein, im Laufe der Therapie immer weiter verlängert werden. Nach Erfüllung der Aufgabe, bei der wir wiederum anfangs, wenn notwendig, Hilfestellung geben können, darf sich der Klient den Helm zur Belohnung wieder aufsetzen. Dadurch bekommt der Helm zusätzlich noch eine andere Wertigkeit (positive Verstärkung).
Ein solches Vorgehen hat den Vorteil, daß nicht wir aktiv bestimmen, sondern den Klienten interaktiv wieder zu eigenen Entscheidungen hinführen und ihn nebenbei, durch viel Lob, in seinem Selbstbewußtsein stärken.
Ein erfolgreicher Abbau ist in diesem Falle durch immer größer werdende Abstände zwischen Aufsetzen und Absetzen gekennzeichnet, wobei sowohl die Handlungsfähigkeit des Klienten als auch seine Selbstbestimmung erweitert wird.

Der Abbau von Fixierungen verläuft stufenweise und sollte auf interaktivem Wege zu einer erhöhten Selbstbestimmung des selbstverletzenden Klienten führen.

Ein solches Vorgehen ist dem konservativen Abbauen von Fixierungen vorzuziehen, wobei, im individuellen Falle, nur die konservative Methode möglich sein kann. In diesem Falle ist es klar, daß man sie anwendet:
Ein konservativer Abbau von Fixierungen bedeutet eine Variation der Fixierung, d.h. es wird anstatt des Vollhelmes ein gesichtsoffener Helm, in Folge ein Epileptiker-Helm, dann eine Mütze, ein Handtuch, ein Stirnband, bishin zu einem Aufkleber auf der Stirn, genutzt.
Diese Prozedur hat den Nachteil, daß sie lange dauert und nicht handlungserweiternd konzipiert ist (es sei denn, wir lassen entscheiden). Bei Armmanschetten würde ein Abbau in einem ständigen Verkürzen der Länge zu sehen sein, bis das Kind nur noch einen Armreif trägt (sozusagen als Pseudofixierung), der keinerlei Schutzfunktion mehr beinhaltet.
Berücksichtigen wir auch hier den Aufbau von Kommunikation und Selbststeuerung, so sollte der selbstverletzende Klient zwischen den verschiedenen Armmanschetten unterschiedlicher Länge selbst entscheiden können, wobei wir anfangs gegebenenfalls Hilfestellung geben (Fixierung als kommunikatives Mittel).

10.2.3 Was ist Selbstfixierung?

Wie bereits beschrieben, ist wesentlicher Bestandteil der Therapie von selbstverletzenden Verhaltensweisen ein *Aufbau* von Selbstentscheidungsmechanismen. Mit anderen Worten, unsere Klienten müssen lernen, wieder lernen, ihr eigenes Leben und Handeln so gut wie möglich selbst in die Hand zu nehmen.
Deshalb ist es unter Umständen notwendig (auch beim Abbau von Fixierungen), als Übergangsstufe Selbstfixierungen aufzubauen.
Dies geschieht häufig von selbst, wenn wir eine gewisse Frequenz an selbstverletzenden Verhaltensweisen zulassen.
Solche Selbstfixierungen geben wir entweder dem Klienten vor (als Modell oder in Form von Gegenständen wie z.B. einer Schnur) oder der Klient entwickelt solche selbst, meist aber nur dann, wenn wir keinen Schutz von uns aus anbieten.

Selbstfixierungen sind z.B. das Stecken der Hände in die Hosentasche oder das Tragen von diversen Gegenständen. So kann man z.B. eine Kordel nutzen, mit der sowohl Fingerspiele als auch motorische Geschicklichkeitsübungen durchgeführt wurden. Andererseits hätte dann der Klient auch damit die Möglichkeit, sich selbst zu fesseln in der Art, wie das Umlegen der Kordel um beide Hände o.ä. Ein weiteres Beispiel für Selbstfixierungen wäre, den Klienten eine Tasse oder anderes Geschirr tragen zu lassen. Dies gelingt meist dann, wenn die Klienten bemüht sind, nichts zu zerbrechen.

Eine andere häufig beobachtete Verhaltensweise ist das Legen eines Armes über den Kopf. Dies hat für den Klienten den Vorteil, daß er auf der einen Seite mit diesem Arm nicht schlagen kann und andererseits die Schläge mit dem anderen Arm abgedämpft werden können.

Carmen trug ständig ihre Puppe mit sich herum und hielt sie mit beiden Händen fest, bis sie irgendwann anfing, damit auch wieder zu spielen.

Wie solche Selbstfixierungsmechanismen aufgebaut werden können, wird im späteren Verlauf näher beschrieben.

10.2.4 Welche Regeln müssen wir berücksichtigen?

Der Umgang mit selbstverletzendem Verhalten bedeutet nicht allein Abbau des Störverhaltens, sondern ist nur dann sinnvoll und erfolgreich, wenn gleichzeitig sowohl verhaltensinkompatible und neue Verhaltensweisen aufgebaut und infolge vermittelt werden.

Festgelegte therapeutische Interventionen sollen, trotz einer möglichen anfänglichen Verschlechterung des selbstverletzenden Verhaltens, über einen gewissen Zeitraum (individuell verschieden 1 – 2 Wochen) beibehalten werden.

Die Lebensbedingungen der selbstverletzenden Klienten müssen menschenwürdig sein, es muß die Chance eines Rückzuges in den eignen Bereich gewährleistet sein.

Ein Ortswechsel sowie eine Veränderung des Bezugspersonensystems kann therapeutisch wichtig sein, vor allem dann, wenn die Bezugsperson bereits in eine Abhängigkeit zum Klienten geraten ist.

Mechanische Fixierungen müssen eingesetzt werden, wenn ein Klient so heftig schlägt, daß erhebliche Verletzungen auftreten können. Fixieren ist keine Kapitulation, sondern eine legitime Notwendigkeit.

Es sollten immer die Fixierungen gewählt werden, die den besten Schutz, aber auch die höchste Bewegungs-/Handlungsfreiheit garantieren.

Der Abbau von Fixierungen verläuft stufenweise und sollte auf interaktivem Wege zu einer erhöhten Selbstbestimmung des Klienten führen.

10.3 Wann kann es Sinn geben, den Klienten mit dem selbstverletzenden Verhalten zu konfrontieren?

Es kann nötig sein, auch aus anderen Gründen als hier dargestellt, daß der selbstverletzende Klient mit seinen selbstverletzenden Verhaltensweisen konfrontiert werden muß. D.h. es muß ihm u.U. die Möglichkeit gegeben sein, die Wirkung seines Handelns wieder wahrnehmen zu können. Der Klient muß die Konsequenzen seines Handelns (wieder) erkennen können (z.B. den Schmerz), um alternative Verhaltensweisen aufzubauen.

Unter gegebenen Umständen und abhängig von der Intensität und Häufigkeit des selbstverletzenden Verhaltens sollte es in klar definierten Zeitabständen zugelassen werden, um Selbstwahrnehmungs- und Selbstschutzmechanismen anzuregen und aufzubauen.

Dies gilt allerdings weniger bei Klienten mit automatisiertem selbstverletzenden Verhalten, bei denen eine reduzierte, verzögerte oder wechselnde Schmerzwahrnehmung zu erwarten ist.

Eine klar definierte und begrenzte Konfrontation mit dem selbstverletzenden Verhalten ist eher Bestandteil der Therapie von Klienten, die selbstverletzendes Verhalten reaktiv einsetzen.
D.h. selbstverletzende Verhaltensweisen werden teilweise oder vollkommen bewußt eingesetzt, um bestimmte Reaktionen des Interaktionspartners zu provozieren, z.B. zur Vermeidung von Anforderungen oder zur Erlangung von Zuwendung oder Aufmerksamkeit.
Da die Bezugspersonen in der Regel zu schnell mit einem Unterbrechen des selbstverletzenden Verhaltens reagieren, wird es zu Schmerzwahrnehmungen nur in bedingtem Ausmaß kommen können.
Wie auf dieser Ebene mit automatisiert selbstverletzenden Klienten umzugehen ist, wird an anderer Stelle beschrieben.

10.4 Unter welchen Bedingungen kann Ignorieren des selbstverletzenden Verhaltens sinnvoll sein?

Eine in der Therapie selbstverletzender Verhaltensweisen wichtige Regel ist ein klar definiertes und planmäßiges Ignorieren des selbstverletzenden Verhaltens.
Ein solches Ignorieren, d.h. sich abwenden, wenn der Klient selbstverletzend ist oder auch ein Ablenken in eine andere Richtung, beinhaltet eine Menge von Problemen und auch ethischen Überlegungen, die beide Handlungspartner, nämlich den Klienten und seine Bezugsperson, betreffen.

Ein Ignorieren des selbstverletzenden Verhaltens kann für den Klienten sowohl **sinnvoll** und **sinnlos** sein:

1. Setzen wir voraus, daß das selbstverletzende Verhalten eingesetzt wird, um eine bestimmte Reaktion des interaktiven Gegenübers (Betreuer) zu erreichen oder auch zu vermeiden, ist das Ignorieren **sinnvoll.**
2. Ist das selbstverletzende Verhalten automatisiert, d.h. der Klient kann sein Verhalten nicht mehr wahrnehmen bzw. kontrollieren, dann ist das Ignorieren als therapeutische Variable **sinnlos.**

Das heißt mit anderen Worten, wir geben dem Klienten die Chance, auf der einen Seite sich neu zu orientieren. Der Klient merkt ganz einfach, daß er mit den altherbekannten Mechanismen nicht mehr durchkommt.

Diese Neuorientierung wird erst einmal zu Wutreaktionen führen, die in gewisser Weise auch verständlich sind. Bisher konnte der Klient mit seinem Verhalten seine Umwelt recht gut „dirigieren“, doch plötzlich greifen die alten Mechanismen nicht mehr.
Bei einer konsequenten Aufrechterhaltung der Neustrukturierung durch die Betreuer wird der Klient aber letztendlich die neue Situation annehmen.

Auf der anderen Seite geben wir durch ein gezieltes und planmäßiges Ignorieren dem Klienten die Chance, sein Verhalten wieder bewußt wahrnehmen zu können. **Selbststeuerung wird vermehrt aktiviert.**

Gezieltes und planmäßiges Ignorieren des selbstverletzenden Verhaltens ist nur dann sinnvoll, wenn in selbstverletzungsfreien Zeiten gleichzeitig Alternativverhaltensweisen angeboten und aufgebaut werden. Gezielt und planmäßig bedeutet, daß selbstverständlich die Gefahr von ernsthaften Verletzungen Abbruchkriterium sein muß. Um die Methode aufrechterhalten zu können, müssen in diesem Falle Schutzmaßnahmen getroffen werden (Helm).

Bei gezielten Beobachtungen stellen wir immer wieder fest, daß bestimmte Schlagfrequenz-Muster zu beobachten sind.
Das heißt, z.B., der Klient schlägt sich 3 mal an den Kopf, es folgt eine Unterbrechung und dann ein erneutes 3-maliges Schlagen.
Eine solche Untersuchung der Schlagfrequenz-Muster wurde bei Petra (siehe Abbildung) unternommen. Es zeigte sich, daß eine bestimmte Schlagfrequenz überwog.
Eine Interpretation dieser Ergebnisse könnte sein, daß sich möglicherweise eine Schmerzwahrnehmung erst ab dem dritten Schlag einstellt und dadurch das Verhalten unterbrochen wird.
In der Regel ist es aber häufig so, daß wir selbstverletzendes Verhalten sofort unterbinden, möglicherweise vor dem Zeitpunkt, wo der Klient überhaupt sein Verhalten physisch wahrnehmen kann.
In diesem Falle kann eine Konfrontation mit der Selbstverletzung einen wesentlichen Schritt für die Therapie bedeuten und somit zu einer Akzeptanz des Ignorierens führen.
Dient das selbstverletzende Verhalten aber, wie im ersten Falle beschrieben, einem interaktiven Prozeß, bei dem der Klient bestimmt, wenn auch mit der extremsten Verhaltensform, die ihm zur Verfügung steht, nämlich dem selbstverletzenden Verhalten, wann er etwas tun und wann er etwas nicht tun will (möglicherweise auch nicht tun kann), erscheint das Ignorieren als Methode als besonders effektiv angezeigt.

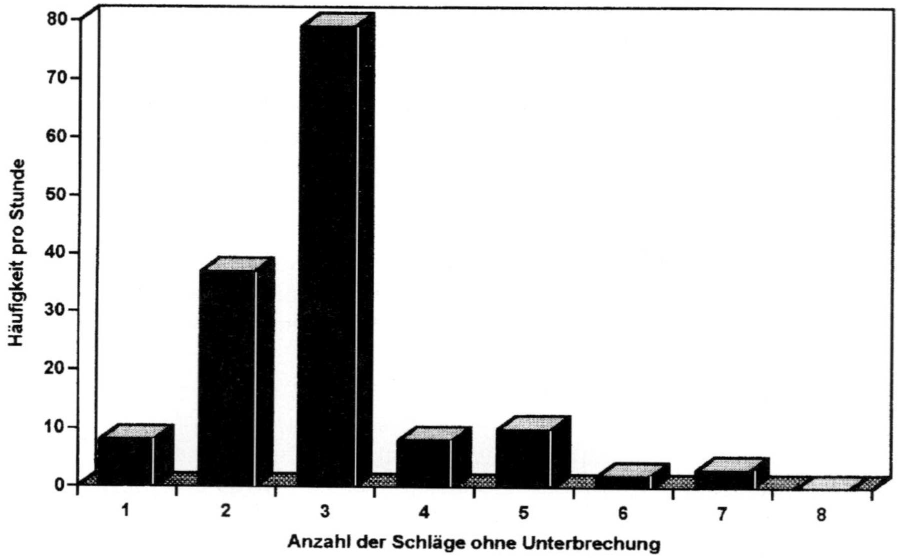

Abbildung 17: Art der Schlagfrequenzmuster: Anzahl aufeinanderfolgender Schläge ohne Unterbrechung

Der sicherlich humanste Weg, aber nicht immer der richtigste Weg, ist das Ablenken in eine andere Richtung. Das heißt, wir ignorieren auch in diesem Falle das selbstverletzende Verhalten bis zu einem gewissen Punkt, geben dann aber Handlungsalternativen vor.
Der Klient schlägt sich, wir sprechen ihn namentlich an und fordern ihn auf, z.B. mit uns gemeinsam in die Küche zu gehen, um dort irgend etwas zu erledigen.
Nach unserem Behandlungskonzept ist ein gezielt geplantes und klarstrukturiertes Ignorieren sowie das Ablenken in eine andere Richtung Standard jeder Therapie selbstverletzenden Verhaltens (vgl. auch GOH & IWATA, 1994; ZARCONE, IWATA, MAZALESKI & SMITH, 1994).
Der Wechsel beider Vorgehensweisen wird von der Häufigkeit und Intensität des selbstverletzenden Verhaltens bestimmt.

Konsequenzen für den Betreuer:

Hier ist primär zu klären, wie weit Betreuer oder Behandler belastbar sind. Der Grad der Ausbildung, der Erfahrung, aber auch Persönlichkeitsfaktoren (wie z.B. Empfindsamkeit) wirken sich direkt auf die jeweilige Belastbarkeit aus:

- eine qualifizierte Ausbildung führt zu selbstsicherem Handeln,
- umfassende Erfahrungen beeinflussen die Motivation und bewirken eine größere Akzeptanz von Frustrationen,
- Ausbildung und Erfahrung helfen, die schwachen und starken Seiten unserer Persönlichkeit erkennen und realistisch einschätzen zu können.

Unsere Erfahrung ist, daß weniger das selbstverletzende Verhalten, sondern eher die Begleitumstände den erfahrenen Erzieher oder Pfleger beeinträchtigen (z.B. ständiges Schreien oder offene Wunden).
Ein Grundsatz könnte sein, daß jeder der beteiligten Betreuer nur soweit das selbstverletzende Verhalten ignoriert, wie er es selbst ertragen kann. Wird aber ein klar strukturiertes Therapieprogramm vorgegeben (im Team mit den entsprechenden Therapeuten gemeinsam entwickelt), so haben sich alle Beteiligten an dieses Programm zu halten.
Es hat wenig Wert, daß Betreuer am Programm mitarbeiten, wenn sie aus persönlichen Gründen – die hoch geachtet werden müssen – eine Konfrontation mit dem selbstverletzenden Verhalten nicht ertragen können.
Ein Umstand, der verständlich, aber dem Heilungsprozeß bzw. dem Löschungsprozeß nicht dienlich ist.

Es sollten nur die Personen an der Therapie beteiligt sein, die vorher festgelegte therapeutische Maßnahmen tragen und ertragen können.

Weiterhin ist von Bedeutung, daß ein Betreuer unterschiedlich auftretende Zustandsbilder differenzieren kann und muß:

Dazu einige Beispiele:
- reaktive Verhaltensweisen, d.h. der Klient setzt selbstverletzendes Verhalten, soweit dies ihm möglich ist, gezielt ein,
- unkontrollierte Zustände, bei denen kein Zusammenhang mit externen Faktoren zu erkennen ist,
- hochgradige Erregungszustände oder Verfallen in innere Abwesenheit mit großer Verspanntheit.

Eine Differenzierung unterschiedlicher Zustandsbilder ist vor allem für prophylaktische (vorbeugende) Maßnahmen von Interesse.

Unter Umständen kann durch differenzierte Beobachtung eine Aura (wie bei vielen Anfallsleiden) erkannt werden, d.h. Vorzeichen, die einen selbstverletzenden Ausbruch andeuten. Hier gilt es dann, eher die Gegebenheiten zu verändern, als das selbstverletzende Verhalten zu behandeln.

Hinweise in diese Richtung könnten sein: Schwitzen verstärkt sich, Muskelverkrampfungen, Abwesenheit, Wegdrehen der Augen, Zittern etc.
Ist ein selbstverletzender Ausbruch nicht zu vermeiden, so sollte der Versuch unternommen werden, dieses Verhalten in Bahnen zu lenken, die nicht selbstbeschädigend, sondern aggressionsabführend sind (z. B. das interaktive Boxen).

10.5 Wann setzen wir Time-out ein?

Eine vor allem in Langzeiteinrichtungen häufig genutzte Methode zur Behandlung selbstverletzender Verhaltensweisen ist das kurzfristige Einschließen in einen sogenannten time-out-Raum (im folgenden auch toR). Eine solche Vorgehensweise ist sicherlich aus der Not heraus geboren worden. Oft führt fehlendes Personal zu solchen Notlösungen.
Ob es durch ein Einschließen zu einer Beruhigung des Klienten kommen kann, ist wohl individuell unterschiedlich.

Ein anderer Grund für das Nutzen eines solchen Raumes ist, daß die Selbstverletzung vom Personal als Aggression erlebt wird und somit der toR als strafende Maßnahme eingesetzt wird. Letztendlich ist ja die Methode des time-out auch für aggressive Klienten konzipiert worden.
Unserer Meinung nach ist ein time-out-Raum für die Therapie selbstverletzender Verhaltensweisen nur noch bedingt notwendig. Wir wollen an dieser Stelle aber nicht auf mögliche Voraussetzungen zur Anwendung von Time-out näher eingehen, da es mittlerweile eine Vielzahl anderer Methoden gibt.

Für die Therapie selbstverletzender Verhaltensweisen muß ein time-out Raum eine bestimmte Beschaffenheit haben und es müssen bestimmte personelle Bedingungen erfüllt sein:

a) Er sollte relativ klein und zu verdunkeln sein,
b) Wände, Heizung, Boden u.ä. sollten stark gepolstert sein, so daß keine Verletzungsgefahr besteht.
c) Er sollte durch eine Einwegscheibe oder mit einer Videokamera einschaubar sein.
d) Es sollte sich eine Person in der Nähe der Tür aufhalten.

Wenn man einen toR nutzen will, sollte dies nur für kurze Dauer der Fall sein, wobei der Klient ohne verbalen Kommentar hineingeführt wird und relativ unabhängig von weiterem Auftreten selbstverletzender Handlungen nach etwa 1 bis 2 Minuten wieder kommentarlos herausgeführt wird. Günstig ist es, wenn während dieses Zeitraumes eine kurze Schlagpause zum Herausführen genutzt wird. Die Aufenthaltszeit kann später bis zu 10 Minuten erhöht werden.

Die übliche Praxis in Behinderteneinrichtungen sieht allerdings anders aus: Hier wird der Klient solange im Raum belassen, bis er sich beruhigt hat und das kann Stunden dauern, vor allem wenn es sich um automatisiertes selbstverletzendes Verhalten handelt, die der Klient von sich aus kaum unterbrechen kann. Er wird sich hilf- und orientierungslos ohne Unterbrechung weiterschlagen.

Ein Einschließen in einen Time-Out-Raum gibt nur bei reaktiv selbstverletzenden Verhaltensweisen Sinn.

Ein Einschließen kann unseres Erachtens nur dann sinnvoll sein, wenn der Klient nach entsprechender Übung selbst entscheidet bzw. entscheiden kann, ob er in den Raum gehen will oder nicht.
Der wesentliche Kritikpunkt aber ist, daß ein toR nicht zu einem Aufbau neuer Verhaltensweisen führen kann.
Durch die unterschiedlichen Kommunikations- und Körpertherapien sind uns mittlerweile andere Wege offen, konstruktiver mit dem selbstverletzenden Klienten umzugehen.
Bei einigen Klienten mit reaktiv selbstverletzendem Verhalten reichen durchaus paradoxe Aufforderungen aus.

Ein Einschließen in einen time-out-Raum ist nur dann sinnvoll und zulässig, wenn bestimmte räumliche und personelle Bedingungen erfüllt sind, wie oben beschrieben.

10.6 Was sind paradoxe Interventionen im verhaltenstherapeutischen Sinne?

Unter paradoxer Aufforderung verstehen wir ein Vorgehen, das durch Aufforderung, das unerwünschte Verhalten zu zeigen, zu einer Abnahme des selbstverletzenden Verhaltens führt.
Um die Methode der paradoxen Aufforderung bei Selbstverletzungen einzusetzen, bedarf es einer sehr umfassenden vorhergehenden Analyse und kann nur dann genutzt werden, wenn, abhängig von Häufigkeit und Intensität des selbstverletzenden Verhaltens, Verletzungen nicht zu erwarten sind, also bei leichtem und zum Teil mittlerem selbstverletzenden Verhalten.

Eine weitere Voraussetzung für den Einsatz paradoxer Aufforderung ist, daß das selbstverletzende Verhalten provokativen Charakter besitzt.
Nur wenn selbstverletzendes Verhalten dazu eingesetzt wird, um uns zu bestimmten Handlungen (überwiegend Aufmerksamkeit) zu zwingen, fordern wir den Klienten auf, sich nochmals und nochmals zu schlagen.
Er wird anfangs dieser Aufforderung nachkommen und vielleicht in Wut geraten, sollte aber bei konsequenter Durchführung nach relativ kurzer Zeit (in einem Zeitraum von ein paar Tagen) das selbstverletzende Verhalten immer mehr abbauen.
Es hat sich auch hier als sinnvoll erwiesen, mit alternativen Verhaltensweisen z.B. im Sinne eines Modells, Hilfestellung zu geben: Während wir den Klienten auffordern, sich nochmals zu schlagen und er dieser Aufforderung nachkommt, treten wir z.B. kommentarlos wütend mit unseren Füßen auf den Boden, wobei wir darauf achten sollten, daß Schlagen und Treten etwa synchron ablaufen.
Unter Umständen kann es hilfreich und sinnvoll sein, unregelmäßig aufzufordern. Wir fordern nicht bei jedem Schlag zur Wiederholung auf, sondern nur in unregelmäßigen Abständen.
Die Methode der paradoxen Aufforderung sollte schnell wirksam sein. Ist dies nicht der Fall; sind andere Methoden sinnvoller.
Nach Einsetzen der Wirksamkeit wird paradoxes Vorgehen langsam ausgeblendet, d.h. die Verstärkungsabstände werden verlängert. Paradoxe Aufforderung kann und wird oft in Verbindung mit Ignorieren genutzt, wobei der Reaktionswechsel intermittierend sein sollte.

Neben diesen beiden Reaktionsebenen können zusätzlich Methoden der Körperzentrierten Interaktion eingesetzt werden (z.B. Reflexaufbau in Verbindung mit einem intermittierenden Wechsel der eben beschriebenen Variablen).

Dazu ein Beispiel:

> Roman:
> R. schlägt überwiegend mit dem Kopf auf den Boden oder an die Wand. An therapeutischen Methoden werden genutzt:
> - Ignorieren;
> - Reflexaufbau (Drücken des Kopfes in Richtung Wand oder Boden, solange, bis vom Kind ein Gegendruck erzeugt wird;
> - verbale Aufforderung zum Schlagen: „Schlag noch einmal und fester noch fester", wobei die Stimme laut fordernden Charakter hat;
> - Wutreduktion: Aufbau von Alternativen; übertriebene Imitation des Quengelns oder Schreiens, sowie der Mimik und gleichzeitiges Stampfen mit den Füßen auf den Boden „ ich bin wütend, noch wütender, und noch wütender..."

10.7 Was sind bestrafende Verfahren?

Am kontroversesten diskutiert sind die bestrafenden Verfahren der Therapie von selbstverletzenden Verhaltensweisen. Sicherlich führen für alle Beteiligten massive Eingriffe, wie z.B. die elektrischen Schmerzreize, zu ethischen Fragen.

Bestrafende Verfahren führen nicht selten, glaubt man den Veröffentlichungen, in relativ kurzer Zeit zu einer Abnahme selbstverletzender Verhaltensweisen. Die Rückfallquoten sind allerdings recht hoch.

Wir haben diese Methode bisher einmal eingesetzt (vgl. ROHMANN & FACION 1984; FACION 1986). In diesem einen Falle gelang es uns, das selbstverletzende Verhalten zu löschen. Ähnliche Erfahrungen legen Linscheid und Mitarbeiter (LINSCHEID, PEJEAU, COHEN & FOOTO-LENZ, 1994; LINSCHEID, HARTEL & COOLEY, 1993), DUKER & SEYS (1996) und Mudford und Mitarbeiter (MUDFORD, BOUNDY & MURRAY, 1995) vor. Doch sollten wir gerade bei diesen Verfahren immer wieder reflektieren und diskutieren, ob der Einsatz solcher Methoden nicht durch andere Maßnahmen zu ersetzen ist. Nach unseren heutigen Erfahrungen kann man meist auf diese massiv bestrafenden Maßnahmen verzichten.

Allerdings nehmen wir auch heute noch eindeutig Stellung für massiv bestrafende Maßnahmen, wenn andere therapeutische Methoden zu keinem Erfolg führen. Denn die Konsequenzen des selbstverletzenden Verhaltens, im schlimmsten Falle der Tod des Klienten, stehen in keiner Relation zu der eingesetzten Maßnahme.

Vor einiger Zeit führte ich mit einem Kollegen zu diesem Thema ein Streitgespräch. Der Kollege äußerte Bedenken hinsichtlich eines Einsatzes von elektrischen Schmerzreizen und stellte mit Recht die Frage, wo die Grenzen für bestrafende Maßnahmen zu ziehen seien. MÜHL, NEUKÄTER und SCHULZ (1996) haben hierzu eine ausführliche, kritische Diskussion vorgelegt.
Oberstes Ziel unserer Arbeit ist es, Wege zur Beeinflussung des selbstverletzenden Verhaltens zu finden, die weniger eingreifend sind. Wenn aber Tod oder Leben die Alternativen sind, entscheiden wir uns immer für das Leben. Der leidenschaftliche Wille, nicht nur für „das Leben", sondern für das Lebendigsein und die Entfaltung dieses Menschen handfest und effektiv zu arbeiten, gehört dann allerdings auch dazu. Denn wenn wir schon die Entscheidung, daß er leben soll, an uns ziehen, dann stehen wir auch im Wort, mit ihm dieses Leben zu gestalten.

Als Alternative zu bestrafenden Maßnahmen wird immer wieder eine Totalfixierung genannt.
Diese Methode des totalen Fesselns, bei der der Klient nicht mehr bewegungsfähig ist, ist u.E. mit dem Tod gleichzusetzen oder eher noch schlimmer. Der Klient ist lebendig begraben.

Massiv restriktive Maßnahmen beginnen von einem leichten Klaps auf die Hand, Stechen mit Nadeln, Einsatz von Lärm bis zum Einsatz elektrischer Schmerzreize.
Diese Maßnahmen finden u.a. ihre Begründung auch in dem Umstand, daß sich selbstverletzende Klienten häufig eine andere Schmerzwahrnehmung (wenn überhaupt) im Vergleich zu einem normalen Menschen haben. Mit solchen Maßnahmen könnte man z.B. den Klienten dazu verhelfen, festzustellen, wo ihre Schmerzschwelle liegt.
Eine Rückenmarkspunktion ohne Betäubung zur Verhinderung einer möglichen Lähmung würde niemand in Frage stellen – vorausgesetzt, es ist die einzige wirksame Maßnahme. Strafende Maßnahmen sind hochanfällig gegenüber Mißbrauch und Gewalt und ethisch mehr als problematisch, worauf wir im letzten Kapitel eingehen.

Wir wollen deshalb im folgenden nicht näher auf massiv-restriktive Maßnahmen eingehen, da die Methoden der Körperzentrierten Interaktion und kommunikationstherapeutische Interventionen in der Regel diese Maßnahmen ersetzen können.

Ignorierende, konfrontierende oder bestrafende Methoden führen selten zum Erfolg ohne gleichzeitige handlungs- und erlebenserweiternde Schritte. Ein alleiniges Einsetzen erweiternder Methoden kann insofern ineffektiv sein, da es ohne eine Reduktion des selbstverletzenden Verhaltens durch die letztgenannten Methoden schwierig ist, aufbauende Methoden ein- bzw. durchzusetzen.
D.h. die in diesem Abschnitt beschriebenen Methoden müssen darauf abzielen, die Basis für aufbauende Verhaltensweisen bzw. aufbauende Methoden zu schaffen.

10.8 Welche Möglichkeiten gibt es, alternative Verhaltensweisen aufzubauen?

Unter diesen Verfahren verstehen wir Methoden, die dazu dienen, den Handlungs- und Erfahrungsrahmen des Klienten zu erneuern und zu erweitern. Wir unterscheiden dabei mindestens vier therapeutische Handlungsebenen:

- Belohnung bzw. Verstärkung von bereits sichtbar vorhandenen erwünschten Verhaltensweisen in selbstverletzungsfreien Zeiten, also Stützen positiver Reaktionen

Methoden:
Differential reinforcement of other behaviour, abgekürzt DRO, d.h. gezielte positive Verstärkung anderer Verhaltensweisen

- Veränderung der motorischen selbstverletzenden Muster in eine vom selbstverletzenden Verhalten wegführende Richtung, z.B. im Sinne eines Aufbaus von mit Selbstverletzung nicht zu vereinbarenden bzw. gegenläufigen Verhaltensweisen einschließlich angemessenerer Formen einer Wut- Reduktion

Methoden:
Kommunikationstherapeutische Vorgehensweisen im Sinne von Unterbrechen selbstverletzender Interaktionsmuster, z.B. durch Lenkung der Aufmerksamkeit auf außerhalb des Interaktionszirkels liegende Dinge oder verhaltenstherapeutische Methoden, wie Differential reinforcement of incompatible behaviour, abgekürzt DRI, d.h. gezielte positive Verstärkung von Verhalten, das mit Selbstverletzung unvereinbar ist.

- Aufbau neuer bzw. Regenerierung bereits vorhandener Verhaltensweisen

Methoden: Z.B. Verketten von mehreren und/oder Vorgeben (als Modell) seltener auftretender Verhaltensweisen

- Beeinflussung durch Sprach- und Kommunikationsanbahnung

Methoden:
Kommunikationstherapeutische Vorgehensweisen sowie körpertherapeutische Verfahren im Sinne selbstverletzungsunabhängiger Sprach- und Kommunikationsanbahnung und Nutzung der neuen Kommunikationsmöglichkeiten auch im Umgang mit dem selbstverletzenden Verhalten. Zum anderen aber auch subtile Nutzung der kommunikativen Aspekte selbstverletzender Handlungen.

10.8.1 Wie unterstützen wir bereits vorhandene Verhaltensweisen und wie bahnen wir neue Interaktionsmuster an?

In der Regel finden wir, auch wenn Klienten fast ständig selbstverletzend sind, Zeiten, in denen kein selbstverletzendes Verhalten (auch z.B. als Folge von Erschöpfung) zu beobachten ist.
Die in diesen Phasen zu beobachtenden Verhaltensweisen gilt es zu verstärken. Dies können z.B. stereotype Reaktionen sein, die wir mit einem Händeklatschen und/oder rhythmischen Summen bzw. Singen begleiten oder auch nur kurze Erschöpfungsphasen, die meist anfangs primär oder sekundär verstärkt werden (s.u.). Sind bereits komplexere Handlungen ohne selbstverletzendes Verhalten beobachtbar, d.h. wenn der Klient zum Beispiel zwischen den Selbstverletzungsphasen sich selbst beschäftigt, spielt o.ä., schalten wir uns vorsichtig in diese Handlungen ein, so daß es kurzfristig zu gemeinsamen Spielsequenzen kommt. Wichtig dabei ist, die Distanz zum Klienten zu variieren. Wir beobachten dabei, bei welcher Distanz der Klient am aufmerksamsten ist.
In diesen Situationen sollten wir anfangs nicht fordernd agieren, sondern eher dem Klienten in seinen Handlungen folgen (imitieren oder verbal die Handlungen kommentieren mit nicht zu überschwenglichem Lob).
Meist setzen wir nicht am höchststrukturiertesten Verhalten, sondern besser eine Stufe darunter an, um möglichst Frustrationen zu vermeiden, die ja eine Ursache für selbstverletzendes Verhalten sein können.

Eine positive Verstärkung im verhaltenstherapeutischen Sinne bedeutet, daß Handlungen während selbstverletzungsfreier Zeiten belohnt werden, um dem Klienten Hilfestellung zu geben, zwischen erwünschtem und unerwünschtem Verhalten zu unterscheiden. Die soeben dargestellten Beispiele gehen allerdings weit über diese Annahmen hinaus:

Es gilt also weniger, bestimmte Handlungen mechanistisch zu belohnen, sondern auch auf der niedrigsten Handlungsebene sollte zusätzlich versucht werden, immer Klientreaktionen und -aktionen interaktiv bzw. kommunikativ zu nutzen. Belohnungen haben, personen- und situationsabhängig, unterschiedlichen Charakter und orientieren sich u.a. auch am Entwicklungsstand und am Schweregrad der Behinderung des jeweiligen Klienten.

Allgemein lassen sich Verstärker definieren als Ereignisse, die auf ein bestimmtes Verhalten folgen und zu einer Zunahme der Häufigkeit und/oder Intensität dieses Verhaltens führen. Das bedeutet: Wir wissen immer erst im Nachhinein und gerade auch bei behinderten Menschen, ob unser „Verstärker" wirklich verstärkend ist.

In der Verhaltenstherapie wird zwischen primären und sekundären Verstärkern unterschieden:

Unter primären Verstärkern verstehen wir Belohnungen, die grundlegende Bedürfnisse befriedigen, wie z.B. Hunger oder Durst, also Trinken und/oder Essen.

Sekundäre Verstärker sind Dinge oder Situationen, die bei der verstärkten Person im Laufe eines Lernprozesses eine belohnende oder verstärkende Funktion bekommen haben.

Durch Verknüpfung von Lob mit Bonbons bekommt das Loben im Laufe der Zeit eine eigene belohnende Qualität. Ebenso lernen die meisten sehr schnell, daß man sich mit Geldmünzen oder Geldscheinen Zugang zu fast allen angenehmen Dingen dieser Welt verschaffen kann. Geld wird so zu einem „generalisierten" Verstärker. Die Wirksamkeit solcher generalisierten Verstärker wird bei Münz-Verstärker-Programmen (Token-System) genutzt.
Bei den primären und sekundären Verstärkern unterscheiden wir „soziale Verstärker", „materielle Verstärker" und „Handlungsverstärker" (Ross &

Petermann, 1987). Handlungsverstärker sind angenehme Handlungen, die der Klient selbst ausführt wie z.B. Spielen oder Fernsehen.
Es sei auch an dieser Stelle bemerkt, daß für eine erfolgreiche Therapie selbstverletzenden Verhaltens (abgekürzt SV) mehrere Methoden miteinander verbunden werden sollten.
Brezovsky (1985) berichtet von folgenden Kombinationen:

- DRO und bei SV ein Entzug eines Vibrators (Nunes et al., 1977)
- DRO und bei SV motorisch mit dem SV inkompatible Armbewegungen (DeCatanzaro & Baldwin, 1978).
- DRO und Aversivtherapie (Mayhew & Harris, 1979)
- DRO und bei SV sozialer Ausschluß mit folgender Fixierung (Koch et al., 1979)
- DRO und time-out (Frankel & Simmons, 1976)
- DRO und bei SV Bestrafung und Festhalten (Singh, 1977)

Neuere Zusammenstellungen und Überblicke zeigen noch weit umfangreichere Kombinationslisten (z.B. Mace, Lalli & Shea, 1992; Pyles & Bailey, 1992; van Houten, Rolider & Houlihan, 1992).

10.8.2 Wie bauen wir gegenläufige bzw. mit dem selbstverletzenden Verhalten nicht zu vereinbarende Verhaltensweisen auf?

Hier geht es darum, Handlungen zu verstärken, die mit selbstverletzenden Bewegungsabläufen nicht vereinbar sind wie z.B. Selbstfixierungen oder das Tragen von bestimmten Gegenständen.
Auch hier sollte der interaktive Prozeß im Vordergrund stehen: Einem Klienten, der z.B. einen Ball trägt, um sich selbst zu schützen, treten wir mit einem anderen Ball gegenüber. Wir spielen für uns allein mit unserem Ball und versuchen, die Aufmerksamkeit des Klienten zu erreichen, bis es vielleicht zu einem Austausch der Bälle oder zu einem ersten kurzen gemeinsamen Spiel kommt.

Mit anderen Worten, wir sollten solche inkompatiblen Verhaltensweisen zu weiterführenden Interaktionen nutzen, wobei gemeinsames Handeln den wesentlichsten Verstärkungsmechanismus darstellen sollte. Über den Aufbau von inkompatiblen Bewegungen haben wir im Körpertherapie-Kapitel ausführlich berichtet.

10.8.3 Wie bauen wir neue Interaktionsmuster auf?

Ein wesentlicher Faktor erfolgreicher Behandlung selbstverletzender Verhaltensweisen ist die Erweiterung des Interaktions- und Kommunikationsspektrums des behinderten Klienten. Je mehr differenzierte Verhaltensweisen er lernt zu benutzen, um so komplexer wird die Interaktionskette, in der die selbstverletzenden „Kurzschlußhandlungen" keinen Platz mehr finden.
Insofern ist der Aufbau komplexerer Interaktionsmuster von großer Bedeutung. Oft ist es so, daß der Klient vor Beginn selbstverletzender Verhaltensweisen über ein weiteres Handlungsspektrum verfügte, das durch das selbstverletzende Verhalten zunehmend zurückgedrängt wurde.
Dieses gilt es vorrangig zu wecken, wobei es sich um wechselseitige Prozesse handelt: Bei Abnahme von selbstverletzenden Verhaltensweisen treten vermehrt zurückgedrängte Verhaltensweisen wieder auf.
Ein Nutzen dieser Verhaltensweisen ist also indirekt/direkt auch von der Häufigkeit selbstverletzender Handlungen abhängig. Ein Aufbau neuer oder verdrängter Verhaltensweisen erfordert gleichzeitig zusätzlich Methoden des Abbaus von selbstverletzenden Verhaltensweisen.

Ein solches Therapieprogramm beinhaltet, individuell abgestimmt, Elemente wie paradoxes Reagieren, Ignorieren, aber auch einzelne Methoden der Körperzentrierten Interaktion.
Verhaltenstherapeutische Methoden eines Verhaltensaufbaus sind u.a.:

- Verhaltensformung durch differentielle Verstärkung,
- Hilfestellung durch den Therapeuten,
- Ausblenden der Hilfestellung,
- Verketten von mehreren Verhaltensweisen,
- Modell sein sowie Veränderung der Aufmerksamkeitsrichtung im Sinne von:
- Veränderung der motorischen selbstverletzenden Muster in eine davon wegführende Richtung (Ablenken)
- Imitieren nicht-selbstverletzender Handlungen im Sinne einer Kommunikation unter Ausblendung des Themas Selbstverletzung

Wie eine solche Kombination aussehen kann, soll an einem Beispiel verdeutlicht werden:

> Claudia hält nach einer Schlagserie inne und schaut sich um. Wir fordern sie auf, zum Tisch zu gehen und ihren Joghurt zu essen (Claudia ißt sehr gerne Joghurt; primärer Verstärker) (Methode: Ablenken in eine andere Richtung).

Claudia sieht zum Tisch und beginnt sich erneut zu schlagen. Wir ignorieren das Schlagen, öffnen den Joghurtbecher, nehmen einen Löffel und probieren die Speise mit einem lauten „ mmhh. ist das lecker..“ (Methode: Ablenken in eine andere Richtung, Modell sein).
Claudia steht immer noch im Raum, hält beim Schlagen inne und beobachtet uns. Auf eine erneute Aufforderung zum Essen reagiert sie wiederum mit Schlagen. Wir essen einen erneuten Löffel mit übertriebenen Lauten (mmhh) (Methode: Ablenken, Modell).
Sie hört auf zu schlagen und beobachtet uns. Wir lachen und winken sie ohne Kommentar zu uns rüber (Kommunikationskanal Gestik), wobei wir einen dritten Löffel essen (Methode: Ablenken, Modell). Claudia kommt nach einem Zögern und einer erneuten Schlagserie zu uns herüber, wobei wir ihr kommentarlos den Löffel in die Hand geben (Methode: Hilfestellung, Ausblenden der Hilfestellung).

Claudia wirft den Löffel fort und schlägt sich erneut. Der Therapeut wirft auch einen Löffel und tritt wütend mit den Füßen auf den Boden (Ablenken, Verketten von mehreren Verhaltensweisen, Imitieren).
Claudia hebt den Löffel verdutzt auf und wirft ihn erneut auf den Boden, wobei sie nach kurzem Schlagen innehält (Interaktion).
Der Therapeut hebt seinen Löffel auf und ißt stark verlangsamt eine weitere Portion Joghurt mit lautem „hhhmmm“ (Ablenken, Modell).

Claudia kommt leicht schlagend auf uns zu. Wir geben ihr in einer selbstverletzungsfreien Phase erneut den Löffel in die Hand und führen aber ihre Hand zum Joghurt (Methode: Hilfestellung).
Wir lassen sie dann aber mit dem vollen Löffel in der Hand los (Ausblenden). Claudia führt den Löffel an den Mund, wirft ihn dann aber wieder weg. An dieser Stelle wäre es. z.B. auch sinnvoll, die Methode der Überkorrektur anzuwenden (siehe nächster Abschnitt).
Wir reagieren diesmal mit Ignorieren und einem erneuten Essen eines Löffels Joghurt.
Wir wiederholen den gesamten Vorgang noch einmal, nur mit dem Unterschied, daß wir ihr jetzt die Hand mit dem Löffel zum Mund und darauf in den Mund führen (Methode: Verkettung und Hilfestellung).
Wir lassen Claudia nun allein vor dem Joghurtbecher stehen, den Löffel hält sie immer noch in der Hand, wir ziehen uns ein wenig zurück (Methode: Ausblenden).

Ein erneutes Schlagen wird wiederum ignoriert. Nach einer Weile steckt Claudia den Löffel in den Joghurtbecher und ißt allein.
Hier haben wir ein neues Verhalten eingeübt, das Claudia vor Beginn der Selbstverletzungen bereits beherrschte. Neu bedeutet also in der jeweiligen Situation neu.
Wie Sie an diesem Beispiel gesehen haben, kommen wir auch bei verhaltenserweiternden Verfahren nicht um Methoden, die therapeutischen Strategien des Ignorierens, des Konfrontierens und Bestrafens zuzuordnen sind, herum. Wir mußten, wie im eben beschriebenen Beispiel, zur Methode des Ignorierens greifen, um zum gewünschten Ziel, nämlich des selbständigen Essens, zu gelangen.

Durchgängig ist zu beobachten, daß wir hier nicht mit Belohnungssystemen gearbeitet haben. Vielmehr wurde dem Joghurt der Stellenwert eines Gegenstandes für gemeinsames Handeln zugeordnet.
Gemeinsames Interagieren stand also im Vordergrund.
Das Beispiel zeigt weiterhin, daß die anfängliche Forderung, zu essen, in dieser Situation zu hoch gestellt war, so daß wir Stufe für Stufe Hilfestellung einsetzen mußten. Wichtig ist, zwischen den einzelnen Stufen Zeit für Reaktionen zu lassen.
In verhaltenstherapeutischer Terminologie bedeutet Verhaltensformung nicht ein direktes Hinführen zum Zielverhalten, sondern ein Verstärken von Verhaltensweisen, die dem Zielverhalten ähnlich sind. Treten diese Verhaltensweisen auf, so werden sie dann verstärkt.

In dem obigen Beispiel wurde allerdings anders verfahren.
Die Methode der Verhaltensformung beschreiben wir hier unabhängig vom oben gegebenen Beispiel, da sie in Verbindung mit Hilfestellung in dem einen oder anderen Fall, vor allem bei schwerbehinderten Klienten, sehr effektiv sein kann.
Ein Zielverhalten erreicht man häufig schneller durch Hilfestellung. Man wartet also nicht darauf, daß eine Zielverhaltensannäherung erreicht wird, sondern greift direkt in das Geschehen ein.
Da bei dieser Vorgehensweise meist enger Körperkontakt notwendig ist, vor allem dann, wenn es um lebenspraktische Dinge geht, ist sie oft bei selbstverletzenden Klienten nicht angezeigt, um z.B. etwaige Klammerungstendenzen zu vermeiden. Als Alternativvorgehen empfehlen wir die Methoden des Ablenkens, des Modell-Seins und des Imitierens.

Wichtig ist, und dies gilt für alle erlebens- und handlungserweiternden Verfahren, das nicht zu viele Aufforderungen oder Anforderungen gestellt werden.

Besser ist es, kontinuierlich von *einer* Anforderung bzw. Situation auszugehen, um dann langsam erweiternd zu arbeiten.

Bei Klienten, die eine höher strukturierte Intelligenz besitzen, bietet sich auch an, zwei oder drei Alternativhandlungen vorzugeben.
Hier arbeiten wir in Richtung auf Selbstentscheidung und Selbststeuerung.

10.9 Wie setzen wir Überkorrektur und Wiederherstellung ein?

Grundprinzip der Methode der Überkorrektur ist, dem Klienten (wieder) Verantwortung für sein Störverhalten zu geben, wobei die verhaltenstherapeutischen Techniken der Bestrafung und Übung miteingehen. Unter Prozeßgesichtspunkten läßt sich das Vorgehen als eine Auflösung selbstverletzender oder aggressiver Kurzschlußprozesse bei gleichzeitiger Erweiterung der situationsbezogenen Handlungsketten interpretieren.
Foxx & Azrin (1972; 1973) beschreiben zwei Vorgehensweisen:

a) Wiederherstellung
Der Patient muß sein Fehlverhalten korrigieren und einen Zustand herstellen, der den vorangegangenen Zustand weit übertrifft.
b) Positive Übung
Erwünschtes Verhalten wird direkt nach einem Störverhalten geübt.

Als Regeln beschreiben Foxx & Azrin (1972):

- Die Wiederherstellung soll direkt auf das Störverhalten bezogen sein und hat damit weniger bestrafenden Charakter.
- Die Wiederherstellung soll direkt nach dem Störverhalten eingesetzt werden.
- Die Wiederherstellung sollte innerhalb einer längeren Zeitspanne durchgeführt werden und
- die Handlungen sollten ohne Pause mit intensiver Aktivität durchgeführt werden.

Dazu drei kurze Beispiele aus unserer praktischen Arbeit:

1. Bert erbrach oft Essen wieder und schmierte dieses auf alle möglichen Gegenstände. Nach dem Schmieren wurde er direkt aufgefordert, einen nassen Lappen zu holen und den Raum zu reinigen. Er reagierte mit heftigem Kopfschlagen. Dies wurde ignoriert. Nach

weiterer Aufforderung, der er nicht folgte, wurde (kräftig) Hilfestellung gegeben, wobei selbstverletzendes Verhalten weiterhin nicht beachtet wurde. Beim Putzen wurde zuerst die Hand geführt, dann führte er immer mehr die Handlung selbständig aus. Die gesamte Prozedur dauerte etwa 45 Minuten. Zum Reinigen gehörten alle damit verbundenen Aufgaben wie Lappen auswaschen, trockenwischen usw. Mit dieser Methode wurde das Erbrechen innerhalb von Tagen kontrolliert, mit einem positiven Einfluß auf das sonstige selbstverletzende Verhalten.

2. Maren zeigte selbstverletzendes Verhalten mittleren Grades. Problematisch war vor allem die Essenssituation, bei der sie Nahrung verweigerte, selbstverletzend reagierte und Speisen auf den Boden warf. Sie mußte in der gleichen Weise wie Bert den Boden aufwischen, den Teller neu füllen und den Tisch reinigen. Selbstverletzendes Verhalten wurden ignoriert. M. zeigte heftigen Widerstand, wurde aber durch Handführung beharrlich bei ihrer Aufgabe gehalten. Nach 4 Tagen zeigte M. kein selbstverletzendes Verhalten mehr bei Tisch, saß ruhig auf ihrem Stuhl – und aß vor allen Dingen.

3. Maria zeigte schwer selbstverletzendes Verhalten. In Zeiten ohne Selbstverletzungen wurden inkompatible Verhaltensweisen geübt und primär verstärkt. Trat selbstverletzendes Verhalten auf, wurden 5-minütige Handübungen durchgeführt, indem ihre Hände und Oberarme in kreisenden vom Kopf weg orientierten Bewegungen nach unten gedrückt wurden. Nach 3 Tagen nahm das selbstverletzende Verhalten stark ab, nach 6 Tagen war es in der Therapiestunde vollkommen abgebaut. Eine Generalisierung fand nicht statt, vielmehr nahm ihr selbstverletzendes Verhalten außerhalb des Therapieraumes noch zu.

Wie wir an den drei kurzen Fallbeispielen gesehen haben, zeigt sich eine recht gute Wirkung dieser Methode bei selbstverletzenden Verhaltensweisen, wobei dieses Verhalten nicht direkt behandelt wurde. Bei schweren selbstverletzenden Verhaltensweisen hatte die Methode letztendlich keinen Erfolg. Es bleibt die Frage offen, ob die doch eher restriktive Form der Wiederherstellung unbedingt notwendig ist. Der Einsatz dieser Methode sollte individuell entschieden werden. Bei selbstverletzenden Verhaltensweisen mit überwiegend provokativem Charakter oder mit anderer provokativer Symptomatik ist diese Methode oftmals sinnvoll. Verglichen mit paradoxen Interventionen ist die Überkorrektur allerdings sehr zeitaufwendig.

10.10 ...und wie geht das alles zusammen mit dem Prinzip der Unberechenbarkeit?

Das ist eine Frage der Zuordnung. Die in diesem Kapitel geschilderten Verfahren zielen auf ein ganz konkretes Verhalten, auf das eine unmittelbare (therapeutische) Reaktion erfolgen soll. Das Prinzip der Unberechenbarkeit ist dagegen eine übergeordnete Regel zusammen mit der Strategie, die Beziehung zu unserem behinderten (anders-fähigen) Partner in einer bestimmten Weise zu gestalten und dadurch Bewegung und Lebendigkeit in das ganze System zu bringen. Einzelne verhaltenstherapeutische Strategien haben ihren Platz in diesem größeren Zusammenhang. Mehr noch: Das Prinzip der Unberechenbarkeit kann als übergeordnete Regel genutzt werden, um die verhaltenstherapeutischen Techniken originell und effektiv einzusetzen.

Und im Übrigen: Wie genau welche Regeln aufeinander bezogen werden und welche Strategie wo ihren Platz findet, ergibt sich aus dem Prozeß unserer Problemanalyse – womit sich der Kreis schließt.

Wollen wir mit diesem Kapitel ein letztes Mal abschließen mit einer weiteren Variante psychotherapeutischen Handelns:

Kollege D,
bereits 5 Jahre in der Einrichtung, hat diese Erfahrung schon hinter sich. Er wird sich am Telefon die Situation ausführlich schildern lassen (10 Minuten), wird den Betreuern einige Handlungsanweisungen geben (5 Minuten), weitere 10 Minuten warten, um sich dann auf die Gruppe zu begeben.
Die Krise ist vorbei.
Letztendlich bewältigen die Betreuer immer wieder die Krisen und er wird dann mit dem Team darüber reden.

11. Überlegungen zur Ethik der Behandlung selbstverletzenden Verhaltens

Die ethische Problematik der Behandlung selbstverletzenden Verhaltens wird zum einen bestimmt durch Behandlungsmethoden, insbesondere aversive und invasive Techniken, zum anderen durch den persönlichen Standpunkt des Behandlers selbst. Will man es genau nehmen, so müssen wir uns aber die Frage stellen, inwieweit nicht jede Behandlungsform zu einem ethischen Problem werden kann.
So vertreten die unterschiedlichen Therapieschulen auch entsprechende ethische Dogmen.
Auf der einen Seite sieht z.B. die Verhaltenstherapie ihren therapeutischen Auftrag darin, Leid zu mindern oder gegebenenfalls zu heilen mit möglichst einfachen, schnell wirksamen Methoden. Ausschlaggebend ist also die erfolgreiche Beseitigung der pathologischen Symptomatik. In der Konsequenz arbeiten Verhaltenstherapeuten klassischerweise direktiv: Sie sagen den Patienten, was sie zweckmäßigerweise tun sollen, um nicht mehr vom Symptom beeinträchtigt zu sein.
Vertreter der anderen Seite wiederum postulierten, daß Leidminderung und das Herausfinden der nötigen Schritte eher Sache des Patienten sei (z.B. Anthroposophen, Psychoanalytiker), wodurch sich der Behandlungsprozeß über einen langen Zeitraum hinziehen kann.
Gleichgültig, welchen Ansatz die Therapeuten verschiedener Richtungen zugrunde legen – gemeinsam respektieren sie das alte hippokratische Gebot der medizinischen Ethik: Nichts zu tun, was dem Patienten schadet.
Oberstes Gebot der Konstruktivisten z.B. ist deshalb die Wahrung der Identität des Patienten-Systems, d.h. ein Schutz vor Interaktionen, die einer Auflösung des Systems gleichkommen.

Unseres Erachtens ist nicht die primäre Frage, welche dieser unterschiedlichen Sichtweisen die richtige oder falsche ist.
Wichtiger ist es, sich als Therapeut immer wieder mit der ethischen Problematik des eigenen therapeutischen Handelns auseinanderzusetzen und sich auch häufig tabuisierten Themen (z.B. Zwang in der Therapie) zu stellen. So werden interdisziplinäre Diskussionen notwendig, die zu neuen Zielbestimmungen anregen. Das Thema dieses Kapitels wird nach aller Erfahrung zu kontroversen Diskussionen führen. Unabhängig davon, was im folgenden referiert wird, werden sich Gruppen mit den unterschiedlichsten Meinungen bilden.
Bevor wir diesen Text konzipierten, dachten wir darüber nach, ob es sinn-

voll sei, hier ein philosophisch und theoretisch gut durchdachtes Konzept oder vielleicht sogar Rezept zur Ethik der Behandlung selbstverletzenden Verhaltens zu liefern oder von einer allgemeingültigen Definition auszugehen, wie z.B.:

Ethik oder Wert, ein aus der Philosophie stammender Begriff für die einem Individuum oder Gruppe eigene mehr oder weniger explizite und explizierbare Auffassung von erstrebenswerten oder wünschenswerten Handlungen oder Einstellungen in bezug auf Mitmenschen oder Dinge oder Ziele des Verhaltens allgemeiner Art im Sinne von gut und schlecht. Diese Werte sind wiederum an soziale Werte der Umwelt gebunden.

Je mehr wir uns aber damit beschäftigten, desto mehr wurde uns bewußt, daß alle ethischen Überlegungen meist individueller Natur sind, das heißt, daß unsere eigenen Normen und Werte, wie subjektiv sie auch sein mochten, immer wieder unsere Argumentation durchzogen.
So entschieden wir uns, auch auf die Gefahr hin, an der Oberfläche zu bleiben, die aus unserer täglichen Arbeit resultierenden subjektiven Gedanken, Beobachtungen und auch Zweifel, mit denen wir uns immer wieder auseinandergesetzt haben, darzustellen und Ihrer Beurteilung anzubieten, gegebenenfalls auch Denkanstöße oder ein Wiedererkennen zu bewirken. Das heißt, wir möchten keine Zeigefingerpolitik betreiben, auch nicht den Anspruch auf Richtigkeit und Vollständigkeit der von uns im folgenden vorgetragenen Folgerungen und Forderungen erheben.
Aus dem bisher Gesagten ergibt sich für uns unsere erste Folgerung:

Eine Behandlung wird von Anfang an in erster Linie durch die ethischen Normen und Werte des Behandlers oder Therapeuten bestimmt.

Wie problematisch diese Folgerung in der Realität sein kann, sei an einem kurzen Beispiel verdeutlicht:
Wahrscheinlich ist jeder von uns, der mit selbstverletzendem Verhalten zu tun hat, immer wieder sehr betroffen, wenn er mitansehen muß, wie sich diese Menschen selbst verletzen. Oft haben wir das Gefühl, daß uns die Schläge mehr wehtun als vielleicht dem Betroffenen selbst.
Ratlosigkeit und Mitleid erfüllen uns. Aus unserem eigenen moralischen Auftrag heraus werden wir versuchen, unser Gegenüber zu schützen, an den Schlägen zu hindern, indem wir es festhalten, trösten und, wenn dies nichts hilft – wie so oft –, es auch mechanisch fixieren, z.B. festbinden oder medikamentös behandeln.
Dieses Bemühen führt aber oft zu keinem Erfolg, eher im Gegenteil, unser behinderter (anders-fähiger) Partner wird sich noch mehr schlagen,

sich auf eine neue, vielleicht sogar schlimmere Art (wie Schlagen mit dem Kopf ö.ä.) verletzen.

So führt uns unsere ethisch wertvolle Haltung und Handlung in ein doppeltes Dilemma:

a) wir haben irgendwie das selbstverletzende Verhalten unterstützt, erkennbar durch zunehmende Häufigkeit,
b) wir haben unser Gegenüber in eine Abhängigkeit und Unselbständigkeit geführt (z.B. durch die Fixierung), die es vollkommen handlungsunfähig macht. Wir haben im Sinne einer Schutzhaft ein Gefängnis gebaut.

So kann das beste Wollen uns in der Sache unrichtig handeln lassen, obwohl wir meinen, ethisch folgerichtig gehandelt zu haben. Um diesem eben beschriebenen Dilemma zu entgehen oder um es zumindest möglichst klein zu halten, ergibt sich für uns die erste Forderung:

Bevor wir handeln oder behandeln, sollten wir uns informieren, orientieren und vor allem mit anderen Kollegen der verschiedensten Disziplinen beraten.

Diese Forderung gilt nicht nur für den Anfang, sondern auch für die gesamte Dauer der Behandlung.
Wenige Therapieschulen haben sich bisher mit dem Problem der Ethik in der Behandlung selbstverletzenden Verhaltens bei geistig behinderten Menschen umfassender auseinandergesetzt, mit Ausnahme der Verhaltenstherapie. Bei Durchsicht der Literatur haben wir nur wenig Überlegungen in diese Richtung gefunden, und die wenigen bezogen sich meist auf Aversivmethoden, wie Bestrafung oder ähnliches.
Die meist vertretenen Schlußfolgerungen zeigten, daß es sich um Kritiker handelte, die offensichtlich wenig mit der Behandlung schwer selbstverletzenden Verhaltens zu tun haben, wie z.B. BURKART & KRECH (1985); anders dagegen JANTZEN (1990) oder aus pädagogischer Sicht MÜHL, NEUKÄTER und SCHULZ (1996).

- Das Argument, daß Mißerfolge nicht veröffentlicht werden, treffen auch auf andere Therapiemaßnahmen zu. Autoren wie Linscheid und Mitarbeiter (LINSCHEID, HARTEL & COOLEY, 1993) geben zudem ein positives Gegenbeispiel.
- Die Aussage, daß bei Elektroreiz-Verfahren nicht erkennbare psychische Schädigungen auftreten könnten, ist sicherlich denkbar, diese sind aber (falls überhaupt vorhanden), verglichen mit den Schädigungen, die durch massives selbstzerstörerisches Verhalten hervorgeru-

fen werden können, eher (wenn überhaupt) von sekundärer Bedeutung. Eine gezielte Beobachtung in diese Richtung sollte allerdings selbstverständlich sein.

– Empörend finden wir die Schlußfolgerung, daß möglicherweise ein Therapeut mit Aversivmethoden seine eigenen sadistischen Triebe befriedigen könnte. Klar könnte er, denn kein (therapeutisches) Abhängigkeitsverhältnis ist vor Mißbrauch gefeit. Sadistisch Interessierten empfehlen wir aber doch lieber das Rotlicht-Milieu, denn unsere Arbeit ist für solchen Lustgewinn entschieden zu belastend und zu sehr öffentlicher Kritik ausgesetzt: Mit der Behandlung der sich selbst verletzenden „Heimprominenz“ stehen wir erfahrungsgemäß im (in der Regel zumindest zu Beginn wenig freundlichen, sondern eher skeptisch-mißtrauischen) Scheinwerferlicht der einrichtungsinternen Öffentlichkeit.

> Wir glauben vielmehr, daß die Arbeit mit Menschen, die unter selbstverletzendem Verhalten leiden, ein hohes Maß an moralischer Verantwortung und humanitärem Bewußtsein beinhaltet und abverlangt. Allerdings erscheint es von besonderer Wichtigkeit, klare rechtliche Grundlagen sowohl für den Therapeuten, als auch für den Patienten zu schaffen. Ein Therapeut, der selbstverletzendes Verhalten effektiv behandeln will, steht heute immer mit einem „Fuß im Gefängnis“.

Damit keine Mißverständnisse aufkommen, möchten wir betonen, daß wir hier nicht der elektrischen Schmerz-Reiz-Therapie das Wort reden wollen. Wir wollen an diesem Beispiel vielmehr aufzeigen, wie inhuman „humane“ Kritik sein kann.

Überlegt man es sich recht, so ist jede Therapie oder Behandlung (und sei es selbst die Spritze beim Arzt, die ja sogar schmerzhaft ist) ethischen Fragestellungen unterworfen. Konkrete Überlegungen in diese Richtung werden im Alltag aber selten angestellt.
Wer fragt schon einen Arzt, ob diese oder jene schmerzhafte Untersuchung nötig und ob sie vertretbar ist?
Wer fragt einen Therapeuten, ob es notwendig ist, z.B. stereotypes Verhalten zu verhindern oder zu löschen?
Wer schützt den Patienten und wer entscheidet, gerade wenn der Patient selbst nicht entscheiden kann (wie es vor allem bei behinderten Menschen der Fall ist), ob diese oder jene Verhaltensänderung richtig und sinnvoll ist?

Eine ethisch vertretbare therapeutische Vorgehensweise schlagen wir allgemein mit unserer zweiten Forderung vor:

Es sollte der Handlungsweg gewählt werden, der bei geringster psychischer und physischer Belastung das beste Ergebnis erwarten läßt.

Auch diese Forderung ist nicht neu; sie greift auf die alte europäische Ethik-Tradition der Verhältnismäßigkeit von Mitteln und Zweck zurück. Diese Forderung schließt ein, daß wir unser therapeutisches Handeln am Patienten orientieren, ihn mitentscheiden lassen, soweit dies geht. Bei einem schwer geistig behinderten Kind, das meist nur bedingt mitentscheiden kann, da es z.B. nicht spricht oder uns nicht versteht, würde diese Forderung eine genaueste Analyse seines Verhaltens und seiner Reaktionen bedeuten.
So können z.B. bestimmte zwanghafte Verhaltensweisen wie Stereotypien, Drehen von allen möglichen Gegenständen o.ä., für das Kind eine große Bedeutung haben, seine einzige Lebensfreude oder Selbstberuhigung darstellen.
Eine solche Analyse führt dann meist zu dem Weg, dem Kind Alternativen anzubieten, wobei es dann selbst entscheiden können soll und muß, ob es die Alternativen annimmt.

Es läßt sich also nichts verallgemeinern, es gibt kein allgemein gültiges Konzept.

Lassen Sie uns kurz etwas zu den Kritikern sagen, wobei wir aber darauf hinweisen möchten, daß es auch Personen unter ihnen gibt, die über ein großes Erfahrungspotential verfügen und dieses im besten Sinne und mit bester Motivation im Sinne unserer unten erhobenen Forderung mit uns teilen. Diesen Personen gilt unsere größte Hochachtung.
Doch nun kurz zum anderen Ende der Kritikerskala: Wir sind in unserer Praxis immer wieder von neuem erstaunt, mit welcher Blauäugigkeit Kritik an der Behandlung (nicht nur unserer) des selbstverletzenden Verhaltens geübt wird.
Die Argumentation ist oft theoritisch-idealistisch. Moralische Forderungen werden pauschal erhoben und therapeutisches Handeln mit den Worten „Ja, aber..." (häufig ohne Reflektion) verworfen. Eine Antwort auf die Frage, welche Alternativen es denn gäbe, bleiben sie schuldig (z.B. JANTZEN & SALZEN, 1985). Konfrontiert man einen solchen Kritiker mit dem zu behandelnden Menschen, ruft man Bestürzung hervor, findet aber selten Hilfestellung. Aus diesem Umstand ergibt sich für uns unsere dritte Forderung:

Kritik an Therapie, besonders hinsichtlich ethischer Problematik, ist wichtig, sollte sein und auch gesucht werden. Sie sollte aber möglichst konstruktiv sein. Wer kritisiert, sollte bessere, und das heißt immer auch praktisch gangbare Alternativen anbieten können.

Persönliche Befürchtungen und Bedenken haben wir selbst oft und gestehen sie auch anderen gerne zu. Eine *ethische Beurteilung* allerdings – und um die geht es hier – ist etwas anderes.

Nun möchten wir uns etwas spezieller mit der ethischen Problematik bzw. mit dem Humanitätsbegriff der Behandlung selbstverletzenden Verhaltens befassen. Wir benutzen im folgenden den Begriff Humanität, da er uns griffiger, besser nachvollziehbar erscheint als der etwas abgehoben und theoretisch klingende Begriff Ethik. Der Begriff Ethik impliziert Normen, und Werte, die einen Anspruch auf Allgemeingültigkeit haben wollen. Dabei ist der Begriff Ethik zunächst inhaltsfrei. Der Begriff Humanität benennt bei aller damit verbundenen Problematik einen inhaltlichen Maßstab: Human ist das, was menschengemäß und menschenwürdig ist. Mit einem solchen Maßstab lassen sich tabuisierte Themen wie Gewalt oder Aggression besser angehen, auch wenn natürlich sofort die Frage entsteht: Was ist human, und wer bestimmt, was human ist?

Hier tut sich ein weites Feld auf. Um uns nicht in philosophischen Grundsatzfragen zu verlieren und um möglichst konkret an der Arbeit mit sich selbst verletzenden Menschen zu bleiben, bieten wir (ein weiteres Mal) unseren Standpunkt zur Diskussion an.
Humanität in der Behandlung selbstverletzenden Verhaltens bedeutet für uns, daß wir bemüht sein müssen, durch unsere Arbeit, unsere Behandlungsschritte dem uns anvertrauten Menschen zu einer humaneren Lebensqualität im Sinne einer Weiterentwicklung auf ein höheres Handlungsniveau zu verhelfen. Das bedeutet Erweiterung der Handlungskompetenz, Förderung von Entscheidungsfähigkeit, von Kommunikation und Interaktion, aber auch von emotionalem Wohlbefinden. Dabei sollte die eingesetzte Methode oder besser gesagt, der begangene Weg zur Hilfestellung – wie schon in der zweiten Forderung formuliert – gekennzeichnet sein durch möglichst geringe physische und psychische Belastung bei Patient und Behandler bei zu erwartender optimaler Effektivität.

Um es auf den Punkt zu bringen: Für uns gehören die Begriffe Humanität, Würde und die Freiheit der eigenen Entscheidung und Gestaltung in sozialer Verbundenheit untrennbar zusammen. Und diese Freiheit bedeutet auch, daß unser Gegenüber für uns unverfügbar ist und bleibt. Daran ändert alle therapeutische Kunst genausowenig wie mehr oder weniger kunstfertige Manipulation.

Diese Aussage, so banal sie erscheinen mag und so einleuchtend sie auch ist, beinhaltet aber eine Vielzahl von Schritten:
So müssen wir, weil unerläßlich, z.B. kleine Ziele vor dem großen (nämlich Abbau der selbstverletzenden Verhaltensweisen und Aufbau von differenzierteren Handlungen) definieren sowie unsere Beziehung zum behinderten (anders-fähigen) Partner, aber auch seine Beziehung zu uns klären.
Neben der Reflektion unserer Wünsche, Zweifel, Befürchtungen und Erwartungen sollten aber auch die Wünsche unseres Partners nicht außen vor bleiben.

Welcher Schritt, welche Vorgehensweise ist nun aber konkret human, welche inhuman?
So kann ein time-out, d.h. ein Entzug sozialer Verstärkung z.B. bei einem desorientierten Kind, das aus Verwirrung heraus aggressiv reagiert, inhuman sein, bei selbstverletzendem Verhalten wiederum aber eine humane Qualität haben.
Die Humanität einer Behandlungsart kann nicht losgelöst von der zu behandelnden Krankheit und der jeweiligen aktuellen Situation gesehen werden. Eine mangelnde Berücksichtigung dieser Faktoren führt immer wieder zu Fehlverhalten.

Weitere Fragen wären z.B., um die Vielschichtigkeit und Doppeldeutigkeit des Humanitätsbegriffes zu durchleuchten:

Handle ich human, wenn ich eine Methode nutze, die das selbstverletzende Verhalten zwar verhindert, aber nicht beseitigt und meinen behinderten Partner so in eine noch größere Isolation führt, z.B. durch Fixierungen oder eine andere allgegenwärtige Fremdbestimmung oder -kontrolle?

Es gibt Therapeuten, die selbstverletzendes Verhalten zulassen, mit der Begründung, daß jeder Mensch das Recht auf Selbstbestimmung hat (z.B. Becker, 1984). Wird hier human gehandelt, wenn dieser Mensch sich bei seiner „Selbstfindung“ möglicherweise tödlich verletzt?
Andererseits wird als inhuman beschrieben und heftig diskutiert, wenn bestrafende Maßnahmen bis hin zur elektrischen Schmerz-Reizung eingesetzt werden, wobei Erfolg oder Mißerfolg als zweitrangig angesehen werden.
Nochmals gefragt: Was ist denn nun ethisch vertretbar, was ist human und vor allem: Wer bestimmt, was human ist?

Wir denken, wie schon die erste Forderung zeigt, daß es von Bedeutung und in unserem Sinne human ist, was der einzelne für sich und für das Kind als möglich und vertretbar betrachtet. Wie wir es auch drehen und wenden: Wir kommen nicht darum herum zu entscheiden und dafür gerade zu stehen. Das macht im übrigen die berühmt-berüchtigte Schuldfähigkeit des Menschen aus:

> Würde und Freiheit sind ohne Schuldfähigkeit nicht zu haben. Auf diese Herausforderung liegt die Antwort nicht in Schuldgefühlen, sondern im bewußten und verantworteten Handeln.

D.h. auch der Behandelnde sollte sich fragen, was er emotional vertreten und ertragen kann und ob er sich dabei sicher fühlt. Eine zu starke emotionale Belastung führt häufig zu Unsicherheit im Auftreten, zu Frustrationen bis hin zur Einschränkung des Selbstwertgefühls oder zu Konkurrenzgedanken.
Einer solchen Problematik kann dadurch begegnet werden, daß z.B. regelmäßig Stimmungsbögen für die einzelnen Mitarbeiter ausgefüllt werden, aber auch durch Aufgabenverschiebung oder durch eine psychische Entlastung durch Herausnahme aus der Therapie (im Sinne von Bezugspersonenwechsel).
Es reicht also nicht aus, unsere ethischen Überlegungen nur an der Umwelt und am Kind zu orientieren, sondern wir müssen uns selbst als Mensch miteinbeziehen, auch, um nicht physisch oder psychisch an der uns gestellten schwierigen Aufgabe zu zerbrechen. Unsere Gefühle und unser Denken sind, da wir ja auch Interaktionspartner sind, von der gleichen Bedeutung wie die unseres sich selbst verletzenden, behinderten Gegenübers. Es ist also ein individuelles, persönliches, aber auch ein patientenimmanentes und ein Teamproblem, ob man sich z.B. massiven Eingriffen zuwendet oder nicht. Als Regel sollte gelten:

> Zu massiveren Methoden sollte man erst dann greifen, wenn weniger restriktives Vorgehen im Sinne der zweiten Forderung über längere Zeit erfolglos war.

Sind diese Voraussetzungen gegeben, sollte dann aber auch akzeptiert werden, daß „auch aversive Techniken bei der Behandlung durchaus eine Berechtigung zum Einsatz haben, um einzelnen Patienten helfen zu können. Eine sachliche Diskussion über den Nutzen wäre angezeigt, Emotionen sollten dabei nicht im Vordergrund stehen" (Wallace et al., 1976; zit. nach Brezovsky, 1985).

Für den Patienten kommt die Regel zur Anwendung, daß wir weiterhin ständig darauf achten, wie er sich bei dem fühlt, was wir ihm möglichwerweise „antun".
So können hier Mimik und Gestik klare und gute Beobachtungskriterien sein. Führen wir uns nochmals die eigentlich so banale, aber wichtige Aussage vor Augen, daß allgemeines Ziel einer Behandlung sein soll, dem Gegenüber zu einer humaneren Lebensqualität zu verhelfen, so muß oberstes Ziel jeder Behandlung, auch der des selbstverletzenden Verhaltens sein, dem behinderten Partner die Chance bzw. den Weg zu öffnen, seine Gefühle und seine Handlungen selbst zu bestimmen und auch selbst zu kontrollieren, soweit ihm das möglich ist.

Eine pädagogische oder therapeutische Hilfe, die auf eine Erweiterung der Handlungskompetenz des Kindes, d.h. eine Erweiterung seines Handelns und eine möglichst erfüllende Entfaltung seines Lebens zielt, bei dem es selbst bestimmt, kann ethisch nicht verkehrt sein.

Die Bewährungsprobe für die hier vertretene Ethik und das Menschenbild dahinter stellt sich jedoch an einer anderen Stelle als in der Entscheidung über eine konkrete Maßnahme. Zur Erläuterung wollen wir eine Begebenheit berichten, die uns sehr bewegt und beschäftigt hat und dies auch immer wieder noch tut.

Lidia F. ist während eines laufenden Therapieprojektes gestorben. Der Prozeß war bis dahin gut gelaufen: Das selbstverletzende Verhalten war weitgehend abgebaut, sie hatte ihre Selbstkontrolle wieder, sie verfügte über Handlungsalternativen und konnte sich entscheiden; die Beziehung der Betreuer zu ihr hatten eine neue Qualität gewonnen, ebenso war die Interaktion differenzierter und lebendiger. Lidia akzeptierte Regeln und ihr Tag hatte wieder Rhythmus und Struktur. Alle freuten sich, und es herrschte die Einschätzung: Wir stehen kurz vor dem Durchbruch – ihr Leben wird bald wirklich anders und besser sein. Lidia hat diese Schwelle nie überschritten. Die bestürzend schnelle Entwicklung hin zu ihrem Tod und ihr Sterben – sie starb *nicht* an den Folgen selbstverletzenden Verhaltens – hinterließ bei den Betroffenen wie auch bei uns das deutliche und beklemmende Gefühl: Sie *wollte nicht* über diese Schwelle. Vielleicht wollte sie auch nicht zurück. Ihr Tod hat uns jedenfalls radikal (im wahrsten Sinne des Wortes) ihre Unverfügbarkeit und ihre Freiheit vor Augen geführt. Natürlich haben wir uns immer wieder die schmerzhafte Frage nach möglichen eigenen Fehlern gestellt und ertragen lernen müssen, daß sie offen bleibt. Denn es ist ein Dilemma, das nicht auflösbar ist, aber durchgetragen werden will: Freiräume eröffnen bedeutet auch, Entscheidungen gegen unser eigenes Wollen für einen uns anvertrauten Menschen zu ermöglichen – und das eben auch in existentieller Weise. Bei allem Entsetzen hat uns Lidias Tod aber auch eine tiefe Achtung gelehrt: Nach vielen Jahren ungefragter, mehr oder weniger wohlmeinender pädagogischer Beeinflussung und Fremdbestimmung, wie sie das Leben in einer Behinderteneinrichtung mit sich bringt, hat sie sich unverfügbar für therapeutische Einflußnahme gemacht und damit ihre Freiheit und Würde existentieller Entscheidung radikal und endgültig wiederhergestellt.

Auch wir haben uns schon oft gefragt, ob diese Deutung nicht die Glorifizierung eines kläglichen Versagens ist. Wie auch immer – eines haben wir daraus gelernt: In jeder guten Therapie kommt die Schwelle, an der es gilt, den behandelten Partner wirklich in die eigene Entscheidung zu entlassen und das oben angesprochene Dilemma durchzutragen. Hier gilt es, die Grenzen der eigenen Wirksamkeit und damit die Würde des Anderen zu respektieren. Und wir wissen jetzt nicht nur theoretisch-philosophisch, sondern aus intensiver Erfahrung, daß der Respekt vor unserer Begrenztheit und der Freiheit der uns anvertrauten Person eine andere Dimension hat als das forsch-fröhliche „Es wird schon gutgehen“, wenn wir an die Grenze kommen.
Dieser Auseinandersetzung auszuweichen bedeutet, die therapeutische Effizienz zu opfern. Denn weder Überbehütung aus Furcht vor der existentiellen Freiheit des Partners noch naß-forsches Zutrauen in die Entscheidungsfähigkeit vor der Zeit können die Entwicklung positiv beeinflussen. Da hilft auch keine technisch noch so sauber „durchgezogene“ Intervention.

Was bleibt also zu tun? Wir können und sollen die uns anvertrauten Menschen im Veränderungprozeß mit aller fachlichen Sorgfalt und Kompetenz bis an die Schwelle ihrer eigenen Entscheidung begleiten.

Und wir können das Lebens- und Beziehungsangebot verdeutlichen, das sie erwartet, wenn sie die Schwelle zur substantiellen Veränderung überschritten haben – womit wir selbst auch eine Schwelle überschreiten. Der eigene Schritt über die Schwelle jedoch bleibt unverfügbar, und dem gilt unser Respekt. Dieser Respekt ist nicht lehrbar, allenfalls als Erfahrung mitteilbar. Das Übrige ist erlernbares, solides Handwerk, und dem gilt dieses Buch. Gerade aus unserer eigenen Grenzerfahrung heraus soll es ermutigen und dazu anleiten, mit Überzeugung, Sorgfalt und Fachlichkeit Menschen durch einen wirkungsvollen Änderungsprozeß zu führen und zu begleiten, die geistig behindert bzw. anders fähig sind und sich selbst verletzen.

Der Abschluß dieses Kapitels aber soll denen gelten, die die Personalpolitik im Behindertenbereich (wobei sich Landeskliniken und Heime kaum unterscheiden) zu verantworten haben.
Wir alle wissen von einer positiven Korrelation von geringem Personalaufkommen und besonders stark gestörten bzw. behinderten Patienten, wobei selbstverletzendes Verhalten und Aggressionen das größte Extrem darstellen. Mit anderen Worten: Je schwieriger die Patienten, desto weniger Personal. Daß hier eine Ursache für Hospitalismus und emotionale Deprivation zu finden ist, ist schwer zu leugnen.

Deswegen muß Aufgabe und Ziel aller von selbstverletzendem Verhalten direkt oder indirekt betroffenen Personen immer wieder sein, die Öffentlichkeit zu informieren und für humane Bedingungen unserer behinderten Patienten zu kämpfen. Denn wir kommen um den Eindruck nicht herum, daß kaum ein politischer Entscheidungsträger eine Vorstellung von dem hat, wie Menschen mit selbstverletzendem Verhalten in unserer Gesellschaft leben – und auch nicht sonderlich interessiert ist, eine zu bekommen.
Erschreckend ist, daß eine solche Haltung Minderheiten gegenüber immer mehr das derzeitige Gesellschaftssystem charakterisiert.

> Carl Friedrich von Weizsäcker hat es so ausgedrückt: „Wir werden zu keiner Gesellschaft Ja sagen dürfen, die nicht versteht, was ihr selbst die Schwachen in ihrer Mitte bedeuten."
> Ein Engagement für die Verbesserung der Lebensbedingungen unserer behinderten (anders-fähigen) Mitmenschen ist also gleichzeitig auch ein Beitrag zur Humanisierung unserer Gesellschaft.

Fachwortverzeichnis

adaptiv	anpassend
Ätiologie	Ursachenlehre, Ursachengeschichte
Ätiopathogenese	Ursachen- und Entstehungsgeschichte von Störungen und Krankheiten
Affekt	aktuelles (heftiges) Gefühl
Ambivalenz	ein Schwanken zwischen zwei gegensätzlichen Gefühlen oder Impulsen
Anamnese	Vorgeschichte (einer Krankheit)
Artikulation	Lautbildung, Aussprache
auditiv	das Gehör betreffend
Aura	Vorstadium eines Anfalls
Autodestruktion	Selbstzerstörung
Autoerotik	auf die eigene Person (Körper) bezogene Erotik
automatisiert	durch Selbststeuerung oder Außenreize nicht mehr beeinflußbar
Automutilation	Selbstverstümmelung
Aversivmethoden	bestrafende Methoden
baseline	Grundrate, Verhaltensregistrierung vor Therapiebeginn
Bruxismus	Zähneknirschen
Cornelia de Lange-Syndrom	spezielle Stoffwechselerkrankung mit Mißbildungen und Autoaggressionen
Datenpool	Gesamt unterschiedlicher Meßdaten
defizitär	lückenhaft, fehlerhaft
delegieren	eine Aufgabe einem anderen übertragen
Deprivation	Mangel an emotionaler Stimulierung bzw. Mangel an Befriedigung von Grundbedürfnissen
Deskription	Beschreibung
-isomorph	gleich oder ähnlich gestaltet
-reduktiv	Beschränkung auf wenige, für wichtig angesehene Teile
Desorientierung	Störung des Raum-, und/oder Zeitempfindens und/oder der Kenntnis über die eigene Person
Diagnostik/Diagnose	Erkennen und Benennen (von Krankheiten und Störungen)
Differenz	Unterschied

Distanzlosigkeit	hier verstanden als eine unangemessene Art der Kontaktaufnahme (meist mit Körperkontakt)
Dogma	verpflichtender Glaubenssatz
Dominanz/dominieren	hier: Situations- und generationsangemessene Kontrolle und Beeinflussung
Down-Syndrom	Mongoloismus (mongoloide Patienten) Chromosomenstörung (Trisomie 21)
DSM III-R	Diagnostisches und Statistisches Manual psychischer Störungen (Internationale Diagnosen-Liste)
Echolalie	stereotypes Wiederholen von Worten, Silben und/oder Sätzen ohne Situationszusammenhang
Emotionen	Gemütsbewegungen, auch Gefühle
-emotionale Deprivation	Mangel an emotionaler Stimulierung
empirische Untersuchung	erfahrungsgeleitete systematische Beobachtung
Epidemiologie	früher Seuchenlehre, heute Lehre von der allgem. Verbreitung einer Krankheit
existent	vorhanden
externe Reize	aus der Umwelt wahrgenommene Reize
Extremitäten	Gliedmaße (Arme und Beine)
Fixierungen	Maßnahmen zur Unterbindung von selbstverletzenden Verhaltensweisen wie Fesseln o.ä.
fragmentarische Anregung	unvollständige Anregung
Fremdaggression	Aggression gegen Personen und/oder Gegenstände
Frequenz	Häufigkeit oder Anzahl pro Zeiteinheit
Frustration	Versagung eines Wunsches oder Bedürfnisses
Generalisierung	hier: Auftreten des gelernten Verhaltens – auch außerhalb der Lernsituation
genetisch	entwicklungsgeschichtlich, erblich bedingt
Grimassieren	Grimassen schneiden
habituelle Hantierung	angewöhnte Hantierungen
hochstrukturiertes Verhalten	komplexe Verhaltensweisen mit situationsangemessener Gestik, Mimik oder Sprache
homöostatische Instabilität	Störung des Gleichgewichts physiologischer Körperfunktionen

Hospitalismus	durch längeren Krankenhausaufenthalt entstandene körperliche und seelische Schäden
Hospitalisierung	Unterbringung in Langzeiteinrichtungen
Hyperkinetik	übermäßige Muskeltätigkeit
Hypermotorik	übermäßige Bewegung, extreme Unruhe
Hypersensibilität	übermäßige Reizempfindlichkeit
Hyposensibilität	geringe Reizempfindlichkeit
Hypothese	noch unbewiesene wissenschaftliche Annahme
implizieren	beinhalten
inkompatibel	unvereinbar
innovativ	fortschrittsfördernd
Isolation	Vereinzelung, Vereinsamung
institutionalisiert	hier: in einer Institution (Heim/Klinik) auf Dauer untergebracht
Intendierung	etwas anstreben
Intensität	Stärke bzw. Ausprägung, Kraftanstrengung
inter-	Vorsilbe mit Bedeutung von „zwischen“
Interaktion	Wechselwirkung, sowohl im gemeinsamen Handeln wie in der Kommunikation
interdisziplinäre Diskussionen	Diskussion zwischen unterschiedlichen Berufsgruppen
interhemisphärische Balance	ausgewogener Aktivitätsrhythmus zwischen beiden Hirnhälften
intermittierende Intervention	hier verstanden als Reaktionsverhalten, das keiner erkennbaren Regel folgt
Intonation	Tongestaltung, z.B. Veränderung der Tonhöhe
intra-	Vorsilbe mit Bedeutung von „innerhalb“
irrelevant	unwichtig, unangemessen
Irritation	Verwirrung, Störung
Jaktation	Kopf- oder Körperschaukeln
Katamnese	Krankheitsgeschichte nach Abschluß einer Behandlung
Katatonie	hier: Bewegungslosigkeit
Kausalität/kausaler Zusammenhang	Bedingtheit durch eine Ursache, ursächlicher Zusammenhang

Kinästhetisch/Kinästhetik	körperbewegungsempfindlich; Erforschung der Bewegungsempfindungen
Kognition/kognitiv	das Erkennen und Wahrnehmen betreffend
Kommunikation	allgemeiner Begriff für sprachlichen und nichtsprachlichen Austausch zwischen mindestens zwei Personen
Kompensation	Ausgleich von Schwächen durch wünschenswerte Verhaltensweisen
kontingente Verstärkung	regelhafte Belohnung
Kontinuität	Stetigkeit
Koordination	hier: geordnetes, regelrechtes Zusammenspiel von Bewegungen
Korrelation	Zusammenhang, Beziehung
Krisenintervention	Eingreifen in Krisensituationen
Lesh-Nyhan Syndrom	Stoffwechselerkrankung mit selbstverletzendem Verhalten
mechanische Fixierung	unterschiedliche Schutzmaßnahmen, um Verletzungen zu vermeiden durch technische Hilfsmittel
Menses	siehe Menstruation
Menstruation	Regel- oder Monatsblutung
mental	geistig, das Denkvermögen betreffend
metaphorische Sprache	bildliche Sprache
Milieunoxen	Einflüsse der Umgebung, die schädlich wirken können
Modifikation/modifizieren	Veränderung/verändern
Modulation	Tonartwechsel
Motorik	Gesamtheit der Muskelbewegungen
motorische Desorganisation	gestörte Muskelbewegungen
multidimensional	mehrere Bereiche einschließend
multikausal	viele zusammenwirkende Ursachen
Mutismus	Stummheit (bei vorhandener Sprechfähigkeit)
negativistisch	das Gegenteil tun von dem, was gefordert wird
Neologismen	Wortneuschöpfungen
neurophysiologische Meßdaten	Daten von physiologischen Änderungen in Beziehung zu Änderungen der Gehirntätigkeit (z.B. Hirnströme, Atmung, Herzschlag)

Neurotische Fehlentwicklung	eine Fehlentwicklung von unterschiedlichen Erlebnisreaktionen
non-verbale Kommunikation	nicht-sprachliche Kommunikation, z.B. Gestik oder Miimik
Nosologie	systematische Beschreibung der Krankheiten
Notation	Aufzeichnung, Niederschrift
Noxe	Sache oder Situation, die Störung oder Krankheit verursachen kann
Ökologie	Lehre von den Beziehungen der Lebewesen zu ihrer Umwelt
Oligophrenie	geistige Behinderung
otitis media	Mittelohrentzündung
Paediatrie	Kinderheilkunde
paradox	scheinbar widersinning
Parameter	hier: Definition eines Einflusses auf ein Geschehen, Rückschluß von einer Meßgröße
passiver Wortschatz	Sprachverständnis
Pathologie	Lehre von den Krankheiten
patientenimmanent	zum Patienten gehörend
Perseveration	ständiges, situationsunabhängiges Wiederholen von Sprache/Handlungen
Phänomenologie	Erscheinungsform
Physiognomie	äußere Erscheinung, hier gemeint vor allem die Erscheinung des Gesichts
Physiologie	Lehre von den normalen Lebensvorgängen im Organismus
physischer Schaden	körperlicher Schaden
plausibel	einleuchtend
Population	Grundgesamtheit aller Merkmalsträger, aus der eine repräsentative Stichprobe gezogen wird
postulieren/Postulat	fordern, Forderung
prämenstruell	vor der Regelblutung
Prävalenz	Vorkommenshäufigkeit
Primaten	Menschenaffen
Projektion	einem anderen Menschen eigene Fehler oder Wünsche zuschreiben
pronominale Umkehr	Vertauschung von Fürwörtern
Prophylaxe	Vorbeugung
Proportion	(harmonisches) Verhältnis

Publikation	Veröffentlichung
Purin	organische Verbindung aus der Nukleinsäure (aus der sich das Erbmaterial aufbaut)
Quantität	Ausmaß, Umfang
reaktiv	hier im Sinne einer Reaktion, um etwas zu erreichen. Relativ bewußte Verhaltensweise
reduktive Einschätzung	zurückführende Einschätzung
Reduktion	Rückführung auf ein Prinzip
Reflexion	prüfendes Nachdenken über etwas
Reflex	unwillkürlich ablaufende Reaktion des Organismus
Reizdeprivation	Mangel an Stimulierung
Relevanz	Wichtigkeit
Restriktion	Einschränkung
Satire	boshaft überspitzte Darstellung eines Mißstandes mit hohem pädagogischen Anspruch
Schädeltrauma	hier verstanden als Schädelverletzung
sedieren	(medikamentöse) Ruhigstellung
sensorische Stimulation	Stimulation der Sinnesorgane
Selbstdestruktion	Selbstzerstörung
Selbststeuerungskompetenz	Fähigkeit, eigenes Verhalten zu steuern
Selbststimulation	Eigenreizung
Soma/somatisch	Körper/körperlich
spekulativ	noch nicht bewiesene Vermutung
spezifisch	für bestimmte Dinge kennzeichnend
Spontanremissionen	spontanes Nachlassen von krankheitsbedingten Symptomen
Sprachregression	Zurückgehen der aktiven Sprache
Stereotypie	sich immer wiederholende Bewegungen ohne, oberflächlich betrachtet, erkennbaren Sinnzusammenhang
Stichprobe	bestenfalls repräsentative Teilmenge einer Gesamtpopulation
Stimmungslabilität	Neigung zu Stimmungsschwankungen
Stimulus (Stimuli)	Reiz (Reize)
Supervision	Reflektion des therapeutischen Handelns unter fachlicher Anleitung
Supervisor	unabhängiger kompetenter Beobachter und Anleiter

symbiotische Beziehung	wechselseitig abhängige Beziehung
Symmetrische Interaktion	Stimmiger Austausch mit einem Partner zu dem jeder vom anderen verstehbare Beiträge liefert
taktil/Taktion	zum Tastsinn gehörend, Berührung
Terminologie	Fachausdruck; Lehre von etwas
Terminus	Fachwort
Transmitter	chemische Substanz zur Übertragung bzw. Weiterleitung von Erregung
Transparenz; transparent	Durchsichtigkeit (durchsichtig)
Trichotillomanie	Haareausreißen
Variable	Merkmal, dessen Ausprägung sich verändern kann
vegetative Erregungszustände	eigentlich unnötige Wortkombination, da jede Erregung sich in „vegetativen" Veränderungen (z.B. Magenbewegungen, Atmung, Herzschlag, Schweißabsonderung) zeigt
verbal	sprachlich
vercoden	verschlüsseln
visuell	optisch
workshop	Arbeitstreffen

Schlagwortverzeichnis

A

B

D

E

F

G

H

M

N

O

P

T

U

V

W

Z

Autorenverzeichnis

G

H

I

J

K

Literatur

Aman, M. G. (1993). Efficacy of psychotropic drugs for reducing self-injurious behavior in the developmental disabilities. Annals of Clinical Psychiatry, 5, 171-188.

Andersen, T. (1990). Das reflektierende Team. Dialoge und Dialoge über die Dialoge. Dortmund: verlag modernes lernen.

Arentewicz, G. & Schmidt, G. (1993). Sexuell gestörte Beziehungen. Konzept und Technik der Paartherapie (3. Auf.). Stuttgart: Enke.

Bachmann, J.A. (1972). Self-injurious behavior: An behavioral analysis. Journal of Abnormal Psychology, 80, 211-224.

B**andura, A. & Walters, R.H.** (1963). Social learning and personality development. New York: Holt.

Barrera, F. J., Teodoro, J. M., Selmeci, T. & Madappuli, A. (1994). Self-injury, pain, and the endorphin theory. Special Issue: Pharmacotherapy: II. Journal of Developmental and Physical Disabilities, 6, 169-192.

Bartling, G., Echelmeyer, L., Engberding, M. & Krause, R. (1980). Problemanalyse im therapeutischen Prozeß. Stuttgart: Kohlhammer.

Baumeister, A.A. & Forehand, R. (1973). Stereotyped acts. In N.R. Ellis (Hg.) International review of research in mental retardation (S. 56-96). New York: Academic Press.

Baumeister, A.A. & McLean, W.E. (1984). Deceleration of self-injurious and stereotypic responding by exercise. Applied Research in Mental Retardation, 5, 385-393.

Baumeister, A.A. & Rollings, J.P. (1976). Self-injurious behavior. In Ellis, N.R. (Hg.) International review of research in mental retardation (Vol. 6) (S. 1-30). New York: Academic Press.

Baumeister, A. A., Todd, M. E. & Sevin, J. A. (1993). Efficacy and specificity of pharmacological therapies for behavioral disorders in persons with mental retardation. Clinical Neuropharmacology, 16, 271-294.

Becker, U. (1984). Der therapeutische Umgang mit Aggressionen. In Bundesverband Hilfe für das autistische Kind (Hg.) Therapeutische Ansätze in Theorie und Praxis (S. 90-95). Düsseldorf: (Eigenverlag Bundesverband Hilfe für das autistische Kind).

Becker, U. (1986). persönliche Mitteilung.

Beeghly, M., Perry, B.W. & Cicchetti, D. (1989). Structural and Affective Dimensions of Play Development in Young Children with Down Syndrome. International Journal of Behavioral Development, 12, 257-277.

Bernard-Opitz, V. & Kok, A. (1994). Funktionale Analyse von Selbstverletzungsverhalten. Sonderpädagogik, 24, 14-22.

Berne, E. (1964). Games People Play. New York: Grove Press.

Berne, E. (1966). Principles of group treatment. New York: Oxford University Press.

Berne, E. (1966). Principles of Group Treatment. New York: Oxford University Press.

Berne, E. (1968). Staff-Patient Staff Conferences. American Journal of Psychiatry, 125(3), 286-293.

Berne, E. (1983). Spiele der Erwachsenen. Reinbek: rororo (200.-211. Tausend).

Berne, E. (1985). What do you say after you say hello (21. Aufl.)? Toronto: Bantam Books.

Berne, E. (1989). Transactional analysis in psychotherapy (11. Aufl.). New York: Ballantine Books.

Besems, T. (1984). (persönliche Mitteilung).

Besems, T. & van Vught, G. (1985). Gestalttherapie mit geistig Behinderten. In Rotthaus, W. (Hg.) Psychotherapie mit Jugendlichen (S. 251-275). Dortmund: verlag modernes lernen.

Besems, T. & van Vught, G. (1988). Gestalttherapie mit geistig behinderten Menschen - Teil 1. Geistige Behinderung, 27, 1-24.

Besems, T. & van Vught, G. (1989). Gestalttherapie mit geistig behinderten Menschen - Teil 2. Geistige Behinderung, 28, 1-24.

Bowlby, J. (1969). Attachment and loss, Vol. 1. Attachment. New York: Basic Books.

Bowlby, J. (1975). Attachment and Loss Volume 2: Separation, Anxiety and Anger. Harmondsworth: Penguin Books.

Bradl, C. (1993). Psychische Krisen und regionale Versorgung. In Hennicke, K. & Rotthaus, W. (Hg.) Psychotherapie und Geistige Behinderung (S. 142-153). Dortmund: verlag modernes lernen.

Brandtstädter, J., Krampen, G. & Heil, F.E. (1986). Personal control and emotional evaluation of development in partnership relations during adulthood. In M.M. Baltes & P.B.Baltes (Hg.) The psychology of control and aging (S. 265-296). Hillsdale, N.J.: Erlbaum.

Brezovsky, P. (1985). Diagnostik und Therapie selbstverletzenden Verhaltens. Stuttgart: Enke.

Brezovsky, P. (1987). (persönliche Mitteilung).

Buchner-Schiller, R. & Mayer, M. (1993). Vertragsarbeit mit Geistigbehinderten. Praxis-Info 'G', 11(2), 49-60.

Buitelaar, J. K. (1993). Self-injurious behaviour in retarded children: Clinical phenomena and biological mechanisms. Acta Paedopsychiatrica International Journal of Child and Adolescent Psychiatry, 56, 105-111.

Burkart, H. & Krech, R. (1985). Aggression und geistige Behinderung. Probleme fremd- und selbst-aggressiven Verhaltens. Berlin: Marhold.

Buss, A.H. (1961). The psychology of aggression. New York: Wiley.

Carr, E.G. (1977). The motivation of self-injurious behavior: A review of some hypotheses. Psychological Bulletin, 84(4), 800-816.

Carus-Cieslik, E.-M. & Ross, G. (1986). Gewalt - Ursachen, Erscheinungsformen und Auswirkungen aggressiven Verhaltens. Eine Dokumentation der Forschungsarbeiten und Literatur der Jahre 1982 - 1984. Bonn: Informationszentrum Sozialwissenschaften.

Chaney, R. H., Olmstead, C. E. & Givens, C. A. (1994). Activity and behavioral rhythm disturbances in adults with mental retardation. Developmental Brain Dysfunction, 7, 17-25.

Cicchetti, D. (1990). The organization and coherence of socioemotional, cognitive, and representational development: Illustrations through a developmental psychopathology perspective on Down syndrome and child maltreatment. In R. Thompson (Hg.) Nebraska symposium on motivation, Vol. 36: Socioemotional development (S. 259-364). Lincoln, NB: University of Nebraska Press.

Cicchetti, D. & Toth, S.L. (1991). Rochester Symposium on Developmental Psychopathology, Vol. 2: Internalizing and Externalizing Expression of Dysfunction. Hillsdale, N.J.: Erlbaum.

Cicchetti, D. & Toth, S.L. (1991a). Rochester Symposium on Developmental Psychopathology, Vol. 3: Models and Integrations. Rochester, N.Y.: University of Rochester Press.

Cicchetti, D., Ganiban, J. & Barnett, D. (1991). Contributions from the study of high-risk populations to understanding the development of emotional regulation. In J. Garber and K.A. Dodge (Hg.) The development of emotional regulation and dysregulation (S. 15-48). Cambridge: University Press.

Connor, D. F. (1994). Nadolol for self-injury, overactivity, inattention, and aggression in a child with pervasive developmental disorder. Journal of Child and Adolescent Psychopharmacology, 4, 101-111.

Crittenden, P. (1996). Entwicklung, Erfahrung und Beziehungsmuster: Psychische Gesundheit aus bindungstheoretischer Sicht. Praxis der Kinderpsychologie und Kinderpsychiatrie, 45, 147-155.

DeCatanzaro, D.A. & Baldwin, G. (1987). Effective treatment of self-injurious behavior through a forced armed exercise. American Journal of Mental Deficiency, 82, 433-439.

Degkwitz, R., Helmchen, H., Kockott, G. & Mombour, W. (1980). Diagnosenschlüssel und Glossar psychiatrischer Krankheiten. Deutsche Ausgabe der internationalen Klassifikation der Krankheiten der WHO ICD (= International Classification of Diseases), 9. Revision, Kapitel V (5. Aufl.). Berlin: Springer.

Derby, K. M., Fisher, W. W. & Piazza, C. C. (1996). The effects of contingent and noncontingent attention on self-injury and self-restraint. Journal of Applied Behavior Analysis, 29, 107-110.

Dodalinski, J. (1992). Die SIVUS-Methode zur Qualitätsbeurteilung von Einrichtungen und sozialen Diensten für Menschen mit Behinderungen. In Bundesvereinigung Lebenshilfe für geistig Behinderte e.V. (Hg.) Qualitätsbeurteilung und -entwicklung von Wohneinrichtungen für Menschen mit geistiger Behinderung: Bericht über eine Fachtagung der Bundesvereinigung Lebenshilfe (S. 137-156). Marburg: Bundesvereinigung Lebenshilfe für geistig Behinderte, Bundeszentrale.

Dornes, M. (1993). Der kompetente Säugling. Die präverbale Entwicklung des Menschen. Frankfurt a.M.: Fischer.

Dosen, A. (1993). Entwicklungsdynamische Beziehungstherapie. In K. Hennicke & W. Rotthaus (Hg.) Psychotherapie und geistige Behinderung (S. 16-23). Dortmund: verlag modernes lernen.

Dosen, A. (1994). Auto-aggressive behavior in mentally retarded persons: A developmental psychiatric approach. 9th World Congress of Psychiatry (1993, Rio de Janeiro, Brazil). Italian Journal of Intellective Impairment, 7, 13-18.

Drude, H. (1994). Hilfe als Vertrag. Blätter der Wohlfahrtspflege (= Deutsche Zeitschrift für Sozialarbeit) 7+8/94, 144-147.

Duker, P. C. (1975). Use of aversive shock therapy on a retarded girl with self destructive behaviors. Zeitschrift fur Klinische Psychologie, 4, 38-47.

Duker, P. C. & Seys, D. M. (1996). Long-term use of electrical aversion treatment with self-injurious behavior. Research in Developmental Disabilities, 17, 293-301.

Duss-von Werdt, J. (1995). Behindert in und von Strukturen der Einrichtungen und Organisationen. In W. Strubel & H. Weichselgartner (Hg.) Behindert und verhaltensauffällig. Zur Wirkung von Systemen und Strukturen (S. 69-85). Freiburg: Lambertus.

Elbing, U. (1992). Autoaggression und pathologische Informationsverarbeitung bei Geistigbehinderten mit autistischen Zügen. Egelsbach: Hänsel-Hohenhausen.

Elbing, U. (1996). Nichts passiert aus heiterem Himmel. Transaktionsanalyse, geistige Behinderung und sogenannte Verhaltensstörungen. Dortmund: verlag modernes lernen.

Elbing, U. (1996a). Die differentielle Regressionsanalyse. Zeitschrift für Transaktionsanalyse in Theorie und Praxis, 13(1), 5-23.

Elbing, U. & Rohmann, U. H. (1993). Evaluation eines Intensivtherapie-Programms zur Behandlung schwerer Verhaltenstorungen bei geistig Behinderten mit autistischen oder psychotischen Verhaltensweisen. Praxis der Kinderpsychologie und Kinderpsychiatrie, 42, 248-260.

Elbing, U. & Rohmann, U. H. (1994). Auswirkungen eines Intensivtherapie-Programms fur verhaltensgestörte Geistigbehinderte auf ihre Bezugspersonen im Heim. Praxis der Kinderpsychologie und Kinderpsychiatrie, 43, 90-97.

Elbing, U. & Rohmann, U. H. (1994a). Wechselseitige Imitations- und Modellierungsprozesse in der Behandlung von schweren Verhaltensstörungen bei geistig Behinderten. Heilpädagogische Forschung, 20, 118-126.

Elbing, U. & Rohmann, U. H. (1996). Autoaggression und die Vorhersage physiologischer Zustandsänderungen. Heilpädagogische Forschung, 22, 49-56.

Emerson, E., Thompson, S., Reeves, D. & Henderson, D. (1995). Descriptive analysis of multiple response topographies of challenging behavior across two settings. Research in Developmental Disabilities, 16, 301-329.

English, F. (1975/Nachdruck 1991). The three-cornered contract. Transactional Analysis Journal, Special Edition August 1991, 202-203.

Facion, J. (1986). Zum Verständnis autoaggressiver Handlungen aus der Sicht der Informationsverarbeitung und deren therapeutischen Implikationen. Münster: (unveröffentlichte Dissertationsschrift).

Fauser, P. & Schmid, B. (1990). Supervision nach dem Toblerone-Modell im Praxisfeld Organisation. Zeitschrift für Transaktionsanalyse 7, 61-74.

Fee, V.E. & Matson, J.L. (1992). Definition, classification, and taxonomy. In Luiselli, J.K., Matson, J.L. & Singh, N.N. (Hg.) Self-injurious behavior. Analysis, assessmet, and treatment (S. 3-20). New York: Springer.

Feuser, G. (1981). Beiträge zur Geistigbehinderten-Pädagogik. Solms-Oberbiel: Javick.

Fisher, W. W., Grace, N. C. & Murphy, C. (1996). Further analysis of the relationship between self-injury and self-restraint. Journal of Applied Behavior Analysis, 29, 103-106.

Fleuron, C. A., Serein, F. & Abecassis, J. (1995). Les conduites automutilatrices. (Self-mutilating behaviors in mentally retarded adolescents and adults.). Revue Francophone de la Deficience Intellectuelle, 6, 57-63.

Flitner, A. (1980). Spielen. Lernen - Praxis und Deutung des Kinderspiels - (6. Aufl.). München: Piper.

Flosdorf, P. (1988). Spielsport - ein heilpädagogisches Konzept zur gezielten psychomotorischen Behandlung verhaltensauffälliger Kinder und Jugendlicher. In P. Flosdorf (Hg.) Theorie und Praxis stationärer Erziehungshilfe. Band 2: Die Gestaltung des Lebensfeldes Heim (S. 223-236). Freiburg: Lambertus.

Flosdorf, P., Schuler, A. & Weinschenk, R. (1987). Anleiten, befähigen, beraten im Praxisfeld Heimerziehung. Freiburg: Lambertus.

Foxx, R.M. & Azrin, N.H. (1972). Restitution: A method of eliminating aggressive-disruptive behavior of retarded and brain damaged patients. Behavior Research and Therapy, 10, 15-27.

Foxx, R.M. & Azrin, N.H. (1973). The elimination of autistic self-stimulatory behavior by overcorrection. Journal of Applied Behavior Analysis, 6, 1-14.

Frankel, F. & Simmons, J.Q. (1976). Self-injurious behavior in schizophrenic and retarded children. American Journal of Mental Deficiency, 80, 512-522.

French, J.R.P. Jr., Rogers, W. & Cobb, S. (1974). A model of person-environment fit. In E.V. Coelher, D.A. Hamburgh and J.E. Adams (Hg.) Coping and adaptation. New York: Basic Books.

Gebert, D. (1981). Belastung und Beanspruchung in Organisationen - Ergebnisse der Streßforschung. Stuttgart: Poeschel.

Gibson, A. K., Hetrick, W. P., Taylor, D. V., Sandman, C. A. et al. (1995). Relating the efficacy of naltrexone in treating self-injurious behavior to the Motivation Assessment Scale. Journal of Developmental and Physical Disabilities, 7, 215-220.

Goh, H. L. & Iwata, B. A. (1994). Behavioral persistence and variability during extinction of self-injury maintained by escape. Journal of Applied Behavior Analysis, 27, 173-174.

Grossett, D. L. & Williams, D. E. (1995). Effects of haloperidol, alone and combined with DRO, on the self-injurious behavior in a woman with profound mental retardation and atypical psychosis. Special Issue: Pharmacotherapy III. Journal of Developmental and Physical Disabilities, 7, 147-154.

Haisch, W. (1995). Verhaltensauffälligkeiten und strukturelle Bedingungen in der Betreuung. In W. Strubel & H. Weichselgartner (Hg.) Behindert und verhaltensauffällig. Zur Wirkung von Systemen und Strukturen (S. 28-68). Freiburg: Lambertus.

Hammock, R. G., Schroeder, S. R. . & Levine, W. R. (1995). The effect of clozapine on self-injurious behavior. Journal of Autism and Developmental Disorders, 25, 611-626.

Harding, G. (1972). Spieldiagnostik. Weinheim: Beltz.

Harris, J.C. (1992). Neurobiological factors in self-injurious behavior. In Luiselli, J.K., Matson, J.L. & Singh, N.N. (Hg.) Self-injurious behavior. Analysis, assessmet, and treatment (S. 59-92). New York: Springer.

Harrison, R. (1978). Person-Environment fit and job stress. In C.L. Cooper, R. Payne (Hg.) stress at work (S. 175-205). Chichester et al.: Wiley.

Hartmann, H. (1986). Aufmerksamkeits-Interaktions-Therapie (AIT) bei psychotischen Kindern. Praxis der Kinderpsychologie und Kinderpsychiatrie, 35, 242-247.

Hartmann, H. (1990). Aufmerksamkeits-Interaktions-Therapie bei aggressiven Kindern - mehr als eine Körpertherapie. In S. Dzikowski & C. Arens (Hg.) Autismus heute. Band 2: Neue Aspekte der Förderung autistischer Kinder (S. 87-102). Dortmund: verlag modernes lernen.

Hartmann, H. & Rohmann, U. H. (1984). Eine Zwei-System-Theorie der Informationsverarbeitung und ihre Bedeutung fur das autistische Syndrom and andere Psychosen. Praxis der Kinderpsychologie und Kinderpsychiatrie, 33, 272-281.

Hartmann, H. & Rohmann, U. H. (1988). Die Zwei-Prozess-Theorie der Informationsverarbeitung und ihre Bedeutung. In G. Oepen (Hg.) Psychiatrie des rechten und linken Gehirns. Neuropsychologische Ansätze zum Verständnis von „Persönlichkeit", „Depression" und „Schizophrenie" (S. 156-162). Köln: Deutscher Ärzte-Verlag.

Hartmann, H., Kalde, M., Jakobs, G. & Rohmann, U. H. (1988). Die Aufmerksamkeits-Interaktions-Therapie (AIT). In C. Arens & S. Dzikowski (Hg.) Autismus heute. Band 1: Aktuelle Entwicklungen in der Therapie autistischer Kinder (S. 129-137). Dortmund: Verlag Modernes Lernen.

Hartmann, H., Rohmann, U. H., Kalde, M. & Jakobs, G. (1988). Das mehrdimensionale Therapie-Modell des Zentrums fuer Autismusforschung. In C. Arens & S. Dzikowski (Hg.) Autismus heute. Band 1: Aktuelle Entwicklungen in der Therapie autistischer Kinder (S. 127-128). Dortmund: Verlag Modernes Lernen.

Hastings, R. P., Remington, B. & Hall, M. (1995). Adults' responses to self-injurious behavior: An experimental analysis using a computer-simulation paradigm. Behavior Modification, 19, 425-450.

Heckhausen, H. (1980). Motivation und Handeln. Lehrbuch der Motivationspsychologie. Berlin: Springer.

Hellings, J. A. & Warnock, J. K. (1994). Self-injurious behavior and serotonin in Prader-Willi Syndrome. Psychopharmacology Bulletin, 30, 245-250.

Hennicke, K. & Rotthaus, W. (1993). Psychotherapie und Geistige Behinderung. Dortmund: verlag modernes lernen.

Hettinger, J. (1996). Selbstverletzendes Verhalten, Stereotypien und Kommunikation. Die Förderung der Kommunikation bei Menschen mit geistiger Behinderung oder Autismussyndrom, die selbstverletzendes Verhalten zeigen. Heidelberg: Edition Schindele.

Hirsch, M. (1996). Wege vom realen Trauma zur Autoaggression. Forum der Psychoanalyse, 12, 31-44.

Holzer, J. C., Jacobson, S. A. & Folstein, M. F. (1996). Treating compulsive self-mutilation in a mentally retarded patient. American Journal of Psychiatry, 153, 133.

Iwata, B. A., Pace, G. M., Cowdery, G. E. & Miltenberger, R. G. (1994). What makes extinction work: An analysis of procedural form and function. Journal of Applied Behavior Analysis, 27, 131-144.

Iwata, B. A., Duncan, B. A., Zarcone, J. R., Lerman, D. C., et al. (1994). A sequential, test-control methodology for conducting functional analyses of self-injurious behavior. Behavior Modification, 18, 289-306.

Iwata, B. A., Pace, G. M., Dorsey, M. F., Zarcone, J. R., et al. (1994a). The functions of self-injurious behavior: An experimental-epidemiological analysis. Special Issue: Functional analysis approaches to behavioral assessment and treatment. Journal of Applied Behavior Analysis, 27, 215-240.

Iwata, B. A., Dorsey, M. F., Slifer, K. J., Bauman, K. E., et al. (1994b). Toward a functional analysis of self-injury. Special Issue: Functional analysis approaches to behavioral assessment and treatment. Journal of Applied Behavior Analysis, 27, 197-209.

Jacobson, E. (1938). Progressive Relaxation. Chicago: University Press (Midway reprint 1974).

Jantzen, W. (1980). Geistig behinderte Menschen und gesellschaftliche Integration. Bern: Huber.

Jantzen, W. (1981). Persönlichkeitstheoretische und neuropsychologische Aspekte von Sport und Bewegungserziehung bei geistigbehinderten Kindern und Jugendlichen. In Grössing, S. (Hg.) Bewegungserziehung und Sport bei geistigbehinderten Kindern und Jugendlichen (S. 45-78). Bad Homburg: Limpert.

Jantzen, W. (1990). Allgemeine Behindertenpädagogik, Bd. 2: Neurowissenschaftliche Grundlagen, Diagnostik, Pädagogik, Therapie. Weinheim: Beltz.

Jantzen, W. (1993). Bemerkungen zur Bedeutung der Kategorie „Dialog" in der Behindertenpädagogik. In K. Hennicke & W. Rotthaus (Hg.) Psychotherapie und geistige Behinderung (S. 51-59). Dortmund: verlag modernes lernen.

Jantzen, W. (1993a). Geistige Behinderung und psychische Störung in der modernen Gesellschaft. In K. Hennicke & W. Rotthaus (Hg.) Psychotherapie und geistige Behinderung (S. 182-194). Dortmund: verlag modernes lernen.

Jantzen, W. & Salzen, W.v. (1985). Autoaggressivität und selbstverletzendes Verhalten. Berlin: Marhold.

Jawed, S. H., Krishnan, V. H. R. & Cassidy, G. (1994). Self-injurious behaviour and the serotonin link: Two case illustrations and theoretical overview. Irish Journal of Psychological Medicine, 11, 165-168.

Jensen, C. C. & Heidorn, S. D. (1993). Ten-year follow-up of a successful treatment of self-injurious behavior. Behavioral Residential Treatment, 8, 263-280.

Johnson, W.L. & Day, R.M. (1992). The incidence and prevalence of self-injurious behavior. In Luiselli, J.K., Matson, J.L. & Singh, N.N. (Hg.) Self-injurious behavior. Analysis, assessmet, and treatment (S. 21-58). New York: Springer.

Johnson, W. L. & Rea, J. L. (1986). Self-injurious behavior treatment and research: A historical perspective. Advances in Learning and Behavioral Disabilities, 5, 1-23.

Johnson, K., Johnson, C. R. & Sahl, R. A. (1994). Behavioral and naltrexone treatment of self-injurious behavior. Special Issue: Pharmacotherapy: II. Journal of Developmental and Physical Disabilities, 6, 193-202.

Kalde, M. (1992). Vom spielerischen zum sprachlichen Dialog mit behinderten Kindern. Ein Buch zur handlungsorientierten Spiel- und Sprachmotivation. Dortmund: verlag modernes lernen.

Kalde, M., Rohmann U. H., Jakobs, G. & Hartmann, H. (1989). Therapie des frühkindlichen Autismus. In W. Rotthaus (Hg.) Psychotisches Verhalten Jugendlicher (S. 226-242). Dortmund: Verlag Modernes Lernen.

Kane, J.F. (1986). Körperliche Aktivierung von Menschen mit Selbstverletzungsverhalten. Vortrag Neuenkirchener Workshop.

Kane, J.F. & Hettinger, A. (1987). Bewegung, Stereotypie, Selbstverletzungsverhalten. Vortrag beim Ersten Internationalen Autoaggressionssymposion Viersen 1987.

Kessler, H., Hauser, H.-G. & Reuter, H.J. (1988). Transaktions-Analyse: Ein Weg zum besseren Verständnis von Verträgen in Organisationen. Zeitschrift für Transaktionsanalyse, 5, 149-168.

Kittmann, N., Quiroga, S. & Neues, W. (1996). Stationskonzept zur Intensivpädagogik mit geistig behinderten (anders-fähigen) Menschen im Rahmen einer psychiatrischen Landesklinik. Klinik Langenfeld (unveröffentlichtes Manuskript).

Klauss, T. (1995). Selbstverletzung und Selbstbestimmung. Sonderpädagogik, 25, 124-136.

Kluge, N. (1980). Spielpädagogik. Neue Beiträge zur Spielforschung und Spielerziehung. Bad Heilbrunn: Julius Klinkhardt.

Kobe, F. H., Mulick, J. A., Rash, T. A. & Martin, J. (1994). Nonambulatory persons with profound mental retardation: Physical, developmental, and behavioral characteristics. Research in Developmental Disabilities, 15, 413-423.

Koch, A., Kane, J. F., Jochmus, I., Kane, G. & Wilhelmtroop, M. A. (1979). Behandlung von Autoaggressionen auf lerntheoretischer Grundlage. Praxis der Kinderpsychologie und Kinderpsychiatrie, 28, 83-91.

Krause, H. (1985). (persönliche Mitteilung).

Krausz, R.R. (1989). Macht und Führung in Organisationen. Zeitschrift für Transaktionsanalyse, 6, 92-108.

Lang, C. & Remington, D. (1994). Treatment with propranolol of severe self-injurious behavior in a blind, deaf, and retarded adolescent. Journal of the American Academy of Child and Adolescent Psychiatry, 33, 265-269.

Lenk, H. (1977). Handlungstheorien interdisziplinär Bd. IV. Sozialwissenschaftliche Handlungstheorien und spezielle systemwissenschaftliche Ansätze. München: Wilhelm Fink.

Lerman, D. C. & Iwata, B. A. (1993). Descriptive and experimental analyses of variables maintaining self-injurious behavior. Journal of Applied Behavior Analysis, 26, 293-319.

Lerman, D. C., Iwata, B. A., Smith, R. G. & Vollmer, T. R. (1994). Restraint fading and the development of alternative behaviour in the treatment of self-restraint and self-injury. Journal of Intellectual Disability Research, 38, 135-148.

Lerman, D. C., Iwata, B. A., Zarcone, J. R. & Ringdahl, J. (1994). Assessment of stereotypic and self-injurious behavior as adjunctive responses. Special Issue: Integrating basic and applied research. Journal of Applied Behavior Analysis, 27, 715-728.

Lerman, D. C., Iwata, B. A., Smith, R. G., Zarcone, J. R., et al. (1994). Transfer of behavioral function as a contributing factor in treatment relapse. Special Issue: Functional analysis approaches to behavioral assessment and treatment. Journal of Applied Behavior Analysis, 27, 357-370.

Lewis, M., Silva, J.R. & G.-Silva, S. (1995). Cyclicity of aggression and self-injurious behavior in individuals with mental retardation. America Journal of Mental Retardation, 99, 436-444.

Lichtenberg, A. (1986). Förderung mit bildnerischen und audivisuellen Mitteln. Autismus, 22, 14-17.

Lingg, A. (1995). Autoaggressivität bei geistig behinderten Menschen und Möglichkeiten. In G. Nissen (Hg.) Aggressivität und Gewalt. Prävention und Therapie (S. 149-156). Bern: Huber.

Lingg, A. & Theunissen, G. (1993). Psychische Störungen bei geistig Behinderten. Freiburg: Lambertus.

Linscheid, T. R., Hartel, F. & Cooley, N. (1993). Are aversive procedures durable? A five year follow-up of three individuals treated with contingent electric shock. Special Issue: Aversives: II. Child and Adolescent Mental Health Care, 3, 67-76.

Linscheid, T. R., Pejeau, C., Cohen, S. & Footo-Lenz, M. (1994). Positive side effects in the treatment of SIB using the Self-Injurious Behavior Inhibiting System (SIBIS). Implications for operant and biochemical explanations of SIB. Research in Developmental Disabilities, 15, 81-90.

Lockwood, K. & Williams, D. E. (1994). Treatment and extended follow-up of chronic hand mouthing. Journal of Behavior Therapy and Experimental Psychiatry, 25, 161-169.

Lotz, W., Koch U. & Stahl, B. (1994). Psychotherapeutische Behandlung geistig behinderter Menschen. Bedarf, Rahmenbedingungen, Konzepte. Bern: Huber.

Lotz, W., Stahl, B. & Irblich, D. (1996). Wege zur seelischen Gesundheit für Menschen mit geistiger Behinderung. Psychotherapie und Persönlichkeitsentwicklung. Bern: Huber.

Lucyshyn, J. M., Olson, D. & Horner, R. H. (1995). Building an ecology of support: A case study of one young woman with severe problem behaviors living in the community. Journal of the Association for Persons with Severe Handicaps, 20, 16-30.

Luiselli, J.K., Matson, J.L. & Singh, N.N. (1992). Self-injurious behavior. Analysis, assessmet, and treatment. New York: Springer.

Mace, F.C., Lalli, J.S. & Shea, M.C. (1992). Functional analysis and treatment of self-injury. In Luiselli, J.K., Matson, J.L. & Singh, N.N. (Hg.) Self-injurious behavior. Analysis, assessmet, and treatment (S. 122-154). New York: Springer.

Mall, W. (1984). Basale Kommunikation - ein Weg zum anderen. Zugang finden zu schwer geistig behinderten Menschen. Geistige Behinderung, 1, 1-16.

Mall, W. (1992) Kommunikation mit schwer geistig behinderten Menschen: Ein Werkheft (2. Aufl.). Heidelberg: Edition Schindele.

Margraf, J. & Schneider, S. (1990). Panik. Angstanfälle und ihre Behandlung (2. Aufl.). Berlin: Springer.

Martin, M. (1979). Oligophrenien und Demenzzustände. In Remschmidt, H. (Hg.) Kinder- und Jugendpsychiatrie. Stuttgart: Thieme.

Maturana, H.R. & Varela, F.J. (1987). Der Baum der Erkenntnis. Die biologischen Wurzeln menschlichen Erkennens. Bern et al.: Scherz.

Mayhew, G. & Harris, F. (1979). Decreasing self-injurious behavior: Punishment with citric acid and reinforcement of alternative behavior. Behavior Modification, 3, 322-336.

Mazaleski, J. L., Iwata, B. A., Rodgers, T. A., Vollmer, T. R. et al. (1994). Protective equipment as treatment for stereotypic hand mouthing: Sensory extinction or punishment effects? Special Issue: Functional analysis approaches to behavioral assessment and treatment. Journal of Applied Behavior Analysis, 27, 345-355.

McGoldrick M. & Gerson, R. (1990). Genogramme. Bern: Huber.

Mees U. & Selg, H. (1977). Verhaltensbeobachtung und Verhaltensmodifikation. Stuttgart: Klett.

Meins, W. (1994). Psychische Storungen bei geistiger Behinderung - Pravalenz und psychopathologische Besonderheiten. Zeitschrift fur Klinische Psychologie, Psychopathologie und Psychotherapie, 42, 274-285.

Menninger-Lerchenthal, E. (1960). Periodizität in der Psychopathologie (Neuro- und Allgemeinpathologie). Wien: Wilhelm Maudrich.

Merz, F. (1965). Aggression und Aggressionstrieb. In: Thomae, H. (Hg.) Allgemeine Psychologie: II. Motivation (= Handbuch der Psychologie in 12 Bänden, Bd. 2) (S. 569-601). Göttingen: Hogrefe.

Micholt, N. (1992). Psychological Distance and Group Interventions. Transactional Analysis Journal, 22, 228- 233.

Miller, G.A., Galanter, E. & Pribram, K. (1973). Strategien des Handelns. Pläne und Strukturen des Verhaltens. Stuttgart: Klett.

Mudford, O. C., Boundy, K. & Murray, A. D. (1995). Therapeutic shock device (TSD). Clinical evaluation with self-injurious behaviors. Research in Developmental Disabilities, 16, 253-267.

Mühl, H., Neukäter, H. & Schulz, K. (1996). Selbstverletzendes Verhalten bei Menschen mit geistiger Behinderung. Bern: Haupt (UTB).

Nissen, G. (1975). Zur Genese und Therapie der Autoaggressivität. Zeitschrift für Kinder- und Jugendpsychiatrie, 3, 29-40.

Nunes, D.L., Murphy, R.J. & Ruprecht, M.L. (1977). Reducing self-injurious behavior of severely retarded individuals through withdrawal of reinforcement procedures. Behavior Modification, 1, 499-516.

Oliver, C. & Head, D. (1990). Self-injurious behaviour in people with learning disabilities: Determinants and interventions. International Review of Psychiatry, 2(1), 101-116.

Ornstein, A. (1996). Die Angst vor der Wiederholung. Psyche.

Paar, G. H. (1996). Offene und heimliche Selbstbeschaedigung: Diagnostik, Klinik und Therapie. In E. Wenglein, A. Hellwig & M. Schoof (Hg.) Selbstvernichtung. Psychodynamik und Psychotherapie bei autodestruktivem Verhalten (S. 137-159). Goettingen: Vandenhoeck & Ruprecht.

Petermann, F. & Petermann U. (1993). Training mit aggressiven Kindern (6. Aufl.). Weinheim: Psychologie Verlags Union.

Petermann, F. & Stade, C.A. (1993). Jugend und Gewalt - Ursachen und Prävention. Jugendwohl, 74, 553-560.

Petermann, U. (1989). Verhaltenstraining mit aggressiven Kindern im Heim. Jugendwohl, 70, 62-68.

Petzold, H. (1994). Zur Integration motopädagogischer, psychotherapeutischer und familientherapeutischer Interventionen in der Arbeit mit geistig Behinderten. In W. Lotze, U. Koch & B. Stahl (Hg.) Psychotherapeutische Behandlung geistig behinderter Menschen. Bedarf, Rahmenbedingungen, Konzepte (S. 226-240). Bern: Huber.

Piaget, J. & Inhelder, B. (1977). Die Psychologie des Kindes. Frankfurt a.M.: Fischer.

Poustka, F. & Lisch, S. (1993). Autistic behaviour domains and their relation to self-injurious behaviour. Acta Paedopsychiatrica International Journal of Child and Adolescent Psychiatry, 56, 69-73.

Powell, S. B., Bodfish, J. W., Parker, D., Crawford, T. W. et al. (1996). Self-restraint and self-injury: Occurrence and motivational significance. American Journal on Mental Retardation, 101, 41-48.

Prouty, G. (1976). Pre-therapy - an method of treating pre-expressive psychotic and retarded patients. Psychotherapy: Theory, research and Practice, 13, 290-294.

Prouty, G. (1977). Protosymbolic method: A phenomenological treatment of schizophrenic hallucinations. Journal of Mental Imagery, 2, 339-342.

Pyles, D.A.M. & Bailey, J.S. (1992). Behavioral diagnostic interventions. In Luiselli, J.K., Matson, J.L. & Singh, N.N. (Hg.) Self-injurious behavior. Analysis, assessmet, and treatment. New York: Springer. p. 155-180.

Rasnake, L. K., Martin, J., Tarnowski, K. J. & Mulick, J. A. (1993). Acceptability of behavioral treatments: Influence of knowledge of behavioral principles. Mental Retardation, 31, 247-251.

Realon, R. E. & Konarski, E. A. (1993). Using decelerative contingencies to reduce the self-injurious behavior of people with multiple handicaps: The effects of response satiation? Research in Developmental Disabilities, 14, 341-357.

Ricketts, R. W., Goza, A. B. & Matese, M. (1993). A 4-year follow-up of treatment of self-injury. Journal of Behavior Therapy and Experimental Psychiatry, 24, 57-62.

Ricketts, R. W., Goza, A. B., Ellis, C. R., Singh, Y. N., et al. (1994). Clinical effects of buspirone on intractable self-injury in adults with mental retardation. Journal of the American Academy of Child and Adolescent Psychiatry, 33, 270-276.

Riedel, F. (1993). Die Transaktionsanalyse im Anwendungsbereich „Geistigbehindertenpädagogik" - eine special-field-Definition. Praxis-Info 'G', 11(2), 43-48.

Roberts, M. L., Mace, F. C. & Daggett, J. A. (1995). Preliminary comparison of two negative reinforcement schedules to reduce self-injury. Journal of Applied Behavior Analysis, 28, 579-580.

Robinson, L. A. & Owens, R. E. (1995). Functional augmentative communication and positive behavior change. AAC Augmentative and Alternative Communication, 11, 207-211.

Rohmann, U. H. & Elbing, U. (1990). Festhaltetherapie und Körpertherapie. Dortmund: Verlag Modernes Lernen.

Rohmann, U. H. & Elbing, U. (1992). Kommunikative Aspekte der Autoaggressionsbehandlung innerhalb eines pragmatisch-systemischen Therapieansatzes. In Lebenshilfe für geistig Behinderte, Landesverband Nordrhein- Westfalen e.V. (Hg.) Annehmen und Verstehen - Förderung von Menschen mit schweren und schwersten Behinderungen. Band 2 (S. 302-327). Hürth: Lebenshilfe Nordrhein-Westfalen.

Rohmann, U. H. & Facion, J. (1984). Behandlung von Autoaggressionen unter besonderer Berücksichtigung verschiedener Methoden der Basis-Interaktion. In Bundesverband Hilfe für das autistische Kind (Hg.) Therapeutische Ansätze in Theorie und Praxis(S. 96-104). Düsseldorf: (Eigenverlag Bundesverband Hilfe für das autistische Kind).

Rohmann, U. H. & Hartmann, H. (1985). Modifizierte Festhaltetherapie (MFT) - Eine Basistherapie zur Behandlung autistischer Kinder. Zeitschrift für Kinder und Jugendpsychiatrie, 13, 182-198.

Rohmann, U. H. & Hartmann, H. (1988). Autoaggression. Grundlagen und Behandlungsmöglichkeiten. Dortmund: verlag modernes lernen.

Rohmann, U. H., Elbing, U. & Hahn, A. (1991). Gemeinsam Lernen, Gemeinsam Fühlen, Gemeinsam Handeln - Wege eines Kommunikations- und Interaktionsaufbaus mit Hilfe körperorientierter Methoden mit schwer geistig behinderten Menschen. In: Lebenshilfe für geistig Behinderte, Landesverband Nordrhein-Westfalen e.V. (Hg.) Annehmen und Verstehen - Förderung von Menschen mit schweren und schwersten Behinderungen. Band 1 (S. 258-282). Hürth: Lebenshilfe Nordrhein-Westfalen.

Rohmann, U. H., Elbing, U. & Hartmann, H. (1988). Autoaggression und Pulsfrequenz - eine Längsschnittstudie. Zeitschrift für Kinder- und Jugendpsychiatrie, 16, 210-216.

Rohmann, U. H., Elbing, U. & Hartmann, H. (1988a). Bedeutung von Umwelt- und Organismusfaktoren bei Autoaggressionen. Praxis der Kinderpsychologie und Kinderpsychiatrie, 37, 112-120.

Rojahn, J. (1986). Self-injurious and stereotypic behavior of noninstitutionalized mentally retarded people: Prevalence and classification. American Journal of Mental Deficiency, 91, 268-276.

Romanczyk, R.G., Lockshin, S. & O'Connor, J. (1992). Psychophysiology and issues of anxiety and arousal. In Luiselli, J.K., Matson, J.L. & Singh, N.N. (Hg.) Self-injurious behavior. Analysis, assessmet, and treatment (S. 93-121). New York: Springer.

Ross, A.O. & Petermann, F. (1987). Verhaltenstherapie mit Kindern und Jugendlichen. Methoden und Anwendungsgebiete. Stuttgart: Hippokrates.

Ross, R.R. & McKay, H.B. (1979). Self-mutilation. Toronto, Massachusetts: Lexington Books.

Rotthaus, W. (1989). Die Auswirkungen systemischen Denkens auf das Menschenbild des Therapeuten und seine therapeutische Arbeit. Praxis der Kinderpsychologie und Kinderpsychiatrie, 38, 10-16.

Rotthaus, W. (1989a). Psychotisches Verhalten Jugendlicher. Dortmund: Verlag Modernes Lernen.

Rotthaus, W. (1990). Die systemische Perspektive. Praxis der Kinderpsychologie und Kinderpsychiatrie, 39, 361-364.

Rotthaus, W. (1993). Menschenbild und psychische Krankheit des Geistigbehinderten aus systemischer Sicht. In Hennicke, K. & Rotthaus, W. (Hg.) Psychotherapie und Geistige Behinderung (S. 195-203). Dortmund: verlag modernes lernen.

Sandman, C. A., Hetrick, W. P., Taylor, D. V., Barron, J. L., et al. (1993). Naltrexone reduces self-injury and improves learning. Experimental and Clinical Psychopharmacology, 1, 242-258.

Schlösser, R.W. & Goetze, H. (1991). Selbstverletzendes Verhalten bei Kindern und Jugendlichen mit geistiger Behinderung: Eine Meta-Analyse von Einzelfalluntersuchungen zur Effektivität von Interventionen. Sonderpädagogik, 21, 138-154.

Schmid, B. (1994). Wo ist der Wind, wenn er nicht weht? Professionalität und Transaktionsanalyse aus systemischer Sicht. Paderborn: Junfermann.

Schott, F. (1978). Was ist Aggression? In: Selg, H. (Hg.) Zur Aggression verdammt? Ein Überblick über die Psychologie der Aggression (5. Aufl.) (S. 129-159). Stuttgart: Kohlhammer.

Schroeder, S.R., Mulick, J.A. & Rojahn, J. (1980). The definition, taxonomy, epidemiology and ecology of self-injurious behavior. Journal of autism and developmental disorder, 10(4), 417-432.

Schucker, W. (1994). Verhaltenstherapeutische Ansätze in der stationären Behandlung geistig behinderter Menschen. In W. Lotz, U. Koch & B. Stahl (Hg.) Psychotherapeutische Behandlung geistig behinderter Menschen. Bedarf, Rahmenbedingungen, Konzepte (S. 153-172). Bern: Huber.

Schulte, D. (1991). Therapeutische Entscheidungen. Göttingen: Hogrefe.

Schulte-Peschel, D. & Tödter, R. (1996). Anleitung zum Lernen. Geistig behinderte Schüler entwickeln Handlungsfähigkeit in einem offenen Unterrichtskonzept. Dortmund: verlag modernes lernen.

Schwarz, B. (1994). Entscheiden-Lassen. Praxis-Info ‘G’, 12(2), 10-18.

Sigafoos, J. & Pennell, D. (1995). Noncontingent application versus contingent removal of tactile stimulation: Effects on self-injury in a young boy with multiple disabilities. Behaviour Change, 12, 139-143.

Singh, N.N. (1977). Behavioural control of self-injury in the mentally retarded. New Zealand Psychologist, 6, 52-58.

Singh, N.N., Singh, Y.N. & Ellis, C.R. (1992). Psychopharmacology of self-injury. In Luiselli, J.K., Matson, J.L. & Singh, N.N. (Hg.) Self-injurious behavior. Analysis, assessmet, and treatment (S. 307-351). New York: Springer.

Smith, R. G., Lerman, D. C. & Iwata, B. A. (1996). Self-restraint as positive reinforcement for self-injurious behavior. Journal of Applied Behavior Analysis, 29, 99-102.

Snead, R. W., Boon, F. & Presberg, J. (1994). Paroxetine for self-injurious behavior. Journal of the American Academy of Child and Adolescent Psychiatry, 33, 909-910.

Sorrentino, A.M. (1988). Behinderung und Rehabilitation. Ein systemischer Ansatz. Dortmund: verlag modernes lernen.

Spitz, R. (19744). Vom Säugling zum Kleinkind. Naturgeschichte der Mutter-Kind-Beziehungen im ersten Lebensjahr. Stuttgart: Klett.

Spitz, R. (1982). Vom Dialog. Frankfurt a.M.: Ullstein TB.

Sroufe, L.A. (1982). The Organization of Emotional Development. Psychoanalytic Inquiry, 1, 575-599.

Steiner, C. (1974). Scripts People Live: Transactional Analysis of Life Scripts. New York: Grove Press.

Steiner, C.M. (1985). Macht ohne Ausbeutung. Zur Ökologie zwischenmenschlicher Beziehungen. Paderborn: Junfermann.

Steiner, C.M. (1987). Wie man Lebenspläne verändert (6. Aufl.). Paderborn: Junfermann.

Sternberg, L., Taylor, R. L. & Babkie, A. (1994). Correlates of interventions with self-injurious behaviour. Journal of Intellectual Disability Research, 38, 475-485.

Stewart, I. (1992). Eric Berne. London et al.: Sage Publications.

Sturmey, P. (1994). Assessing the functions of self-injurious behavior: A case of assessment failure. Journal of Behavior Therapy and Experimental Psychiatry, 25, 331-336.

Summerton, O. (1993). Games in Organizations. Transactional Analysis Journal, 23, 87-103.

Tameling, A. & Sachsse, U. (1996). Symptomkomplex, Traumaprävalenz und Körperbild von psychisch Kranken. Psychotherapie, Psychosomatik, Medizinische Psychologie, 46(2), 61-67.

Tate, B.G. & Baroff, G.S. (1966). Aversive control of selfinjurious behavior in a psychotic boy. Behavior Research and Therapy, 4, 281-287.

Theunissen, G. (1994). Abgeschoben, isoliert, vergessen - Schwerstgeistigbehinderte und mehrfachbehinderte Erwachsene in Anstalten (4. Aufl.). Frankfurt: R. G. Fischer

Thompson, T., Hackenberg, T., Cerutti, D., Baker, D. T. et al. (1994). Opioid antagonist effects on self-injury in adults with mental retardation: Response form and location as determinants of medication effects. American Journal on Mental Retardation, 99, 85-102.

Törne, J.v. (1974). Zur Äthiologie der Automutilation im Kindes- und Jugendalter. Zeitschrift für Kinder- und Jugendpsychiatrie, 2, 261-278.

Turner, W. D., Realon, R. E., Irvin, D. & Robinson, E. (1996). The effects of implementing program consequences with a group of individuals who engaged in sensory maintained hand mouthing. Research in Developmental Disabilities, 17, 311-330.

van Houten, R., Rolider, A. & Houlihan, M. (1992). Treatment of self-injury based on teaching compliance and/or brief physical restraint. In Luiselli, J.K., Matson, J.L. & Singh, N.N. (Hg.) Self-injurious behavior. Analysis, assessmet, and treatment (S. 181-199). New York: Springer.

Vollmer, T. R., Iwata, B. A., Duncan, B. A. & Lerman, D. C. (1993). Extensions of multielement functional analyses using reversal-type designs. Journal of Developmental and Physical Disabilities, 5, 311-325.

Vollmer, T. R., Iwata, B. A., Zarcone, J. R., Smith, R. G., et al. (1993a). Within-session patterns of self-injury as indicators of behavioral function. Research in Developmental Disabilities, 14, 479-492.

Wallace, J., Burger, D., Neal, H.C., Brero, M.v. & Davis, D.E. (1976). Aversive conditioning use in public facilities for the metally retarded. Mental Retardation, 14, 17-19.

Walujo, S. (1989). Die SIVUS-Methode. Stuttgart: Verband evangelischer Einrichtungen für geistig und seelisch Behinderte e.V.

Watzlawick, P., Beavin, J.H. & Jackson, D.D. (1969). Menschliche Kommunikation. Formen, Störungen, Paradoxien. Bern: Huber.

Watzlawick, P., Weakland, J.H. & Fisch, R. (1988). Lösungen. Zur Theorie und Praxis menschlichen Wandels (4. Aufl.). Bern: Huber.

Werbik, H. (1971). Das Problem der Definition „aggressiver" Verhaltensweisen. Zeitschrift für Sozialpsychologie, 2, 233-247.

Willemsen-Swinkels, S. H. N., Buitelaar, J. K., Nijhof, G. J. & van Engeland, H. (1995). Failure of naltrexone hydrochloride to reduce self-injurious and autistic behavior in mentally retarded adults: Double-blind placebo-controlled studies. Archives of General Psychiatry, 52, 766-773.

Willi, J. (1985). Ko-Evolution. Die Kunst gemeinsamen Wachsens. Reinbek bei Hamburg: Rowohlt.

Williams, D. E., Kirkpatrick-Sanchez, S. & Crocker, W. T. (1994). A long-term follow-up of treatment for severe self-injury. Research in Developmental Disabilities, 15, 487-501.

Wittchen, H.-U., Saß, H., Zaudig, M. & Koehler, K. (1989). Diagnostisches und Statistisches Manual Psychischer Störungen DSM-III-R Revision. Weinheim: Beltz.

Wygotski, L.S. (1975). Zur Psychologie und Pädagogik der kindlichen Defektivität. Die Sonderschule, 20, 65-72 (Original von 1924).

Zangemeister, C. (1977). Zur Methodik systemanalytischer Zielplanung. Grundlagen und ein Beispiel aus dem Sozialbereich. In H. Lenk (Hg.) Handlungstheorien interdisziplinär Bd. IV. Sozialwissenschaftliche Handlungstheorien und spezielle systemwissenschaftliche Ansätze (S. 329-367). München: Wilhelm Fink.

Zarcone, J. R., Iwata, B. A., Mazaleski, J. L. & Smith, R. G. (1994). Momentum and extinction effects on self-injurious escape behavior and noncompliance. Special Issue: Integrating basic and applied research. Journal of Applied Behavior Analysis, 27, 649-658.

Zarcone, J. R., Iwata, B. A., Vollmer, T. R., Jagtiani, S. et al. (1993). Extinction of self-injurious escape behavior with and without instructional fading. Journal of Applied Behavior Analysis, 26, 353-360.

Zarcone, J. R., Iwata, B. A., Smith, R. G., Mazaleski, J. L. et al. (1994). Reemergence and extinction of self-injurious escape behavior during stimulus (instructional) fading. Special Issue: Functional analysis approaches to behavioral assessment and treatment. Journal of Applied Behavior Analysis, 27, 307-316.

Zöller, D. (1989). Wenn ich mit Euch reden könnte... (3. Aufl.). Bern: Scherz.

Adressen

TASK Krefeld:
Dr. Ulrich Rohmann
Vaderstraße 21,
47800 Krefeld,
Tel.: 02151 / 595412
oder 0172 / 8660689

Tetralog Schwäbisch Gmünd:
Psychologische Seminare zum Wachstum in Begegnung,
Dr. Ulrich Elbing
Steinäcker 10,
73527 Schwäbisch-Gmünd,
Tel.: 07171 / 928949,
FAX: 07171 / 69659

Raum für Notizen: